房屋买卖租赁
纠纷实务指引与参考

FANGWU MAIMAI ZULIN JIUFEN SHIWU ZHIYIN YU CANKAO

张永民◎主编

中国政法大学出版社

2020·北京

声　明　　1. 版权所有，侵权必究。

　　　　　2. 如有缺页、倒装问题，由出版社负责退换。

图书在版编目（ＣＩＰ）数据

房屋买卖租赁纠纷实务指引与参考/张永民主编. —北京：中国政法大学出版社，2020.11
ISBN 978-7-5620-9710-5

Ⅰ.①房… Ⅱ.①张… Ⅲ.①房屋纠纷－案例－中国 Ⅳ.①D922.385

中国版本图书馆 CIP 数据核字(2020)第 217755 号

出 版 者	中国政法大学出版社
地　　　址	北京市海淀区西土城路 25 号
邮寄地址	北京 100088 信箱 8034 分箱　邮编 100088
网　　　址	http://www.cuplpress.com (网络实名：中国政法大学出版社)
电　　　话	010-58908285(总编室) 58908433（编辑部）58908334(邮购部)
承　　　印	北京朝阳印刷厂有限责任公司
开　　　本	720mm×960mm　1/16
印　　　张	31.25
字　　　数	510 千字
版　　　次	2020 年 11 月第 1 版
印　　　次	2020 年 11 月第 1 次印刷
定　　　价	115.00 元

作者简介

张永民，男，河南郏县人，南开大学法律本科，清华大学工商管理硕士，清华经管学院房协不良资产产业联盟秘书长，北京市优秀律师（2015-2018年度），现为益清（北京）律师事务所主任，天津益清律师事务所高级合伙人，曾任天津医科大学商法学客座讲师。主要执业领域为房地产法、商法及职务犯罪辩护。

柳明华，男，1983年9月4日出生，河北承德人，益清（北京）律师事务所律师，主要执业领域为行政法、公司企业法及房地产法。

杨贤，女，天津市人，中国政法大学工商管理硕士，天津益清律师事务所律师，主要执业领域为金融法、房地产法。

张龙鑫，男，益清（北京）律师事务所律师，主要执业领域为私募基金法、房地产法等。

赵俊芝，女，益清（北京）律师事务所律师。

黄银华，女，天津益清律师事务所律师。

王艺航，女，天津益清律师事务所律师。

自 序 Preface

房屋是人们日常生活和工作所必需的场所，既是生活资料也是生产资料，到任何时候都是必不可少的。人们取得房屋的主要途径或为购买或为租赁，因此房屋买卖、租赁纠纷便成为司法实务当中最为常见的纠纷类型，多年来案件数量也一直居高不下。本书上、下两篇共收录122篇典型案例（其中涉及房屋买卖纠纷的案例57篇，涉及房屋租赁纠纷的案例65篇），通过对与房屋买卖有关的纠纷和与房屋租赁有关的纠纷的基本裁判规则进行总结、归纳、提炼形成个案的裁判要旨，以期为纠纷当事人、律师等司法实务工作者在办理类似案件时提供指引和参考。

本书上篇的内容涉及的是与房屋买卖有关的纠纷。

2011年2月最高人民法院发布的《关于印发修改后的〈民事案件案由规定〉的通知》附件《民事案件案由规定》中，在三级案由"房屋买卖合同纠纷"下列出了六个四级案由，即"商品房预约合同纠纷""商品房预售合同纠纷""商品房销售合同纠纷""商品房委托代理销售合同纠纷""经济适用房转让合同纠纷""农村房屋买卖合同纠纷"。实际上，"商品房委托代理销售合同纠纷"并不属于严格意义上的房屋买卖纠纷，严格意义上的房屋买卖合同是指出卖人将房屋所有权转移给买受人，买受人支付价款的合同，因此类合同而产生的纠纷才是真正意义上的房屋买卖合同纠纷，纠纷当事人须为买卖双方。而"商品房委托代理销售合同纠纷"则是指房地产开发企业将开发的商品房委托给中介机构代理销售，并向中介机构支付酬金的合同产生的纠纷，纠纷当事人是作为委托方的房地产开发企业和作为代理销售方的中介机构，而非买卖双方。因而"商品房委托代理销售合同纠纷"并不属于严格意义上的房屋买卖纠纷，故而本书在体例上未将"商品房委托代理销售合同纠纷"列入本书内容。在实践中，2011年《民事案件案由规定》中所列明的房屋买卖纠纷类案由并不能涵盖所有房屋买卖纠纷的案件类型，故本书增加了一些实践中常见的其他类型的房屋买卖纠纷，如存量房屋买卖纠纷（二手房买卖纠纷）、政策性住房转让纠纷。另外将农村房屋买卖纠纷归入了"小产权房"买卖纠纷之中。

本书下篇内容是与房屋租赁有关的纠纷。

房屋租赁纠纷主要包括住宅用房租赁纠纷和非住宅或者营业用房租赁纠纷，本书也是对这两类房屋租赁纠纷的典型裁判规则进行归纳、总结。在住宅用房租赁纠纷中增加了政策性住房租赁纠纷，如廉租住房租赁纠纷、城镇公有住宅租赁纠纷。由于政策性住房的租赁主要依据地方性政策进行，每个省市的地方性政策又不尽统一，所以本书在收录此部分相关案例时仅以北京和天津的法院裁判文书为限，仅对京津两地的类似案件具有参考价值。另外，由于农村房屋的特殊性质，专列"农村房屋租赁纠纷"为一章，鉴于我国房地产法领域中实行"房地一体"主义，而农村土地的所有权和使用权性质特殊，故本章中除了房屋租赁本身的问题外，往往实际还涉及农村土地租赁的问题，故在此也对农村土地租赁纠纷的几则典型案例进行了整理，对裁判要点进行了归纳和提炼。

鉴于编者水平有限，本书在内容和编排上有所纰漏在所难免，敬请读者批评指正。

编者

2020 年 10 月 30 日

目 录 /Contents

上篇
与房屋买卖有关的纠纷

第一章　商品房销售纠纷 ··· *003*

001. 开发商未能依约交付房屋共用部位应当承担恢复原状之违约责任 ····· *003*

002. 商品房买卖合同中未约定事宜应按照有利于实现合同目的的方式
　　履行 ··· *006*

003. 具备合同主要内容的商品房的认购、订购、预订等协议应当认定为
　　房屋买卖合同 ··· *008*

004. 出卖人应承担因其自身原因导致买受人未能取得房屋权属证书的
　　违约责任 ··· *014*

005. 开发商故意隐瞒未取得预售许可证的事实与买受人签订的商品房
　　现房买卖合同无效 ··· *021*

006. 法院不予受理因自身原因未参加诉讼的不动产争议第三人在判决
　　生效后又提起的撤销之诉 ··· *025*

007. 通谋以虚假的意思表示签订的商品房买卖合同无效 ··············· *028*

008. 仅签订《商品房认购书》但一方已经履行主要义务且对方接受的
　　视为商品房买卖合同关系成立 ··· *032*

009. 合同双方协商一致终止借款合同关系后建立的商品房买卖合同关系
　　具有法律效力 ··· *037*

010. 房屋原有质量问题后期再度复发不受商品房销售合同约定的保修期
限制 ……………………………………………………………………… *041*

011. 同时签订商品房买卖合同和民间借贷合同且约定借款人未按期偿还
借款则履行商品房买卖合同不属于流押 ……………………………… *045*

012. 提供格式条款一方免除其责任的条款无效 …………………………… *050*

013. 商品房销售合同不因约定了低于市场价额的价款及较高的违约金而被
认定是以合法形式掩盖非法目的的高利贷性质合同 ………………… *055*

014. 商品房销售合同纠纷中对书面证据的认定应当更为审慎 …………… *061*

第二章　商品房预售纠纷 ……………………………………………… *068*

015. 因当事人一方原因未能订立商品房买卖合同，应当按照法律关于
定金的规定处理 ……………………………………………………… *068*

016. 在"一房二卖"的情况下无法取得房屋所有权的买受人有权解除
合同并请求开发商支付已付购房款一倍的赔偿金 ………………… *072*

017. 购房人需提供证据证明开发商故意隐瞒没有取得商品房预售许可
证明的事实 …………………………………………………………… *076*

018. 买受人不能仅凭房屋存在质量瑕疵请求解除合同和赔偿损失 …… *079*

019. 出卖人逾期办理产权证应承担违约责任 …………………………… *082*

020. 买受人可以出卖人未能依约办理商品房担保贷款手续为由
解除合同 ……………………………………………………………… *085*

021. 无约定或损失额难以确定的，可以按照已付购房款总额参照中国人民
银行规定的金融机构计收逾期贷款利息的标准计算违约金 ……… *088*

022. 商品房的销售广告和宣传资料为要约邀请 ………………………… *091*

023. 合同解除后，已经履行的，根据履行情况和合同性质，当事人可以
要求恢复原状 ………………………………………………………… *098*

024. 商品房买卖合同被解除，致使商品房担保贷款合同的目的无法实现，
可以请求解除商品房担保贷款合同 ………………………………… *103*

025. 在取得商品房预售许可证的集体所有土地上建造并预售商品房，

未取得土地使用权所签订的商品房预售合同无效 ······· *107*

026. 合同中约定违约金责任过低时，守约方可以请求法院根据同地段

同类房屋租金标准对逾期交房违约金予以调整 ······· *111*

第三章 存量房屋买卖纠纷 ······· *115*

027. 夫妻一方未经另一方同意处分共有房产的行为应属无效 ······· *115*

028. 房屋交易属于重大民事行为，不能认定该行为与限制民事行为

能力人的精神健康状况相适应 ······· *118*

029. 签订的房屋买卖合同构成恶意串通损害第三人利益情形的，应当

认定为无效 ······· *123*

030. 增加违约金以后当事人又请求对方赔偿损失的，人民法院

不予支持 ······· *130*

031. 购房人有理由相信行为人有代理权的，买卖合同有效 ······· *140*

032. 中介服务机构未尽审核义务的，应承担赔偿责任 ······· *145*

033. 未经公司股东会、董事会同意的理由不能否认公司印章对外产生

的法律效力 ······· *150*

034. 北京"3.17 新政"的实施对购房人的履约能力产生重大影响的，

购房人有权解除合同 ······· *153*

035. 购房人有能力但未积极采取措施付款的，无权主张解除合同 ······· *164*

036. 房屋出卖人对房屋居住人在交易房屋外发生非正常死亡应披露 ······· *170*

037. 房屋出卖人有义务主动披露房屋内发生过非正常死亡事件的信息 ······· *173*

038. "一房二卖"在各买受人均未办理过户、占有房屋时，应当考虑

合同履行程度 ······· *177*

039. 承租人未在法定期间内主张优先购买权不予支持 ······· *181*

040. 共有人未在法定期间内主张优先购买权不予支持 ······· *185*

041. 出卖人拒绝解除房屋抵押的，买受人可代为清偿债务消灭抵押权

并要求继续履行合同 ······· *189*

042. 出卖人未按合同约定解除房屋抵押的，应承担违约责任 ················· 199

第四章　政策性住房转让纠纷··· 203

043. "按经济适用住房管理"的房屋可以进行交易 ····················· 203

044. "拆迁安置用房购房资格"家庭成员内部转让有效 ············· 205

045. "拆迁安置房购买指标"转让合同有效，但不足以排除强制执行 ····· 208

046. "非摇号取得限价房购房资格"转让有效 ························· 212

047. 2008 年 4 月 11 日前"借名购买经济适用房"有效 ············· 215

048. 2008 年 4 月 11 日后"借名购买经济适用房"无效 ············· 218

049. 以产权单位认为"已购公房"不得上市交易为由要求确认合同

无效难以支持 ··· 221

第五章　"小产权房"买卖纠纷·· 226

050. "小产权"房屋买卖合同效力问题暂不进行实体处理需等待相关

政策明确后处理 ··· 226

051. 对"小产权房"的占有不应受到法律之外的侵害 ·············· 228

052. "小产权房"的占有使用权可以进行确认、分割 ··············· 231

053. "农村房屋连环买卖"最后一手买受人与出卖人属于同一集体

经济组织成员的合同有效 ·· 233

054. 回乡落户职工购买"农村房屋"合同有效 ····················· 237

055. 村委会确认买受人属于"村集体经济组织成员"的买卖合同有效 ····· 242

056. 未经村委会确认属于"村集体经济组织成员"，即使户口已迁入，

买卖合同依然无效 ··· 244

057. 出卖人请求确认农村房屋买卖合同无效，买受人可主张因合同

无效的信赖利益损失 ··· 248

下篇
与房屋租赁有关的纠纷

第六章　普通商品住宅租赁纠纷 ································· *253*

058. 合同书未盖章又未实际履行的，因缺乏合同成立要件未成立，
无法以此主张违约金 ······································· *253*

059. 根据合同的相对性，承租人无权要求出租方的工作人员承担
连带赔偿责任 ··· *256*

060. 一方当事人违反合同约定，守约方可以要求解除合同并要求
对方承担违约责任 ··· *258*

061. 已经房屋主管部门认定为私产的房屋，所有权人依法享有占有、
使用、收益和处分的权利 ··································· *262*

062. 对方构成根本违约的，守约方可以要求解除合同，并要求对方
承担违约责任 ··· *267*

063. 谁主张谁举证，缺乏事实和法律依据的主张，依法得不到支持 ········ *270*

064. 事实上的租赁关系，虽未签订租赁合同，但是双方的权利义务
参照房屋租赁惯例确定 ····································· *273*

065. 当事人对自己提出的主张有责任提供证据 ·················· *275*

066. 因出租方违约导致合同目的不能实现而解除合同的，承租人可
享有的权利问题 ··· *278*

067. 当事人所提供的证据不足以证明其主张的，应该承担举证不利
的后果 ··· *281*

068. 约定的违约金过分高于造成的损失的，当事人可以请求人民法院
予以适当减少 ··· *284*

069. 一方当事人违约后，对方应当采取适当措施防止损失扩大 ············· *288*

070. 当事人应当按照约定履行自己的义务，不得擅自变更或者
解除合同 ··· *292*

071. 公平诚信原则在房屋租赁合同中的运用 ···················· *295*

第七章　廉租住房租赁纠纷 ·································· *300*

072. 廉租房管理部门在承租人不具备享受廉租住房资格时有权
收回房屋 ··· *300*

073. 廉租房承租人不能以不当得利为由要求出租人返还已收取的
廉租房补贴款 ··· *302*

074. 廉租房承租人无权自行判断自身是否符合免交租金的条件；租赁
合同是否应予解除应综合考虑承租人的实际情况、公共租赁住房
的目的等因素进行综合判断 ································· *305*

075. 廉租住房出租人是否对小区负有治安防卫义务要以租赁合同约定
为准 ·· *309*

076. 乡（镇）人民政府、街道办事处应在自己职权范围内行使廉租房
配租管理职责 ··· *311*

077. 申请人应当向具有相关法定职责的行政机关提出廉租房配租申请 ··· *314*

078. 承租人要求与其共同居住的亲属腾退该承租房屋时要根据该亲属的
实际情况进行考量是否支持承租人之要求 ··············· *319*

079. 为了便于行政给付主体及时掌握给付对象的真实情况，申请人应当
及时履行申报义务 ··· *321*

080. 承租人家庭成员发生变更，其是否符合继续承租廉租房的条件由行政
部门重新审定 ··· *326*

第八章　城镇公有住宅租赁纠纷 ························ *330*

081. 公房租赁合同履行纠纷应提起民事诉讼，但法律适用不同于一般
房屋租赁纠纷 ··· *330*

082. 带有国家福利政策性质的公有住房未经管理部门允许不得转租、
转借 ·· *333*

083. 公房管理机关在确定承租条件时应结合诚信原则进行综合衡量 ········ *335*

084. 政府公房管理部门应对申请承租人及其同一户籍家庭成员的住房
情况、居住状况是否符合承租条件进行全面调查 ········ *339*

085. 申请公房承租人变更时满足同一户籍、与原承租人共同居住满两年
又无其他住房的人员均有资格列入被征求意见的家庭成员范畴 ……… 342

086. 公房承租申请人应满足同一户籍、与原承租人共同居住满两年
又无其他住房的条件 ……………………………………………… 345

087. 在申请公房承租权变更时，已分户但户籍仍在长期居住的公房
内的家庭成员属于应当征求意见的家庭成员 ………………………… 349

088. 公房承租人变更的前提条件是原承租人外迁或死亡……………… 352

089. 公房承租人变更行为应适用最长二十年的起诉期限……………… 355

090. 确认公有住宅房屋承租人资格纠纷不属于人民法院民事主管范畴 …… 358

091. 确认《北京市公有住宅租赁合同》无效之诉的原告应当与签订
合同的行为具有利害关系 …………………………………………… 359

092. 承租人将公有住宅给予他人无偿借住的行为不属于转租行为 ………… 361

093. 公房承租人去世后其继承人无权处分该公有住宅………………… 363

094. 公房承租人的变更不能损害无民事行为能力的其他家庭成员的
合法权益 …………………………………………………………… 365

第九章　非住宅房屋租赁纠纷……………………………………… 368

095. 当事人为自己的利益不正当地阻止条件成就的，视为条件已成就 …… 368

096. 涉案房屋的按份共有权人在其享有涉案房屋的按份共有份额范围
内对其他共有人的债务承担连带责任 …………………………… 372

097. 出租人基于承租人新建、改建行为获益时应当给予承租人适当
补偿 ………………………………………………………………… 377

098. 享有解除权的人发出解除通知到达相对人之日产生合同
解除的后果 ………………………………………………………… 381

099. 承租人在《解除合同协议书》中对计租标准变更内容约定不明
情况下推定为未变更 ……………………………………………… 388

100. 出租方按照合同约定交付商铺后承租方未享有实际控制权导致
违约不承担违约责任 ……………………………………………… 392

101. 出租人签订征收补偿协议不影响承租人使用承租房屋及履行
合同义务 ……………………………………………………………… *397*

102. 承租人未取得转租权而转租的，未经出租人明确追认，次承
租人可以要求解除合同 …………………………………………… *400*

103. 次承租人与出租人之间关于租金的减免约定，不影响承租人
收取其应当收取的部分 …………………………………………… *405*

104. 租赁协议明确约定可以转租的，转租时不需要出具授权委托书，
除非证明必要性，否则承租人不得以此为抗辩理由 ……………… *409*

105. 房屋租赁合同无效的，出租人可按照承租人实际使用涉案房屋的
时间向其主张支付房屋占有使用费 ……………………………… *412*

106. 有证据证明一方当事人持有对己不利的证据无正当理由拒不提供，
可以确定该主张成立 ……………………………………………… *416*

107. 当事人提交的证据无法形成有效的证据链来证明其主张，将承担
举证不利的后果 …………………………………………………… *419*

108. 以签订租赁合同的形式进行民间借贷，该借贷不存在无效情形的，
该租赁合同有效 …………………………………………………… *424*

第十章　农村房屋租赁纠纷 ……………………………………………… *429*

109. 承租人以租赁房屋进行营业的目的无法实现为由要求解除租赁
合同应予支持 ……………………………………………………… *429*

110. 非本村村民签订的以"租赁之名"行"买卖之实"合同应为无效 …… *431*

111. 承包协议约定改变了涉案土地的规划性质和使用用途，且作为地
上物也没有取得合法的审批手续，该承包协议无效 ……………… *435*

112. 形式上为无偿借用合同，但附有借用人承揽该房屋装修为条件应
认定双方形成房屋租赁合同法律关系 …………………………… *439*

113. 承租人未按照合同约定履行支付租金义务，出租人以登报形式
通知承租人并请求确认解除合同应予支持 ……………………… *443*

114. 涉案房屋未取得建设工程规划许可证且房屋所在地的土地性质
　　　 为农用地的租赁合同无效 ·· 446

115.《房地产租赁合同》被人民法院认定为无效合同，承租人要求
　　　 继续履行合同或出租人要求解除合同均不予支持 ··············· 450

116. 涉案房屋卖给第三人后未办理产权变更登记的出租人应继续
　　　 履行《租赁合同》 ·· 455

117. 涉案土地为宅基地用于开设非农建设签订的《协议书》属
　　　 无效合同 ··· 459

118. 通过签订《房屋租赁合同》实现宅基地使用权转让的目的因违反
　　　 相关法律规定而无效 ·· 464

119. 农村集体土地上建设可以参照《最高人民法院关于审理城镇房屋
　　　 租赁合同纠纷案件具体应用法律若干问题的解释》处理 ········· 468

120. 承租人不能以《房屋租赁合同》无效为由拒绝返还承租房屋 ········· 472

121. 延付或者拒付租金的诉讼时效期间一年在《中华人民共和国
　　　 民法总则》施行之前已经届满将不适用三年诉讼时效的规定 ······· 475

122. 对农村土地承包经营权流转关系进行鉴证非行政机关的法定
　　　 职权或义务亦非合同生效的法定要件 ···························· 480

后　记 ··· 483

上 篇
与房屋买卖有关的纠纷

第一章
商品房销售纠纷

001. 开发商未能依约交付房屋共用部位应当承担恢复原状之违约责任

（周×、李×与北京×文化娱乐公司商品房销售合同纠纷）

【裁判要旨】

无论系因被告或者因本案第三人或者因其他单位和个人导致被告交付给原告的房屋共用部位面积与商品房买卖合同约定不符，均属于被告违约，被告应承担违约责任。原告有权要求被告将涉诉房屋共用部位整改修缮恢复至不动产权证书所附房产分户平面图所示状况。

【当事人信息】

上诉人：周×（原审原告）

上诉人：李×（原审原告）

上诉人：北京×文化娱乐公司（原审被告）

【基本案情】

2016 年 4 月 19 日，原告周×、李×与被告北京×文化娱乐公司签订《北京市商品房现房买卖合同》及附件，约定周×、李×购买北京×文化娱乐公司建设的×号房屋。该合同约定：该商品房的共用部位与共用房屋分摊建筑面积 26.39 平方米，有关共用部位与共用房屋分摊建筑面积构成说明见附件二（附件二共用部位与共用房屋分摊建筑面积构成说明载明 2 单元地上二层至地上三层分摊的共有部分为：电梯井 2、管井 2、楼梯间 2、前室 2、走道 2），出卖人不得擅自改变与该商品房有关的共用部位和设施的使用性质。2017 年 1 月 22 日，周×、李×取得×号房屋的不动产权证书。周×、李×称由于北京×文化娱乐公司更改了×号房屋、×号房屋入户门的位置，导致属于×号房屋所在的2单元地上二层分摊的共有部分中的走道面积减少。

【诉讼请求】

1. 判令被告向原告提供符合法律规定的票面金额为×元的购房款发票；

2. 判令被告将×号房屋正门对应过道整改修缮恢复至房产证房产分户平面图所示状况；

3. 判令被告赔偿其自2016年12月5日至2017年12月4日的车位管理费损失1800元以及自2016年9月25日起计算至被告履行完第2项诉讼请求中的义务之日止的房租损失，按每日433元计算。

【裁判结果】

一审：1. 北京×文化娱乐公司于判决生效之日起三十日内将顺义区高泗路于庄段×号房屋入户门对应走道整改修缮恢复至由北京航天勘察设计研究院有限公司出具的该房屋所在楼层的房屋分层平面示意图中的走道2所示状况；

2. 驳回周×、李×的其他诉讼请求。

二审：驳回上诉，维持原判。

【裁判理由】

一审法院认为：依法成立的合同，受法律保护。周×、李×与北京×文化娱乐公司签订的《北京市商品房现房买卖合同》及附件系双方真实意思表示，未违反法律、行政法规的强制性规定，属于合法有效的合同，双方应依约履行。根据《北京市商品房现房买卖合同》的约定，北京×文化娱乐公司向周×、李×出售的×号房屋建筑面积为141.03平方米，其中包含共用部位与共用房屋分摊建筑面积26.39平方米，且合同附件二对共用部位与共用房屋分摊建筑面积的构成予以了说明，明确2单元二层分摊的共有部分包括走道2。周×、李×与北京×文化娱乐公司均认可房产分户平面图中显示的走道与由北京航天勘察设计研究院有限公司出具的×号房屋所在楼层的房屋分层平面示意图中的走道2一致，其分摊面积为71.83平方米，法院对此予以确认。根据北京×文化娱乐公司在本案中的意见，其认可在向周×、李×交付×号房屋时即存在×号房屋入户门对应走道与×号房屋不动产权证书所附的房产分户平面图所示状况不一致，且走道状况与《北京市商品房现房买卖合同》附件一房屋平面图及其在整个楼栋中的位置图所示状况不同，而其自认按照《北京市商品房现房买卖合同》及附件的约定，其交付给周×、李×的×号房屋应当与不动产权证书所示一致，在此情况下，无论系因北京×文化娱乐公司的原因或者因本案第三人的原因或者因其他单位和个人的原因导致产生北京×文化娱乐公司交付给周×、李×的走道与约定不符，均属于北京×文化娱乐公司违约，北京×文化娱乐公司应承担违约责任。周×、李×要求北京×文化娱乐公司将×号房屋入户门对应走道整改修缮恢复至不动产权证书所附房产分户平面图所示状况的诉讼请求，于法有据，但由于×号房屋的不动产权证书所附的房产分户平面图中的走道未标记详细尺寸，而周×、李×与北京×文化娱乐公司均认可该走道与由北京航天勘察设计研究院有限公司出具的×号房屋所在楼层的房屋分层平面示意图中的走道 2 一致，且该走道 2 标记有具体尺寸，故法院据此判令北京×文化娱乐公司将×号房屋入户门对应走道整改修缮恢复至由北京航天勘察设计研究院有限公司出具的×号房屋所在楼层的房屋分层平面示意图中的走道 2 所示状况。虽然北京×文化娱乐公司交付的×号房屋在共用部位与共用房屋分摊建筑面积上不符合约定，但该房屋套内建筑面积并不受影响，亦不影响该房屋的实际居住、使用功能，故周×、李×要求北京×文化娱乐公司赔偿车位管理费损失、房租损失，依据不足，法院不予支持。

二审法院认为：《北京市商品房现房买卖合同》系各方真实意思表示，且未违反国家法律、行政规定之强制性规定，系有效合同。各方当事人均应按照合同约定履行各自义务。北京×文化娱乐公司应当按照合同约定向李×、周×交付房屋。北京×文化娱乐公司虽上诉称其已经按照合同约定交付房屋，但根据已经查明的事实其未能依约交付公共面积。北京×文化娱乐公司应当就此承担恢复原状之违约责任。一审法院判令北京×文化娱乐公司将该房屋所在楼层之走道恢复至房屋分层平面示意图之状况并无不当。现各方均未提供证据证明第三方对占用之公共面积存在物权，北京×文化娱乐公司关于一审法院之判决内容侵犯他人不动产物权之上诉意见，不予采纳。综上，周×、李×、北京×文化娱乐公司的上诉请求不能成立，应予驳回；一审判决认定事实清楚，程序正当，适用法律正确，应予维持。

【法条链接】

《中华人民共和国合同法》

第八条 依法成立的合同,对当事人具有法律约束力。当事人应当按照约定履行自己的义务,不得擅自变更或者解除合同。

依法成立的合同,受法律保护。

第六十条 当事人应当按照约定全面履行自己的义务。

当事人应当遵循诚实信用原则,根据合同的性质、目的和交易习惯履行通知、协助、保密等义务。

第一百零七条 当事人一方不履行合同义务或者履行合同义务不符合约定的,应当承担继续履行、采取补救措施或者赔偿损失等违约责任。

【案例来源】

北京市第三中级人民法院民事判决书(2018)京 03 民终 6013 号。

002. 商品房买卖合同中未约定事宜应按照
有利于实现合同目的的方式履行

(柴×与×公司商品房销售合同纠纷)

【裁判要旨】

原、被告双方订立的《商品房购销合同》中对于小区的供气方式并无约定,在此情况下双方应结合《商品房购销合同》中的相关条款按照有利于实现合同目的的方式履行。基于此,被告采用液化气管道为小区供气的方式并无不妥,其作为出卖方在缔约过程中也没有告知原告小区液化气站设计使用年限的义务。被告作为出卖方无论在缔约过程中还是在此后的履约过程中并未违反诚实信用的原则。

【当事人信息】

上诉人:柴×(原审原告)

被上诉人:×公司(原审被告)

【基本案情】

2001年6月25日，柴×作为买受人与×公司作为出卖人签订《商品房购销合同》，柴×购买×小区×号房屋。合同第六条约定出卖方交付商品房的日期为2001年6月25日。交付地点为本合同标的物所在地。出卖方以书面形式通知买受人办理所购商品房交接手续，交接时双方应对房屋进行验收，并签署房屋交接单。同时出卖人向买受人提供《住宅质量保证书》和《住宅使用说明书》。合同中对房屋交付条件及室内设施配置并未约定。后柴×支付了全部房款，办理了入住手续，取得了房屋所有权证书。在柴×取得的《住宅使用说明书》中有关室内设施配置中载明燃气为液化气。×公司开发的×小区供气方式原为小区液化气站，后由于设备老化、存在严重安全隐患，小区物业公司决定停止供气，并置换为市政天然气。为此，柴×向北京京亚市政工程有限公司交纳了天然气施工改造费3900元。

【诉讼请求】

×公司赔偿原告因安装和开通新燃气管道所遭受的经济损失3900元；

【裁判结果】

一审：驳回柴×的诉讼请求。
二审：驳回上诉，维持原判。

【裁判理由】

一审法院认为：依法成立的合同，对当事人具有法律的约束力。本案中柴×与×公司签订的《商品房购销合同》系有效合同，双方当事人均应依约履行各自义务。当事人对自己提出的事实和主张有义务提供证据加以证明，如果不能提供证据或是提供的证据不能证明自己的事实和主张的，应承担举证不能的法律后果。根据查明的事实，柴×与×公司所签订的《商品房购销合同》中对小区供气方式并没有约定，且天然气改造的组织方、实施方均非×公司，现柴×要求×公司赔偿天然气施工改造费缺乏合同及法律依据，故对其诉讼请求法院不予支持。

二审法院认为：柴×所主张的因安装和开通新燃气管道所造成的经济损失

的依据是×公司在履约中违反了诚实信用原则。根据查明的事实，双方所订立的《商品房购销合同》中对于小区的供气方式并无约定，在此情况下双方应结合《商品房购销合同》中的相关条款按照有利于实现合同目的的方式履行。基于此，×公司采用液化气管道为小区供气的方式并无不妥，其作为出卖方在缔约过程中也没有告知柴×小区液化气站设计使用年限的义务。此后因为小区内的供气站存在安全隐患，置换为天然气管道供气，×公司作为出卖方无论在缔约过程中还是在此后的履约过程中并未违反诚实信用的原则。综上，柴×的上诉请求和理由均没有事实及法律依据，不予支持，原判正确，应予维持。

【法条链接】

《中华人民共和国合同法》

第六条 当事人行使权利、履行义务应当遵循诚实信用原则。

第八条第一款 依法成立的合同，对当事人具有法律约束力。当事人应当按照约定履行自己的义务，不得擅自变更或者解除合同。

【案例来源】

北京市第三中级人民法院民事判决书（2014）三中民终字第13187号。

003. 具备合同主要内容的商品房的认购、订购、预订等协议应当认定为房屋买卖合同

（隋×与北京××置业有限公司商品房销售合同纠纷）

【裁判要旨】

本案《购房协议》对于房屋具体坐落、面积、单价、结算方式、入住条件等进行了详细约定，具备《商品房销售管理办法》第十六条规定的商品房买卖合同的主要内容，其中也未见将来一定期限内再签订本约的意思表示，并且出卖人已经按照约定收受购房款，故本案《购房协议》应当认定为商品房买卖合同。

【当事人信息】

上诉人：北京××置业有限公司（原审被告、反诉原告）

被上诉人：隋×（原审原告、反诉被告）

【基本案情】

2011 年 5 月 20 日，隋×与北京××置业有限公司签订《购房协议》，约定：兹有客户隋×购买北京市丰台区×路 902 号房屋。建筑面积 147.97 平方米，暂定建筑面积单价 35 000 元/平方米，暂定总价：5 178 950 元。预付 300 万元房款（最后以该楼栋正式销售时实际销售价格为准多退少补进行结算）。交款后可以装修。2011 年 9 月 30 日前不得入住。若因客户不能提供 5 年纳税证明或 5 年社保的，后果自负。

签订购房协议当日，隋×向北京××置业有限公司交纳房款 40 万元，北京××置业有限公司向隋×交付了 902 号房屋。2011 年 5 月 21 日，隋×开始对房屋进行装修。2011 年 5 月 23 日，隋×向北京××置业有限公司交纳房款 260 万元。隋×在 902 号房屋居住至今。

2011 年 9 月 21 日，北京××置业有限公司取得 902 号房屋所在楼栋的房屋所有权证，该房屋所有权证载明，902 号房屋建筑面积为 147.97 平方米，与购房协议约定一致。现 902 号房屋登记在北京××置业有限公司名下，房屋无抵押，无查封。2016 年 4 月 22 日，北京××置业有限公司向丰台区房屋管理部门对 902 号房屋进行申报销售备案。北京××置业有限公司要求隋×按照每平米 6.3 万元、总房款 9 322 110 元签订正式房屋买卖合同并支付剩余房款，隋×不同意，要求按照每平方米 3.5 万元计算，同意支付剩余房款 2 178 950 元，并要求北京××置业有限公司协助办理房屋所有权转移登记手续。

【诉讼请求】

隋×起诉请求：

北京××置业有限公司继续履行购房协议，协助隋×办理北京市丰台区×路 902 号房屋所有权转移登记手续，隋×再行支付房款 2 178 950 元。

北京××置业有限公司提出反诉请求：

1. 解除双方签订的购房协议；

2. 隋×腾退 902 号房屋；

3. 隋×支付自 2011 年 10 月 1 日至实际腾退之日止的房屋使用费（按照每月 6 500 元标准计算）。

【裁判结果】

一审：1. 隋×于判决生效之日起七日内支付北京××置业有限公司购房款二百一十七万八千九百五十元；

2. 北京××置业有限公司于判决生效之日起七日内协助隋×办理北京市丰台区×路 902 号房屋所有权转移登记手续；

3. 驳回北京××置业有限公司的反诉请求。

二审：驳回上诉，维持原判。

【裁判理由】

一审法院认为：双方当事人的争议焦点主要是《购房协议》的性质是本约合同还是预约合同以及房屋总价款应当如何认定。

针对《购房协议》的性质是本约合同还是预约合同的问题，本约合同即指正式合同，当事人直接可据此要求相对方履行约定义务；预约合同则是谈判当事人一方或双方为将来订立确定性本合同达成的书面允诺或协议。《最高人民法院关于审理商品房买卖合同纠纷案件适用法律若干问题的解释》第五条规定，商品房的认购、订购、预订等协议具备《商品房销售管理办法》第十六条规定的商品房买卖合同的主要内容，并且出卖人已经按照约定收受购房款的，该协议应当认定为商品房买卖合同。关于上述第五条的理解与适用，应当分以下两方面考虑。

1. 关于《商品房销售管理办法》第十六条的理解。第十六条规定，商品房销售时，房地产开发企业和买受人应当订立书面商品房买卖合同。商品房买卖合同应当明确以下主要内容：（一）当事人名称或者姓名和住所；（二）商品房基本状况；（三）商品房的销售方式；（四）商品房价款的确定方式及总价款、付款方式、付款时间；（五）交付使用条件及日期；（六）装饰、设备标准承诺；（七）供水、供电、供热、燃气、通讯、道路、绿化等配套基础设施和公共设施的交付承诺和有关权益、责任；（八）公共配套建筑的产权归属；（九）面积差异的处理方式；（十）办理产权登记有关事宜；（十一）解决争议的方法；（十二）违约责任；（十三）双方约定的其他事项。上述第十六条，其中（一）、（二）、（四）、（五）属必要条款，属于合同的基础；（六）、（七）、（八）、（九）、（十）、（十二）则属相对重要条款，一旦履约过程中发生纠纷，这些条款则有助于分清责任大小，这些条款中哪些为主要内容，应视个案具体情况而定。而对于其他条款，则不应认定为主要条款。

2. 关于出卖人已经按照约定收受购房款的理解。一般考虑以下几点：一是买受人必须按约定要求进行了付款；二是付款包括全款和部分付款两种；对于部分付款的具体数额，为区别于预约，该部分付款原则上应高于定金约定。而《中华人民共和国担保法》第九十一条规定，定金的数额由当事人约定，但不得超过主合同标的额的百分之二十。

隋×与北京××置业有限公司签订的《购房协议》，从名称上看，其为"购房"协议，并非"认购、订购、预订"协议；协议对当事人的姓名及名称、商品房的具体地址及建筑面积、商品房价款及房屋的交付均作出约定；签订协议后，隋×支付了300万元房款，该数额远超过依照房屋总价款的20%确定的定金数额；且签订协议后，北京××置业有限公司向隋×交付了902号房屋，隋×自2011年5月20日使用房屋至今，双方履行了各自在商品房销售过程中的主要义务。综合以上履行情况分析，双方签订的《购房协议》已远超过预约合同应有的约定范围，且已经实际履行。故一审法院认定《购房协议》的性质是本约合同，而非预约合同。该《购房协议》是双方真实意思表示，内容未违反法律及行政法规的强制性规定，应属合法有效合同，双方当事人均应当依约履行合同义务。

针对房屋总价款应当如何认定的问题，一审法院认为，当事人应当遵循诚实信用原则，根据合同的性质、目的和交易习惯履行通知、协助、保密等义务。北京××置业有限公司于2011年5月20日交付902号房屋，又于2011年9月21日取得902号房屋所在楼栋的房屋所有权证，已经具备了协助隋×办理902号房屋所有权转移登记手续的条件，应当对双方的房屋总价款进行最后结算。双方在协议中约定，最后以正式销售时实际销售价格为准多退少补进行结算。既然《购房协议》性质上属于本约合同，就902号房屋而言，双方签订协议即是房屋的正式销售。庭审中，双方对房屋总价款无法达成一致，现北京××置业有限公司未举证证明双方约定的3.5万元每平方米的单价在2011年5月20日签订购房协议之日或者9月21日取得楼栋所有权证之日明显低于市场价，又未于上述日期前对房屋总价款进行结算，故一审法院认为，隋×主张按照单价3.5万元每平方米计算902号房屋总价款，并无不当。因北京××置业有限公司的房屋所有权证上载明902号房屋建筑面积为147.97平方米，与协议一致，故该房屋总价款应为5 178 950元。现隋×已交纳房款300万元，其同意一次性支付剩余房价款2 178 950元，并要求北京××置业有限公司协助其办理房屋所有权转移登记手续。对于隋×的诉讼请求，法院予以支持。北京××置业有限公司要求隋×按照2016年4月22日其确定的每平方米6.3万元计算出的房屋总价9 322 110元交纳剩余房款，无事实依据。隋×不同意后，北京××置业有限公司以此认为隋×构成违约，并提出了要求解除购房协议、隋×腾房并支付房屋使用费的反诉请求，该反诉请求无事实及法律依据，法院不予支持。北京××置业有限公司称隋×属于临时入住，但未提交证据，法院对北京××置业有限公司该主张不予采信。

综上所述，一审法院对隋×的诉讼请求予以支持，对北京××置业有限公司的反诉请求不予支持。

二审法院认为：本案争议的焦点是《购房协议》的性质是本约合同还是预约合同；北京××置业有限公司的合同目的是否不能实现，隋×是否构成根本违约，《购房协议》是否应予解除。

关于《购房协议》的性质问题，北京××置业有限公司上诉主张《购房协议》的性质系预约合同性质。法院认为预约合同通常应当具备合意性、约束性、确定性和期限性。预约合同的标的应当是在一定期限内签订本约的意思表示。分析《购房协议》的内容，购房协议对于房屋具体坐落、面积、单价、结算方式、入住条件等进行了详细约定，《购房协议》中并无在将来一定期限内再签订本约的意思表示，故《购房协议》并不符合预约合同的条件。且该协议签订后隋×支付了部分房款、北京××置业有限公司也向隋×交付了案涉房屋，隋×也对该房屋进行了装修并已实际入住多年，《购房协议》内容虽未完全包含《商品房销售管理办法》第十六条规定的各项主要内容条款，但根据双方实际履行情况，该《购房协议》性质应属于本约合同，且真实有效，双方均应按协议履行各自义务。北京××置业有限公司的该部分上诉理由不能成立，不予支持。

关于北京××置业有限公司的合同目的是否不能实现，隋×是否构成根本违约，《购房协议》是否应予解除问题。北京××置业有限公司上诉认为隋×未主动履行支付剩余房款的义务且无愿意继续履行合同的行为，隋×已构成根本违约，要求解除《购房协议》。根据《购房协议》的内容，双方当事人对于房款的结算约定是以该楼栋正式销售时实际销售价格为准多退少补进行结算。根据北京××置业有限公司诉讼中提供的《通知》可知，该公司要求隋×支付的房款为 7 727 825 元，隋×对该房款数额不予认可，双方的争议点集中在《购房协议》所约定的该楼栋正式销售时实际销售价格的确定。因双方对楼栋正式销售的时间有争议，法院认为双方当事人于 2011 年 5 月 20 日签订《购房协议》，案涉房屋于协议签订当日由北京××置业有限公司交付给隋×，北京××置业有限公司于同年 9 月 21 日取得涉案房屋所在楼栋的房屋所有权证，案涉房屋此时已具备销售条件。法院认定涉案房屋所在楼栋取得所有权证的时间为楼栋正式销售的时间。因北京××置业有限公司未提供证据证明在该时间节点协议约定的房屋单价明显低于市场价，也未于该时间节点对房屋总价款进行结算，诉讼中公司主张隋×未按 2016 年的销售价格支付剩余购房款且未积极履行合同构成根本违约，对该意见不予采信，对隋×主张按单价每平方米 3.5 万元计算案涉房屋价款予以支持。因隋×同意一次性支付剩余房价款，一审法院对该部分事实的处理正确，依法予以维持。北京××置业有限公司要求解除《购房协议》的理由并不充分，不予支持。一审法院对其余事实的认定及处理恰当，予以维持。

综上所述，北京××置业有限公司的上诉请求不能成立，应予驳回；一审判决认定事实基本清楚，适用法律正确，应予维持。

【法条链接】

1. 《中华人民共和国合同法》

第六十条　当事人应当按照约定全面履行自己的义务。

当事人应当遵循诚实信用原则，根据合同的性质、目的和交易习惯履行通知、协助、保密等义务。

第一百三十条　买卖合同是出卖人转移标的物的所有权于买受人，买受人支付价款的合同。

2. **《最高人民法院关于审理商品房买卖合同纠纷案件适用法律若干问题的解释》**

第五条　商品房的认购、订购、预订等协议具备《商品房销售管理办法》

第十六条规定的商品房买卖合同的主要内容，并且出卖人已经按照约定收受购房款的，该协议应当认定为商品房买卖合同。

3.《商品房销售管理办法》

第十六条 商品房销售时，房地产开发企业和买受人应当订立书面商品房买卖合同。

商品房买卖合同应当明确以下主要内容：

（一）当事人名称或者姓名和住所；

（二）商品房基本状况；

（三）商品房的销售方式；

（四）商品房价款的确定方式及总价款、付款方式、付款时间；

（五）交付使用条件及日期；

（六）装饰、设备标准承诺；

（七）供水、供电、供热、燃气、通讯、道路、绿化等配套基础设施和公共设施的交付承诺和有关权益、责任；

（八）公共配套建筑的产权归属；

（九）面积差异的处理方式；

（十）办理产权登记有关事宜；

（十一）解决争议的方法；

（十二）违约责任；

（十三）双方约定的其他事项。

【案例来源】

北京市第二中级人民法院民事判决书（2018）京 02 民终 7213 号。

004. 出卖人应承担因其自身原因导致买受人未能取得房屋权属证书的违约责任

（绳×与××开发有限公司商品房销售合同纠纷）

【裁判要旨】

本案原、被告签订定购协议书时涉诉项目为竣工项目，但涉诉两套房屋并未完成复式改平层的施工，合同标的物为尚未建成的房屋，在双方未约定办理产权过户具体日期的情况下，根据法律规定，被告应自房屋交付使用之日起90日内协助原告办理涉诉房屋的产权证书。但因被告未能取得涉诉房屋测绘报告、到房屋管理部门变更规划设计等原因，未能给原告办理涉诉房屋产权证书，已构成违约。被告应当以原告已付房款总额为基数，参照中国人民银行同期同类贷款利率向原告支付逾期期间的利息作为违约金。

【当事人信息】

上诉人：××开发有限公司（原审被告）

被上诉人：绳×（原审原告）

【基本案情】

××开发有限公司为北京市东城区×项目的开发商，2001年取得涉诉项目大产权证，证号为××号，房屋建筑面积为46 809.97平方米。银座公司受××开发有限公司委托代理销售北京市东城区×房产。2009年10月10日，绳×与银座公司就A1910号、A1911号房屋分别签订了《定购协议书》。关于A1910号房屋的《定购协议书》载明："买方姓名：绳×，面积：暂159.89平方米，成交单价：42 727元，购买名称：×1910号，付款方式：一次性，房屋总价：6 831 620元，定金：100 000元，约定条款：1. 买方据此确定书定购×A1910；2. 自本定购协议书签署后7日内支付房款的30%；自卖方书面通知后7日内买方赴卖方所在地与卖方上述房屋签订商品房买卖合同及补充协议，过期视为买方自愿放弃购买权，卖方有权将本协议所述房屋另行出售，所交款项不予退还；3. 上述房屋买卖合同及补充协议签订后，本协议书自动失效；4. 本协议书自买卖双方签订后生效。备注：此协议书买方享受优惠折扣。"关于A1911号房屋的《定购协议书》载明："买方姓名：绳×，面积：暂120.39平方米，成交单价：45 951元，购买名称：×1911号，付款方式：一次性，房屋总价：5 532 041元，定金：100 000元，约定条款：1. 买方据此确定书定购×A1911；2. 自本定购协议书签署后7日内支付房款的30%；自卖方书面通知后7日内买方赴卖方所在地与卖方上述房屋签订商品房买卖合同及补充协议，过期视为买方自愿放弃购买权，卖方有权将本协议所述房屋另行出售，所交款项不予退还；3. 上述房屋买卖合同及补充协议签订后，本协议书自动失效；4. 本协议书自买卖双方签订后生效。备注：此协议书买方享受优惠折扣。"

合同签订当日，绳×按照协议约定向银座公司支付涉诉两套房屋购房定金各 100 000 元。2009 年 10 月 17 日，绳×向银座公司支付 A1910 号房屋约 30% 的购房款 1 951 620 元，支付 A1911 号房屋约 30% 的购房款 1 562 041 元。2009 年 11 月 15 日，绳×向银座公司支付 A1910 号房屋剩余购房款 4 780 000 元；2009 年 11 月 18 日，绳×向银座公司支付 A1911 号房屋剩余购房款 3 870 000 元。银座公司开具收据。

2010 年 2 月 8 日，××开发有限公司向绳×发出《房屋交付通知书》，通知绳×涉诉两套房屋已经具备《现房买卖合同》约定的交付使用条件，请绳×于 2010 年 2 月 10 日办理商品房的交接手续。2010 年 2 月 10 日，××开发有限公司向绳×交付涉诉房屋。

2014 年 1 月 2 日，××开发有限公司向绳×发出《关于再次要求办理网签手续的通知函》，载明：绳×购买的××开发有限公司出售的 1910 号房屋已具备签署《北京市商品房现房买卖合同》及办理网签手续的条件，××开发有限公司曾多次通知绳×履行上述义务，但绳×并未履行；现××开发有限公司正式书面致函通知绳×于 2014 年 1 月 6 日之前与××开发有限公司签署正式的《北京市商品房买卖合同》，并办理网签手续，否则上述期限届满之日视为绳×放弃对涉诉房屋的购买。绳×认可收到上述通知函，但称之前××开发有限公司并未通知其签署合同及办理网签事宜，且因房屋实测面积小于定购协议中的面积，××开发有限公司不同意退还购房款，双方未能达成一致，其无法与××开发有限公司签订正式合同并办理网签。

【诉讼请求】

1. ××开发有限公司为原告办理 1910 号房屋产权过户手续，将该房屋登记在原告名下；

2. ××开发有限公司、银座公司返还原告多支付的购房款 1 219 691.82 元及双倍返还面积差在 3% 以上的购房款 849 152.54 元；

3. ××开发有限公司、银座公司支付原告逾期办理房产证违约金，以原告所付购房款为基数，自 2010 年 1 月 11 日起至实际办理完毕产权过户手续之日止，按照中国人民银行同期贷款利率计算的利息（截止到 2014 年 2 月 11 日为 3 016 286. 15 元)。

【裁判结果】

一审：1. ××开发有限公司于判决生效后十五日内协助绳×办理北京市东城区×19010 号房屋的产权变更登记手续，将上述房屋产权登记在绳×名下；

2. ××开发有限公司于判决生效之日起十五日内返还绳×房价款 1 219 691. 82 元；

3. ××开发有限公司于判决生效之日起十五日内以 1 219 691. 82 元为基数，按照中国人民银行同期同类贷款利率向绳×支付自 2009 年 11 月 19 日至判决生效之日止的利息；

4. ××开发有限公司于判决生效之日起十五日内以 12 363 661 元为基数，按照中国人民银行同期同类贷款利率向绳×支付自 2010 年 5 月 11 日至 2014 年 1 月 1 日的逾期办证违约金；

5. 驳回绳×的其他诉讼请求。

二审：驳回上诉，维持原判。

【裁判理由】

一审法院认为：代理人在代理权限内，以被代理人的名义实施民事法律行为，被代理人对代理人的代理行为，承担民事责任。当事人一方不履行合同义务或者履行合同义务不符合约定的，应当承担继续履行、采取补救措施或者赔偿损失等违约责任。出卖人交付使用的房屋建筑面积与商品房买卖合同约定面积不符，合同有约定的，按照约定处理；合同没有约定或者约定不明确的，按照以下原则处理：面积误差比绝对值超出 3%，买受人同意继续履行合同，房屋实际面积小于合同约定面积的，面积误差比在 3% 以内（含 3%）部分的房价款及利息由出卖人返还买受人，面积误差比超过 3% 部分的房价款由出卖人双倍返还买受人。由于出卖人的原因，买受人在下列期限届满未能取得房屋权属证书的，除当事人有特殊约定外，出卖人应当承担违约责任：（二）商品房买卖合同的标的物为尚未建成房屋的，自房屋交付使用之日起 90 日；（三）商品房买卖合同的标的物为已竣工房屋的，自合同订立之日起 90 日。合同没有约定违约金或者损失数额难以确定的，可以按照已付购房款总额，参照中国人民银行规定的金融机构计收逾期贷款利息的标准计算。根据查明的事实，绳×与××开发有限公司的委托代理人银座公司签订两份《定购协议书》，购买涉诉两套房屋。银座公司作为××开发有限公司的委托代理人，其在代理权限内实施代理行为应由被代理人即××开发有限公司承担民事责任。两份《定购协议书》具备了拟购房屋的基本状况、价款数额、价款支付方式等合同主要内容，应当认定为房屋买卖合同。绳×及××开发有限公司均应按照《定购协议书》的约定履行各自义务。合同签订后，绳×如约向××开发有限公司支付全部购房款，××开发有限公司亦将涉诉房屋交付绳×使用。××开发有限公司应当协助绳×办理 1910 号房屋的产权过户手续，××开发有限公司未协助绳×办理 1910 号房屋产权过户手续，已构成违约，绳×要求××开发有限公司协助办理 1910 号房屋产权过户手续的诉讼请求，于法有据，法院予以支持。

虽双方签订定购协议书时涉诉项目为竣工项目，但涉诉两套房屋并未完成复式改平层的施工，合同标的物为尚未建成的房屋，在双方未约定办理产权过户具体日期的情况下，根据法律规定，××开发有限公司应自房屋交付使用之日起 90 日内即 2010 年 5 月 10 日之前协助绳×办理涉诉房屋的产权证书。但因××开发有限公司未能取得涉诉房屋测绘报告、到房屋管理部门变更规划设计等原因，未能给绳×办理 1910 号房屋产权证书，已构成违约。直至 2014 年 1 月 2 日，××开发有限公司才向绳×发出《关于再次要求办理网签手续的通知单》，通知绳×办理权属证书，但因房屋面积差额等问题，双方未能达成一致。××开发有限公司应当以绳×已付房款总额为基数，参照中国人民银行同期同类贷款利率向绳×支付 2010 年 5 月 11 日至 2014 年 1 月 1 日的利息作为违约金。绳×要求××开发有限公司承担自定购协议书签订之日起 90 日即 2010 年 1 月 11 日起至产权办理完毕之日的逾期办证违约责任，因涉诉房屋为未建成房屋，且 2014 年 1 月 2 日，××开发有限公司已通知绳×办理产权证，因双方产生争议未能给绳×办理产权证，责任不在××开发有限公司一方，故绳×要求××开发有限公司支付 2010 年 5 月 10 日之前以及 2014 年 1 月 2 日之后的违约金的诉讼请求，法院不予支持。

二审法院认为：银座公司作为××开发有限公司的代理人与绳×签订的两份《定购协议书》中对绳×所购房屋的基本状况、房屋价款及付款方式均作出了明确约定，且该协议签订后，绳×支付了全部购房款，××开发有限公司亦将房屋交付与绳×，故原审法院据此认定上述两份《定购协议书》为房屋买卖合同，并无不当。现××开发有限公司以双方签订的《定购协议书》并不符合《商品房销售管理办法》第十六条规定的商品房买卖合同应当明确的主要内容为由，主张该协议不应被认定为商品房买卖合同的上诉意见，依据不足，不予采纳。鉴于绳×与××开发有限公司之间的商品房买卖合同关系已经成立，且绳×已经支付了全部的购房款，××开发有限公司亦将房屋交付与绳×，且办理房屋产权转移登记手续亦不存在其他客观障碍，故绳×要求××开发有限公司协助其办理涉诉房屋的产权转移登记手续，具有合同依据及法律依据，应予支持。××开发有限公司不同意协助办理房屋产权转移登记手续的上诉请求，没有依据，不予支持。

因涉诉房屋最终的实测面积比合同中暂定的房屋面积少，故对于绳×多支付的购房款，原审法院判决××开发有限公司按照中国人民银行同期同类贷款利率向绳×支付多交纳房款期间的利息，亦无不当，予以维持。××开发有限公司以双方在《定购协议书》中约定房屋面积为暂定面积，房屋面积的测绘报告于 2012 年 10 月方才出具为由，不同意支付利息的上诉请求，理由不充分，不予支持。

关于××开发有限公司不同意支付逾期办证违约金的上诉请求，根据已查明的事实，虽涉诉房屋所属的北京市东城区×街×号院项目已经办理了产权证，但鉴于绳×与××开发有限公司签订《定购协议书》时，绳×所购房屋并未完成复式改平层的施工及规划设计变更审批手续，故绳×与××开发有限公司之间的商品房买卖合同标的物应认定为尚未建成的房屋，故依据《最高人民法院关于审理商品房买卖合同纠纷案件适用法律若干问题的解释》第十八条之规定，商品房买卖合同的标的物为尚未建成房屋的，由于出卖人的原因，买受人自房屋交付使用之日起 90 日内未能取得房屋权属证书的，除当事人有特殊约定外，出卖人应当承担违约责任，本案中，××开发有限公司已于 2010 年 2 月 10 日将涉诉房屋交付与绳×，截止到 2014 年 1 月 2 日通知绳×办理涉诉房屋网签手续时，期间，双方未能办理房屋产权转移登记手续系因××开发有限公司未能取得涉诉房屋面积测绘报告、到房屋管理部门办理变更规划设计审批手续等原因所致，故原审法院判决××开发有限公司向绳×支付自 2010 年 5 月 11 日至 2014 年 1 月 1 日的逾期办证违约金，处理正确，予以维持。现××开发有限公司以其公司一直在积极履行合同义务，且绳×未履行与其公司办理网签手续、缴纳契税及公共维修基金等买受人应当履行的办理过户手续的相应义务为由，不同意支付逾期办证违约金的上诉请求，依据不足，不予支持。

【法条链接】

1.《中华人民共和国合同法》

第六十条　当事人应当按照约定全面履行自己的义务。

当事人应当遵循诚实信用原则，根据合同的性质、目的和交易习惯履行通知、协助、保密等义务。

2.《最高人民法院关于审理商品房买卖合同纠纷案件适用法律若干问题的解释》

第十四条　出卖人交付使用的房屋套内建筑面积或者建筑面积与商品房买卖合同约定面积不符，合同有约定的，按照约定处理；合同没有约定或者约定不明确的，按照以下原则处理：

（一）面积误差比绝对值在3%以内（含3%），按照合同约定的价格据实结算，买受人请求解除合同的，不予支持；

（二）面积误差比绝对值超出3%，买受人请求解除合同、返还已付购房款及利息的，应予支持。买受人同意继续履行合同，房屋实际面积大于合同约定面积的，面积误差比在3%以内（含3%）部分的房价款由买受人按照约定的价格补足，面积误差比超出3%部分的房价款由出卖人承担，所有权归买受人；房屋实际面积小于合同约定面积的，面积误差比在3%以内（含3%）部分的房价款及利息由出卖人返还买受人，面积误差比超过3%部分的房价款由出卖人双倍返还买受人。

第十八条　由于出卖人的原因，买受人在下列期限届满未能取得房屋权属证书的，除当事人有特殊约定外，出卖人应当承担违约责任：

（一）商品房买卖合同约定的办理房屋所有权登记的期限；

（二）商品房买卖合同的标的物为尚未建成房屋的，自房屋交付使用之日起90日；

（三）商品房买卖合同的标的物为已竣工房屋的，自合同订立之日起90日。

合同没有约定违约金或者损失数额难以确定的，可以按照已付购房款总额，参照中国人民银行规定的金融机构计收逾期贷款利息的标准计算。

【案例来源】

北京市第二中级人民法院民事判决书（2015）二中民终字第 02995 号。

005. 开发商故意隐瞒未取得预售许可证的事实
与买受人签订的商品房现房买卖合同无效

（严×与××公司商品房销售合同纠纷）

【裁判要旨】

开发商明知涉案房屋尚未取得预售许可证，故意隐瞒该事实并在合同中明确写明房屋已通过规划验收并完成了竣工验收，导致其与买受人签订的《北京市商品房现房销售合同》无效，在缔约过失责任上应负主要责任。

【当事人信息】

上诉人：××公司（原审被告）

被上诉人：严×（原审原告）

【基本案情】

2013 年 12 月 29 日，严×与××公司签署《北京××签约签呈》，约定由严×购买×号房屋，房屋建筑面积为 79.02 平方米，折后总价为 2 291 580 元，房屋首付款为 691 580 元，贷款金额为 160 万元，严×应支付定金 10 万元。当日，严×向××公司支付定金 10 万元。

2014 年 1 月 16 日，××公司作为出卖人与严×作为买受人签订《买卖合同》，约定：严×购买×号房屋，总房款 2 291 580 元。该合同第一条项目建设依据写明商品房已通过规划验收并完成了竣工验收。第二条销售依据写明买受人购买的商品房已取得房屋所有权证，但证号和填发单位为"×"。合同第九条交付条件约定出卖人应当在 2014 年 3 月 28 日前向买受人交付该商品房。合同附件五贷款方式及期限的约定载明严×具体付款期限为：1. 2014 年 1 月 16 日前，买受人向出卖人支付首付款 691 580 元；2. 2014 年 3 月 28 日前，买受人以贷款方式向出卖人支付剩余房款 160 万元。合同另就逾期交房责任等进行了约定。××公司未在上述合同上盖章。

《买卖合同》签订当日，严×支付了购房款 591 580 元，严×共计支付购房款 691 580 元（含定金），××公司当日向严×出具了购房款发票。2014 年 2 月 26 日，严×办理×号房屋的入住手续，交纳契税 68 747.4 元、公共维修基金 15 804 元、印花税 1150.79 元、测绘费 107.47 元、产权证登记费 80 元、手续费 1000 元，严×入住×号房屋至今。

截止本案一审开庭时，×号房屋所在楼宇未取得商品房预售许可证，亦未完成竣工验收备案。2016 年 9 月 12 日，严×曾起诉××公司，后撤诉。2018 年 3 月 28 日，严×申请就×号房屋在 2016 年 9 月 8 日（其提交起诉材料的时点）的价值进行评估。2018 年 7 月 23 日，杜鸣联合房地产评估（北京）有限公司出具《评估报告书》，载明估价对象在价值时点的市场价值估价结果为 303 万元，折合单位建筑面积价值约为每平方米 38 345 元。

【诉讼请求】

1. 确认严×与××公司于 2014 年 1 月 16 日签订的《买卖合同》及《补充协议》无效；

2. ××公司返还严×已付购房款 691 580 元，契税 68 747.4 元，公共维修基金 15 804 元，印花费、测绘费、产权登记费、手续费合计 2338.26 元，以上共计 778 469.66 元及利息 147 909.23 元（以 778 469.66 元为基数，按照中国人民银行同期同类贷款利率计算，自 2014 年 2 月 27 日即上述全部款项支付完毕次日起至 2018 年 2 月 4 日止）；

3. ××公司赔偿严×已付购房款一倍的损失 691 580 元；

4. ××公司赔偿严×房屋升值损失 738 420 元。

【裁判结果】

一审：1. 严×与××公司签订的《北京市商品房现房买卖合同》无效；

2. ××公司返还严×购房款 691 580 元、契税 68 747.4 元、公共维修基金 15 804 元、印花税 1150.79 元、测绘费 107.47 元、产权证登记费 80 元、手续费 1 000 元，以上共计 778 469.66 元，于判决生效之日起七日内执行清；

3. 严×于判决生效之日起十五日内将坐落于北京市通州区×街南、×街北侧×住宅楼×层×号房屋腾清并返还给××公司；

4. ××公司赔偿严×损失 750 000 元，于判决生效之日起七日内执行清；

5. 驳回严×的其他诉讼请求。

二审：驳回上诉，维持原判。

【裁判理由】

一审法院认为：出卖人未取得商品房预售许可证明，与买受人订立的商品房预售合同，应当认定无效，但是在起诉前取得商品房预售许可证明的，可以认定有效。在本案中严×提交了《买卖合同》，该合同虽未经××公司盖章确认，但严×对此进行的解释符合常理，且从合同的具体约定与实际履行情况来看，双方均已依照合同约定履行了相应义务，故××公司已经以实际行为表示对该合同予以认可。双方签署的合同名为现房买卖合同，但商品房现售是指房地产开发企业将竣工验收合格的商品房出售给买受人，并由买受人支付房价款的行为，××公司未经竣工验收即将房屋出售，应属商品房预售，其未取得预售许可证，故《买卖合同》应属无效。

关于合同无效的缔约过失责任的问题，法院认为，出卖人订立商品房买卖合同时，故意隐瞒没有取得商品房预售许可证明的事实或者提供虚假商品房预售许可证明，导致合同无效或者被撤销、解除的，买受人可以请求返还已付购房款及利息、赔偿损失，并可以请求出卖人承担不超过已付购房款一倍的赔偿责任。本案中，××公司作为开发商负有向买受人主动出示预售许可证的义务，但××公司非但未履行该义务，还在合同第一条项目建设依据中明确写明房屋已通过规划验收并完成了竣工验收，明显属于故意隐瞒未取得预售许可证的情形，故即便严×未能在签约时核实房屋是否有预售许可证的情况，在缔约过失责任上开发商仍应负主要责任。现严×要求赔偿已付款利息、升值损失及已付购房款一倍损失并无不当，但对于赔偿数额，为避免当事人诉累，法院对于××公司要求严×赔偿房屋使用费的意见予以采纳，结合严×付款情况、房屋市场价值、双方的责任比例及房屋使用费等酌情确定××公司应赔偿严×损失 75 万元，对于严×过高部分的诉求，依据不足，法院不予支持。

二审法院认为：严×与××公司于 2013 年 12 月 29 日签署《北京××签约签呈》，就房屋的基本信息、房屋总价款及支付方式等内容进行了约定，当日严×向××公司支付购房定金 10 万元。2014 年 1 月 16 日，双方签订《买卖合同》，当日严×向××公司支付合同约定的购房款 591 580 元，××公司向严×出具了购房款发票。2014 年 2 月 26 日，严×入住×号房屋至今。就××公司未在《买卖合同》上盖章的原因，严×称系因为签约当日××公司以需要盖章为由将合同收回，后××公司未依约盖章并返还合同。××公司对此虽不予认可，但结合《北京××签约签呈》与《买卖合同》的签订时间、合同内容、履行情况及房屋买卖交易习惯，严×的解释符合常理。故一审法院认定双方均已按照合同约定履行了相应义务、××公司已经以实际行动表示对合同的认可并无不当。××公司主张其并未与严×签订商品房买卖合同，与事实不符，对此不予采信。

××公司虽与严×签订了《买卖合同》，但×号房屋至今未取得商品房预售许可证，故《买卖合同》应为无效。××公司作为开发商，明知×号房屋尚未取得预售许可证，故意隐瞒该事实并在合同中明确写明房屋已通过规划验收并完成了竣工验收。×号房屋至今未取得商品房预售许可证明，导致合同无效。即使严×未能在签约前就此进行核实，在缔约过失责任上××公司仍应负主要责任。××公司虽主张房屋的预售许可信息在北京市住建委的官方网站上有公示，严×对此应为明知，但未提供证据证明；且即便如此，也不能免除××公司按照法律规定取得房屋预售许可证并向买受人主动出示的义务。故严×要求××公司返还房款并赔偿损失，具有事实及法律依据，一审法院予以支持并无不当。就赔偿数额，为避免当事人诉累，一审法院采纳××公司要求严×支付房屋使用费的意见，结合严×付款情况、房屋市场价值、双方责任比例及房屋使用费等因素，酌情确定××公司应赔偿严×损失 75 万元，数额合理，予以维持。

【法条链接】

1.《中华人民共和国合同法》

第五十二条 有下列情形之一的，合同无效：

（一）一方以欺诈、胁迫的手段订立合同，损害国家利益；

（二）恶意串通，损害国家、集体或者第三人利益；

（三）以合法形式掩盖非法目的；

（四）损害社会公共利益；

（五）违反法律、行政法规的强制性规定。

2.**《最高人民法院关于审理商品房买卖合同纠纷案件适用法律若干问题的解释》**

第二条 出卖人未取得商品房预售许可证明，与买受人订立的商品房预售合同，应当认定无效，但是在起诉前取得商品房预售许可证明的，可以认定有效。

第九条　出卖人订立商品房买卖合同时，具有下列情形之一，导致合同无效或者被撤销、解除的，买受人可以请求返还已付购房款及利息、赔偿损失，并可以请求出卖人承担不超过已付购房款一倍的赔偿责任：

（一）故意隐瞒没有取得商品房预售许可证明的事实或者提供虚假商品房预售许可证明；

（二）故意隐瞒所售房屋已经抵押的事实；

（三）故意隐瞒所售房屋已经出卖给第三人或者为拆迁补偿安置房屋的事实。

【案例来源】

北京市第三中级人民法院民事判决书（2018）京 03 民终 13517 号。

006. 法院不予受理因自身原因未参加诉讼的不动产争议第三人在判决生效后又提起的撤销之诉

（黄×与××公司、阳江公司商品房销售合同纠纷）

【裁判要旨】

案件争议不动产的登记所有权人，同案件处理结果具有法律上的利害关系，可以作为案件第三人。一方当事人大股东在案件诉讼过程中受让争议标的物，但未作为第三人参加诉讼，在案件判决生效后，又提起第三人撤销之诉，法院推定其知悉案件情况，非因不能归责于本人的原因未参加诉讼，符合常理和交易惯例。上述大股东所提第三人撤销之诉不符合起诉条件，应裁定不予受理。

【当事人信息】

上诉人：黄×（一审起诉人）

【基本案情】

2012 年 10 月 31 日，黄×与××公司签订《商品房买卖合同》，约定黄×以单价 21 250 元/m² 的价格，购置××公司位于海南省×号××大厦一层，建筑面积共计 1320.6 m² 的 101 房（以下简称涉诉商品房）。合同签订后，××公司依约为黄×办理了涉诉商品房买卖合同备案登记及房屋预告登记。黄×依约向××公司支付全部购房款共计人民币 28 062 750 元，其中黄×自付 16 062 750 元，并将上述房产向平安银行股份有限公司海口分行（以下简称平安银行）抵押贷款人民币 1200 万元。黄×主张其已经通过受让方式取得涉诉商品房的所有权，现该房产已由黄×出租给他人使用。2012 年期间，阳江公司与××公司因建筑施工合同纠纷诉至海南省海口市中级人民法院，该案诉争标的中涉及涉诉商品房。

【诉讼请求】

请求撤销海南省高级人民法院（2014）琼环民终字第 7 号民事判决。

【裁判结果】

一审：裁定不予受理原告起诉。
二审：驳回上诉，维持原裁定。

【裁判理由】

一审法院认为：一、根据《中华人民共和国民事诉讼法》第五十六条的规定，有独立请求权的第三人和无独立请求权的第三人，因不能归责于本人的事由未参加诉讼，但有证据证明发生法律效力的判决、裁定、调解书的部分或者全部内容错误，损害其民事权益的，可以自知道或者应当知道其民事权益受到损害之日起六个月内，向作出该判决、裁定、调解书的人民法院提起第三人撤销之诉。该规定确立了第三人可以提起撤销之诉的权利，因第三人撤销之诉申请撤销的是已经生效的判决、裁定及调解书，其后果将直接影响生效裁判的既判力，因此法律也严格规定了提起第三人撤销之诉的主体条件：即提起第三人撤销之诉的原告必须是第三人，包括有独立请求权的第三人和无独立请求权的第三人，且提起第三人撤销之诉的原告只能是原诉中的第三人。在黄×诉请撤销的海南省高级人民法院（2014）琼环民终字第 7 号民事诉讼中，一审原告阳江公司于2012年9月18日向海南省海口市中级人民法院起诉，该院于2012年9月20日立案受理，而黄×与××公司签订《商品房买卖合同》的时间是在2012年10月31日，即在该案立案受理一个多月后，故在原诉形成之时，黄×尚不是原诉的第三人，其并不具备提起第三人撤销之诉原告的主体资格。二、提起第三人撤销之诉的条件之一是第三人因不能归责于本人的事由未参加诉讼。××公司的工商登记档案显示，自2009年9月17日至2014年1月27日，黄×都是××公司持股50%的股东，到提起本案诉讼时，黄×也仍持有××公司25%的股份。××公司在（2014）琼环民终字第7号民事诉讼的一、二审均向人民法院提交了黄×购买涉案房屋的证据材料，作为持有该公司50%股份的黄×，应当知晓该案的诉讼情况。且直到提起本案诉讼，黄×也未能提供证据证明是因不能归责于其本人的事由未参加该案诉讼，因此，黄×提起木案诉讼亦不符合第三人撤销之诉的受理条件。综上，裁定不予受理黄×的起诉。

二审法院认为：本案争议焦点一是黄×能否作为阳江公司诉××公司建设工程施工合同纠纷一案的第三人；二是黄×未参加前述诉讼能否归责于其本人。

关于黄×能否作为阳江公司诉××公司建设工程施工合同纠纷一案的第三人的问题。根据《中华人民共和国民事诉讼法》第五十六条，民事诉讼的第三人包括对案件诉讼标的有独立请求权的人，及虽无此请求权，但同案件处理结果有法律上利害关系的人。在阳江公司诉××公司建设工程施工合同纠纷一案中，海南省海口市中级人民法院二审以（2014）琼环民终字第7号民事判决，判决××公司将案涉××大厦一层334m²交付阳江公司并协助办理过户手续。而本案黄×主张其已向××公司买受了1320m²的××大厦一层，并办理了过户手续。故上述阳江公司诉××公司一案的终审判决结果影响黄×对案涉房产的权利，其应为该案第三人。

关于黄×未参与前述诉讼能否归责于其本人的问题。根据（2014）琼环民终字第7号民事判决查明的事实及黄×本案起诉内容，其与××公司系在阳江公司诉××公司一案诉讼过程中，就案涉房屋签订买卖合同，当时黄×为持有××公司50%股份的股东。在前述阳江公司诉××公司一案审理结果势必影响黄×重大权益的情况下，黄×未举证证明其在提起本案撤销之诉前，知悉二审判决结果较知晓该案整个诉讼过程的条件有何不同。本案一审法院依据黄×股东身份、当时持股比例，及案涉房屋买卖合同签订与前案起诉时间的关系，推定黄×知晓前案，符合常理和企业一般经营决策惯例。一审裁定认定黄×应当知晓前案诉讼情况，其不能证明因不能归责于本人的事由未参加该案诉讼，故其提起的本案诉讼不符合《中华人民共和国民事诉讼法》第五十六条关于第三人撤销之诉的受理条件的规定正确。

综上，一审裁定关于黄×不是（2014）琼环民终字第 7 号民事判决所涉案件第三人的认定不当，予以纠正。上诉人黄×关于其因不能归责于其本人的原因未参加前述案件诉讼的理由，缺乏证据证明不能成立。

【法条链接】

《中华人民共和国民事诉讼法》

第五十六条　对当事人双方的诉讼标的，第三人认为有独立请求权的，有权提起诉讼。

对当事人双方的诉讼标的，第三人虽然没有独立请求权，但案件处理结果同他有法律上的利害关系的，可以申请参加诉讼，或者由人民法院通知他参加诉讼。人民法院判决承担民事责任的第三人，有当事人的诉讼权利义务。

前两款规定的第三人，因不能归责于本人的事由未参加诉讼，但有证据证明发生法律效力的判决、裁定、调解书的部分或者全部内容错误，损害其民事权益的，可以自知道或者应当知道其民事权益受到损害之日起六个月内，向作出该判决、裁定、调解书的人民法院提起诉讼。人民法院经审理，诉讼请求成立的，应当改变或者撤销原判决、裁定、调解书；诉讼请求不成立的，驳回诉讼请求。

【案例来源】

最高人民法院民事裁定书（2015）民一终字第 37 号。

007. 通谋以虚假的意思表示签订的商品房买卖合同无效

（××区供销联社与××公司、贾×商品房销售合同纠纷）

【裁判要旨】

从合同签订主体上看，开发商代理人与买受人当时系夫妻关系，具有控制合同签订过程的职务便利。从合同履行上看，买受人并未提供充足证据证明其已实际给付相应房款，签订合同并办理过户手续后，亦未实际占有使用，而是以房屋为抵押向银行办理贷款，无法确认其具有真实的买卖房屋的意思。故法院认定买受人签订的涉诉合同不具有购买涉诉房屋的意思表示，系通谋以虚假的意思表示实施的民事法律行为，应认定为无效。

【当事人信息】

上诉人：贾×（原审被告）
被上诉人：××区供销联社（原审原告）
被上诉人：××公司（原审被告）

【基本案情】

2001年3月21日，××区供销联社作为甲方与××公司作为乙方签订《协议书》，约定××区供销联社为筹建本系统职工住宅楼，拟由××公司负责全部工程项目的筹建及施工。贾×在该《协议书》中乙方法人代表处签名。2002年9月7日，××区供销联社与××公司签订《补充协议》，约定××区供销联社（甲方）将本系统职工住宅楼项目及项目所占××县××土地12.6亩及南北通道用地，有偿转让给××公司（乙方）。该项目转让后，乙方承担该项目三栋住宅楼及附属工程的前期手续筹办、项目的施工以及项目销售等相关事宜。甲方协助办理该项目的相关手续，不承担连带责任。贾×在该补充协议乙方处签名。2002年11月15日，××区供销联社作为甲方与××公司作为乙方再次签订《补充协议书》，约定双方就甲方本系统职工住宅楼项目及项目所占土地转让给乙方独自进行开发、施工、商品房销售一事达成如下协议：由于××区供销联社职工住宅楼项目在甲方向××县计委、规划局、土地局、建委等相关单位申报办理该项目的立项书、规划两证、国有土地使用证、开工许可证时都是以甲方名义进行申报办理，故此，甲方在将该项目及土地转让给乙方后，乙方为尽快组织实施不在办理项目及项目所占土地过户转让手续，延续使用甲方名义进行组织项目的开发施工以及商品房的销售工作，为满足该项目的建设单位统一以及商品房销售后在房管部门申报产权证件办理时要求的五证一书、商品房销售合同及商品房销售票据为同一建设单位方能为业主办理房屋产权证件的要求，甲方同意乙方仍以甲方名义组织开发施工商品房销售工作，并为其提供办理该项目证件合同时所用的印章以及票据。乙方在组织施工该项目的开发、施工、商品房销售时，涉及甲方相应的经济与法律责任时由乙方全部承担，甲方不承担相关连带的经济与法律责任。贾×在该《补充协议书》乙方处签名。2002年8月10日，××区供销联社作为卖方（甲方）与贾×作为买方（乙方）签订5份《××区供销联社职工住宅楼销售合同》，合同第1页甲方身份处载明委托代理人刘×（刘×与贾×原系夫妻关系），职务经理。合同落款甲方签章处加盖了××区供销联社的公章，乙方签章处加盖了贾×的手章。但根据××公司所述，当时贾×并未向其公司实际交付房款，其公司亦未向贾×交付房屋，将房屋过户到贾×名下的目的是为以后销售房屋的便利性和可控性及为办理抵押贷款。

2003年12月23日，贾×亦取得了上述房屋的所有权证。2004年1月2日，××银行作为贷款人、贾×作为借款人、案外人××房地产经纪有限公司作为担保人共同签订了5份《××银行北京市分行个人借款合同》，约定借款金额共计206万元，采用抵押方式担保。双方依据合同约定办理了抵押登记手续，约定贾×以其所有的位于×××的上述房屋为其贷款事宜提供抵押担保。××银行由此取得了他项权利证。2004年6月至2005年3月间，××区供销联社作为甲方将上述房屋分别出售给20名业主，后一名业主通过诉讼解除合同，其余19名业主在所购房屋居住至今。

【诉讼请求】

请求判决确认××公司以××区供销联社名义与贾×于2002年8月10日签订的关于购买×××的5份《住宅楼购销合同》无效，并返还涉诉房屋。

【裁判结果】

一审：1. ××区供销联社与贾×于2002年8月10日签订的涉及×××房屋，×××房屋，×××房屋，×××房屋，×××的5份《××区供销联社职工住宅楼销售合同》无效；

2. 贾×于判决生效后十五日内协助将判决第1项中房屋过户至××区供销联社名下。

二审：驳回上诉，维持原判。

【裁判理由】

一审法院认为：依照我国法律规定，行为人意思表示真实且不违反法律、行政法规强制性规定，不违反公序良俗的民事法律行为有效。该案中，就××区供销联社所诉住宅楼购销合同，从合同签订主体上看，名义上卖方为××区供销联社，而代理人为刘×，买方为贾×，二人当时为夫妻，且均为××公司职工，具有控制合同签订过程的职务便利，并非××区供销联社的真实意思表示。从合同履行上看，贾×并未提供充足证据证明其已实际给付相应房款，签订合同并办理过户手续后，亦未实际占有使用，而是以房屋为抵押向银行办理贷款，无法确认其具有真实的买卖房屋的意思。从效果上看，双方签订上述合同后，××公司又以××区供销联社的名义将合同范围内的房屋另行分别出售给其他业主，且因贾×未履行偿还贷款义务，导致抵押未注销，房屋被执行，无法为业主办理产权过户手续，引发群诉群访，对社会公共秩序亦造成不良影响。因此，他人以××区供销联社名义与贾×签订的上述房屋购销合同并非当事人真实意思表示，不符合公序良俗，不具备民事法律行为生效要件，依法应属无效。诉讼过程中，××区供销联社代贾×偿还了银行贷款本息，涉诉房屋抵押已注销，执行查封措施已解除，依照合同无效法律后果，贾×应向××区供销联社返还上述房屋。

二审法院认为：根据××区供销联社与××公司的约定，××区供销联社将涉诉住宅楼项目及项目所在土地使用权有偿转让给××公司，××公司进行开发和销售，因手续问题，双方同意由××公司仍以××区供销联社的名义对外销售房屋。涉诉5份《××区供销联社职工住宅楼销售合同》在签订时，均是以××区供销联社的名义签订合同，且××区供销联社的委托代理人均为刘×。法院认为签订涉诉5份《××区供销联社职工住宅楼销售合同》并非××区供销联社真实意思表示，而××公司以××区供销联社名义与贾×签订合同并不具有真实的出卖涉诉房屋的意思表示，贾×签订涉诉5份合同亦不具有购买涉诉房屋的意思表示，系通谋以虚假的意思表示实施的民事法律行为，应认定为无效。

【法条链接】

1.《中华人民共和国合同法》

第五十八条　合同无效或者被撤销后，因该合同取得的财产，应当予以返还；不能返还或者没有必要返还的，应当折价补偿。有过错的一方应当赔偿对方因此所受到的损失，双方都有过错的，应当各自承担相应的责任。

2.《中华人民共和国民法总则》

第一百四十三条 具备下列条件的民事法律行为有效：

（一）行为人具有相应的民事行为能力；

（二）意思表示真实；

（三）不违反法律、行政法规的强制性规定，不违背公序良俗。

【案例来源】

北京市第三中级人民法院民事判决书（2018）京 03 民终 11196 号。

008. 仅签订《商品房认购书》但一方已经履行主要义务且对方接受的视为商品房买卖合同关系成立

（杨×与××公司、××置业房屋买卖合同纠纷）

【裁判要旨】

对于当事人之间存在预约还是本约关系，应当综合审查相关协议的内容以及当事人为达成交易进行的磋商甚至具体的履行行为等事实。当事人之间虽只签订预约性质合同，但嗣后一方履行主要义务，对方接受的，应认定双方之间成立事实本约关系。本案中的《商品房认购书》约定认购定金为房屋全部价款，且买受人已履行完毕支付房款的主要义务，出卖人亦接受该支付，足以见得双方当事人的真实意思表示即为成立涉案商品房买卖合同关系。

【当事人信息】

上诉人：杨×（原审原告）
上诉人：××公司（原审被告）
被上诉人：××置业（原审被告）

【基本案情】

××置业是××公司的全资股东。2013 年 10 月 29 日，××公司（出卖人）与杨×（买受人）签署《北京市商品房现房买卖合同》及相关附件，约定：商品房房屋坐落为顺义区××花园二区6号楼-1层101（以下简称6号楼），总价款1645万元整，签署正式房屋买卖合同当日，缴清全部房价款。上述《北京市商品房现房买卖合同》已办理备案登记手续。2013年10月29日，杨×向××公司缴清了全部房款1645万元，并在《××房屋交付验收单》及《××移交业主物品清单》上签字。后双方协商由6号楼换购至9号楼，由于限购政策下，杨×不具有购买第二套房屋的资格，故在6号楼备案登记手续尚未撤销情况下，双方仅能签订9号楼之《商品房认购书》，杨×另行支付了9号楼差价375万元，××公司为杨×出具了收到9号楼全部房款的收据。

2014年4月9日，××公司（出卖人）与杨×（认购人）签订《北京市商品房认购书》，约定：认购人所认购的商品房为出卖人所开发的9号楼（现顺义区××花园二区9号楼-1层101）；套内建筑面积531.95平方米，该商品房按照套内建筑面积计价，单价每平方米37 973.50元，总金额2020万元；出卖人同意认购人一次性付款；认购人应当自签订本认购书之日起1日内，向出卖人支付认购定金2020万元，出卖人在收取定金后，应当向认购人开具收款凭证，并注明收款时间。认购人逾期未支付认购定金的，出卖人有权解除本认购书，并有权将该商品房另行出卖给第三方；认购人同意在支付定金之日起15日内，与出卖人协商商品房买卖合同的相关条款（本款约定的期限为协商签约的起始期限，而非终止时限）；认购人未在第四条第二款（认购人同意在支付定金之日起15日内，与出卖人协商商品房买卖合同的相关条款）约定的期限内与出卖人协商商品房买卖合同相关条款的，出卖人有权解除本认购书。出卖人解除本认购书的，认购人已支付的定金不予退还，出卖人有权将该商品房另行出卖给第三方；认购人在第四条第二款约定的期限内与出卖人协商商品房买卖合同的相关条款，但双方未达成一致意见，自第四条第二款约定的期限届满之次日起超过2日的，本认购书自动解除；双方也可以协商解除本认购书。出卖人应当在本认购书解除之日起60日内将已收取的定金退还认购人；出卖人在认购人支付认购定金之日起至本认购书解除之日止，将该商品房另行出卖给第三方的，出卖人应当向认购人双倍返还定金；本认购书经双方签字盖章后生效，双方签订的商品房买卖合同生效后本认购书自行终止。本认购书终止后，认购定金自行转为购房款。

杨×于2013年12月27日向××公司支付200万元，于2014年4月9日向

××公司支付175万元，共计375万元。××公司于2014年4月9日向杨×出具收据1张，收据显示：今收到杨×AD-305房款贰仟零贰拾万元整。但××公司在《认购书》约定的签约日期内不与杨×签订正式的《商品房买卖合同》。××公司于2014年8月10日与案外人签订《北京市商品房现房买卖合同》，将9号楼出卖于案外人。

【诉讼请求】

1. 解除杨×与××公司于2014年4月9日签订的《商品房认购书》以及双方形成的关于9号楼的买卖合同关系；

2. ××公司退还杨×购房款2020万元及利息损失（以每日万分之二自实际付款之日起算，计至××公司还款之日止，截至2014年12月20日为1 556 890元）；

3. ××公司赔偿杨×损失2020万元；

4. ××置业承担连带赔偿责任。

【裁判结果】

一审：1. 杨×与××公司于二〇一四年四月九日签订的《北京市商品房认购书》于二〇一四年四月二十八日解除；

2. ××公司返还杨×购房款二千零二十万元及利息（以二千零二十万元为基数，以中国人民银行同期贷款利率为标准，自二〇一四年六月二十八日起计算至实际给付之日止），于判决生效之日起七日内执行；

3. 驳回杨×其他诉讼请求。

二审：1. 撤销一审判决；

2. 解除杨×与××公司就北京市顺义区××项目2612（AD-305）号房屋签订的《北京市商品房认购书》及所形成的房屋买卖关系；

3. ××公司于本判决生效之日起七日内返还杨×购房款二千零二十万元及利息（以二千零二十万元为基数，以中国人民银行同期贷款利率为标准，自二〇一四年四月十日起计算至实际给付之日止）；

4. ××公司于本判决生效之日起七日内向杨×支付赔偿金三百万元。

5. 驳回杨×其他诉讼请求。

【裁判理由】

一审法院认为：本案的焦点问题之一是《北京市商品房认购书》的性质。从杨×与××公司签订的《北京市商品房认购书》的约定来看，双方约定了房屋价款、付款方式、认购定金等条款，未约定交付使用条件及日期、办理产权登记有关事宜、解决争议的方法等条款，并不具备《商品房销售管理办法》第十六条规定的商品房买卖合同的主要内容。而且从《北京市商品房认购书》行文来看，双方同意根据认购书签署正式的商品房买卖合同，签署认购书的目的在于订立本约，故本案中认购书的性质应为预约合同。杨×与××公司就9号楼尚未形成商品房买卖合同关系，故对于杨×要求解除9号楼买卖合同关系的诉讼请求法院不予支持。《北京市商品房认购书》约定杨×在支付定金之日起15日内与出卖人协商商品房买卖合同的相关条款，但双方未能达成一致意见，自约定的期限届满之次日起超过2日的，本认购书自动解除。杨×与××公司未在约定的期限内就商品房买卖合同的相关条款达成一致意见，故《北京市商品房认购书》应当按照约定于2014年4月28日解除。

《北京市商品房认购书》解除后，××公司应当按照约定将杨×已支付的款项2020万元予以返还。《北京市商品房认购书》约定的返还款项的时间是认购书解除之日起60日内，故对于杨×请求的利息，应以中国人民银行同期贷款利率为标准，从认购书解除之日起60日届满之后开始计算，计算至实际还款之日止。《北京市商品房认购书》约定××公司应双倍返还定金的条件是××公司在杨×支付认购定金之日起至认购书解除之日止，将该商品房另行出卖给第三方的。而××公司在《北京市商品房认购书》解除之后才将涉诉房屋出卖给案外人，故对于杨×要求××公司双倍返还定金的请求法院不予支持。杨×关于××公司存在一房二卖违约行为的主张不能成立，法院对其第三项诉讼请求中要求××公司赔偿利息损失1212万元的请求不予支持。

杨×要求××置业与××公司承担连带赔偿责任，但其提交的证据并未证明××置业负有法定或者约定的义务需承担连带赔偿责任，故对于杨×的此项诉讼请求法院不予支持。

二审法院认为：杨×与××公司之间就9号楼成立了房屋买卖法律关系。

首先，仅就9号楼《商品房认购书》而言，其性质应为预约合同。判断当事人之间订立的合同系本约还是预约的根本标准应当是当事人的意思表示，也就是说，当事人是否有意在将来订立一个新的合同，以最终明确在双方之间形成某种法律关系的具体内容。如果当事人存在明确的将来订立本约的意思，那么，即使预约的内容与本约已经十分接近，即便通过合同解释，从预约中可以推导出本约的全部内容，也应当尊重当事人的意思表示，排除这种客观解释的可能性。本案中，杨×与××公司在2014年4月9日签订的《商品房认购书》中明确约定："双方签订的商品房买卖合同生效后，本认购书自行终止，本认购书终止后，认购定金自行转为购房款。"可见，双方当事人均存在将来签订商品房买卖合同以最终明确双方之间的房屋买卖法律关系具体内容的意思表示，《商品房认购书》的性质应为预约合同。

其次，综观本案双方当事人订立9号楼《商品房认购书》的事实经过以及履行情况，杨×与××公司之间已经成立了房屋买卖法律关系。当事人之间虽只签订预约性质合同，但嗣后一方履行主要义务，对方接受的，应认定双方之间成立事实本约关系。本案中，杨×与××公司先行签订6号楼《商品房买卖合同》并支付了6号楼房款，后双方协商由6号楼换购至9号楼，由于限购政策下，杨×不具有购买第二套房屋的资格，故在6号楼备案登记手续尚未撤销情况下，双方仅能签订9号楼之《商品房认购书》，杨×另行支付了9号楼差价375万元，××公司为杨×出具了收到9号楼全部房款的收据。综观上述事实发展经过，结合《商品房认购书》约定认购定金为房屋全部价款，且杨×已履行完毕作为买受方支付房款的主要义务，××公司亦接受该支付，足以见得双方当事人的真实意思表示即为成立9号楼房屋买卖关系。根据《合同法》第三十六条规定，当事人约定采用书面形式订立合同，当事人未采用书面形式但一方已经履行主要义务，对方接受的，该合同成立。据此，法院认定杨×与××公司之间就9号楼成立了房屋买卖法律关系。

杨×与××公司之间就9号楼的房屋买卖法律关系成立后，××公司又将该房屋另售他人，并已办理完毕备案登记手续及交付房屋，导致杨×无法实现房屋买卖的合同目的。××公司的行为属于《最高人民法院关于审理商品房买卖合同纠纷案件适用法律若干问题的解释》第八条第二款所规定的恶意违约行为，杨×上诉请求解除合同，要求××公司返还已付购房款及利息，并承担不超过已付购房款一倍的赔偿责任，于法有据。另外，××公司与××置业均系独立法人，独立承担民事责任，现有证据亦无法证明××公司与××置业存在承担连带赔偿责任的法定或约定情形。

【法条链接】

《中华人民共和国合同法》

第三十六条　法律、行政法规规定或者当事人约定采用书面形式订立合同，当事人未采用书面形式但一方已经履行主要义务，对方接受的，该合同成立。

第九十四条　有下列情形之一的，当事人可以解除合同：

（一）因不可抗力致使不能实现合同目的；

（二）在履行期限届满之前，当事人一方明确表示或者以自己的行为表明不履行主要债务；

（三）当事人一方迟延履行主要债务，经催告后在合理期限内仍未履行；

（四）当事人一方迟延履行债务或者有其他违约行为致使不能实现合同目的；

（五）法律规定的其他情形。

【案例来源】

北京市第三中级人民法院民事判决书（2015）三中民终字第16156号。

009. 合同双方协商一致终止借款合同关系后建立的商品房买卖合同关系具有法律效力

（汤×、刘×、马×、王×与××公司商品房销售合同纠纷）

【裁判要旨】

本案中借款合同双方当事人经协商一致，终止借款合同关系，建立商品房买卖合同关系，将借款本金及利息转化为已付购房款并经对账清算，不属于《中华人民共和国物权法》第一百八十六条规定禁止的情形，本案中商品房买卖合同的订立目的，亦不属于《最高人民法院关于审理民间借贷案件适用法律若干问题的规定》第二十四条规定的"作为民间借贷合同的担保"。在不存在《中华人民共和国合同法》第五十二条规定情形的情况下，本案中商品房买卖合同具有法律效力。

【当事人信息】

上诉人：××公司（原审被告）

被上诉人：汤×（原审原告）

被上诉人：刘×（原审原告）

被上诉人：马×（原审原告）

被上诉人：王×（原审原告）

【基本案情】

汤×、刘×、马×、王×与××公司于 2013 年先后签订多份借款合同，通过实际出借并接受他人债权转让，取得对××公司合计 2.6 亿元借款的债权。为担保该借款合同履行，四人与××公司分别签订多份商品房预售合同，并向当地房屋产权交易管理中心办理了备案登记。该债权陆续到期后，因××公司未偿还借款本息，双方经对账，确认××公司尚欠四人借款本息 361 398 017.78 元。双方随后重新签订商品房买卖合同，约定××公司将其名下房屋出售给四人，上述欠款本息转为已付购房款，剩余购房款 38 601 982.22 元，待办理完毕全部标的物产权转移登记后一次性支付给××公司。汤×等四人提交与××公司对账表显示，双方之间的借款利息系分别按照月利率 3% 和 4%、逾期利率 10% 计算，并计算复利。

【诉讼请求】

1. ××公司向汤×、刘×、马×、王×支付违约金 6000 万元；

2. ××公司承担汤×、刘×、马×、王×主张权利过程中的损失费用 41.63 万元。

【裁判结果】

一审：1. ××公司向汤×、马×、刘×、王×支付违约金 9 275 057.23 元；

2. ××公司向汤×、马×、刘×、王×支付律师费 416 300 元；

3. 驳回汤×、马×、刘×、王×的其他诉讼请求。

二审：1. 撤销一审判决；

2. 驳回汤×、刘×、马×、王×的诉讼请求。

【裁判理由】

一审法院认为：本案中，××公司合法取得商品房预售许可证后，将其开发的"××公馆"的在建房产，与原告签订《商品房买卖合同》及《预售商品房补充协议》。合同约定的商品房基本状况，商品房总价款、单价、付款方式及剩余购房款付款时间、交付使用条件与日期等，具备商品房买卖合同的必要条款，双方并在落款处签字盖章。××公司对涉案合同真实性未提出异议。可见，双方订立商品房买卖合同意思表示真实，内容不违反法律、行政法规强制性规定，应属合法有效。

经查，双方当事人对在签订《商品房买卖合同》前存在借贷关系均不持异议。××公司在对还款期限届满部分债务无力偿还借款本息的情况下，双方就借款期限未届满的部分债务确定于 2014 年 6 月 18 日提前到期，并于 2014 年 7 月 10 日对借款本息进行核算确认后，将借款本息数额转为购房款，用于原告购买××公司开发的××公馆部分房产，购房单价以××公司提供《××公馆一号综合写字楼销售房源表》进行计算，并约定折抵后剩余房款待××公司给原告办理完毕全部标的物房屋产权证书及土地使用权证书后的 30 日内一次性支付。《商品房买卖合同》签订后，××公司未偿还借款和利息。可见，双方借贷关系通过协商一致予以解除，其基于借贷关系而发生的债权债务因设立新的商品买卖合同法律关系而归于消灭。因此，双方当事人之间系商品房买卖法律关系。××公司认为双方之间系名为商品房买卖实为民间借贷法律关系的抗辩理由与事实不符，本院不予采纳。

综上，双方签订的《商品房买卖合同》和《预售商品房补充协议》系双方真实意思表示，不违反我国法律、法规的强制性规定，属合法有效。双方之间系商品房买卖合同的法律关系。合同相对人应按约定忠实履行各自合同义务。履行合同不符合约定的，应当承担违约责任。根据双方约定及被告的承诺，××公司迟延交付房屋的行为已构成违约，应当承担违约责任，并承担原告主张权利过程中产生的诉讼费和律师费用。

二审法院认为：本案争议的商品房买卖合同签订前，××公司与汤×等四人之间确实存在借款合同关系，且为履行借款合同，双方签订了相应的商品房预售合同，并办理了预购商品房预告登记。但双方系争商品房买卖合同是在××公司未偿还借款本息的情况下，经重新协商并对账，将借款合同关系转变为商品房买卖合同关系，将借款本息转为已付购房款，并对房屋交付、尾款支付、违约责任等权利义务作出了约定。民事法律关系的产生、变更、消灭，除基于法律特别规定，需要通过法律关系参与主体的意思表示一致形成。民事交易活动中，当事人意思表示发生变化并不鲜见，该意思表示的变化，除为法律特别规定所禁止外，均应予以准许。本案双方经协商一致终止借款合同关系，建立商品房买卖合同关系，并非为双方之间的借款合同履行提供担保，而是借款合同到期××公司难以清偿债务时，通过将××公司所有的商品房出售给汤×等四位债权人的方式，实现双方权利义务平衡的一种交易安排。该交易安排并未违反法律、行政法规的强制性规定，不属于《中华人民共和国物权法》第一百八十六条规定禁止的情形，亦不适用《最高人民法院关于审理民间借贷案件适用法律若干问题的规定》第二十四条规定。尊重当事人嗣后形成的变更法律关系性质的一致意思表示，是贯彻合同自由原则的题中应有之意。××公司所持本案商品房买卖合同无效的主张，二审法院不予采信。

但在确认商品房买卖合同合法有效的情况下，由于双方当事人均认可该合同项下已付购房款系由原借款本息转来，且××公司提出该欠款数额包含高额利息。在当事人请求司法确认和保护购房者合同权利时，人民法院对基于借款合同的实际履行而形成的借款本金及利息数额应当予以审查，以避免当事人通过签订商品房买卖合同等方式，将违法高息合法化。经审查，双方之间借款利息的计算方法，已经超出法律规定的民间借贷利率保护上限。对双方当事人包含高额利息的欠款数额，依法不能予以确认。由于法律保护的借款利率明显低于当事人对账确认的借款利率，故应当认为汤×等四人作为购房人，尚未足额支付合同约定的购房款，××公司未按照约定时间交付房屋，不应视为违约。汤×等四人以××公司逾期交付房屋构成违约为事实依据，要求××公司支付违约金及律师费，缺乏事实和法律依据。一审判决判令××公司承担支付违约金及律师费的违约责任错误。

【法条链接】

1. 《中华人民共和国物权法》

第一百八十六条 抵押权人在债务履行期届满前，不得与抵押人约定债务人不履行到期债务时抵押财产归债权人所有。

2.《最高人民法院关于审理民间借贷案件适用法律若干问题的规定》
(2015 年)

第二十四条第一款　当事人以签订买卖合同作为民间借贷合同的担保，借款到期后借款人不能还款，出借人请求履行买卖合同的，人民法院应当按照民间借贷法律关系审理，并向当事人释明变更诉讼请求。当事人拒绝变更的，人民法院裁定驳回起诉。

【案例来源】

最高人民法院民事判决书（2015）民一终字第 180 号。

010. 房屋原有质量问题后期再度复发不受
商品房销售合同约定的保修期限制

（李×与××房地产公司商品房买卖合同纠纷）

【裁判要旨】

本案原告主张的商品房部分质量问题出现时虽已超过约定保修期，但由于涉案房屋后期质量问题多为原有问题的再度复发，修复状态一直持续，故原告在本案中主张之房屋质量问题均应属于被告承担质量保证责任的范畴，对于因此产生的财产损失，原告有权向被告主张赔偿。

【当事人信息】

上诉人：××房地产公司（原审被告）
被上诉人：李×（原审原告）

【基本案情】

2012 年 4 月 30 日，××房地产公司（出卖人）与李×（买受人）签订《北京市商品房现房买卖合同》（含附件），约定李×购买海淀区××路×号院×号楼×层×单元×号房屋；房屋实测建筑面积共 131.82 平方米；双方约定，交付该商品房时，该商品房已经由建设、勘察、设计、施工、工程监理等单位验收合格，出卖人应当与买受人共同查验收房，发现有其他问题的，双方同意由出卖人按照国家及本市有关工程质量的规范和标准及按照住宅质量保证书规定的时间负责修复，修复期间不视为出卖人延期交房，出卖人不承担任何违约责任；出卖人自该商品房交付之日起，按照《住宅质量保证书》承诺的内容承担相应的保修责任，《住宅质量保证书》承诺的保修范围和保修期限必须符合国家和北京市有关法律、法规的规定及相关标准、规程的要求；附件九《补充协议》中约定，除主合同第十三条约定的商品房地基基础和主体结构质量经检测不合格的，商品房屋如有其它质量问题，买受人不得以此拒收房屋，出卖人应依现房合同的约定进行维修，维修期间不视为出卖人逾期交房，买受人可以在办理房屋交接手续之前对房屋情况进行检验，如买受人在检验后认为房屋存在瑕疵的，出卖人应根据房屋的实际情况确定维修期限并负责维修；房屋的装修工程由出卖人负责，出卖人有权指定、组织装修公司完成装修工作。××房地产公司所做《住宅质量保证书》承诺，根据《建设工程质量管理条例》及有关规定，涉案房屋质量保修期屋面防水工程、有防水要求的卫生间、房间和外墙角的防渗漏为五年，装修工程为二年，电气管线、给排水管道、设备安装工程为二年，供热系统为二个采暖期、分体空调系统保修期为三年，质量保修期自工程竣工验收合格后，自《入住通知书》中标明的房屋交付之日起计算；保修费用由造成质量缺陷的责任方承担，在保修期内，因房屋建筑工程质量缺陷造成房屋所有人、使用人或者第三方人身、财产损害的，房屋所有人、使用人或者第三方可又向建设单位提出赔偿要求，建设单位承担赔偿责任后有权向造成房屋建筑工程质量缺陷的责任方追偿，保修期过后，由业主自行承担房屋维修费用。

2012年6月6日，李×就涉案房屋进行交房验收，提出房屋存在装修、设备安装等方面的问题，并由××房地产咨询有限公司出具《房屋查验报告单》。后××房地产公司对房屋进行维修。在维修过程中，涉案房屋陆续多次多部位出现质量问题。涉案房屋在2013年5月前，分别出现墙砖空鼓等装修问题以及次卫、过道、卧室渗漏，之后于2013年5月出现过道渗漏，2013年10月出现次卫、过道及卧室渗漏，2014年1月出现过道吊顶渗漏并影响相邻卧室，2014年8月出现主卫、次卫、厨房瓷砖空鼓、卧室渗漏等情况，2015年1月，在李×入住使用过程中，房屋卧室出现渗漏。房屋修复期间，双方就赔偿问题进行了协商，2013年11月××房地产公司支付李×维修费用补偿金71 262元。

【诉讼请求】

1. 判令××房地产公司向原告赔偿自房屋交付之日（2012 年 6 月 6 日）起至房屋修复之日（2014 年 10 月 5 日）止不能入住的损失 168 000 元（原告参照周边房屋月租金 8000 元，按 21 个月主张）以及上述期间的物业费、采暖费损失共计 21 826.82 元；

2. 确认本案诉争房屋的《住宅质量保证书》中第四条第二款约定的本商品房的防渗漏的质量保质期起算日期为 2014 年 9 月 21 日，保质期为五年。

【裁判结果】

一审：1. ××房地产公司于本判决生效后七日内向李×支付损失赔偿款共计六万四千一百七十五元；

2. 驳回李×的其他诉讼请求。

二审：驳回上诉，维持原判。

【裁判理由】

一审法院认为：李×与××房地产公司所签《北京市商品房现房买卖合同》（含附件）系双方真实意思表示，且未违反法律规定，属于有效合同。《北京市商品房现房买卖合同》约定××房地产公司依据《住宅质量保证书》承诺内容承担相应保修责任，该约定对双方均有约束力。故李×有权依据《住宅质量保证书》就在保修期内因房屋建筑工程质量缺陷造成的财产损失向××房地产公司提出赔偿要求。本案中，涉案房屋出现了一系列瓷砖空鼓及渗漏问题，上述问题发生时李×并未实际使用涉案房屋，房屋及其装修亦均系出卖方提供。加之作为房屋质量保证人及上述问题的实际维修人，××房地产公司不能提供充足的抗辩依据，故法院认定上述问题属于房屋及装修的质量问题。××房地产公司主张部分问题出现时已经超过约定保修期。但根据查明事实，涉案房屋后期质量问题多为原有问题的再度复发，修复状态一直持续，故李×在本案中主张之房屋质量问题均应属于××房地产公司承担质量保证责任的范畴，对于因此产生的财产损失，李×有权向××房地产公司主张赔偿。

××房地产公司虽然对涉案房屋发生的房屋质量问题进行了维修，但根据质量问题发生的频率和范围，以及李×提交照片显示的房屋室内状况，李×因为房屋质量问题导致的不能居住使用房屋的损失客观存在。至于具体损失数额，法院综合考虑已获赔偿涉及阶段、证据显示的最后维修期间以及周边同类房屋的租金水平，酌情确定了××房地产公司应向李×赔偿因房屋质量问题产生的2013年11月至2014年9月期间不能入住房屋的损失。另外，《住宅质量保证书》承诺的保修范围和保修期限符合国家和北京市有关法律、法规的规定及相关标准、规程的要求，虽出现了房屋质量问题，但××房地产公司均实际履行保修义务，就因维修导致的相应损失李×亦已获偿。故对李×要求重新确定保修期及其范围的主张并未支持。

二审法院认为：依法成立的合同对当事人具有拘束力。本案中，李×、××房地产公司签订的《北京市商品房现房买卖合同》系双方当事人真实意思表示，且不违反法律、行政法规的强制性规定，应属有效。合同成立后，双方均应依约全面履行各自义务。本案主要争议系诉争房屋存在瓷砖空鼓及渗漏问题是否因房屋质量所致，进而××房地产公司是否应承担相应的赔偿责任。由于诉争房屋及其精装修系由××房地产公司提供并交付李×，本案争议的瓷砖空鼓及渗漏问题发生时李×并未实际使用该房屋，结合××房地产公司与李×就上述问题长期、反复沟通中形成的证据材料，上述问题属于房屋及装修的质量问题。由于双方直至本案起诉之日就上述问题未能根本解决，维修状态一直存续，故××房地产公司应承担相应的赔偿责任。具体的赔偿期间，一审法院依据2013年11月19日李×所签声明认定相应赔偿系针对2013年11月之前发生的房屋质量问题，有事实及法律依据。关于租金损失及物业费、供暖费损失数额，结合双方论述以及《住宅质量保证书》的约定，一审法院认定的租金损失及物业费、供暖费损失数额并无不当。

【法条链接】

《中华人民共和国合同法》

第八条 依法成立的合同，对当事人具有法律约束力。当事人应当按照约定履行自己的义务，不得擅自变更或者解除合同。

依法成立的合同，受法律保护。

第六十条 当事人应当按照约定全面履行自己的义务。

当事人应当遵循诚实信用原则，根据合同的性质、目的和交易习惯履行通知、协助、保密等义务。

【案例来源】

北京市第一中级人民法院民事判决书（2016）京01民终3365号。

011. 同时签订商品房买卖合同和民间借贷合同且约定借款人 未按期偿还借款则履行商品房买卖合同不属于流押

（朱×与××公司商品房销售合同纠纷）

【裁判要旨】

原、被告双方基于同一笔款项先后签订《商品房买卖合同》和《借款协议》，并约定如借款到期，偿还借款，《商品房买卖合同》不再履行；若借款到期，不能偿还借款，则履行《商品房买卖合同》。在合同、协议均依法成立并已生效的情况下。应当认定原、被告之间同时成立了商品房买卖和民间借贷两个民事法律关系。该行为并不违反法律、行政法规的强制性规定。借款到期，借款人不能按期偿还借款。对方当事人要求并通过履行《商品房买卖合同》取得房屋所有权，不违反《担保法》第四十条、《物权法》第一百八十六条有关"禁止流押"的规定。

【当事人信息】

申请再审人：朱×（一审原告、二审被上诉人、原被申诉人）
被申请人：××公司（一审被告、二审上诉人、原申诉人）

【基本案情】

2007年1月25日，朱×与××公司签订十四份《商品房买卖合同》，主要约定朱×向××公司购买当地×小区十号楼十四套商铺等。同日××公司将该十四份合同办理了销售备案登记手续，并于次日向朱×出具两张总额10 354 554元的销售不动产发票。

2007年1月26日，朱×与××公司签订一份《借款协议》，主要约定：××公司向朱×借款1100万元，期限至2007年4月26日；××公司自愿将其开发的当地×小区十号楼商铺抵押给朱×，抵押的方式为和朱×签订商品房买卖合同，并办理备案手续，开具发票，如××公司偿还借款，朱×将抵押手续（合同、发票、收据）退回，如到期不能偿还，××公司将以抵押物抵顶借款，双方互不支付对方任何款项等。该合同签订后，朱×向××公司发放了1100万元借款，××公司出具了收据。至2007年4月26日，××公司未能偿还该借款。

【诉讼请求】

请求确认朱×与××公司签订的十四份《商品房买卖合同》有效，判令××公司履行商品房买卖合同。

【裁判结果】

一审：1. 朱×与××公司签订的十四份《商品房买卖合同》有效；

2.××公司应当按照该《商品房买卖合同》的内容履行合同。

二审：驳回上诉，维持原判。

再审：1. 撤销一审判决和二审判决；

2. 驳回朱×的诉讼请求。

最高人民法院提审：1. 撤销再审判决；

2. 维持二审判决。

【裁判理由】

一审法院认为：朱×与××公司签订的十四份《商品房买卖合同》，意思表示真实，依法办理了备案登记手续，应当受到法律保护。根据双方在后签订的《借款协议》约定，可以认为借款协议的约定，实际为商品房买卖合同签订生效后，在履行合同过程中，双方对商品房买卖合同作出的补充。其中《借款协议》约定将到期不还的借款作为给付的房款，实际上是为已签订并正在履行的十四份《商品房买卖合同》附加了解除条件，即到期还款买卖合同解除，到期不能还款买卖合同继续履行。现××公司到期未能还款，十四份《商品房买卖合同》所附解除条件未成就，应当继续履行。

二审法院认为：朱×与××公司签订的《商品房买卖合同》是双方当事人的真实意思表示，且在国家规定的相关部门登记备案，应认定有效。双方在合同履行过程中又签订了借款合同，该合同仅是商品房买卖合同的补充，故一审判决继续履行商品房买卖合同并无不妥。

再审法院认为：双方当事人再审争议的焦点是本案双方是民间借贷合同关系还是商品房买卖合同关系以及《借款协议》中"到期不能还款用抵押物抵顶借款，双方之间互不支付对方任何款项"的约定是否违反法律的强制性规定。

××公司与朱×签订的借款协议约定"为保证甲方的资金安全，乙方自愿将本公司开发的×小区十号楼商铺以四千六百元每平米的价格抵押给甲方，抵押面积为贰仟贰佰伍拾点玖玖平米，和甲方签订商品房买卖合同并到房地局办理备案手续，同时给甲方开具与备案买卖合同相对应的不动产销售发票"。证明朱×的真实意思表示是××公司以商铺作为向朱×借款的抵押担保。朱×在起诉状中陈述："2007年1月，被告拟向原告借款，1月26日，原、被告签订借款协议，约定被告向原告借款1100万元……。为保证原告资金安全，原、被告在协议中约定：被告将其开发的×小区十号楼商铺抵押给原告，抵押方式为和原告签订商品房买卖合同……。"朱×在一审中的辩论意见也说"是怕不给钱才签订了协议，……当然就是为了保证资金安全"。也印证了借款是其真实意思表示，而商品房买卖合同是借款合同的抵押担保内容。故本案双方是民间借贷合同关系而非商品房买卖合同关系。

《借款协议》中"到期不能还款用抵押物抵顶借款，双方之间互不再支付对方任何款项"的约定违反法律的强制性规定，应属无效。鉴于就争议法律关系的性质释明后，朱×仍不变更诉讼请求，朱×关于确认双方签订的房屋买卖合同有效并继续履行的请求不予支持，但朱×可依法另行提起诉讼主张其权利。

最高人民法院提审认为：本案再审的焦点问题就是双方当事人之间法律关系的性质和效力。

本案中，十四份《商品房买卖合同》涉及的款项和《借款协议》涉及的款项，在数额上虽有差额，但双方当事人对于十四份《商品房买卖合同》所涉款项和《借款协议》所涉款项属同一笔款项并无异议。也就是说双方当事人基于同一笔款项先后签订了十四份《商品房买卖合同》和《借款协议》，且在房地产交易所办理了十四份《商品房买卖合同》销售备案登记手续。《中华人民共和国合同法》第三十二条规定："当事人采用合同书形式订立合同的，自双方当事人签字或盖章时合同成立。"第四十四条第一款规定："依法成立的合同，自成立时生效。"案涉十四份《商品房买卖合同》和《借款协议》均为依法成立并已生效的合同。本案双方当事人实际上就同一笔款项先后设立商品房买卖和民间借贷两个法律关系。

　　从本案十四份《商品房买卖合同》和《借款协议》约定的内容看，案涉《商品房买卖合同》与《借款协议》属并立又有联系的两个合同。案涉《商品房买卖合同》与《借款协议》之间的联系表现在以下两个方面：其一是案涉《商品房买卖合同》与《借款协议》涉及的款项为同一笔款项；其二是《借款协议》约定以签订商品房买卖合同的方式为《借款协议》所借款项提供担保，双方当事人实际是用之前签订的十四份《商品房买卖合同》为之后签订的《借款协议》提供担保。同时《借款协议》为案涉《商品房买卖合同》的履行附设了解除条件，即借款到期，××公司还清借款，案涉《商品房买卖合同》不再履行，借款到期，××公司不能偿还借款，则履行案涉《商品房买卖合同》。

　　《中华人民共和国担保法》第四十条规定："订立抵押合同时，抵押权人和抵押人在合同中不得约定在债务履行期届满抵押权人未受清偿时，抵押物的所有权转移为债权人所有。"《中华人民共和国物权法》第一百八十六条规定："抵押权人在债务履行期届满前，不得与抵押人约定债务人不履行到期债务时抵押财产归债权人所有。"这是法律上禁止流押的规定。禁止流押的立法目的是防止损害抵押人的利益，以免造成对抵押人实质上的不公平。本案《借款协议》中"如到期不能偿还，或已无力偿还，乙方（××公司）将用以上抵押物来抵顶借款，双方互不再支付对方任何款项"的约定，并非法律上禁止的流押条款。首先，《借款协议》上述条款并非约定××公司到期不能偿还借款，《借款协议》所称抵押物所有权转移为朱×所有。在××公司到期未偿还借款时，朱×并不能直接按上述约定取得《借款协议》所称的"抵押物"所有权。朱×要想取得《借款协议》所称的"抵押物"即十四套商铺所有权，只能通过履行案涉十四份《商品房买卖合同》实现。正基于此，朱×在本案一审提出的诉讼请求也是确认十四份《商品房买卖合同》有效，判令××公司履行商品房买卖合同。其次，案涉十四份《商品房买卖合同》和《借款协议》均为依法成立并生效的合同，双方当事人在《借款协议》中约定以签订商品房买卖合同的形式为《借款协议》提供担保，并为此在《借款协议》中为案涉十四份《商品房买卖合同》附设了解除条件，该约定并不违反法律、行政法规的强制性规定。实际上，双方当事人对于是履行十四份《商品房买卖合同》，还是履行《借款协议》具有选择性，即商品房买卖合同的解除条件成就，就履行《借款协议》，商品房买卖合同的解除条件未成就，就履行十四份《商品房买卖合同》。无论是履行十四份《商品房买卖合同》，还是履行《借款协议》，均符合双方当事人的意思表示，且从合同的选择履行的角度看，××公司更具主动性。××公司如果认为履行十四份《商品房买卖合同》对其不公平，损害了其利益，其完全可以依据《中华人民共和国合同法》第五十四条第一款第（二）项的规定，请求人民法院撤销案涉十四份《商品房买卖合同》，但××公司在法定的除斥期间内并未行使合同撤销权，而是拒绝履行生效合同，其主张不符合诚信原则，不应得到支持。因此，《借款协议》上述关于到期不能偿还，或已无力偿还，××公司抵押物来抵顶借款的约定，不符合《中华人民共和国担保法》第四十条和《中华人民共和国物权法》第一百八十六条禁止流押的规定。案涉十四份《商品房买卖合同》和《借款协议》均为依法成立并生效的合同。《借款协议》约定的商品房买卖合同的解除条件未成就，故应当继续履行案涉十四份《商品房买卖合同》。

【法条链接】

1. 《中华人民共和国合同法》

第三十二条 当事人采用合同书形式订立合同的，自双方当事人签字或盖章时合同成立。

第四十四条第一款 依法成立的合同，自成立时生效。

2. 《中华人民共和国担保法》

第四十条 订立抵押合同时，抵押权人和抵押人在合同中不得约定在债务履行期届满抵押权人未受清偿时，抵押物的所有权转移为债权人所有。

3. 《中华人民共和国物权法》

第一百八十六条 抵押权人在债务履行期届满前，不得与抵押人约定债务人不履行到期债务时抵押财产归债权人所有。

【案例来源】

最高人民法院民事判决书（2011）民提字第 344 号。

《最高人民法院公报》2014 年第 12 期公布的最高人民法院民事判决书（2011）民提字第 344 号。

012. 提供格式条款一方免除其责任的条款无效

（周×、俞×与××公司商品房销售合同纠纷）

【裁判要旨】

本案商品房销售合同中分别约定了逾期交房与逾期办理房产证的违约责任，但同时又约定开发商承担了逾期交房的责任之后，逾期办证的违约责任就不予承担，该约定属于免除开发商按时办证义务的无效格式条款，开发商仍应按照合同约定承担逾期交房、逾期办证的多项违约之责。

【当事人信息】

上诉人：××公司（原审被告）

被上诉人：周×（原审原告）

被上诉人：俞×（原审原告）

【基本案情】

2012 年 11 月 12 日，原告周×、俞×（买受人）与被告××公司（出卖人）签订《商品房买卖合同》一份，约定：买受人购买位于×湾 E08-×的商品房，商品房房款合计 5 162 730 元，买受人按其他方式按期付款；出卖人应当在 2012 年 12 月 31 日前，将符合各项条件的商品房交付买受人使用；出卖人如未按本合同规定的期限将该商品房交付买受人使用，逾期不超过 90 日，自本合同第九条规定的最后交付期限的第二天起至实际交付之日止，出卖人按日向买受人支付已交付房价款万分之壹的违约金，合同继续履行，逾期超过 90 日后，买受人有权解除合同，买受人要求继续履行合同的，合同继续履行，自本合同第九条规定的最后交付期限的第二天起至实际交付之日止，出卖人按日向买受人支付已交付房价款万分之贰的违约金；商品房达到交付使用条件后，出卖人应当书面通知买受人办理交付手续，双方进行验收交接时，出卖人应当出示本合同第九条规定的证明文件，并签署房屋交接单，在签署房屋交接单前，出卖人不得拒绝买受人查验房屋，所购商品房为住宅的，出卖人还需提供《住宅质量保证书》和《住宅使用说明书》，出卖人不出示证明文件或出示证明文件不齐全，买受人有权拒绝交接，由此产生的延期交房责任由出卖人承担；出卖人负责办理土地使用权初始登记，取得《土地使用权证书》或土地使用证明，出卖人负责申请该商品房所有权初始登记，取得该商品房《房屋所有权证》，出卖人承诺于 2013 年 3 月 31 日前，取得前款规定的土地、房屋权属证书，交付给买受人，买受人委托出卖人办理该商品房转移登记，出卖人不能在前款约定期限内交付权属证书，双方同意按照下列约定处理，约定日期起 30 日内，出卖人交付权属证书或登记证明的，按已付房价款的 1% 承担违约责任，约定日期起 30 日以后，出卖人仍不能交付权属证书或登记证明的，买受人退房，出卖人在买受人提出退房要求之日起 30 日内将买受人已付房价款退还给买受人，并自约定日期至实际退款日止，按日向买受人支付已交付房价款万分之三的违约金，买受人不退房，出卖人自约定日期起至实际交付权属证书或登记证明之日止，按日向买受人支付已交付房价款万分之三的违约金；若出卖人逾期交房并承担了逾期交房违约责任的，则本合同第十六条中出卖人承诺取得土地、房屋权属证书的时间相应顺延，顺延期限与商品房交付的逾期期限相同等。

2012 年 11 月 12 日，原告周×、俞×出具《双方同意书》一份，言明："本人俞×、周×购买×湾 E08-× 房源，本人知晓该房源为 ×× 公司工程部办公用房，按照合同约定将于 2012 年 12 月 31 日前完成房子的交付手续，经本人与 ×× 公司协商一致，本人按照合同约定时间配合办理相关交房工作，以便按期办理相关产证等手续，但不领取 E08-× 钥匙等物料。本人承诺愿意在 2013 年 6 月 30 日前将 E08-× 作为 ×× 公司工程部办公使用，待期满后于 2013 年 7 月 1 日将房屋钥匙等相关物料重新交接，如不能如期交付按商品房买卖合同第十条逾期交房的违约责任来处理，房屋内部恢复合同交房标准，特此承诺。" 2013 年 9 月 23 日，原告至被告 ×× 公司处就房屋的质量瑕疵问题与被告交涉，被告 ×× 公司的工作人员（黄×）在《×湾 E08-× 号房产所在问题》上书写说明："2013 年 9 月 6 日×湾 E08-× 经业主与房产公司在交房前进行现场勘查验房发现并确认以上未打 '×' 26 条问题，房产公司承诺在 2013 年 10 月 5 日前整改完毕，打 '×' 7 条问题在经业主与房产公司进一步核实设计图纸和有关证据后确认，房产公司承诺在将所有房屋质量问题解决之后再履行交房手续。" 2013 年 3 月 9 日，被告 ×× 公司登记取得×湾 E08 幢-× 的房屋所有权证（初始登记）；2013 年 3 月 25 日，被告 ×× 公司取得×湾 E08 幢-× 的土地使用权

（土地使用权分割登记）。原告俞×、周×依照合同约定将房屋价款 5 162 730 元支付给被告××公司。至起诉之日，被告××公司未与原告俞×、周×办理房屋交付手续，亦未向原告俞×、周×交付房地产权属证书。

【诉讼请求】

1. 判令被告立即履行 2013 年 9 月 23 日出具的《×湾 E08-×号房产所在问题》维修单确定的维修义务，维修结果应与图纸相符，达到国家标准；

2. 判令被告立即向二原告交付×湾 E08 幢×号房产，并承担自 2013 年 1 月 1 日起至实际交付之日止按日向二原告支付已付房价人民币 5 162 730 元的万分之二的违约金（暂算至 2014 年 1 月 1 日违约金为：376 879.29 元）；

3. 判令被告立即向二原告交付×湾 E08 幢×号房产的《房产所有权证》和《国有土地使用权证》（即被告立即将×湾 E08 幢×号房地产权属证书，登记的现房屋所有权人和土地使用权为：××公司，变更登记为：周×、俞×。因办理过户所需应当由买方缴纳的税费由二原告承担），并承担自 2013 年 4 月 1 日起至实际交付权属证书之日止按日向二原告支付已付房款人民币 5 162 730 元的万分之三的违约金（暂算至 2014 年 1 月 1 日计违约金：425 925.23 元）；被告承担本案的诉讼费。

【裁判结果】

一审：1. 被告××公司于本判决生效之日起三十日内向原告周×、俞×交付×湾 E08 幢-×号房屋；

2. 被告××公司于本判决生效之日起三十日内向原告周×、俞×交付×湾 E08 幢-×号房屋的房地产权属证书（即被告××公司办理×湾 E08 幢×号房屋的转移登记过户手续，办理过户所需应当由买方缴纳的税费由原告周×、俞×承担）；

3. 被告××公司按原告周×、俞×已付购房款 5 162 730 元从 2013 年 7 月 1 日起按日万分之二向原告周×、俞×支付逾期交房违约金至实际交付房屋之日止（2013 年 7 月 1 日至 2014 年 1 月 1 日，违约金为 191 021.01 元）；

4. 被告××公司按原告周×、俞×已付购房款 5 162 730 元从 2013 年 4 月 1 日起按日万分之三向原告周×、俞×支付逾期交付房地产权属证书违约金至本判决生效之日止（2013 年 4 月 1 日至 2014 年 1 月 1 日，违约金为 425 925.23

元）；

　　5. 驳回原告周×、俞×的其他诉讼请求。

　　二审：驳回上诉，维持原判。

【裁判理由】

　　一审法院认为：原告周×、俞×与被告××公司签订的《商品房买卖合同》系双方当事人真实意思表示，属有效合同，对当事人具有法律约束力。双方当事人应按照约定全面履行自己的权利义务。当事人一方不履行合同义务或者履行合同义务不符合约定的，应当承担继续履行、采取补救措施或者赔偿损失等违约责任。依据原、被告双方所签订《商品房买卖合同》的约定，出卖人应当在 2012 年 12 月 31 日前，将符合各项条件的商品房交付买受人使用。根据原告周×、俞×出具的《双方同意书》上的承诺“本人承诺愿意在 2013 年 6 月 30 日前将 E08-×作为××公司工程部办公使用，待期满后于 2013 年 7 月 1 日将房屋钥匙等相关物料重新交接，如不能如期交付，按商品房买卖合同第十条逾期交房的违约责任来处理，房屋内部恢复合同交房标准，特此承诺”，可推断出原告方同意将涉案房屋延迟至 2013 年 7 月 1 日交付。在 2013 年 9 月 23 日，原告就 E08-×号房产的有关车库、地下室、进户门、阳台等方面的质量瑕疵问题至被告××公司处交涉，被告方的工作人员在《×湾 E08-×号房产所在问题》上进行了说明，并提出整改意见（在 2013 年 10 月 5 日前整改完毕）。可见，双方事实上认可涉案房屋尚未具备交付条件，该房屋亦未实际转移给原告方占有使用。故被告××公司未依照约定将涉案房屋交付给原告周×、俞×，其逾期交付行为已构成违约。

　　《商品房买卖合同》明确约定被告××公司应当于 2013 年 3 月 31 日前取得土地、房屋权属证书，并交付给原告。现被告××公司已逾期交付房地产权属证书，且未提供证据以证明系可归责于原告方的原因导致逾期交付房地产权属证书。依照合同约定，被告××公司负有按时交房与按时交付权属证书的义务。现被告以合同中的条款（补充协议第六条第二款）“若出卖人逾期交房并承担了逾期交房违约责任的，则本合同第十六条中出卖人承诺取得土地、房屋权属证书的时间相应顺延，顺延期限与商品房交付的逾期期限相同等”为由，认为即使认定被告逾期交房，那么逾期交房屋权属证书时间也应当相应的顺延。该格式条款系被告方提供，其内容显然置原告方的利益于不顾，导致其权益处于不确定状态，免除了被告方按时交付房地产权属证书的义务，应当为无效，故被告××公司不能因为双方有此条款的约定而免除其逾期交付权属证书的违约责任。

二审法院认为：上诉人××公司与被上诉人周×、俞×签订的《商品房买卖合同》系双方当事人真实意思表示，系有效合同，双方应按照约定全面履行自己的权利义务。根据双方所签订《商品房买卖合同》的约定，出卖人应当在 2012 年 12 月 31 日前，将符合各项条件的商品房交付买受人使用。但根据双方在 2013 年 9 月 23 日就涉案房产有关车库、地下室、进户门、阳台等方面存在的质量瑕疵问题的说明及一直未对存在问题的整改作出结论情况看，表明双方至今并未解决交房问题。上诉人××公司存在逾期交房的违约行为。另《商品房买卖合同》中明确了上诉人××公司应当于 2013 年 3 月 31 日前取得土地、房屋权属证书，并交付给被上诉人，现上诉人已逾期交付房地产权属证书，应承担违约责任。至于附件八补充协议第六条第二款关于"若出卖人逾期交房并承担了逾期交房违约责任的，则本合同第十六条中出卖人承诺取得土地、房屋权属证书的时间相应顺延，顺延期限与商品房交付的逾期期限相同"的约定，该补充协议的格式条款系上诉人提供，并没有采取合理的方式提请对方注意，而其内容显然对被上诉人利益不利，导致被上诉人权益处于不确定状态，免除了上诉人按时交付房地产权属证书的义务，应当为无效。

【法条链接】

1. 《中华人民共和国合同法》

第三十九条 采用格式条款订立合同的，提供格式条款的一方应当遵循公平原则确定当事人之间的权利和义务，并采取合理的方式提请对方注意免除或者限制其责任的条款，按照对方的要求，对该条款予以说明。

格式条款是当事人为了重复使用而预先拟定，并在订立合同时未与对方协商的条款。

第四十条 格式条款具有本法第五十二条和第五十三条规定情形的，或者提供格式条款一方免除其责任、加重对方责任、排除对方主要权利的，该条款无效。

第六十条第一款 当事人应当按照约定全面履行自己的义务。

第一百零七条 当事人一方不履行合同义务或者履行合同义务不符合约

定的，应当承担继续履行、采取补救措施或者赔偿损失等违约责任。

2.《最高人民法院关于审理商品房买卖合同纠纷案件适用法律若干问题的解释》

第十一条第一款　对房屋的转移占有，视为房屋的交付使用，但当事人另有约定的除外。

【案例来源】

宁波市中级人民法院民事判决书（2014）浙甬民二终字第 470 号。

013. 商品房销售合同不因约定了低于市场价额的价款及较高的违约金而被认定是以合法形式掩盖非法目的的高利贷性质合同

（张×、马×与××公司商品房销售合同纠纷）

【裁判要旨】

仅凭本案《商品房买卖合同》中约定的价款低于当地的商品房市场价格同时违约金较高，尚不能认定该合同的签订违背出卖人的真实意思表示，亦不能以此确认本案合同实为借贷法律关系。本案合同在主体资格、当事人的意思表示、合同内容及合同目的方面不存在违法，不能因双方在商品房买卖过程中约定了较高违约金而认定案涉合同是以合法形式掩盖非法目的的高利贷性质合同。

【当事人信息】

申诉人：××公司（一审被告、反诉原告、二审上诉人）
被申诉人：张×（一审原告、反诉被告、二审被上诉人）
被申诉人：马×（一审原告、反诉被告、二审被上诉人）

【基本案情】

2005 年 9 月 29 日，张×、马×（买受人）与××公司（出卖人）签订《商品房买卖合同》。合同第三、四条约定，张×、马×购买××公司开发的"金山龙谷"共 10 套别墅，合同总价为 200 万元；第八条约定出卖人应在 2005 年

12 月 29 日前将商品房交付买受人使用；第九条第一款第二项约定，逾期超过 30 日后，买受人有权解除合同。买受人要求继续履行合同的，合同继续履行，自合同第八条规定的最后交付期限的第二天起至实际交付之日止，出卖人按日向买受人支付已交付房款万分之四的违约金。第十五条约定，出卖人应当在商品房交付使用后 360 个工作日内，将办理权属登记需要由出卖人提供的资料报产权登记机关备案。如因出卖人的责任，买受人不能在规定期限内取得房地产权属证书的，出卖人按已付房款的 0.1% 向买受人支付违约金。合同签订后，张×、马×已将购房款 200 万元付给××公司。双方已对该合同进行备案登记。

2005 年 10 月 10 日，××公司与张×、马×订立《商品房退房退款协议书》（以下简称《退房退款协议书》）。该协议书第一条约定，甲方（××公司）建议乙方（张×、马×）退房，乙方同意退房，甲方应立即退还购房款，因甲方原因，延期至 2005 年 11 月 29 日前将全部购房款退清给乙方，并愿意从 2005 年 10 月 10 日起按月按乙方已交付购房款的 4% 计付逾期退还购房款的违约责任。第四条约定，在退还购房款期限内，若到商品房交付时间的，乙方不能催促甲方交付，也不能入住或出租，但退还购房款期限届满时，如甲方既不提出延长退还购房款期限，又不全部退清购房款及违约金给乙方的，乙方有权按购买签订的《商品房买卖合同》条款执行，并有权入住、出租使用，甲方应当为乙方办理有关手续，包括办理上述商品房的产权证。第五条约定，甲方如再延长退还购房款期限时，乙方须无条件同意给甲方延长一个月的退款期，甲、乙双方必须签订延长补充协议书，如甲方每月承担的违约金不按时支付的，乙方则不同意延长退还购房款期限。2005 年 10 月 28 日，双方又签订《延期退还购房款补充协议书》（以下简称《补充协议书 1》），该协议约定：1. 甲方（××公司）退还全部房款给乙方（张×、马×）的期限延期至 2005 年 12 月 28 日止。2. 双方于 2005 年 10 月 10 日签订的《退房退款协议书》除甲方退还房款的期限变更外，其他条款继续有效。2005 年 12 月 27 日，应××公司要求，双方又签订《延期退还购房款补充协议书》（以下简称《补充协议书 2》），协议约定：1. 甲方（××公司）退还全部房款给乙方（张×、马×）的期限由 10 月 28 日签订的《补充协议书 1》的 2005 年 12 月 28 日止延期至 2006 年 3 月 28 日止。2. 双方于 2005 年 10 月 10 日签订的《退房退款协议书》除甲方退还房款的期限变更外，其他条款继续有效。××公司在《退房

退款协议书》《补充协议书 2》订立后退款期限内，未依约退还购房款。自
2005 年 10 月 10 日始，××公司依《退房退款协议书》《补充协议书 2》按购房
款的 4% 按月给付张×、马×违约金至 2006 年 3 月 27 日。后经张×、马×催促，
××公司于 2006 年 7 月 1 日将 2006 年 3 月 28 日至 2006 年 6 月 27 日的违约金
支付。但××公司没有交房，之后亦无支付违约金。2008 年 11 月 22 日，张×、
马×在《法制快报》刊登公告，称多次找××公司要求交房办证没有结果，要
求××公司在刊登公告之日起 10 个工作日内交房办证。××公司至今没有履行。

另外，××公司与张×、马×在 2005 年 9 月 29 日签订《商品房买卖合同》
的当天，张×和马×即支付购房款 200 万元，2005 年 10 月 14 日双方签订《商
品房买卖合同补充协议书》，约定《商品房买卖合同》第四条第二项中的建筑
面积平方米填错，更正为建筑面积 2800 平方米。在 2005 年 10 月 28 日的《补
充协议书 1》中，明确本案购房 10 栋建筑面积 2800 平方米。××公司于 2007
年 11 月 5 日给张×、马×一份《退回购房款计划书》，该计划书内容为："张
×、马×先生：我公司于 2005 年 9 月 29 日与你们签订《商品房买卖合同》将
金山龙谷的拾套商品房卖给你们。后因本公司的原因要求你们退房，并将购
房款退还给你们和承担违约责任。你们也同意。但由于我公司的种种原因，
无法按时退款给你们，请原谅！我公司计划于 2007 年 11 月 30 日前将全部购
房款退还给你们，并愿承担违约责任。"

【诉讼请求】

张×、马×起诉请求：

1. ××公司立即将案涉"金山龙谷"10 套房屋交房并办理产权证书；

2. ××公司支付逾期交房违约金 91.2 万元（暂计至 2009 年 6 月 1 日，逾
期另计）；

3. ××公司支付逾期办理产权证的违约金 2000 元。

××公司反诉请求：

1. 确认《商品房买卖合同》无效；

2. 张×、马×向房屋登记管理部门办理撤销商品房买卖合同登记备案
手续。

【裁判结果】

一审：1. ××公司在判决生效之日起 5 日内交付"金山龙谷"共 10 套房屋给张×、马×；

2. ××公司从 2006 年 7 月 1 日起以 200 万元为基数按日万分之四支付逾期交房违约金至本案生效判决规定的履行期限最后一日止，给张×、马×；

3. ××公司支付逾期办证违约金 2000 元给张×、马×；

4. ××公司在本案文书生效后 90 日内为张×、马×办理好产权证并交付张×、马×；

5. 驳回××公司的反诉请求。

二审：驳回上诉，维持原判。

提审：维持一审判决和二审判决。

再审：1. 撤销一审、二审和提审判决；

2. 驳回张×、马×诉讼请求；

3. 驳回××公司反诉请求。

【裁判理由】

一审法院认为：张×、马×与××公司签订的《商品房买卖合同》《退房退款协议书》《补充协议书》（两份）是双方真实意思表示，合同内容均未违反法律禁止性规定。双方约定按月给付 4% 的违约金，该违约金的约定是有条件的，是因××公司原因要求张×、马×退房而不能及时退还购房款时才承担逾期和延期退还购房款的违约责任，只有××公司不按时给付违约金和退还购房款，张×、马×才有权要房办证；从其内容和时间看，签订的三份协议应属《商品房买卖合同》的补充。根据《中华人民共和国合同法》第一百一十四条规定，当事人可以约定一方违约时应当根据违约情况向对方支付一定数额的违约金。此约定并不违反法律的禁止性规定，因此，不能因双方在商品房买卖过程中约定了违约金而认定是以合法形式掩盖非法目的的高利贷性质的民间借贷关系，××公司亦无证据证实双方之间的关系属民间借贷关系。××公司辩称和反诉主张合同无效、请求撤销备案登记，理由不充分、证据不足。

二审法院认为：本案争议焦点是《商品房买卖合同》是否有效。××公司上诉认为，本案合同并非在公平的原则下签订，以 200 万元的价格购买 10 栋别墅，此价格约定与等价有偿的诚实信用原则相悖，从价格上看显失公平；本案实为民间借贷，签订《商品房买卖合同》是以合法的形式掩盖高利贷的非法目的，合同应认定无效。但××公司直至二审期间仍未能举证证实本案合同是在违背其真实意思表示的情况下签订，亦无证据证实该合同实为借款。双方在2005年9月即签订合同，尔后，双方又对该合同进行了备案登记。之后签订的《退房退款协议书》《补充协议书1》《补充协议书2》约定了退房退款的期限，亦约定在未全部退清购房款及违约金的情况下，张×、马×有权按《商品房买卖合同》条款执行。××公司未按《退房退款协议书》约定的时间退清购房款后，按约定多次向张×、马×支付违约金，其实际上又履行了涉讼的合同、协议。故一审判决查明事实清楚，适用法律正确，予以维持。

再审法院认为：关于本案合同的性质和效力的问题。《商品房买卖合同》《退房退款协议书》《补充协议书》（两份）是双方真实意思表示，未违反法律禁止性规定。本案合同有关违约金的约定是有条件的，是因××公司原因要求对方退房而不能及时退还购房款时才承担逾期和延期退还购房款的违约责任。从本案合同的履行情况看，购方支付了购房款，双方对购房合同办理了备案登记。2006年3月28日的最后退款期限到了之后，××公司未能退款，至2007年11月5日××公司的《退回购房款计划书》仍明确为商品房买卖，并表示愿承担违约责任，合同的履行事实也表明双方的意思表示真实。因此，本案合同在主体资格，当事人的意思表示，合同内容及合同目的方面不存在违法，不能因双方在商品房买卖过程中约定了违约金而认定案涉合同是以合法形式掩盖非法目的的高利贷性质合同。合同价款的确定是当事人的商业行为，××公司作为一个具有民事权利能力和民事行为能力的公司法人、房地产开发商，对其开发的商品房销售定价理应承担责任。案涉合同和协议不存在欺诈、胁迫的情形，如显失公平和订立合同时有重大误解的，××公司亦没有依法行使撤销权。因此，××公司申诉主张案涉合同无效没有事实和法律依据。原判在认定事实、适用法律、审判程序和实体处理上是正确的，××公司的申诉理由没有事实和法律依据。

最高人民法院认为：关于案涉《商品房买卖合同》是否有效的问题。

第一，××公司提交的证据不足以证明《商品房买卖合同》与《退房退款协议书》是同一天签订。从2005年11月1日，张×出具的收条可知，虽然其记载了张×在2005年11月1日收到了××公司交付的违约金8万元，但该收条并未确认该违约金的计算是从 2005 年 9 月 29 日开始。单凭该违约金金额与《退房退款协议书》约定的不一致，得不出《退房退款协议书》与《商品房买卖合同》是同一天签订的必然结论。

第二，《商品房买卖合同》中关于买卖 10 栋商品房的约定是否违反原建设部《房屋登记办法》第十条并不能证明张×、马×与××公司不以买卖商品房为目的，仅仅是为了备案。原建设部《房屋登记办法》第十条规定，房屋应当按照基本单元进行登记。房屋基本单元是指有固定界限、可以独立使用并且有明确、唯一的编号（幢号、室号等）的房屋或者特定空间。××公司所建房屋为独体别墅，每栋都是独立单元。按照规定，每栋别墅都应当单独签订《商品房买卖合同》，办理独立产权证。但××公司并不能由此得出一份《商品房买卖合同》只能约定对一栋房屋进行买卖的结论。

第三，《商品房买卖合同》约定的建筑面积 1000 平方米已被《商品房买卖合同补充协议书》修正为 2800 平方米。根据 2005 年 10 月 14 日签订的《商品房买卖合同补充协议书》可知，双方已确认《商品房买卖合同》中关于建筑面积平方米填错，应更正为建筑面积 2800 平方米。换言之，双方在《商品房买卖合同》中约定的是 2800 平方米别墅的总价为 200 万元。

第四，张×、马×将款项转到××公司法定代表人陆××个人账户，没有发票，没有交纳契税、配套费等费用等事实，只能说明张×、马×付款方式不规范，并不能证明《商品房买卖合同》虚假。

第五，××公司虽主张张×、马×以购房、付款、退房退款的方式，借给案外其他房地产开发商购房款，以获取高额利息，但对该事实是否存在，××公司并未提供充分证据证明。而且，即便该事实存在，也与本案无关，不能得出本案亦是"名为买卖实为借贷"的结论。

综上，最高人民法院认为××公司一审反诉关于确认《商品房买卖合同》无效的请求以及张×、马×撤销房屋登记备案的请求，因缺乏依据，不予支持。

【法条链接】

1.《中华人民共和国合同法》

第五十二条　有下列情形之一的，合同无效：

（一）一方以欺诈、胁迫的手段订立合同，损害国家利益；

（二）恶意串通，损害国家、集体或者第三人利益；

（三）以合法形式掩盖非法目的；

（四）损害社会公共利益；

（五）违反法律、行政法规的强制性规定。

第五十四条　下列合同，当事人一方有权请求人民法院或者仲裁机构变更或者撤销：

（一）因重大误解订立的；

（二）在订立合同时显失公平的。

一方以欺诈、胁迫的手段或者乘人之危，使对方在违背真实意思的情况下订立的合同，受损害方有权请求人民法院或者仲裁机构变更或者撤销。

当事人请求变更的，人民法院或者仲裁机构不得撤销。

第六十条第一款　当事人应当按照约定全面履行自己的义务。

2.《中华人民共和国民法通则》

第五十五条　民事法律行为应当具备下列条件：

（一）行为人具有相应的民事行为能力；

（二）意思表示真实；

（三）不违反法律或者社会公共利益。

3.《最高人民法院关于民事诉讼证据的若干规定》（2008 年）

第二条　当事人对自己提出的诉讼请求所依据的事实或者反驳对方诉讼请求所依据的事实有责任提供证据加以证明。

没有证据或者证据不足以证明当事人的事实主张的，由负有举证责任的当事人承担不利后果。

【案例来源】

最高人民法院申诉民事判决书（2014）民提字第 106 号。

014. 商品房销售合同纠纷中对书面证据的认定应当更为审慎

（××公司与洪×商品房销售合同纠纷）

【裁判要旨】

透过解释确定争议法律关系的性质，应当秉持使争议法律关系项下之权利义务更加清楚，而不是更加模糊的基本价值取向。在没有充分证据佐证当事人之间存在隐藏法律关系且该隐藏法律关系真实并终局地对当事人产生约束力的场合，不宜简单否定既存外化法律关系对当事人真实意思的体现和反映，避免当事人一方不当摆脱既定权利义务约束的结果出现。若要否定书面证据所体现的法律关系，并确定当事人之间存在缺乏以书面证据为载体的其他民事法律关系，必须在证据审核方面给予更为审慎的分析研判。

【当事人信息】

上诉人：洪×（原审原告）
被上诉人：××公司（原审被告）

【基本案情】

2013 年 8 月 21 日，××公司（甲方）与洪×（乙方）签订两份《商品房购销合同》，就洪×购买××公司开发建设的×商业广场一、二层商铺的具体事项进行了约定。001 号《商品房购销合同》约定：一层商业用房按套内建筑面积计价，该商品房套内建筑面积为 3143.02 平方米，单价为每平方米 2 万元（已包含分摊的共有建筑面积的价格），总金额 62 860 400 元；乙方应在 2013 年 8 月 18 日前支付 56 574 360 元，2014 年 1 月 20 日前支付 6 286 040 元；交房时间为 2013 年 12 月 14 日；甲方逾期交房，自交房时间届满次日起至实际交房之日止 30 天内，按每天 314 302 元向乙方支付违约金，合同继续履行。逾期 30 天后，甲方按购房款总金额的千分之五支付违约金，合同继续履行。002 号《商品房购销合同》约定：二层商业用房按套内建筑面积计价，该商品房套内建筑面积为 3601.29 平方米，单价为每平方米 9869 元（已包含分摊的共有建筑面积的价格），总金额 35 541 130 元；乙方应在 2013 年 8 月 18 日前支付 31 987 017 元，2014 年 1 月 20 日前支付 3 554 113 元；交房时间和违约责任与 001 号合同约定相同。同日，双方当事人对上述两份合同进行了登记备案。洪×按照××公司出具的付款委托书载明的收款账户，于当日通过银行转账方式向××公司汇款 56 574 360 元和 22 825 640 元，同时还向××公司法定代表人张×汇款 1900 万元，共计汇款 9840 万元。××公司向洪×出具十张收据，每张金额 984 万元，共计 9840 万元。2013 年 8 月 26 日、9 月 18 日，张×向洪×各汇款 368 万元。款项用途一栏均记载为私人汇款。

另查明，2011 年 10 月 28 日，×商业广场竣工验收。2013 年 6 月 2 日，××公司与××拆迁有限公司签订《商铺租赁合同》，将×商业广场一、二层商铺出租给××拆迁有限公司，租期自 2013 年 6 月 1 日起至 2033 年 5 月 31 日止。

【诉讼请求】

1. 判令××公司交付×商业广场一层和二层整层商铺，并于交付之日起四十日内协助洪×办理所有权证；

2. 判令××公司承担逾期交房的违约责任，支付违约金 19 350 128 元；

3. 案件受理费、律师费（300 万元）等相关费用由××公司承担。

【裁判结果】

一审：判决驳回洪×的诉讼请求。

二审：1. 撤销一审判决；

2. ××公司于本判决生效后十日内向洪×交付×商业广场一层、二层商业用房；

3. ××公司于×商业广场所涉行政违法事项消除后四十日内协助洪×办理一层、二层商业用房所有权变更登记；

4. ××公司于本判决生效之日起十日内向洪×支付违约金 11 990 128 元；

5. 驳回洪×的其他诉讼请求。

【裁判理由】

一审法院认为：原告洪×主张与被告形成房屋买卖关系，但被告××公司主张本案实际是民间借贷纠纷，房屋买卖合同仅是民间借贷的担保形式，应为无效。对此认定如下：

（1）双方当事人虽然形式上签订了《商品房购销合同》，但×商业广场已于 2011 年 10 月 28 日完成竣工验收，案涉房产于双方签约前也整体出租给××拆迁有限公司，且洪×明知上述情况。在已经具备交付条件的情况下，双方却将交房时间约定为 2013 年 12 月 14 日，有违常理。

（2）从××公司提交的 2010 年 4 月 9 日其与案外人张×签订的《商品房购销合同》看，双方约定的×商业广场第四层商铺的买卖价格为每平方米 40 936.06 元，而案涉一层、二层房产交易价格为每平方米 2 万元及 9869 元，明显低于××公司与案外人约定的价格。

（3）洪×按约应在 2014 年 1 月 20 日前，分两期支付全部房价款，但其在签约当日就分别向××公司汇款 56 574 360 元和 22 825 640 元，同时还向××公司法定代表人张×汇款 1900 万元（共计 9840 万元），已经付清了全部房款，这与正常买房人的付款习惯不符。××公司在收到上述款项后出具给洪×的是十张收据而非购房发票，此亦违背房屋买卖的交易习惯。

（4）在洪×与××公司无其他业务往来的情况下，××公司法定代表人张×于 2013 年 8 月 26 日、9 月 18 日向洪×各汇款 368 万元。对该款项，××公司认为其与洪×之间实际的借款金额是 8000 万元，月息 4.6%，每月利息即 368 万元。洪×则认为 736 万元是××公司给洪×的销售返点，但双方在合同中并无约定，也无其他证据予以证实。

双方当事人上述一系列行为明显不符合房屋买卖的一般交易习惯，故应认定双方所签《商品房购销合同》名为房屋买卖实为借款担保，双方之间系名为房屋买卖实为借贷民事法律关系。

二审法院认为：民事法律关系是民事法律规范调整社会关系过程中形成的民事主体之间的民事权利义务关系。除基于法律特别规定，民事法律关系的产生、变更、消灭，需要通过法律关系参与主体的意思表示一致才能形成。判断民事主体根据法律规范建立一定法律关系时所形成的一致意思表示，目的在于明晰当事人权利义务的边界、内容。一项民事交易特别是类似本案重大交易的达成，往往存在复杂的背景，并非一蹴而就且一成不变。当事人的意思表示于此间历经某种变化并最终明确的情况并不鲜见。有些已经通过合同确立的交易行为，恰恰也经历过当事人对法律关系性质的转换过程。而基于各自诉讼利益考量，当事人交易形成过程中的细节并不都能获得有效诉讼证据的支撑。合同在性质上属于原始证据、直接证据。根据《最高人民法院关于民事诉讼证据的若干规定》第七十七条有关证据证明力认定原则的规定，其应作为确定当事人法律关系性质的逻辑起点和基本依据，应当重视其相对于传来证据、间接证据所具有的较高证明力。仅可在确有充分证据证明当事人实际履行行为与书面合同文件表现的效果意思出现显著差异时，才可依前者确定其间法律关系的性质。亦即，除在基于特定法政策考量，有必要在书面证据之外对相关事实予以进一步查证等情形，推翻书面证据之证明力应仅属例外。民事诉讼中的案件事实，应为能够被有效证据证明的案件事实。此外，透过解释确定争议法律关系的性质，应当秉持使争议法律关系项下之权利义务更加清楚，而不是更加模糊的基本价值取向。在没有充分证据佐证当事人之间存在隐藏法律关系且该隐藏法律关系真实并终局地对当事人产生约束力的场合，不宜简单否定既存外化法律关系对当事人真实意思的体现和反映，避免当事人一方不当摆脱既定权利义务约束的结果出现。此外，即便在两种解读结果具有同等合理性的场合，也应朝着有利于书面证据所代表法律关系成立的方向作出判定，借此传达和树立重诺守信的价值导向。综上，若要否定书面证据所体现的法律关系，并确定当事人之间存在缺乏以书面证据为载体的其他民事法律关系，必须在证据审核方面给予更为审慎的分析研判。

根据《最高人民法院关于适用〈中华人民共和国合同法〉若干问题的解释（二）》第七条规定，"交易习惯"是指，不违反法律、行政法规强制性规定的，在交易行为当地或者某一领域、某一行业通常采用并为交易对方订立合同时所知道或者应当知道的做法，或者当事人双方经常使用的习惯做法。《中华人民共和国合同法》针对"交易习惯"问题作出相关规定，其意旨侧重于完善和补充当事人权利义务的内容，增强当事人合同权利义务的确定性。而本案并不涉及运用交易习惯弥补当事人合同约定不明确、不完整所导致的权利义务确定性不足的问题。

首先，关于房屋交付时间问题。案涉房产存在违反规划超建楼层且尚未报批即行出售的事实，在此情况下，当事人约定在合同签订之日后近四个月时交付房产。其次，关于房屋价格问题。抛开此节是否属于"交易习惯"的问题，对不合理低价的判断，亦须以当时当地房地产管理部门公布的同等房地产之价格信息为参考依据。至本案当事人签约时（2013 年 8 月 21 日），该市进一步加强商品房预售管理实施意见已经在当地施行（2011 年 1 月 1 日生效）。根据该意见的前述相关规定，可以认定洪×所持本案交易价格符合合理区间的主张成立。再次，关于付款问题。案涉合同约定的购房款支付方式为分期支付，但在洪×所为一次性支付及××公司受领给付的共同作用下，应当认定其属于合同履行之变更。将此种合同履行变更视作与正常买房人的付款习惯相悖，理据尚不充分。而洪×向××公司法定代表人张×付款 1900 万元，也符合该公司所出具付款委托书的要求。最后，关于借贷法律关系问题，洪×与××公司签订了房屋买卖合同且已经备案登记，在实际履行过程中，虽然有些事实可能引发不同认识和判断，但在没有任何直接证据证明洪×与××公司之间存在民间借贷法律关系，且××公司对其所主张民间借贷法律关系诸多核心要素的陈述并不一致的情况下，认定双方当事人之间存在民间借贷法律关系，缺乏充分的事实依据。

证明标准是负担证明责任的人提供证据证明其所主张法律事实所要达到的证明程度。本案中，洪×已经完成双方当事人之间存在房屋买卖法律关系的举证证明责任，××公司主张其与洪×之间存在民间借贷法律关系。按照《最高人民法院关于适用〈中华人民共和国民事诉讼法〉的解释》第一百零八条规定，××公司之举证应当在证明力上足以使人民法院确信该待证事实的存在具有高度可能性。而基于前述，××公司为反驳洪×所主张事实所作举证，没有达到高度可能性之证明标准。较之高度可能性这一一般证明标准而言，合理怀疑排除属于特殊证明标准。《最高人民法院关于适用〈中华人民共和国民事诉讼法〉的解释》第一百零九条对排除合理怀疑原则适用的特殊类型民事案件范围有明确规定。一审法院认定双方当事人一系列行为明显不符合房屋买卖的"交易习惯"，进而基于合理怀疑得出其间系名为房屋买卖实为借贷民事法律关系的认定结论，没有充分的事实及法律依据，也不符合前述司法解释的规定精神，应当予以纠正。

【法条链接】

1.《中华人民共和国合同法》

第六十条　当事人应当按照约定全面履行自己的义务。

当事人应当遵循诚实信用原则，根据合同的性质、目的和交易习惯履行通知、协助、保密等义务。

2.《最高人民法院关于适用〈中华人民共和国合同法〉若干问题的解释（二）》

第七条　下列情形，不违反法律、行政法规强制性规定的，人民法院可以认定为合同法所称"交易习惯"：

（一）在交易行为当地或者某一领域、某一行业通常采用并为交易对方订立合同时所知道或者应当知道的做法；

（二）当事人双方经常使用的习惯做法。

对于交易习惯，由提出主张的一方当事人承担举证责任。

3. **《最高人民法院关于民事诉讼证据的若干规定》（2008 年）**

第二条　当事人对自己提出的诉讼请求所依据的事实或者反驳对方诉讼请求所依据的事实有责任提供证据加以证明。

没有证据或者证据不足以证明当事人的事实主张的，由负有举证责任的当事人承担不利后果。

4. **《最高人民法院关于适用〈中华人民共和国民事诉讼法〉的解释》**

第一百零八条　对负有举证证明责任的当事人提供的证据，人民法院经审查并结合相关事实，确信待证事实的存在具有高度可能性的，应当认定该事实存在。

对一方当事人为反驳负有举证证明责任的当事人所主张事实而提供的证据，人民法院经审查并结合相关事实，认为待证事实真伪不明的，应当认定该事实不存在。

法律对于待证事实所应达到的证明标准另有规定的，从其规定。

第一百零九条　当事人对欺诈、胁迫、恶意串通事实的证明，以及对口头遗嘱或者赠与事实的证明，人民法院确信该待证事实存在的可能性能够排除合理怀疑的，应当认定该事实存在。

【案例来源】

最高人民法院民事判决书（2015）民一终字第 78 号。

第二章
商品房预售纠纷

015. 因当事人一方原因未能订立商品房买卖合同，应当按照法律关于定金的规定处理

（黄××与北京××公司 1、北京××公司 2 商品房预售合同纠纷）

【裁判要旨】

出卖人通过认购、订购、预订的方式向买受人收受定金作为订立商品房买卖合同担保的，如果因当事人一方原因未能订立商品房买卖合同，应当按照法律关于定金的规定处理；因不可归责于当事人双方的事由，导致商品房买卖合同未能订立的，出卖人应当将定金返还买受人。

【当事人信息】

原告：黄××

被告：北京××公司 1、北京××公司 2

【基本案情】

2009 年 5 月 3 日，北京××公司 1（出卖人）与黄××（认购人）签署《北京市商品房认购书》，认购人所认购的房屋为出卖人开发的北京市朝阳区慧安华庭奥体东居×××号房屋（以下简称涉案房屋），商品房用途为住宅，建筑面积 87.15 平方米。该商品房总房价款 1 787 969 元。出卖人同意按照贷款方式付款。第四条约定："认购人签订本认购书且同时向出卖人支付认购定金贰万伍仟元，出卖人在收取定金后，应当向认购人开具收款凭证，并注明收款时间。认购人同意在支付定金之日起七日内与出卖人协商商品房买卖合同的相关条款，并与出卖人签订商品房买卖合同。"第五条约定："认购人未在第四

条第二款约定的期限内与出卖人签订商品房买卖合同的，出卖人有权解除本认购书。认购人已支付的定金不予退还、出卖人有权将该商品房另行出卖给第三方。"第六条规定："出卖人在认购人支付认购定金之日起至本认购书解除之日止，将该商品房另行出卖给第三方的，出卖人应当向认购人双倍返还定金。"《北京市商品房认购书》落款尾部手写补充条款："经甲乙双方协商，甲方同意签署《商品房预售合同》的日期以出卖人按买受人提供的传真号码×××发送传真通知买受人签约之日起七日内为准，并自双方签署该认购书之日起六十日内，如因出卖人原因无法签署《商品房预售合同》，买受人有权解除本认购书，出卖人退还买受人所交认购金壹拾万元整。"

黄××就涉案房屋于2009年5月3日支付北京××公司1定金25 000元；于2009年5月5日支付北京××公司1定金75 000元。

经询，在案各方均确认因另案诉讼，北京××公司2向法院申请诉前财产保全查封北京××公司1名下包括涉案房屋在内的多套房产。涉案房屋于2009年4月10日经法院裁定予以查封，至今仍然处于查封状态。

经查，黄××曾以确认合同效力纠纷为由将北京××公司1诉至本院，要求确认包括涉案房屋在内的两份《北京市商品房认购书》有效。本院于2015年7月10日作出（2015）朝民初字第××××号民事判决书，判决两份《北京市商品房认购书》均有效。同时本院指出，审理中，各方均已知晓两套房屋已被查封，法院已向黄××释明客观上无法再履行签订买卖合同义务，是否考虑主张损害赔偿，黄××表示另案起诉损害赔偿。另，该判决书中黄××于诉称中表示：北京××公司1于2009年8月份告知其没法签订购房合同，因为房屋被查封。后来双方经过协商于2009年8月在认购书上签署了补充条款，明确合同签订日期为北京××公司1传真通知黄××签约之日起七日内，此后北京××公司1一直反映无法签约。

对有争议的证据和事实，本院认定如下：

关于履约情况，黄××表示交付定金后一直想签订正式的《商品房买卖合同》，但一直没有签署，后来得知涉案房屋被查封。北京××公司1一直表示查封后可以解封，黄××基于对北京××公司1的信赖就一直在等待。经询，黄××表示得知房屋被查封的具体时间已经记不清了，但其持有部分双方交涉的录音材料，最早一份录音时间是2010年左右，另一份为2012年或2013年。因一直希望购买涉案房屋，故黄××没有在（2015）朝民初字第××××号案件中主张损害赔偿。

对此，北京××公司1表示其于2009年5月才得知涉案房屋被法院查封，知晓后于2009年5月中旬口头告知黄××该情况，并表示可以退房。黄××想要等，北京××公司1回复可以等也可以随时退房，后双方又于《北京市商品房认购书》中手写了补充条款。

关于赔偿数额，黄××表示立案时涉案房屋所在区域的单价为约每平方米8万元，以此标准结合房屋面积确定房屋总市值。用涉案房屋目前市值减去购房时约定的价格1 787 969元，差额部分即为黄××主张的赔偿损失数额。黄××认为如期履约会取得房屋权益，差价部分为其可得利益损失，应予赔偿。

对此，北京××公司1、北京××公司2均不予认可。

【诉讼请求】

1. 解除黄××与北京××公司1就北京市朝阳区慧安华庭奥体东居×××号房屋签订的《北京市商品房认购书》；

2. 判令北京××公司1返还定金20万元；

3. 判令北京××公司1、北京××公司2连带赔偿损失5 184 031元。

【裁判结果】

1. 原告黄××与被告北京××公司1关于北京市朝阳区慧安华庭奥体东居×××号房屋签署的《北京市商品房认购书》于本判决生效之日起解除。

2. 被告北京××公司1于本判决生效之日起七日内退还原告黄××定金20万元。

3. 驳回原告黄××的其他诉讼请求。

【裁判理由】

黄××与北京××公司1就涉案房屋签署的《北京市商品房认购书》系双方当事人真实意思表示，不违反法律及行政法规的强制性规定，合法有效，应当遵守。自诉辩意见及在案证据可知，因涉案房屋被查封导致黄××与北京××公司1无法签订买卖合同，无法实现《北京市商品房认购书》之签约目的，现黄××要求解除《北京市商品房认购书》，北京××公司1予以同意，本院不持异议。

关于违约责任，《最高人民法院关于审理商品房买卖合同纠纷案件适用法律若干问题的解释》第四条规定："出卖人通过认购、订购、预订等方式向买受人收受定金作为订立商品房买卖合同担保的，如果因当事人一方原因未能订立商品房买卖合同，应当按照法律关于定金的规定处理；因不可归责于当事人双方的事由，导致商品房买卖合同未能订立的出卖人应当将定金返还买受人。"本案中，涉案房屋被法院查封虽非北京××公司 1 主观意愿，但确系可归责于北京××公司 1 原因导致涉案房屋不具备出售条件，黄××无法与北京××公司 1 签署房屋买卖合同。《北京市商品房认购书》中明确约定了定金条款，因北京××公司 1 原因致使房屋买卖合同未能订立，应当适用定金罚则。现黄××要求北京××公司 1 双倍返还定金 20 万元于法有据，本院予以支持。关于损害赔偿一节，自（2015）朝民初字第××××号民事判决书可知，黄××自述于 2009 年 8 月即得知涉案房屋被查封之情形，与北京××公司 1 约定合同解除权并以补充条款形式予以确认。此时，黄××对于是否能够订立房屋买卖合同应有预期，应予把控后续风险，但其并未采取积极措施及时止损，长达数年等待并信赖房屋签约机会并非合理期待，对于所受损害及所失利益应自负其责。现黄××参考合同履行利益向北京××公司 1 主张可得利益损失依据不足，本院不予支持。另，北京××公司 2 非《北京市商品房认购书》当事人，黄××要求北京××公司 2 承担连带赔偿责任于法无据，本院不予支持。

【法条链接】

《最高人民法院关于审理商品房买卖合同纠纷案件适用法律若干问题的解释》

第四条　出卖人通过认购、订购、预订等方式向买受人收受定金作为订立商品房买卖合同担保的，如果因当事人一方原因未能订立商品房买卖合同，应当按照法律关于定金的规定处理；因不可归责于当事人双方的事由，导致商品房买卖合同未能订立的，出卖人应当将定金返还买受人。

【案例来源】

北京市朝阳区人民法院民事判决书（2018）京 0105 民初 28686 号。

016. 在"一房二卖"的情况下无法取得房屋所有权的买受人有权解除合同并请求开发商支付已付购房款一倍的赔偿金

（王××、何××诉北京××公司商品房预售合同纠纷）

【裁判要旨】

商品房买卖合同订立后，出卖人又将该房屋出卖给第三人，导致买受人商品房买卖合同目的不能实现的，无法取得房屋的买受人可以请求解除合同、返还已付购房款及利息、赔偿损失，并可以请求出卖人承担不超过已付购房款一倍的赔偿责任。

【当事人信息】

上诉人：北京××公司（原审被告）
被上诉人：王××、何××（原审原告）

【基本案情】

2005年3月16日，二原告与北京××公司签订协议书，约定：二原告以211 750元的价款购买北京××公司开发的"潞县商业广场C段（普通住宅楼）"房产；二原告应支付首付款51 750元，并在接到北京××公司通知7日内与北京××公司签订《商品房买卖合同》，二原告在交清全部购房款后拥有房屋的所有权；北京××公司应于2005年10月1日前交付房屋。

二原告于2005年3月23日交付北京××公司首付款51 750元。根据北京市通州区建设委员会《房屋产权档案》，诉争房屋于2008年10月27日经审核完成所有权移转登记，由北京××公司出卖于案外人袁××；卷内《房屋所有权转移登记申请书》记载的购房时间为2006年7月24日，成交总价为276 661元。

2007年9月18日，二原告起诉北京××公司，要求北京××公司依照协议交付诉争房屋并办理房产证。北京××公司辩称协议书已经在2006年七八月份口头解除，二原告表示不要房了，故不同意二原告的诉讼请求。法院于2007年11月27日作出一审判决，认定"原告（二原告）与被告（北京××公司）所签订的房屋认购协议实质上系房屋买卖合同，现被告称双方已口头解除该购房合同，而原告对此不予认可且被告亦未能就此提供出充分的、有效的证据予以证实的情况下即将该房屋售予案外人的做法显属不妥，应就此承担相应的违约责任。但是基于本案实际情况，由于被告已经与案外人签订了正式的商品房预售合同、入住协议并办理了钥匙交接手续，且案外人亦实际入住了本案诉争房屋，现原告在本院向其释明的情况下仍坚持要求被告按照原合同约定交付房屋并办理产权证的请求，已无法得到支持"，故判决驳回二原告的诉讼请求。二原告不服一审判决，提出上诉，并于2008年3月10日撤回上诉。

2009年11月26日，二原告起诉北京××公司，要求北京××公司赔付双倍首付款、差价损失及利息，后于2009年12月10日撤回起诉。

2011年11月23日，二原告起诉北京××公司，要求北京××公司赔付双倍首付款、差价损失及利息。北京××公司辩称双方之间的协议书已于2006年六七月份口头解除，且北京××公司系在二原告未支付购房款的情况下才将房屋销售他人。北京××公司未提出证据证明关于双方口头解除协议书及其通知二原告交纳购房款的事实。经法院委托，北京华信房地产评估有限公司于2012年5月2日对诉争房屋作出《房地产评估报告》（［2012］华信评字第司0015号），估价时点为2010年3月10日，房地产总价为53.17万元。二原告于2012年11月12日撤回起诉。

2013年12月26日，二原告提起本案诉讼。根据原告王××的申请，经法院委托，北京大地盛业房地产土地评估有限公司于2015年4月22日对诉争房屋作出《房地产估价报告》（京大地2015估字第法-0005号），估价时点为2008年3月10日，房地产总价为34.66万元。2015年6月8日，根据原告王××的再次申请，经法院委托，北京大地盛业房地产土地评估有限公司于2015年8月14日对诉争房屋作出《房地产估价报告》（京大地2015估字第法-0044号），估价时点为2010年3月10日，房地产总价为49.28万元。

【诉讼请求】

1. 依法解除原被告双方于2005年3月16日签订的协议书；
2. 北京××公司赔付二原告双倍的购房首付款共计103 500元；
3. 北京××公司赔偿二原告房屋差价损失985 600元；
4. 北京××公司赔偿二原告利息损失30 000元；
5. 评估费9000元由北京××公司承担。

【裁判结果】

一审：1. 解除原告王××、何××与被告北京××公司于二〇〇五年三月十六日签订的《潨县商业广场认购协议书》；

2. 被告北京××公司返还原告王××、何××购房首付款及利息共计八万一千七百五十元，于本判决生效之日起七日内执行清；

3. 被告北京××公司赔偿原告王××、何××经济损失十二万六千零八十五元四角九分，于本判决生效之日起七日内执行清；

4. 被告北京××公司赔偿原告王××、何××五万一千七百五十元，于本判决生效之日起七日内执行清；

5. 驳回原告王××、何××的其他诉讼请求。

二审：驳回上诉，维持原判。

【裁判理由】

一审法院认为：原被告双方签订的协议书已包括明确的房屋、价款、交房时间等内容，且北京××公司已接受双方约定的首付款，应认为原被告双方之间成立商品房买卖合同关系。依法成立的合同，对当事人具有法律约束力。当事人应当按照约定履行自己的义务，不得擅自变更或者解除合同。北京××公司关于双方口头解除协议书及其通知二原告交纳购房款而二原告拒绝交纳的意见，无任何证据可以证明，故本院不予采信。

现北京××公司未按照协议书约定的时间交付房屋，转而将该房屋出卖给第三人，有违诚实信用原则，严重违反合同约定，导致合同目的不能实现，二原告有权根据《最高人民法院关于审理商品房买卖合同纠纷案件适用法律若干问题的解释》第八条之规定请求解除合同，要求其返还已付购房款及利息、赔偿损失并承担不超过已付购房款一倍的赔偿责任。故对于二原告要求解除合同的诉讼请求，本院予以支持。二原告要求北京××公司赔付双倍的购房首付款共计 103 500 元、赔偿利息损失 30 000 元、赔偿房屋差价损失 985 600 元的诉讼请求，实质上是要求北京××公司返还购房首付款 51 750 元及利息 30 000 元，赔偿经济损失（期待利益损失/差价损失）985 600 元并承担金额等同于购房首付款 51 750 元的赔偿责任。

对于二原告要求返还购房首付款及利息的诉讼请求，本院斟酌二原告交付购房首付款之日（2005 年 3 月 23 日）至法庭辩论终结之日的中国人民银行同期贷款利率情况，认为二原告主张的利息损失数额合理，故对于其要求北京××公司返还购房首付款 51 750 元及利息 30 000 元，共计 81 750 元的诉讼请求，本院予以支持。

对于二原告要求赔偿经济损失（期待利益损失/差价损失）的诉讼请求，本院认为赔偿数额的确定应以填补债权人合理期待合同履行而得以实现的利益为限，二原告于 2008 年 3 月 10 日撤回关于继续履行合同一案的上诉之日即应知晓合同履行之不可能，故其期待利益损失的计算方式应为：估价时点为 2008 年 3 月 10 日的诉争房屋评估价 346 600 元减去协议书约定的总房款 211 750 元，并扣除二原告已主张返还的自 2005 年 3 月 23 日至 2008 年 3 月 10 日的购房首付款利息（按照中国人民银行同期贷款利率计算）8764.51 元，上述经济损失共计 126 085.49 元。对于二原告主张过高的部分，本院不予支持。

对于二原告要求北京××公司承担金额等同于购房首付款 51 750 元的赔偿责任的诉讼请求，本院认为北京××公司在合同订立后将房屋出卖给第三人的行为严重违反诚实信用原则，应予惩戒。二原告的该项主张符合法律规定，应予支持。

二审法院认为：本案的争议焦点为被上诉人北京××公司赔偿上诉人王××、何××经济损失的房屋估价时点。根据查明事实显示，上诉人于 2008 年 3 月 10 日撤回上诉，故当时的一审判决生效，该生效判决明确载明：上诉人要求按照原合同约定交付房屋并办理产权证的请求，已无法得到支持。故上诉人当时即应知晓合同已经根本不能履行，其不能获得房屋，期待利益已经丧失。故一审法院以此 2008 年 3 月 10 日作为估价时点，计算上诉人经济损失并无不当。综上，王××、何××的上诉理由不能成立，对其上诉请求本院不予支持。一审判决认定事实清楚，适用法律正确，本院予以维持。

【法条链接】

《最高人民法院关于审理商品房买卖合同纠纷案件适用法律若干问题的解释》

第八条　具有下列情形之一的，导致商品房买卖合同目的不能实现的，无法取得房屋的买受人可以请求解除合同、返还已付购房款及利息、赔偿损失，并可以请求出卖人承担不超过已付购房款一倍的赔偿责任：

（一）商品房买卖合同订立后，出卖人未告知买受人又将该房屋抵押给第三人；

（二）商品房买卖合同订立后，出卖人又将该房屋出卖给第三人。

【案例来源】

北京市第三中级人民法院民事判决书（2016）京 03 民终 10588 号。

017. 购房人需提供证据证明开发商故意隐瞒 没有取得商品房预售许可证明的事实

（刘××与北京××公司商品房预售合同纠纷）

【裁判要旨】

开发商未取得商品房预售许可证导致销售合同被确认为无效，应当依据其过错赔偿购房人因此受到的损失。购房人以开发商故意隐瞒没有取得商品房预售许可证明为由，要求开发商按照已付购房款的一倍赔偿损失，购房人应当对开发商故意隐瞒没有取得商品房预售许可证明的事实进行证明。

【当事人信息】

原告：刘××
被告：北京××公司

【基本案情】

2016 年 8 月 15 日，北京××公司与刘××签订《房屋定单》。《房屋定单》载明：楼盘名称为恒泰偶寓，认购房屋为 3 层××室，认购总房价为 4 万+30.6 万元，订金 1 万元。该《房屋定单》备注一栏载有："此房屋订金可退；四证齐全交半款，五证齐全走网签办代（贷）款，建筑工程施工许可证、国有土地使用证、建设用地规划许可证、建设工程规划许可证、商品房预售许可证。"

2016 年 9 月 18 日，北京××公司（出卖人）与刘××（买受人）签订《北京市商品房销售合同》（合同编号：3-10）（以下简称销售合同），刘××购买北京××公司开发建设的位于北京市房山区琉璃河镇二街村西街 8 号鑫凯苑酒店公寓 3 层××号房屋。销售合同约定：房屋预测建筑面积为 36 平方米，房屋总价款为 30.6 万元；买受人可首期支付购房总价款的 51%，即 15.6 万元，余款 15 万元可以向商业银行借款支付；出卖人应在 2017 年 12 月 31 日前向买受人交付该商品房；出卖人应在 2018 年 12 月 31 日前，取得该商品房所在楼栋的权属证明，买受人委托出卖人向权属登记机关申请办理房屋权属转移登记，如因出卖人的责任，买受人未能在商品房交付之日起 365 日内取得房屋所有权证书的，买受人有权退房。销售合同还对双方的其他权利义务作了约定。销售合同签订当日，北京××公司向刘××出具交纳购房款 15.6 万元的收据，北京××文化传媒有限公司向刘××出具交纳电商服务费 4 万元的收据。刘××与北京××公司未办理网上签约手续。

恒泰偶寓与鑫凯苑酒店公寓为同一房产项目。鑫凯苑酒店公寓项目在 2017 年停工。北京××公司至今未取得建设用地规划许可证、建设工程规划许可证和商品房预售许可证。

那×为北京××公司的法定代表人及唯一股东。

【诉讼请求】

1. 确认刘××与北京××公司于 2016 年 9 月 18 日签订的《北京市商品房销售合同》无效；

2. 北京××公司返还刘××已付购房款 19.6 万元；

3. 北京××公司给付刘××购房款一倍赔偿 19.6 万元；

4. 那××、那×对第 2、第 3 项诉讼请求承担连带责任。

【裁判结果】

1. 刘××与北京××公司于 2016 年 9 月 18 日签订的《北京市商品房销售合同》无效；

2. 北京××公司于本判决生效之日起十日内向刘××返还购房款及电商服务费 196 000 元；

3. 北京××公司于本判决生效之日起十日内赔偿刘××损失 14 万元；

4. 那×对本判决第 2、第 3 项承担连带给付义务；

5. 驳回刘××的其他诉讼请求。

【裁判理由】

当事人订立、履行合同，应当遵守法律、行政法规，违反法律、行政法规强制性规定的合同无效。北京××公司未取得商品房预售许可证明，与刘××签订的销售合同违反了法律、行政法规的强制性规定，应为无效。合同无效后，因该合同取得的财产，应当予以返还，不能返还或者没有必要返还的，应当折价补偿。有过错的一方应当赔偿对方因此所受到的损失，双方都有过错的，应当各自承担相应的责任。刘××要求北京××公司返还购房款及电商服务费共计 19.6 万元，北京××公司同意返还，本院不持异议。北京××公司未取得商品房预售许可证导致销售合同被确认为无效，应当依据其过错赔偿刘××因此受到的损失。刘××以北京××公司故意隐瞒没有取得商品房预售许可证明为由，要求北京××公司按照已付购房款的一倍赔偿损失。刘××应当对北京××公司故意隐瞒没有取得商品房预售许可证明的事实进行证明。刘××提供的证据，不能证明上述事实。对于刘××主张的其因合同无效遭受的损失，本院综合考虑当事人的过错程度、合同的履行情况等因素，酌情确定为 14 万元。那××作为北京××公司的唯一股东，未提供证据证明公司的财产独立于其个人财产，应当对公司债务承担连带责任。刘××要求那××对北京××公司的债务承担连带责任，缺乏事实及法律依据，本院不予支持。

【法条链接】

《最高人民法院关于审理商品房买卖合同纠纷案件适用法律若干问题的解释》

第九条 出卖人订立商品房买卖合同时，具有下列情形之一，导致合同无效或者被撤销、解除的，买受人可以请求返还已付购房款及利息、赔偿损失，并可以请求出卖人承担不超过已付购房款一倍的赔偿责任：

（一）故意隐瞒没有取得商品房预售许可证明的事实或者提供虚假商品房预售许可证明；

（二）故意隐瞒所售房屋已经抵押的事实；

（三）故意隐瞒所售房屋已经出卖给第三人或者为拆迁补偿安置房屋的事实。

【案例来源】

北京市房山区人民法院民事判决书（2018）京 0111 民初 10890 号。

018. 买受人不能仅凭房屋存在质量瑕疵请求解除合同和赔偿损失

（张×、李×与××公司商品房预售合同纠纷）

【裁判要旨】

本案中原告不能证明房屋主体结构不合格，也不能证明"因房屋质量问题严重影响正常居住使用"。涉案房屋存在质量问题是事实，但只是属于质量瑕疵，而包括涉案房屋在内的建设工程已取得竣工验收备案登记证，在没有相反证据证明房屋不合格的情况下，涉案房屋属于合格商品，而鉴定意见表明房屋主体结构是安全的，虽然存在部分质量瑕疵，但可以进行修复加固。仅凭房屋存在质量瑕疵请求解除合同和赔偿损失，法院不予支持。

【当事人信息】

再审申请人：张×（原审原告、二审上诉人）

再审申请人：李×（原审原告、二审上诉人）

被申请人：××公司（原审被告、二审被上诉人）

【基本案情】

2008 年 1 月 13 日，张×、李×（买受人）与被告××公司（出卖人）签订《重庆市商品房买卖合同》，该合同约定：买受人（乙方）购买被告××公司（甲方）开发的坐落于重庆市×区×号商品房；建筑面积 78.05 平方米；总成交金额为 147 480 元；属预售商品房的，甲方应当在 2010 年 3 月 28 日前，依照国家和地方的有关规定，将已进行建设工程竣工验收备案登记的商品房交付乙方使用等内容。2010 年 4 月 23 日，×号楼及地下车库工程取得《重庆市建设工程竣工验收备案登记证》。被告出具的《重庆市新建商品房屋质量保证书》载明："地基基础和主体结构保修期限为合理年限。"原告接房后对该房屋进行装修并入住使用。2010 年 6 月 23 日，原告取得《重庆市房地产权证》

（×号），产权证记载的门牌号为×区×号。

法院在审理况×、林×与被告××公司商品房预售合同纠纷一案中，被告××公司申请对×小区×号楼（×号）主体结构进行安全鉴定。原、被告双方协商选择了国家建筑工程质量监督检验中心司法鉴定所作为鉴定机构。国家建筑工程质量监督检验中心司法鉴定所的鉴定意见为：该楼虽然地基基础目前已处于稳定阶段，抗震构造措施也满足《建筑抗震设计规范》（GB50011）要求，但是仍存在施工质量不良，构件混凝土强度不满足设计要求的情况，从而导致部分混凝土构件的钢筋配置量不满足《建筑抗震设计规范》（GB50011）和《混凝土结构设计规范》（GB50010）要求，为了保证该楼能长期的正常、安全使用，应由有资质的设计单位和施工单位采取有效措施予以修复或加固处理。对此，法院判决被告××公司对包括本案诉争房屋在内的×小区×号楼（坐落于重庆市×区×号）进行修复、加固。

【诉讼请求】

请求判令解除原、被告签订的重庆市×区×号楼×号《商品房买卖合同》

【裁判结果】

一审：驳回原告张×、李×的诉讼请求。
二审：驳回上诉，维持原判。
再审：驳回李×、张×的再审申请。

【裁判理由】

一审法院认为：原、被告签订的《商品房买卖合同》，不违反法律、行政法规的强制性规定，合法有效。当事人对自己的主张，有责任提供证据。原告举示的《鉴定检验报告书》载明的鉴定结论为："存在施工质量不良，构件混凝土强度不满足设计要求的情况，从而导致部分混凝土构件的钢筋配置量不满足规范要求"，该结论不能证明房屋主体结构不合格，鉴定人员表示："主要是安全性评定，不是评定是否合格，不能简单说合格或不合格"。重庆市建设工程质量检验测试中心作出的《检测报告》亦未作出房屋主体结构质量经核验确属不合格的结论。且原告举示的证据不能证明"因房屋质量问题严重影响正常居住使用"。另外，法院已另案判决被告对包括本案诉争房屋在内的×小区×号楼（坐落于重庆市×区×号）进行修复、加固。因此，原告举示的证据不能证明其主张，对其解除合同的诉讼请求，不予支持。

二审法院认为：涉案房屋所在工程已取得竣工验收备案登记，符合涉案合同约定的交付条件，而对涉案房屋作出的检测、鉴定结论均不能证明房屋主体结构不合格，张×、李×以检测鉴定结论作为房屋质量不合格的依据，理由不成立。张×、李×称××公司在另案作为原告时自认房屋质量存在问题，但张×、李×未对质量问题是否导致严重影响其正常居住使用举示证据，故对此项观点本院不予采纳。同时，因另案已对涉案房屋进行修复加固作出了生效判决，在涉案房屋质量问题未进行修复加固之前，也无法判定合同目的无法实现。因此，张×、李×要求解除涉案合同的理由均不成立，对其上诉请求本院不予支持。张×、李×提出涉案房屋修复加固费用相当于工程造价的三分之一即表明房屋质量不合格、修复加固不具有可行性且必定影响其正常居住使用和建筑物的使用空间和内外构造的问题，均无相应证据证明，本院不予采纳，若因修复加固给张×、李×造成损失，其可另行主张权利。

再审法院认为：本案中，张×、李×向被告××公司购买了重庆市×区×号房屋。重庆市×区人民法院在审理况×、林×与被告××公司商品房预售合同纠纷一案中，对张×、李×房屋所在的×区×号楼的主体结构进行了鉴定。国家建筑工程质量监督检验中心司法鉴定所鉴定意见认为：该楼虽然地基基础目前已处于稳定阶段，抗震构造措施也满足《建筑抗震设计规范》（GB50011）要求，但是仍存在施工质量不良，构件混凝土强度不满足设计要求的情况，从而导致部分混凝土构件的钢筋配置量不满足《建筑抗震设计规范》（GB50011）和《混凝土结构设计规范》（GB50010）要求，为了保证该楼能长期的正常、安全使用，应由有资质的设计单位和施工单位采取有效措施予以修复或加固处理。2017年3月28日，重庆市×区人民法院作出（2014）綦法民初字第08056号民事判决，判令被告××公司对×区×号楼进行修复。

依据前述生效判决及鉴定意见，足以认定张×、李×房屋所在的×区×号楼确有质量瑕疵。但现有证据并不能证明涉案房屋的主体结构质量不合格，张×、李×也未举示证据证明因房屋质量问题严重影响其正常居住使用，应承担举证不能的不利法律后果。涉案房屋仍能通过修复方式解决存在的质量问题，并未达到合同目的不能实现的程度。故一、二审法院驳回了张×、李×解除合同的诉讼请求并无不当，张×、李×申请再审的理由不能成立。

【法条链接】

1.《中华人民共和国合同法》

第六十条 当事人应当按照约定全面履行自己的义务。

当事人应当遵循诚实信用原则，根据合同的性质、目的和交易习惯履行通知、协助、保密等义务。

2.《最高人民法院关于审理商品房买卖合同纠纷案件适用法律若干问题的解释》

第十二条 因房屋主体结构质量不合格不能交付使用，或者房屋交付使用后，房屋主体结构质量经核验确属不合格，买受人请求解除合同和赔偿损失的，应予支持。

第十三条第一款 因房屋质量问题严重影响正常居住使用，买受人请求解除合同和赔偿损失的，应予支持。

【案例来源】

重庆市第五中级人民法院民事判决书（2019）渝05民终217号。

重庆市高级人民法院（2019）渝民申2151号民事裁定书。

019. 出卖人逾期办理产权证应承担违约责任

（李×、李××与××公司商品房预售合同纠纷）

【裁判要旨】

本案被告应当依照约定为原告办理房屋所有权证书，如有违反，则应承担逾期办证的违约责任。现被告已经取得大产权证书但未办理分户产权，故原告要求被告支付逾期办理房屋产权证书违约金的诉讼请求，理由正当，证据充分，法院予以支持。

【当事人信息】

上诉人：××公司（原审被告）

被上诉人：李×（原审原告）

被上诉人：李××（原审原告）

【基本案情】

2013年3月22日，李×、李××与××公司签订《北京市商品房预售合同》，约定李×、李××购买××公司开发的北京市×区×小区×（现×）住宅楼×房屋，李×、李××房屋总价款为954 581元；××公司应在房屋交付之日起720日内为李×、李××办理完毕所购房屋的所有权证书，否则按照合同总房款的万分之零点五按日向李×、李××支付违约金。涉案房屋于2013年11月15日交付李×、李××使用。但××公司至今未为涉诉房屋办理分户产权证。

【诉讼请求】

请求判令××公司支付李×、李××逾期办理房屋所有权证书违约金22 050.39元（以购房款954 581元为基数，按日万分之一的标准，自2015年11月26日计算至2017年2月20日）。

【裁判结果】

一审：1.××公司于判决生效之日起七日内向李×、李××支付2015年11月26日至2017年2月20日期间的逾期办理房屋所有权证书违约金22 050.39元；

2. 驳回李×、李××的其他诉讼请求。

二审：驳回上诉，维持原判。

【裁判理由】

一审法院认为：当事人应当按照约定全面履行自己的义务。李×、李××与××公司签订的《北京市商品房预售合同》系双方当事人的真实意思表示，亦不违反法律、行政法规的强制性规定，合同合法有效，双方当事人均应当按照此合同履行各自义务。故××公司应当依照约定为李×、李××办理房屋所有权证书，如有违反，则应承担逾期办证的违约责任。现××公司已经取得大产权证书但未办理分户产权，故李×、李××要求××公司支付逾期办理房屋产权证书违约金的诉讼请求，理由正当，证据充分，该院予以支持。关于违约金的计算方式，亦应当按照合同约定的总房价款的日万分之零点五计算。

二审法院认为：李×、李××与××公司签订的《北京市商品房预售合同》系双方当事人的真实意思表示，不违反法律、行政法规的强制性规定，合法有效，双方当事人均应当按照此合同履行各自义务。××公司应当在上述合同约定的期限内为李×、李××办理房屋所有权证书。××公司截止到 2017 年 2 月 20 日尚未能为李×、李××办理房屋所有权证书，违反了合同约定。××公司主张其获得大产权证书后及时通知业主提交相应材料以办理产权证，系由于业主原因未能及时办理房屋所有权证书，但未能就此提交充分的证据予以证明；其关于由于行政机关的原因导致其不能依约履行义务的主张亦无证据予以证明，本院对其上述抗辩意见不予采信。故××公司应承担逾期办证的违约责任，应按照合同约定向李×、李××支付逾期办理房屋产权证书违约金。一审法院对此认定正确，本院予以确认。

【法条链接】

1.《中华人民共和国合同法》

第六十条　当事人应当按照约定全面履行自己的义务。

当事人应当遵循诚实信用原则，根据合同的性质、目的和交易习惯履行通知、协助、保密等义务。

2.《最高人民法院关于审理商品房买卖合同纠纷案件适用法律若干问题的解释》

第十八条　由于出卖人的原因，买受人在下列期限届满未能取得房屋权属证书的，除当事人有特殊约定外，出卖人应当承担违约责任：

（一）商品房买卖合同约定的办理房屋所有权登记的期限；

（二）商品房买卖合同的标的物为尚未建成房屋的，自房屋交付使用之日起 90 日；

（三）商品房买卖合同的标的物为已竣工房屋的，自合同订立之日起 90 日。

合同没有约定违约金或者损失数额难以确定的，可以按照已付购房款总额，参照中国人民银行规定的金融机构计收逾期贷款利息的标准计算。

【案例来源】

北京市第三中级人民法院民事判决书（2017）京 03 民终 6302 号。

020. 买受人可以出卖人未能依约办理商品房担保贷款手续为由解除合同

（韩×与××公司商品房预售合同纠纷）

【裁判要旨】

本案被告有义务为购房者办理商品房担保贷款手续，但被告至今仍不能办理，导致原告未能支付剩余房款，故对被告提出的因原告未支付全部房款而未交付房屋的主张，法院不予支持。

【当事人信息】

原告：韩×

被告：××公司

【基本案情】

2015 年 11 月 13 日，原告韩×（买受人）与被告××公司（出卖人）签订编号为×号商品房买卖合同，约定原告购买被告开发的小区暂定名为"罗马假日"住宅楼一户，具体位置为×区×街×号第×幢×单元×号房，建筑面积为 90.88 平方米，每平方米 3150 元，总金额为 286 272 元。该合同第八条约定：出卖人应当在 2016 年 8 月 31 日前，将经过验收合格，并符合合同约定的商品房交付买受人使用；但如遇下列特殊原因，除双方协商同意解除合同或变更合同外，出卖人可据实予以延期：1. 遭遇不可抗力，且出卖人在发生之日起 30 日内告知买受人；2. 因气候原因，被迫临时性停工；3. 因市政配套施工造成工程延期的。该合同第九条约定：逾期超过 180 日后，买受人有权解除合同，出卖人应当自买受人解除合同通知到达之日起 30 天内退还全部已付款，并按买受人累计已付款的 1% 向买受人支付违约金。该合同第十一条约定，商品房达到交付使用条件后，出卖人应当书面通知买受人办理交付手续。双方进行验收交接时，出卖人应当出示本合同第八款规定的证明文件，并签署房屋交接单。所购商品房为住宅的，出卖人还需提供《住宅质量保证书》和《住宅使用说明书》。出卖人不出示证明文件或出示证明文件不齐全，买受人有权拒绝交接，由此产生的延期交房责任由出卖人承担。

2015 年 11 月 12 日、13 日，原告向被告共计支付购房首付款 76 272 元。余款 210 000 元，以贷款形式支付，但被告至今未按照合同约定履行交房义务。

【诉讼请求】

1. 要求被告退还首付款 76 272 元；

2. 要求被告支付合同约定延期交房违约金，按已交房款的万分之一即每天 7.6 元计算（从交款之日起计算至 2018 年 12 月 31 日），合计 6475 元；

3. 财产保全费用由被告承担。

【裁判结果】

1. 解除原告韩×与被告××公司签订的商品房买卖合同；

2. 被告××公司于本判决发生法律效力之日起十日内退还原告韩×已付购房款 76 272 元，并支付自 2015 年 11 月 13 日起至 2018 年 12 月 31 日止，按日 7.6 元计算的违约金合计 6475 元。

【裁判理由】

法院认为：原告韩×与被告××公司签订的商品房买卖合同系原、被告真实的意思表示，现被告未按照合同约定日期向原告交付其所购买的房屋，导致合同目的无法实现，故对原告要求解除上述商品房买卖合同及要求被告退还已付购房款的主张，本院予以支持。因原告要求解除合同，故对于原告要求被告支付合同约定延期交房违约金的主张，本院不予支持。根据该合同第九条约定，买受人有权解除合同，出卖人应当按买受人累计已付款的 1% 向买受人支付违约金，但考虑双方约定的违约金过低，原告主张按日万分之一计算较为公平合理，被告应当自 2015 年 11 月 13 日起至 2018 年 12 月 31 日止，按日 7.6 元计算给付原告韩×违约金合计 6475 元。被告有义务为购房者办理商品房担保贷款手续，但被告至今仍不能办理，导致原告未能支付剩余房款，故对被告提出的因原告未支付全部房款而未交付房屋的主张，不予支持。

【法条链接】

1.《中华人民共和国合同法》

第八条　依法成立的合同，对当事人具有法律约束力。当事人应当按照约定履行自己的义务，不得擅自变更或者解除合同。

依法成立的合同，受法律保护。

第六十条　当事人应当按照约定全面履行自己的义务。

当事人应当遵循诚实信用原则，根据合同的性质、目的和交易习惯履行通知、协助、保密等义务。

第九十四条　有下列情形之一的，当事人可以解除合同：

（一）因不可抗力致使不能实现合同目的；

（二）在履行期限届满之前，当事人一方明确表示或者以自己的行为表明不履行主要债务；

（三）当事人一方迟延履行主要债务，经催告后在合理期限内仍未履行；

（四）当事人一方迟延履行债务或者有其他违约行为致使不能实现合同目的；

（五）法律规定的其他情形。

第九十七条　合同解除后，尚未履行的，终止履行；已经履行的，根据履行情况和合同性质，当事人可以要求恢复原状、采取其他补救措施，并有权要求赔偿损失。

第一百一十四条　当事人可以约定一方违约时应当根据违约情况向对方支付一定数额的违约金，也可以约定因违约产生的损失赔偿额的计算方法。

约定的违约金低于造成的损失的，当事人可以请求人民法院或者仲裁机构予以增加；约定的违约金过分高于造成的损失的，当事人可以请求人民法院或者仲裁机构予以适当减少。

当事人就延迟履行约定违约金的，违约方支付违约金后，还应当履行债务。

2.《最高人民法院关于审理商品房买卖合同纠纷案件适用法律若干问题的解释》

第十六条　当事人以约定的违约金过高为由请求减少的，应当以违约金超过造成的损失30%为标准适当减少；当事人以约定的违约金低于造成的损失为由请求增加的，应当以违约造成的损失确定违约金数额。

第二十三条　商品房买卖合同约定，买受人以担保贷款方式付款、因当事人一方原因未能订立商品房担保贷款合同并导致商品房买卖合同不能继续履行的，对方当事人可以请求解除合同和赔偿损失。因不可归责于当事人双方的事由未能订立商品房担保贷款合同并导致商品房买卖合同不能继续履行的，当事人可以请求解除合同，出卖人应当将收受的购房款本金及其利息或者定金返还买受人。

【案例来源】

阜新市细河区人民法院民事判决书（2019）辽0911民初263号。

021. 无约定或损失额难以确定的，可以按照已付购房款总额参照中国人民银行规定的金融机构计收逾期贷款利息的标准计算违约金

（邹××与北京××房地产开发有限公司商品房预售合同纠纷）

【裁判要旨】

合同没有约定违约金或者损失数额难以确定的，可以按照已付购房款总额，参照中国人民银行规定的金融机构计收逾期贷款利息的标准计算违约金。

【当事人信息】

上诉人：北京××房地产开发有限公司（原审被告）
被上诉人：邹××（原审原告）

【基本案情】

2012年8月2日，邹××与北京××房地产开发有限公司签订《北京市商品房预售合同》，合同约定：邹××购买北京××房地产开发有限公司开发的商品房一套，房屋坐落在×××，预测建筑面积124.01平方米，总价款人民币1 480 000元；如因出卖人的责任，买受人未能在商品房交付之日起720（含）日内取得房屋所有权证书的，双方同意按照下列第（2）种方式处理：赔偿因此对客户造成的直接损失。合同签订后，邹××分两次交纳了购房款1 480 000元。2013年7月2日北京××房地产开发有限公司为邹××办理了房屋入住手

续，邹××交纳了代收物业费 3998.13 元、代收产权代办费 500 元、代收产权工本费 80 元以及代收抵押登记费 80 元。2016 年 4 月 1 日，邹××取得涉案房屋的产权证。

【诉讼请求】

判令北京××房地产开发有限公司向邹××支付违约损失 68 850.41 元（自 2015 年 6 月 23 日至 2016 年 4 月 1 日，按照年利率 6% 计算）。

【裁判结果】

一审：1. 北京××房地产开发有限公司于判决生效之日起七日内给付邹××逾期办理房屋所有权证违约损失 56 008.08 元；

2. 驳回邹××的其他诉讼请求。

二审：驳回上诉，维持原判。

【裁判理由】

一审法院认为：当事人应当按照约定全面履行自己的义务。邹××与北京××房地产开发有限公司签订的《北京市商品房预售合同》系双方当事人的真实意思表示，且不违反法律法规的强制性规定，合同合法有效，双方当事人均应当按照约定履行各自的义务。北京××房地产开发有限公司未按合同约定在向邹××交付房屋后 720 日内为其办理房屋所有权证，已构成违约，应依法承担违约责任。根据法律规定，当事人向人民法院请求保护民事权利的诉讼时效期间为二年，故邹××向北京××房地产开发有限公司主张违约损失的期间为 2017 年 8 月 15 日之前的二年。邹××要求北京××房地产开发有限公司给付逾期办理房屋所有权证的违约损失超过诉讼时效的部分，一审法院不予支持。关于违约损失的计算方式，合同约定为"赔偿因此对客户造成的直接损失"，根据法律规定，对于损失数额难以确定的，可以参照已付购房款总额，参照中国人民银行规定的金融机构计收逾期贷款利息的标准计算。邹××主张以购房款为基数，按年利率 6% 计算，符合法律规定，故一审法院对该主张予以采纳。北京××房地产开发有限公司的实际违约天数以一审法院核实的为准。

二审法院认为：根据双方当事人的诉辩意见，本案的争议焦点为一审判决确定的违约损失是否适当。

双方当事人在《北京市商品房预售合同》中约定，由于出卖人责任导致买受人未能在合同约定日期内取得房屋所有权证书的，出卖人赔偿因此对客户造成的直接损失。北京××房地产开发有限公司主张涉案业主并未举证证明存在直接损失，一审法院以购房款为基数，按年利率6%计算判决违约金适用法律错误。本院对此认为，双方合同中并未对直接损失的含义和范围进行约定，因而一审法院认定该部分约定属于约定不明并无不当。《最高人民法院关于审理商品房买卖合同纠纷案件适用法律若干问题的解释》第十八条规定："由于出卖人的原因，买受人在下列期限届满未能取得房屋权属证书的，除当事人有特殊约定外，出卖人应当承担违约责任：（一）商品房买卖合同约定的办理房屋所有权登记的期限；（二）商品房买卖合同的标的物为尚未建成房屋的，自房屋交付使用之日起90日；（三）商品房买卖合同的标的物为已竣工房屋的，自合同订立之日起90日。合同没有约定违约金或者损失数额难以确定的，可以按照已付购房款总额，参照中国人民银行规定的金融机构计收逾期贷款利息的标准计算。"本案中，由于北京××房地产开发有限公司的原因导致在合同约定的期限内未给涉案业主办理房产证，限制了涉案业主对房屋物权的行使，给涉案业主造成了一定的财产损失，双方在合同中没有约定具体的违约金，涉案业主的损失数额亦难以确定，因此可依照上述司法解释的规定计算涉案业主的逾期办证违约损失。涉案业主以购房款为基数，按年利率6%的计算方式主张损失并未超出上述司法解释的规定，一审法院予以支持是适当的。根据《中华人民共和国民法通则》规定，当事人向人民法院请求保护民事权利的诉讼时效期间为二年。故邹××向北京××房地产开发有限公司主张违约损失的期间为2017年8月15日之前的二年。邹××要求北京××房地产开发有限公司给付逾期办理房屋所有权证的违约损失超过诉讼时效的部分，一审法院不予支持并无不当，本院予以维持。北京××房地产开发有限公司的上诉理由缺乏法律依据，本院不予采纳。

北京××房地产开发有限公司提出的总赔偿金额过高，进入执行程序影响企业生产经营的上诉理由明显缺乏事实和法律依据，本院不予采纳。

综上所述，北京××房地产开发有限公司的上诉请求和理由均缺乏事实和法律依据，本院依法不予支持。一审判决认定事实清楚，适用法律正确，应予维持。

【法条链接】

《最高人民法院关于审理商品房买卖合同纠纷案件适用法律若干问题的解释》

第十八条　由于出卖人的原因，买受人在下列期限届满未能取得房屋权属证书的，除当事人有特殊约定外，出卖人应当承担违约责任：

（一）商品房买卖合同约定的办理房屋所有权登记的期限；

（二）商品房买卖合同的标的物为尚未建成房屋的，自房屋交付使用之日起 90 日；

（三）商品房买卖合同的标的物为已竣工房屋的，自合同订立之日起 90 日。

合同没有约定违约金或者损失数额难以确定的，可以按照已付购房款总额，参照中国人民银行规定的金融机构计收逾期贷款利息的标准计算。

【案例来源】

北京市第三中级人民法院民事判决书（2017）京 03 民终 12833 号。

022. 商品房的销售广告和宣传资料为要约邀请

（北京××房地产开发有限公司与崔××商品房预售合同纠纷）

【裁判要旨】

《最高人民法院关于审理商品房买卖合同纠纷案件适用法律若干问题的解释》第三条规定：商品房的销售广告和宣传资料为要约邀请，但是出卖人就商品房开发规划范围内的房屋及相关设施所作的说明和允诺具体确定，并对商品房买卖合同的订立以及房屋价格的确定有重大影响的，应当视为要约。该说明和允诺即使未载入商品房买卖合同，亦应当视为合同内容，当事人违反的，应当承担违约责任。

本案中，原告提交售房现场照片上显示被告的宣传内容仅系介绍性文字，内容并非十分确定和具体，因此上述广告宣传资料不构成要约。

【当事人】

原告：北京××房地产开发有限公司（以下简称××公司）

被告：崔××

【基本案情】

2016 年 10 月 10 日，崔××（买受人）与××公司（出卖人）签订《北京市商品房预售合同（商业、办公等非住宅类）》（合同编号为×××，打印日期 2016 年 10 月 10 日）约定，××公司将其开发的位于北京市丰台区××镇××村 A02 地块 20 某办公、商业楼 4 层 401 号房屋出售给崔××，该商品房的用途为办公。第五条，计价方式与价款。按照套内建筑面积计算，该商品房单价每平方米 37 519.7 元，总价款 1 626 854 元，具体约定见附件四。第六条，付款方式及期限为其他方式，具体付款方式及期限的约定见附件五。其中附件五，付款方式及期限的约定为：买受人应于 2016 年 10 月 10 日向出卖人支付首付款计 816 854 元（其中 25 000 元为定金，且合计金额不低于总房款的 20%），出卖人收到全额首付款当日与买受人签署《北京市商品房预售合同》。其余房价款共计 810 000 元，买受人应于×年×月×日前支付×元（金额不低于总房款的 30%）；剩余房价款 810 000 元，买受人以按揭贷款方式支付，并按《北京市商品房预售合同》附件十约定办理贷款手续。其中附件十，贷款补充协议约定为：买受人以所购房屋作为抵押，向出卖人指定的商业银行申请按揭贷款。买受人应当于本协议签订之七日内办理贷款申请手续，向贷款机构提交办理贷款所需要的全部资料及费用。买受人逾期办理贷款手续的，或在规定期限内未按贷款机构要求提交完全、真实相关资料的，从逾期之日（即买受人签署预售合同第八日）起，买受人按日计算向出卖人支付房价款万分之五的违约金直至买受人将剩余全部房款一次性补齐或贷款经银行批准并到账至出卖人账户之日止。第十二条，交付条件。出卖人应当在 2018 年 9 月 30 日前向买受人交付该商品房；出卖人应当在 2019 年 9 月 30 日前，取得该商品房所在楼栋的权属证明。双方就上述合同同时签订附件九《补充协议》，其中第二十条其他补充约定为："20.1 买受人确认，包括本协议在内的主合同所有附件内容均系买卖双方的真实意思表示，不存在不合理地减轻或免除主合同中约定应当由出卖人承担的责任或不合理地加重买受人责任、排除买受人主要权利内容的情形。20.2 在双方签署本协议前，出卖人所制作并发送买受人的楼书、宣传材料（包括但不限于建筑模型、沙盘）仅做出卖人销售活动中的宣传之用，并不具备任何法律效力。所有双方的权利义务均以合同约定为准。20.3 出卖人设置样板间，仅是出卖人为便于购房人了解房屋布局及使用功能而提供的简单示意，该样板间之装修、设备、设施、户门及室内陈列之家具、装饰物品、电器及其他合同未特别约定为交付标准之内容，均不包含在房价和交付范围之内，不构成买受人所购房屋内初装修或精装修之一部分，亦不表明出卖人对买受人所购房屋及所购房屋装修效果之任何承诺。有关房屋的质量、设备、装修标准、布局结构及其附属设施均以合同约定为准。……20.10 本协议是主合同不可分割的一部分，由双方在签署主合同之同时签署，与主合同具有同等法律效力，本协议与主合同内容不一致的，以本协议为准。"

同日，××公司（甲方）与崔××（乙方）签订《协议书》约定，鉴于乙方向甲方购买了××国际中心（××湖）项目 20-301/401 号房屋（以下简称该商品房），且甲乙双方已签署《北京市商品房买卖合同》/《北京市商品房现房买卖合同》，甲、乙双方就乙方或其子女入学问题进行如下说明：一、××国际中心，项目四至为：东至洛平东路，南至规划青龙潮第十七号路，西至规划青龙湖地区九号路，北至云岗西路（不含保障房和两限房）；二、中国人民大学附属中学丰台学校（暂定名）（以下简称学校）招生政策依照国家法律法规、教育行政主管部门和学校的有关规定办理；三、在符合教育行政主管部门、学校的招生政策的前提下，甲方承诺协助乙方对符合教委和学校要求的乙方子女优先进入该学校就读（义务教育阶段，不包括高中），但是，因乙方子女的自身条件不能达到学校招生要求的，甲方不承担协助办理入学的义务；四、乙方或其子女须按教委及学校相关规定缴纳相关费用；五、在符合教育行政主管部门、学校当年招生政策的前提下，乙方须按照丰台区教委或学校的规定办理相关手续；六、××国际中心（××湖）项目于 2018 年交付使用，2018 年交付使用后乙方须按照丰台区教委或学校的规定办理相关手续；七、如因教育行政主管部门、其他政府部门或学校的教育资源政策及开学时间调整，导致上述事项发生变化的，则乙方需按照相关部门调整后政策执行，甲方不承担相关责任；八、本协议在乙方履行该商品房买卖相关约定义务后，方可使用，且该协议不得转让。

上述合同签订后，崔××于 2016 年 10 月 10 日向××公司实际支付 816 854 元首付款。崔××尚未办理剩余房价款 810 000 元贷款手续。涉诉房屋尚未交付使用。

北京住建委等五部门于 2017 年 3 月 26 日颁布《关于进一步加强商业、办公类项目管理的公告》（"326 政策"）：商业、办公类项目应当严格按规划用途开发、建设、销售、使用，未经批准，不得擅自改变为居住等用途；商业银行暂停对个人购买商办类项目的个人购房贷款；本公告自发布之日起执行。随后，北京住建委颁布的《〈关于进一步加强商业、办公类项目管理的公告〉的几点说明》指出：一、在政策执行前，已取得预售许可证、有实际成交并完成网签的商办类项目，开发商可保持现有设施；已购买的商办类房屋，购房者可保持现有设施……审理中，涉诉房屋有《北京市商品房预售许可证》《建筑工程施工许可证》《建设工程规划许可证》《建设用地规划许可证》《国有土地使用权证》，已于"326 政策"颁布前即 2016 年 10 月 10 日办理了《商品房预售合同联机备案表》；2018 年 7 月 16 日，北京银行中关村分行向××公司出具《关于客户按揭贷款情况的统计》：……其中 2018 年 1 月 1 日以后放款 20 670 万元。我行与贵司合作之××国际中心项目，目前按揭贷款业务处于正常状态，我行接受符合要求之客户贷款申请，并在我行内部审批通过后，按照贷款合同约定及时向客户发放相应按揭贷款。

北京市丰台区教育委员会（建设单位，甲方）与××公司（配套单位，乙方）于 2015 年签订《中国人民大学附属中学丰台学校建设工程项目配套建设协议》，约定：乙方按本协议规定完成提供全部配套建设资金后，乙方在王佐镇青龙湖地区开发的××国际中心（即××湖）（不含保障房和两限房）项目的业主子女有先选择就读中国人民大学附属中学丰台学校（义务教育阶段，不包括高中），保障房和两限房业主子女入学按教委其它规定执行。甲方按照有关入校规定，确保乙方在王佐镇青龙湖地区开发的××国际中心（××湖）项目的业主子女入校完成义务教育阶段的学业（不包括高中），并向乙方提供招生细则。

北京市丰台区人民法院于 2017 年 11 月 30 日就原告刘×与被告××公司商品房预售合同纠纷一案作出（2017）京 0106 民初 19501 号民事判决书。刘×提出诉讼请求：撤销双方于 2016 年 10 月 17 日签订的《北京市商品房预售合同》（合同编号×××）；被告返还已付购房款；被告赔偿居间服务费；被告赔偿已付款利息；诉讼费由被告承担。经法院查明：刘×与××公司签订《北京市商品房预售合同》（合同编号×××）约定，××公司将其开发的位于北京市丰台区××镇××村 A02 地块 23 某办公、商业楼 2 层 222 号房屋出售给刘×。同日，××公司与刘×签订《协议书》。刘×认为基于被告的虚假宣传、欺诈使原告在违背真实意思的情况下订立《北京市商品房预售合同》，故要求撤销双方签订的《北京市商品房预售合同》，刘×主张欺诈的内容包括入学问题、地铁14 号线的问题（该案案涉标的物与本案案涉标的物属同一项目、同一地块，两案《北京市商品房预售合同》《协议书》对双方的权利、义务约定一致，该案中刘×对入学问题、地铁 14 号线的问题的阐述与本案中崔××的答辩意见基本一致）。经审理法院认为："第一，仅凭现有证据无法证明被告承诺在2017 年原告仅支付首付款、合同约定的交房期限尚未届至、涉诉房屋尚未交付使用的情形下原告子女即可入学。第二，被告于 2015 年与丰台区教委签署配套建设协议，被告在销售现场就上述配套建设协议进行公开展示，且原告与被告于签订《北京市商品房预售合同》当日就入学问题签署《协议书》明确约定被告承诺协助原告对符合教委和学校要求的原告子女优先进入该学校就读，原告未提交相应证据证明被告承诺只要购房就可以入学。但需要指出的是，因原告与被告签订合同时均知晓涉诉房屋的用途为办公且涉诉房屋无法落户，同时依据双方均认可的 2016 年 8 月 20 日购房业主与被告销售现场负责人的谈话录音及当事人陈述等现有证据，原告子女的户口能否落户在涉诉房屋内与被告承诺的符合教委和学校要求的原告子女优先进入该学校就读无关。第三，依据《北京市商品房预售合同》约定，出卖人应当在 2018 年 9 月30 日前向买受人交付该商品房。双方签订的《协议书》约定 2018 年交付使用后原告须按照丰台区教委或学校的规定办理相关入学手续。现合同约定的房屋交付时间尚未届至，原告未提交相应证据证明 2018 年房屋交付使用且原告子女按照丰台区教委或学校的规定办理相关手续后无法入学。综上，原告以此为由要求撤销合同，缺乏事实和法律依据，本院难以支持。针对原告主张的关于地铁 14 号线问题的撤销理由，本院认为，根据《最高人民法院关于审理商品房买卖合同纠纷案件适用法律若干问题的解释》第三条规定，商品房的销售广告和宣传资料为要约邀请，但是出卖人就商品房开发规划范围内的房屋及相关设施所做的说明和允诺具体确定，并对商品房买卖合同的订立以及房屋价格的确定有重大影响的，应当视为要约。该说明和允诺即使未载入商品房买卖合同，亦应当视为合同内容，当事人违反的，应当承担违约责任。本案中，首先，原告认为被告的售楼沙盘上有关于地铁站及地铁14号线的标注，且被告销售时宣传地铁14号线可以到达项目周边且延伸至项目内部，据以主张被告存在承诺并构成要约。虽然原告提交的2016年的售房现场照片上显示被告的宣传内容为'T1、T2有轨电车，区域发展的大动脉''14号线西延，有轨电车或变地铁'，但也仅系介绍性文字，内容并非十分确定和具体，因此上述广告宣传资料不构成要约。其次，双方签订的《补充协议》明确约定出卖人所制作并发送买受人的楼书、宣传材料（包括但不限于建筑模型、沙盘）仅做出卖人销售活动中的宣传之用，并不具备任何法律效力。再次，合同约定的交付期限尚未届至，涉诉房屋尚未交付，根据原告提交的现有证据很难认定被告就地铁14号线问题存在虚假宣传。综上，原告主张要求撤销合同的理由，缺乏事实和法律依据，故对于原告要求撤销合同及返还购房款等诉讼请求，本院不予支持。"该案已发生法律效力。

【诉讼请求】

1. 判令被告一次性支付剩余所购房屋尾款810 000元；

2. 判令被告自逾期日（2016年10月18日，即合同签订后第八日）起至全部房款实际付清日止，按房屋总价款（1 626 854元）日万分之五标准向原告支付违约金。

【裁判结果】

1. 被告崔××于本判决生效后十日内支付原告北京××房地产开发有限公司剩余房价款810 000元；

2. 被告崔××于本判决生效后十日内支付原告北京××房地产开发有限公司违约金（自2016年10月18日起至剩余全部房价款付清之日止，每日按未付房价款810 000元的万分之五计算）；

3. 驳回原告北京××房地产开发有限公司的其他诉讼请求。

【裁判理由】

依法成立的合同，对当事人具有法律约束力。原、被告签订了《北京市商品房预售合同》，双方应依约履行。关于被告主张的限购政策导致无法贷款的问题，首先补充协议约定，买受人应当于本协议签订之七日内办理贷款申请手续，向贷款机构提交办理贷款所需要的全部资料及费用，即 2016 年 10 月 17 日前崔××应办理贷款申请手续；其次涉诉房屋已于"326 政策"颁布前即 2016 年 10 月 10 日办理了《商品房预售合同联机备案表》，相应贷款不受"326 政策"影响；再次北京银行中关村分行出具的《关于客户按揭贷款情况的统计》表明涉案房屋的贷款并未如被告所称受到"326 政策"的影响。故被告以不可抗力导致无法办理贷款为由抗辩合同的履行，没有事实和法律依据，本院不予采信。关于被告主张原告虚假宣传、恶意欺诈的问题，本院认为，原、被告合同明确约定"该商品房的用途为办公"，双方在签订合同时均知晓涉诉房屋的用途为办公，被告以涉诉房屋不具备居住生活功能为由主张原告虚假宣传，没有事实依据，本院不予采信；针对子女入学、地铁 14 号线的问题，现有证据不足以证明被告的主张，且本院事实查明中的生效判决对此已详细阐述，本院予以确认，不再赘述。故被告以原告虚假宣传、恶意欺诈为由认为原告违约在先，没有事实和法律依据，本院不予采信。原、被告签订的《北京市商品房预售合同》约定剩余房价款 810 000 元，买受人以按揭贷款方式支付；附件十贷款补充协议约定，买受人应当于本协议签订之七日内办理贷款申请手续，向贷款机构提交办理贷款所需要的全部资料及费用。买受人逾期办理贷款手续的，从逾期之日（即买受人签署预售合同第八日）起，买受人按日计算向出卖人支付房价款万分之五的违约金直至买受人将剩余全部房款一次性补齐或贷款经银行批准并到账至出卖人账户之日止。本案中，对原告要求被告一次性支付剩余房屋尾款的请求，合理有据，本院予以支持；对原告请求的违约金，考虑被告违约造成的实际损失，根据公平原则和诚实信用原则，综合衡量合同履行程度、当事人过错、预期利益、当事人缔约地位强弱、格式合同等因素，本院酌情予以确定，按日以未付房价款的万分之五计算为宜。

【法条链接】

1. 《中华人民共和国合同法》

　　第六条　当事人行使权利、履行义务应当遵循诚实信用原则。

　　第八条　依法成立的合同，对当事人具有法律约束力。当事人应当按照约定履行自己的义务，不得擅自变更或者解除合同。

依法成立的合同，受法律保护。

第六十条 当事人应当按照约定全面履行自己的义务。

当事人应当遵循诚实信用原则，根据合同的性质、目的和交易习惯履行通知、协助、保密等义务。

第一百零七条 当事人一方不履行合同义务或者履行合同义务不符合约定的，应当承担继续履行、采取补救措施或者赔偿损失等违约责任。

第一百一十四条 当事人可以约定一方违约时应当根据违约情况向对方支付一定数额的违约金，也可以约定因违约产生的损失赔偿额的计算方法。

约定的违约金低于造成的损失的，当事人可以请求人民法院或者仲裁机构予以增加；约定的违约金过分高于造成的损失的，当事人可以请求人民法院或者仲裁机构予以适当减少。

当事人就迟延履行约定违约金的，违约方支付违约金后，还应当履行债务。

2.《最高人民法院关于审理商品房买卖合同纠纷案件适用法律若干问题的解释》

第三条 商品房的销售广告和宣传资料为要约邀请，但是出卖人就商品房开发规划范围内的房屋及机关设施所作的说明和允诺具体确定，并对商品房买卖合同的订立以及房屋价格的确定有重大影响的，应当视为要约。该说明和允诺即使未载入商品房买卖合同，亦应当视为合同内容，当事人违反的，应当承担违约责任。

【案例来源】

北京市丰台区人民法院民事判决书（2018）京 0106 民初 24209 号。

023. 合同解除后，已经履行的，根据履行情况和
合同性质，当事人可以要求恢复原状

（李××与北京金××公司商品房预售合同纠纷）

【裁判要旨】

当事人协商一致，可以解除合同。当事人可以约定一方解除合同的条件。解除合同的条件成就时，解除权人可以解除合同。本案中，原被告约定的解

除合同条件成就，合同解除，解除后原告有义务将涉案房屋腾退交还给被告。

【当事人信息】

上诉人：李×1（原审被告）

被上诉人：北京金××公司（原审原告）

法定代表人：刘×，董事长

【基本案情】

2016 年 7 月 15 日，金××公司（出卖人）与李×1（买受人）签订北京市商品房预售合同并进行网签备案，约定：李×1 购买涉案房屋，房屋用途办公，建筑面积共 93.48 平方米，套内面积 65.97 平方米。买受人采取贷款方式，应向出卖人支付首付款 1 972 054 元，其余房价款 1 970 000 元由买受人向贷款机构申请贷款的方式支付。此后，李×1 给付金××公司购房首付款 1 972 054元。

2017 年 2 月 24 日，兴业银行股份有限公司北京丰台支行（债权人）与李×1（债务人）、共同借款人李×2、金××公司（保证人）就涉案房屋签订个人购房抵押（保证）借款合同，约定：借款金额 1 970 000 元，借款期限 120 个月。

后，兴业银行股份有限公司北京石景山支行（贷款人、甲方）与金××公司（开发商、乙方）签订按揭贷款业务合作协议，约定：为促进京西商务中心项目销售，甲方应乙方申请提供个人商用房贷款额度，用于发放个人按揭贷款。甲方在壹拾亿元的贷款额度内向借款人提供个人按揭贷款，由乙方提供保证担保。

李×1 偿还涉案房屋贷款至 2018 年 6 月。2017 年 6 月 14 日，金××公司将涉案房屋交付李×1。

2018 年 7 月 23 日，兴业银行股份有限公司北京石景山支行向金××公司发送承担阶段性担保责任通知书，载明：我行发放贷款后，在合同履行过程中，借款人未按合同约定按期偿还借款本息。2018 年 7 月开始，借款人开始发生逾期，经多次催收仍未按期还款，故我行决定依据《个人购房借款合同》第十三条第二款之约定，向借款人宣布上述贷款于即日起提前到期。

2018 年 8 月 16 日，金××公司代李×1 向兴业银行支付欠付购房贷款本息及罚金共计 1 779 969.16 元。

2018 年 8 月 22 日，金××公司向李×1 发送催款函。根据《北京市商品房预售合同》补充协议第十六条第 7 款（1）约定，请您接到此催款函后 3 日内向我公司清偿本息及罚金共计 1 779 969.16 元。如逾期清偿，我司将根据相关法律法规的规定及《北京市商品房预售合同》的约定，采取包括诉讼等途径在内的一切合法措施向您进一步主张权益。

2018 年 9 月 6 日，金××公司向李×1 发送解除函。金××公司按照北京市商品房预售合同买受人处李×1 的通讯地址邮寄上述催款函及解除函，均被退回。

【诉讼请求】

1. 确认金××公司与李×1 签署的《北京市商品房预售合同》已于 2018 年 9 月 9 日解除；

2. 判令李×1 配合金××公司办理预售合同网上签约及联机备案的注销解除手续；

3. 判令李×1 支付金××公司代其偿还的抵押借款合同担保债务共计 1 779 969.16 元，并从李×1 向金××公司支付的已付房款中扣除；

4. 判令李×1 向金××公司支付违约金 394 205.4 元，并从李×1 向金××公司支付的已付房款中扣除；

5. 判令李×1 将涉案房屋按房屋交付原状腾退给金××公司；

6. 判令李×1 向金××公司支付自涉案房屋交付日起至李×1 实际腾退之日止的房屋使用费（自 2017 年 6 月 14 日起算，暂按 3.00 元/天/平方米为标准，房屋面积按 93.37 平方米计算）以及欠付的物业费 863.20 元［93.37 平方米（实测面积）乘 3.7 元/月/平方米（物业费标准）乘 12 个月/365 天乘实际欠付天数］；

7. 判令李×1 承担本案的全部诉讼费用。

【裁判结果】

一审：1. 确认李×1 与北京金××公司于 2016 年 7 月 15 日签订的北京市商品房预售合同于 2018 年 10 月 20 日解除，李×1 于本判决生效后七日内配合北京金××公司前往相关部门办理上述合同网上签约及联机备案注销手续；

2. 李×1 于本判决生效后七日内将位于石景山区城通街 26 号院 8 号楼 5 层 504 号房屋腾退交还北京金××公司；

3. 李×1 于本判决生效后七日内给付北京金××公司自 2017 年 6 月 14 日起至实际腾退上述房屋之日止的房屋使用费（按每月 5000 元计算）；

4. 李×1 于本判决生效后七日内给付北京金××公司贷款本息、罚金等共计 1 779 969.16 元（从李×1 已付房款 3 942 054 元中抵扣）；

5. 李×1 于本判决生效后七日内给付北京金××公司违约金 20 000 元；

6. 驳回北京金××公司的其他诉讼请求。

二审：驳回上诉，维持原判。

【裁判理由】

一审法院认为：李×1 与金××公司签订的北京市商品房预售合同系双方真实意思表示，未违反国家法律和行政法规的禁止性规定，合法有效，双方均应依约履行。李×1 采取按揭贷款形式购房，但未按约偿还银行贷款属违约行为，导致金××公司代李×1 偿还个人购房抵押（保证）借款合同项下贷款本息等债务，李×1 理应按照北京市商品房预售合同之约定偿还金××公司代其支付的上述款项。李×1 虽抗辩继续履行北京市商品房预售合同，但表示不能给付金××公司已代其偿还的银行贷款，金××公司为李×1 承担连带保证责任后有权解除合同。因金××公司向李×1 发出解除函的地址并非双方约定的有效送达地址，所发函件李×1 均未收到，故其请求确认合同自 2018 年 9 月 9 日解除的诉讼请求，法院不予支持。金××公司提起诉讼后，李×1 于 2018 年 10 月 20 日收到法院送达的起诉书等材料，故双方签订的北京市商品房预售合同应于 2018 年 10 月 20 日解除。合同解除后，尚未履行的，终止履行；已经履行的，根据履行情况和合同性质，当事人可以要求恢复原状、采取其他补救措施，并有权要求赔偿损失。北京市商品房预售合同解除后，李×1 应协助金××公司办理商品房预售合同网上签约备案注销手续并将涉案房屋腾退返还给金××公司，金××公司应返还李×1 购房款。因李×1 违约导致金××公司代为偿还的借款本息及罚金等 1 779 969.16 元应由李×1 给付金××公司。法院依金××公司主张将上述款项在李×1 已付的购房款中予以扣除。经法院释明，李×1 不在本案中主张金××公司返还已付购房款，双方可另行解决。

北京市商品房预售合同已约定由于非因出卖人的责任导致合同解除的，

买受人应向出卖人支付自房屋交付日起至实际腾退之日止的房屋使用费，并承担该期间应缴物业费等全部相关费用。李×1应当依约给付金××公司自2017年6月14日起至实际腾退之日止的房屋使用费，法院参照涉案房屋面积大小、坐落以及周边房屋租金标准，酌情予以确定。

李×1交纳物业费至2018年6月30日，合同虽约定李×1应承担物业费，但金××公司并非物业合同的相对方，请求李×1向其支付物业费，法院不予支持。

关于金××公司主张的违约金数额应当参照其所受实际损失认定，法院综合考虑合同履行情况、李×1的违约程度以及涉案房屋价格处于上升趋势等因素，酌情予以确定。

二审法院认为：当事人可以约定一方违约时应当根据违约情况向对方支付一定数额的违约金，也可以约定因违约产生的损失赔偿额的计算方法。根据金××公司与李×1签订的《补充协议》约定，采用银行贷款方式支付该商品房价款的，如买受人未履行还款义务致使出卖人承担保证责任的，出卖人有权要求买受人清偿担保债务，买受人逾期清偿的，出卖人有权解除合同，买受人应支付该商品房总价款百分之十的违约金。同时向出卖人支付自房屋交付日起至实际腾退之日止的房屋使用费，并承担该期间应缴物业费等全部相关费用。李×1采取按揭贷款方式购房，但未按约偿还银行贷款，导致金××公司于2018年8月16日代李×1向兴业银行支付欠付购房贷款本息及罚金共计1 779 969.16元，李×1上述行为构成违约。一审法院根据双方合同约定，参照涉案房屋同地段同类房屋租金标准判决李×1向金××公司支付房屋使用费，并将违约金酌减至2万元，并未过分高于金××公司的实际损失，具有事实及法律依据，本院予以维持。

综上所述，上诉人李×1的上诉请求不能成立，应予驳回；一审判决认定事实清楚，适用法律正确，应予维持。

【法条链接】

《中华人民共和国合同法》

第九十三条　当事人协商一致，可以解除合同。

当事人可以约定一方解除合同的条件。解除合同的条件成就时，解除权人可以解除合同。

第九十七条　合同解除后，尚未履行的，终止履行；已经履行的，根据履行情况和合同性质，当事人可以要求恢复原状、采取其他补救措施，并有权要求赔偿损失。

第一百零七条　当事人一方不履行合同义务或者履行合同义务不符合约定的，应当承担继续履行、采取补救措施或者赔偿损失等违约责任。

第一百零九条　当事人一方未支付价款或者报酬的，对方可以要求其支付价款或者报酬。

【案例来源】

北京市第一中级人民法院民事判决书（2019）京 01 民终 5716 号。

024. 商品房买卖合同被解除，致使商品房担保贷款合同的目的无法实现，可以请求解除商品房担保贷款合同

（刘××等与中××公司商品房买卖合同纠纷）

【裁判要旨】

原告刘××和中××公司之间的商品房买卖合同解除后，按揭贷款合同的目的已无法实现，当事人请求解除商品房担保贷款合同的，法院支持。本案中购房人有权解除按揭贷款合同，据此，两原告要求解除其与被告××农商银行、中××公司所签订的《个人购房借款合同》，于法有据，应予支持。

【当事人信息】

上诉人：××农商银行（原审被告）

被上诉人：刘××（原审原告）

被上诉人：杨××（原审原告）

被上诉人：中××公司（原审被告）

【基本案情】

2016 年 1 月 6 日，刘××与中××公司签订《浙江省商品房买卖合同》一份，刘××购买中××公司开发的东阳市××街道××广场×区商铺××××号，建筑面

积 15.63m²，于 2016 年 1 月 6 日前支付首期房款 250 000 元，余款以按揭方式支付。合同还约定，中××公司应于 2016 年 12 月 1 日前交付商铺，逾期超过 90 日，刘××有权解除合同，中××公司应当自原告解除合同通知到达之日起 30 日内退还全部已付购房款，并按刘××累计已付购房款的 5% 向刘××支付违约金。合同签订后，刘××向中××公司支付购房款 250 000 元。2016 年 1 月 7 日，刘××和杨××就上述商铺与××农商银行签订《个人购房借款合同》一份，按揭贷款金额 25 万元，月利率 0.49%，等额本息还款，贷款期限自 2016 年 1 月 7 日至 2026 年 1 月 6 日止，中××公司作为保证人在该合同中盖章确认。根据双方确认《个人购房借款合同》签订后，刘××、杨××共计向××农商银行归还了按揭贷款本金 40 731 元及利息 28 675.55 元。但至今，中××公司未按合同约定向刘××交付涉案商铺。

【诉讼请求】

1. 解除刘××、杨××与中××公司于 2016 年 1 月 6 日签订的《浙江省商品房买卖合同》；

2. 中××公司返还刘××、杨××已付购房款 250 000 元及利息损失（自 2016 年 1 月 6 日起按日息万分之五计付至实际履行之日止），暂算至起诉之日止为 97 500 元，合计 347 500 元；

3. 解除刘××、杨××与××农商银行于 2016 年 1 月 7 日签订的《个人购房借款合同》；

4. ××农商银行退还刘××、杨××偿还的借款本息 71 772.22 元并支付利息损失（自起诉之日起按月息千分之四点九计算至实际履行之日止）。

【裁判结果】

一审：1. 解除刘××与被告中××公司于 2016 年 1 月 6 日签订的《浙江省商品房买卖合同》（合同编号：2016 预 308×××）。

2. 被告中××公司应于本判决生效之日起三十日内退还原告刘××购房款 250 000 元并支付违约金 14 536.55 元。

3. 解除原告刘××、杨××与被告××农商银行、被告中××公司之间签订的《个人购房借款合同》（合同编号：9061120160000×××）。

4. 驳回原告刘××、杨××的其他诉讼请求。

二审：驳回上诉，维持原判。

【裁判理由】

一审法院认为：被告中××公司未按双方签订的《浙江省商品房买卖合同》约定日期前向原告交付符合条件的商铺，构成违约。原告刘××依据合同约定请求解除合同，本院予以支持。原告杨××未与被告中××公司签订《浙江省商品房买卖合同》，其要求解除商品房买卖合同的诉讼请求，本院不予支持。合同解除后，中××公司应返还原告刘××支付的首期购房款 250 000 元，并按合同约定向原告刘××支付累计已付购房款（包括首期购房款 250 000 元及原告向银行归还的按揭款本金 40 731 元）的 5% 违约金计 14 536.55 元。原告刘××和中××公司之间的商品房买卖合同解除后，按揭贷款合同的目的已无法实现，依据《最高人民法院关于审理商品房买卖合同纠纷案件适用法律若干问题的解释》第二十四条的规定，购房人有权解除按揭贷款合同，据此，两原告要求解除其与被告××农商银行、中××公司之间所签订的《个人购房借款合同》，于法有据，应予支持。合同解除后，尚未履行的，终止履行；已经履行的，根据履行情况和合同性质，当事人可以要求恢复原状、采取其他补救措施，并有权要求赔偿损失。同时根据《最高人民法院关于审理商品房买卖合同纠纷案件适用法律若干问题的解释》第二十五条的规定，商品房买卖合同被解除后，商品房担保贷款合同也被解除的，出卖人应当将收受的购房贷款和购房款的本金及利息分别返还担保权人和买受人。因此，原告已支付的银行按揭本息应以请求中××公司赔付为宜，关于其要求被告××农商银行退还已偿还的按揭贷款本息的诉讼请求，本院不予支持。前述合同解除后，中××公司应返还××农商银行的剩余按揭贷款本息以及其应赔付原告已偿还的按揭贷款本息，可另案处理。

二审法院认为：一、关于案涉《个人购房借款合同》能否解除的问题。《最高院商品房买卖合同司法解释》第二十四条规定，因商品房买卖合同被确认无效或者被撤销、解除，致使商品房担保贷款合同的目的无法实现，当事人请求解除商品房担保贷款合同的，应予支持。刘××与中××公司签订《浙江省商品房买卖合同》后，中××公司未能按照合同约定交付合同约定的商铺，刘××依照合同约定提出解除该买卖合同，原审法院认定该买卖合同解除后进而解除案涉《个人购房借款合同》符合法律规定。二、关于刘××、杨××与××

农商银行之间的金融借款合同纠纷能否与刘××、杨××与中××公司之间的商品房预售合同纠纷一并审理的问题。按照上述《最高院商品房买卖合同司法解释》第二十四条规定，因商品房买卖合同被解除，包括购房人（借款人）在内的当事人均可请求解除商品房担保贷款合同。刘××、杨××在原审中请求解除其与中××公司的商品房买卖合同的同时提出解除案涉商品房担保贷款合同符合该条文的规定。××农商银行提出的案涉《个人购房借款合同》解除后的相应责任承担，因其未按照《最高院商品房买卖合同司法解释》第二十五条在本案中作为有独立请求权第三人提出诉讼请求，也未在本案审理期间就商品房担保贷款合同纠纷另行起诉，原审法院对其上诉时提及的责任承担问题未予处理并无不当，其可以在本案审结后就相应责任承担另行起诉。三、关于××农商行缴纳本案上诉案件受理费是否合法的问题。经审核，××农商银行于 2018 年 12 月 29 日收到原审法院代寄的上诉缴费通知书，其于 2019 年 1 月 2 日缴纳，符合法律规定。

【法条链接】

《最高人民法院关于审理商品房买卖合同纠纷案件适用法律若干问题的解释》

第二十四条　因商品房买卖合同被确认无效或者被撤销、解除，致使商品房担保贷款合同的目的无法实现，当事人请求解除商品房担保贷款合同的，应予支持。

第二十五条　以担保贷款为付款方式的商品房买卖合同的当事人一方请求确认商品房买卖合同无效或者撤销、解除合同的，如果担保权人作为有独立请求权第三人提出诉讼请求，应当与商品房担保贷款合同纠纷合并审理；未提出诉讼请求的，仅处理商品房买卖合同纠纷。担保权人就商品房担保贷款合同纠纷另行起诉的，可以与商品房买卖合同纠纷合并审理。

商品房买卖合同被确认无效或者被撤销、解除后，商品房担保贷款合同也被解除的，出卖人应当将收受的购房贷款和购房款的本金及利息分别返还担保权人和买受人。

【案例来源】

浙江省金华市中级人民法院民事判决书（2019）浙 07 民终 690 号。

025. 在取得商品房预售许可证的集体所有土地上建造并预售商品房，未取得土地使用权所签订的商品房预售合同无效

（刘×与锦××公司、刘×厚、王×剑，第三人李×商品房预售合同纠纷）

【裁判要旨】

以集体所有的土地建造并销售商品房的，应当首先取得建设用地使用权，这是国家对土地用途的强制性规定，违反该规定属于违反法律、行政法规的强制性规定。因此，锦××公司在集体所有的土地上建造并预售商品房，虽取得商品房预售许可证，但未取得土地使用权，因违反土地管理的强制性规定，故其所签订的商品房预售合同无效。

【当事人信息】

原告：刘×

被告：锦××公司、刘×厚、王×剑

第三人：李×

【基本案情】

2009 年，×××村小组预进行新农村建设项目开发，同年 6 月 5 日，×××村小组就新农村建设项目开发事宜召开了群众代表大会，本次会议决议：1. 将×××居民新村开发建设项目承包给杨×才、李××二人，该二人向×××村小组上交净利润 1400 万元；2. 组建环县锦祥房地产有限责任公司，组建手续等费用由该二人全部承担；3. 土地转型费、地面青苗补偿费、土地出让金、征地补偿款及相关税费等全部费用均由该二人承担。同日，×××村小组组长李×2 代表×××村小组与李××、杨×才签订了合作开发房地产合同，其中李××负责招商开发位于××镇南关小学以西宗地 17.7 亩，需向×××村小组交纳 750 万元。2010 年 4 月 4 日，李××与李×签订合作协议，约定将李××负责开发的"位于××镇南关小学以西宗地"即"园丁园住宅小区"开发权及收益以 360 万元出让给李×，后李×在向环县××镇红星行政村交清了各项费用后成立了锦××公司，公司法定代表人为李×2，李×负责实际开发与经营管理并开始施工建设。

2010 年 8 月，中国农业银行暂停受理、审批、发放第三套及以上个人住

房贷款。2010 年 9 月 14 日锦××公司与刘×签订了园丁园商品房预售合同，约定将园丁园住宅小区 6 号楼全部楼盘以均价 2780 元/m²，总价 7 963 966 元预售给刘×，刘×应于 2010 年 9 月 25 日前交付 300 万元整预付款，待楼房盖至第三层后七日内交清 981 933 元，其余 50%待楼房封顶后，到农行或者建行申请按揭贷款。同日，双方又签订了园丁园商品房预售合同补充协议，明确按揭手续由锦××公司办理并允许刘×自行转让。合同签订后，刘×分别于 2010 年 10 月 13 日、2011 年 6 月 7 日、2011 年 7 月 20 日向锦××公司交付购楼款 3 000 000 元、500 000 元和 481 933 元。2011 年底，园丁园小区建设工程竣工。刘×的房屋按揭贷款因故未能办理。2012 年 8 月 22 日，园丁园小区 6 号楼取得商品房预售许可证，后锦××公司将园丁园小区 6 号楼 1 层商铺、2 至 4 层住宅及 8 层 1 室住宅售与他人，其中 8 层 1 室住户在房管部门进行了商品房预售合同备案登记，并已入住。

另查明，园丁园小区用地为×××村小组预留的安置用地，现土地性质为国有，但未办理供地手续。

2012 年 12 月 7 日，李×向本院递交《参加诉讼申请书》，申请以第三人身份参加本案诉讼，本院予以准许。

【诉讼请求】

1. 判决锦××公司、刘×厚、王×剑交付园丁园 6 号楼；

2. 判决锦××公司限期办理好按揭贷款手续；

3. 判决王×剑赔偿车辆损失 9000 元；

4. 判决锦××公司赔偿因擅自将二楼门面房改为住宅楼造成的差价损失 222.81 万元；

【裁判结果】

1. 刘×与锦××公司签订的园丁园商品房预售合同及补充协议为无效合同；

2. 锦××公司于判决生效后三十日内返还刘×购楼房款 3 981 933 元，并按中国人民银行发布的同期银行贷款基准利率四倍支付利息（2010 年 10 月 14 日至 2011 年 6 月 7 日按本金 3 000 000 元计息，2011 年 6 月 8 日至 2011 年 7 月 20 日按本金 3 500 000 元计息，2011 年 7 月 21 日至实际支付之日按本金 3 981 933 元计息）；

3. 驳回刘×对刘×厚、王×剑的诉讼请求及其他诉讼请求。

【裁判理由】

法院认为：关于刘×与锦××公司签订的园丁园商品房预售合同及补充协议的效力问题，《中华人民共和国土地管理法》第十一条规定："农民集体所有的土地依法用于非农业建设的，由县级人民政府登记造册，核发证书，确认建设用地使用权。"《城市商品房预售管理办法》第五条规定："商品房预售应当符合下列条件：（一）已交付全部土地使用权出让金，取得土地使用权证书。"2009 年，×××村小组预占用本村集体土地进行新农村建设项目开发，经群众代表大会决议成立了锦××公司，并由锦××公司负责开发园丁园小区，实际操作过程中，园丁园小区由新农村建设转变为商品房开发。后锦××公司虽向环县××镇××村缴纳了土地出让金等各项费用，但土地管理部门至今未办理供地手续，锦××公司也未取得所开发土地的使用权证书。同时，锦××公司在向刘×预售园丁园小区 6 号楼时，房管部门亦未给其颁发商品房预售许可证，虽然 2012 年 8 月 22 日锦××公司取得了涉案房屋的商品房预售许可证，但锦××公司在未取得土地使用权的情况下开发商品房并出售的行为违背了土地管理的强制性规定。根据《中华人民共和国合同法》第五十二条"有下列情形之一的，合同无效……（五）违反法律、行政法规的强制性规定"的规定，刘×与锦××公司签订的园丁园商品房预售合同及补充协议应为无效合同。

关于本案应如何处理的问题。在本院向刘×释明现有证据不能证明其与锦××公司签订的两份合同为有效合同后，刘×向本院提交的书面材料虽称不变更诉讼请求，但同时认为若法院认为合同无效，可依据《最高人民法院关于审理商品房买卖合同纠纷案件适用法律若干问题的解释》第九条的规定予以判处，对此可视为刘×对诉讼请求变更的意思表示。《中华人民共和国合同法》第五十六条及第五十八条规定："无效的合同或者被撤销的合同自始没有法律约束力""合同无效或者被撤销后，因该合同取得的财产，应当予以返还……有过错的一方应当赔偿对方因此所受到的损失，双方都有过错的，应当各自承担相应的责任"。锦××公司先在未取得土地使用权证的情况下进行商品房开发，后在未取得商品房预售许可证的情况下进行商品房预售，导致合同无效，应承担全部过错责任。

【法条链接】

1. 《中华人民共和国土地管理法》（2004 年）

第十一条第一款 农民集体所有的土地依法用于非农业建设的，由县级人民政府登记造册，核发证书，确认建设用地使用权。

2. 《城市商品房预售管理办法》

第五条 商品房预售应当符合下列条件：

（一）已交付全部土地使用权出让金，取得土地使用权证书；

（二）持有建设工程规划许可证和施工许可证；

（三）按提供预售的商品房计算，投入开发建设的资金达到工程建设总投资的 25% 以上，并已经确定施工进度和竣工交付日期。

3. 《中华人民共和国合同法》

第五十二条 有下列情形之一的，合同无效：

（一）一方以欺诈、胁迫的手段订立合同，损害国家利益；

（二）恶意串通，损害国家、集体或者第三人利益；

（三）以合法形式掩盖非法目的；

（四）损害社会公共利益；

（五）违反法律、行政法规的强制性规定。

第五十六条 无效的合同或者被撤销的合同自始没有法律约束力。合同部分无效，不影响其他部分效力的，其他部分仍然有效。

第五十八条 合同无效或者被撤销后，因该合同取得的财产，应当予以返还；不能返还或者没有必要返还的，应当折价补偿。有过错的一方应当赔偿对方因此所受到的损失，双方都有过错的，应当各自承担相应的责任。

4. 《最高人民法院关于审理商品房买卖合同纠纷案件适用法律若干问题的解释》

第九条 出卖人订立商品房买卖合同时，具有下列情形之一，导致合同无效或者被撤销、解除的，买受人可以请求返还已付购房款及利息、赔偿损失，并可以请求出卖人承担不超过已付购房款一倍的赔偿责任：

（一）故意隐瞒没有取得商品房预售许可证明的事实或者提供虚假商品房预售许可证明；

（二）故意隐瞒所售房屋已经抵押的事实；

（三）故意隐瞒所售房屋已经出卖给第三人或者为拆迁补偿安置房屋的事实。

【案例来源】

甘肃省庆阳市中级人民法院民事判决书（2014）庆中民初字第 15 号。

026. 合同中约定违约金责任过低时，守约方可以请求法院根据同地段同类房屋租金标准对逾期交房违约金予以调整

（汇×公司与张×芳商品房预售合同纠纷）

【裁判要旨】

张×芳与汇×公司签订的预售合同为双方真实意思的表示，且不违反法律、行政法规的强制性规定，应为有效。汇×公司未按期交付房屋且未提供证据证明存在合同约定和法律规定的免责事由，其行为构成违约，应当承担违约责任。对于逾期交房，预售合同约定了违约金责任。该条款对于违约金计算标准等事项做了明确约定。张×芳主张逾期交房违约金约定标准过低，不足以弥补其损失，要求予以增加。张×芳未提供证据证明其实际遭受损失的情况，法院结合合同地段同类房屋的租金标准等因素，综合考虑张×芳因汇×公司违约行为遭受的损失，根据公平原则和诚实信用原则，酌情对逾期交房违约金予以调整。

【当事人信息】

上诉人：汇×公司（原审被告）

被上诉人：张×芳（原审原告）

【基本案情】

2017 年 3 月 20 日，张×芳（买受人）与汇×公司（出卖人）签订了预售合同（合同编号×××），约定张×芳向汇×公司购买位于××区×××201 号房屋一套，预测建筑面积 95.76 平方米，总价款 1 847 744 元，付款方式为首付款加贷款，汇×公司应当在 2017 年 12 月 31 日前向张×芳交付该商品房。预售合同

第九条交付条件约定，房屋交付时应符合的条件为：已取得规划验收批准文件和建筑工程竣工验收备案表；有资质的房产测绘机构出具的面积测算技术报告书；满足汇×公司承诺的市政基础设施、公共服务和其他配套设施达到的条件；汇×公司还应提供《住宅质量保证书》、《房屋建筑使用说明书》及《住宅工程质量分户验收表》。预售合同第十条商品房相关设施设备交付条件约定：2017年12月31日，供水、排水达到通水标准（中水系统除外），供电达到通电标准（包含临时用电），自采暖系统具备正常运行标准，燃气达到正常使用标准，电话通信线、有线电视线、宽带网络交付时线路敷设到户，小区内绿地率、小区内非市政道路、规划车位、车库、物业服务用房达到基本使用条件。预售合同第十二条逾期交房责任条款的约定为：除不可抗力外，出卖人未按照合同约定的期限将该商品房交付买受人的，双方同意按照下列方式处理，即双方协商变通解决，满足正常生活标准。由于遭遇不可抗力影响的（如恶劣天气、自然灾害、疫情灾害、政策变化、市政设施政策变化、其他第三方恶意干扰影响等情况）；或因为遵守政策法规、规范性文件和政策变化导致的；由于市政配套批准安装因素导致的配套设施条件不能按期达到约定标准，出卖人可据实予以延期，而无需承担相关违约赔偿责任。在出卖人发出延期交房通知书起30日内，若买受人有异议则双方同意按退房处理。在出卖人发出延期交房通知书起30日后，买受人未表示异议或未做回复的，视同买受人同意按延期交房处理，出卖人一次性赔付买受人全部房款的万分之一作为延期交房之违约金。该预售合同还对双方的其他权利义务作了约定。

双方签订预售合同后，张×芳向汇×公司支付了合同约定的全部购房款。案涉房屋所在楼栋至今未办理完毕工程竣工验收备案，汇×公司未能按照合同约定向张×芳交付房屋。张×芳表示双方合同约定的违约金计算标准不合理，故要求汇×公司按照租金标准承担违约责任。

【诉讼请求】

判令汇×公司向张×芳支付自2018年1月1日至2018年12月31日的逾期交房违约金27 578.88元（具体数额按照北京市政府信息公开的租金标准计算确定）。

【裁判结果】

一审：汇×公司于判决生效之日起十日内向张×芳给付逾期交房违约金 27 578.88元。

二审：驳回上诉，维持原判。

【裁判理由】

一审法院认为：张×芳与汇×公司签订的预售合同为双方真实意思的表示，且不违反法律、行政法规的强制性规定，应为有效。双方均应按照合同约定和法律规定，全面适当地行使权利、履行义务。预售合同约定，汇×公司应当在 2017 年 12 月 31 日前向张×芳交付符合合同约定和法律规定的房屋。汇×公司未按期交付房屋且未提供证据证明存在合同约定和法律规定的免责事由，其行为构成违约，应当承担违约责任。对于逾期交房，预售合同约定了违约金责任。该条款对于违约金计算标准等事项做了明确约定。张×芳主张逾期交房违约金约定标准过低，不足以弥补其损失，要求予以增加。张×芳未提供证据证明其实际遭受损失的情况，法院结合同地段同类房屋的租金标准等因素，综合考虑张×芳因汇×公司违约行为遭受的损失，根据公平原则和诚实信用原则，酌情对逾期交房违约金予以调整。

二审法院认为：当事人一方不履行合同义务或者履行合同义务不符合约定的，应当承担继续履行、采取补救措施或者赔偿损失等违约责任。本案中，张×芳与汇×公司签订的预售合同为双方当事人的真实意思表示，亦未违反法律、行政法规之效力性强制性规定，合法有效。缔约双方均应恪守合同行使权利、履行义务。汇×公司应当依约在 2017 年 12 月 31 日前向张×芳交付符合约定条件的房屋，事实上汇×公司开发的案涉房屋所在楼栋至今未办理完毕工程竣工验收备案，汇×公司未能按照合同约定向张×芳交付房屋。汇×公司上诉称系因国家政策改变导致未能如期交房，但该公司并未提供充分有效的证据予以证实，汇×公司该项上诉意见，本院不予采纳，其免责事由不能成立。故汇×公司在案涉合同标的房屋的交付问题上存在显见违约行为，应承担相应的违约责任。

关于张×芳所主张的违约金一节，一审判决依据双方合同的违约条款，结合同地段同类房屋的租金标准所作判决具有合理性，应当予以维持。

【法条链接】

《中华人民共和国合同法》

第六十条　当事人应当按照约定全面履行自己的义务。

当事人应当遵循诚实信用原则，根据合同的性质、目的和交易习惯履行通知、协助、保密等义务。

第一百一十四条　当事人可以约定一方违约时应当根据违约情况向对方支付一定数额的违约金，也可以约定因违约产生的损失赔偿额的计算方法。

约定的违约金低于造成的损失的，当事人可以请求人民法院或者仲裁机构予以增加；约定的违约金过分高于造成的损失的，当事人可以请求人民法院或者仲裁机构予以适当减少。

当事人就迟延履行约定违约金的，违约方支付违约金后，还应当履行债务。

【案例来源】

北京市第二中级人民法院民事判决书（2019）京 02 民终 5453 号。

027. 夫妻一方未经另一方同意处分共有房产的行为应属无效

（田××与董×2 房屋买卖合同纠纷）

【裁判要旨】

夫妻一方未经另一方同意，通过签订房屋买卖合同的形式处分共有的房产的，侵害了另一方基于夫妻关系享有的财产所有权，其行为应属无效。

【当事人信息】

上诉人：田××（原审原告）
被上诉人：董×2（原审被告）

【基本案情】

董×1 与于××原系夫妻关系，于 1992 年 5 月 26 日经法院调解离婚，董×2 系二人之子。田××提交的结婚证记载董×1 与田××于 2001 年 3 月 26 日登记结婚。董×1 于 2013 年 10 月 8 日去世。

2005 年 11 月 17 日，董×1（买受人）与北京××公司（出卖人，以下简称××公司）签订《商品房买卖合同》，约定××公司将涉案房屋出售给董×1，建筑面积共 243.39 平方米，总金额 4 145 175 元，一次性付款。2005 年 11 月 23 日，××公司向董×1 开具发票，金额为 4 145 175 元。2006 年 9 月 28 日，涉案房屋所有权证登记所有权人为董×1。

2012 年 11 月 20 日，董×1（出卖人）与董×2（买受人）签订《存量房屋买卖合同（经纪成交版）》（合同编号 C656547），约定董×1 将涉案房屋出售给董×2，成交价格为 5 000 000 元。次日，税务部门出具契税完税证，记载计税金额 5 853 573.3 元，实纳金额 175 607.2 元。2012 年 11 月 22 日，涉案房屋过户登记至董×2 名下。董×2 主张未向董×1 支付购房款，实际为董×1 将涉案房屋赠与董×2，为了减少税费支出而以房屋买卖为形式。缴税时税务部门告知其涉案房屋政府指导价为 5 853 573.3 元，故按此金额为基数交纳契税。

现田××诉至法院，要求确认董×2 与董×1 于 2012 年 11 月 20 日签订的《存量房屋买卖合同（经纪成交版）》无效。经询，田××主张确认合同无效的理由为涉案房屋是在田××与董×1 婚姻存续期间购买，属于夫妻共同财产，夫妻双方有平等的处理权，共有方式为共同共有，董×1 未经田××同意擅自将房屋转移登记至董×2 名下，在办理转移登记时，有欺骗登记机关的行为，主张合同自始无效。田××主张其对董×1 将涉案房屋过户给董×2 并不知情。

董×2 主张其并不知道田××与董×1 结婚。董×2 先后提起行政复议、行政诉讼，要求撤销田××与董×1 的结婚证，经黑龙江省哈尔滨市中级人民法院终审判决驳回了董×2 的诉讼请求。

另查，涉案房屋于 2013 年 12 月 4 日过户至××公司 1 名下，于 2017 年 8 月 15 日过户至××公司 2 名下。

【诉讼请求】

确认董×2 与董×1 于 2012 年 11 月 20 日签订的《存量房屋买卖合同（经纪成交版）》无效。

【裁判结果】

一审：驳回田××的诉讼请求。

二审：1. 撤销北京市朝阳区人民法院（2015）朝民初字第 39607 号民事判决；

2. 确认董×1 与董×2 于 2012 年 11 月 20 日签订的《存量房屋买卖合同（经纪成交版）》（合同编号：C656547）无效。

【裁判理由】

一审法院认为：夫妻一方未经另一方同意，以自己名义转让登记在自己名下的法定共有房屋，当事人以出卖人在缔约时对房屋没有所有权或者处分权为由主张房屋买卖合同无效的，不予支持。本案中，涉案房屋系董×1 与田

××婚后取得，系夫妻共同财产。现田××以董×1转让涉案房屋给董×2时自己不知情、未经自己同意以及办理转移登记有欺骗登记机关的行为为由主张合同无效，依据不足，法院不予支持。

二审法院认为：涉案房屋系田××与董×1婚姻关系存续期间购买，因此，在无相反证据予以推翻情形下，涉案房屋应属田××与董×1夫妻共同所有。夫妻对共同所有的财产，有平等的处理权。董×1与田××结婚登记时，董×2已为成人，且董×1与田××婚姻关系存续了近12年之久，因此，董×2所提房屋过户时，并不知晓董×1与田××之间为夫妻的主张，有悖常理，本院不予采信。董×2亦未提供证据证明田××对于董×1的过户行为知情并同意。本案中，董×1生前未经田××同意，与董×2以签订房屋买卖合同的形式，私自将涉案房屋过户至董×2名下，侵害了田××基于夫妻关系享有的财产所有权，其行为应属无效。

综上，田××的上诉请求，于法有据，本院予以支持；一审判决认定事实不清，适用法律错误，应予纠正。

【法条链接】

1.《中华人民共和国民法总则》

第一百五十四条 行为人与相对人恶意串通，损害他人合法权益的民事法律行为无效。

2.《中华人民共和国婚姻法》

第十七条 夫妻在婚姻关系存续期间所得的下列财产，归夫妻共同所有：

（一）工资、奖金；

（二）生产、经营的收益；

（三）知识产权的收益；

（四）继承或赠与所得的财产，但本法第十八条第三项规定的除外；

（五）其他应当归共同所有的财产。

夫妻对共同所有的财产，有平等的处理权。

3.《中华人民共和国合同法》

第四十四条 依法成立的合同，自成立时生效。

法律、行政法规规定应当办理批准、登记等手续生效的，依照其规定。

第五十二条 有下列情形之一的，合同无效：

（一）一方以欺诈、胁迫的手段订立合同，损害国家利益；

（二）恶意串通，损害国家、集体或者第三人利益；

（三）以合法形式掩盖非法目的；

（四）损害社会公共利益；

（五）违反法律、行政法规的强制性规定。

4.《最高人民法院关于审理买卖合同纠纷案件适用法律问题的解释》

第三条　当事人一方以出卖人在缔约时对标的物没有所有权或者处分权为由主张合同无效的，人民法院不予支持。

出卖人因未取得所有权或者处分权致使标的物所有权不能转移，买受人要求出卖人承担违约责任或者要求解除合同并主张损害赔偿的，人民法院应予支持。

【案例来源】

北京市第三中级人民法院民事判决书（2018）京 03 民终 9688 号。

028. 房屋交易属于重大民事行为，不能认定该行为与限制民事行为能力人的精神健康状况相适应

（李×2 与李×1 房屋买卖合同纠纷）

【裁判要旨】

不能辨认自己行为的精神病人是限制民事行为能力人，可以进行与他的精神健康状况相适应的民事活动；其他民事活动由他的法定代理人代理，或征得他的法定代理人同意或者追认后有效。房屋交易属于重大民事行为，不能认定该行为与限制民事行为能力人的精神健康状况相适应。

【当事人信息】

上诉人：李×2（原审被告）

被上诉人：李×1（原审原告）

【基本案情】

2016 年 8 月 14 日，李×1（出卖人、甲方）在覃××的陪同下与李×2（买受人、乙方）在××公司（居间方、丙方）居间下签订《存量房屋买卖合同（经纪成交版）》（合同编码：2001596），约定：出卖人根据国家规定，已依法取得坐落为北京市房山区长阳镇×号×层×，建筑面积共 86.66 平方米；出卖人保证所售房产无查封，无纠纷，保证所提供的资料真实、有效，出卖方对所售房屋权属合法性、真实性及有效性负责；该房屋房产证获得日期为 2014 年 9 月 9 日；该房屋成交价格为人民币 175 万元整，其中定金 5 万元（用于冲抵首付款），第一期房款为 55 万元，住房公积金贷款 120 万元；合同同时约定了双方当事人的其他权利义务。

合同签订当日，李×2 向李×1 支付购房定金 5 万元，并向××公司支付居间服务费 38 500 元。

2016 年 9 月 5 日，李×2 向××公司支付交验费 200 元、贷款代办费 300 元、过户费 500 元以及担保、评估、服务、抵押等费用 8180 元。

2016 年 9 月 10 日，李×2 向李×1 支付房款 20 万元（包含定金 5 万元）。

2016 年 10 月 11 日，李×2 通过建设银行"房易安"向北京市房山区住房和城乡建设委员会支付监管资金 31 万元。

2016 年 10 月 19 日，李×2 通过支付宝给案外人覃××转账 4 万元，李×1 给李×2 出具剩余房款的收条；同日李×2 交纳购买涉案房屋的契税 15 100 元以及个人所得税 120 200 元，双方还办理了房屋交接手续。

2016 年 10 月 23 日，涉案房屋登记到了李×2 名下，不动产权证号为：京（2016）房山区不动产权第××××号。

2016 年 11 月 15 日，建设银行审批发放李×2 申请的 120 万元住房公积金贷款。

另查一，2015 年 7 月，陈××起诉至北京市朝阳区人民法院申请宣告李×1 为无民事行为能力人或限制民事行为能力人，经鉴定李×1 临床诊断为"精神分裂症，受此影响，意思表示能力不完全，应评定为限制民事行为能力"。2015 年 12 月 10 日，北京市朝阳区人民法院出具（2015）朝民特字第 38180 号民事判决书，判决"宣告李×1 为限制民事行为能力人"。覃××参与了该案的全部审理过程。

另查二，陈××系李×1之子。覃××系李×1外甥（已去世）。涉案房屋交易期间，李×1与覃××夫妻共同居住在涉案房屋，且覃××陪同李×1出售涉案房屋的全过程。

【诉讼请求】

1. 确认李×1与李×2签订的房山区长阳镇×号×层×房屋买卖无效；

2. 判令李×2将位于北京市房山区长阳镇×号×层×房屋腾退给李×1并配合李×1办理过户手续。

【裁判结果】

一审：李×1与李×2就坐落于北京市房山区长阳镇×号×层×房屋签订的《存量房屋买卖合同》无效。

二审：驳回上诉，维持原判。

【裁判理由】

一审法院认为：不能完全辨认自己行为的成年人为限制民事行为能力人，实施民事法律行为由其法定代理人代理或者经其法定代理人同意、追认，但是可以独立实施纯获利益的民事法律行为或者与其智力、精神健康状况相适应的民事法律行为。无民事行为能力或者限制民事行为能力的成年人，由下列有监护能力的人按顺序担任监护人：（一）配偶；（二）父母、子女；（三）其他近亲属；（四）其他愿意担任监护人的个人或者组织，但是须经被监护人住所地的居民委员会、村民委员会或者民政部门同意。近亲属，包括配偶、父母、子女、兄弟姐妹、祖父母、外祖父母、孙子女、外孙子女。对监护人的确定有争议的，由被监护人住所地的居民委员会、村民委员会或者民政部门指定监护人，有关当事人对指定不服的，可以向人民法院申请指定监护人；有关当事人也可以直接向人民法院申请指定监护人。居民委员会、村民委员会、民政部门或者人民法院应当尊重被监护人的真实意愿，按照最有利于被监护人的原则在依法具有监护资格的人中指定监护人。依照本条第一款规定指定监护人前，被监护人的人身权利、财产权利以及其他合法权益处于无人保护状态的，由被监护人住所地的居民委员会、村民委员会、法律规定的有关组织或者民政部门担任临时监护人。监护人被指定后，不得擅自变更；擅自变更的，不免除被指定的监护人的责任。限制民事行为能力人实施的纯获利益的民事法律行为或者与其年龄、智力、精神健康状况相适应的民事法律行为有效；实施的其他民事法律行为经法定代理人同意或者追认后有效。相对人可以催告法定代理人自收到通知之日起一个月内予以追认。法定代理人未作表示的，视为拒绝追认。民事法律行为被追认前，善意相对人有撤销的权利。撤销应当以通知的方式作出。限制民事行为能力人订立的合同，经法定代理人追认后，该合同有效，但纯获利益的合同或者与其年龄、智力、精神健康状况相适应而订立的合同，不必经法定代理人追认。相对人可以催告法定代理人在一个月内予以追认。法定代理人未作表示的，视为拒绝追认。合同被追认之前，善意相对人有撤销的权利。撤销应当以通知的方式作出。

本案中，首先，李×1 于 2015 年 12 月 10 日被北京市朝阳区人民法院判决宣告为限制民事行为能力人，且在房屋交易期间仍属于限制民事行为能力人；同时，处分房屋的行为属于重大事务，已经超出李×1 的民事行为能力范围。其次，因李×1 无配偶，又因李×1 父母已去世，且李×1 仅生有一子陈××，故根据法律规定陈××系李×1 的监护人，即陈××应为李×1 的法定代理人。第三，虽然覃××陪同李×1 就涉案房屋与李×2 签订的《存量房屋买卖合同》，但覃××并非对李×1 依法具有监护资格的人，且覃××参与了北京市朝阳区人民法院判决宣告李×1 为限制民事行为能力人一案全部审理过程，应明知李×1 为限制民事行为能力人。第四，李×2 在知晓陪同李×1 一起就涉案房屋签订合同时的覃××并非李×1 家人的情况下，根据交易习惯李×2 有义务审查核实李×1 其他家庭成员相关情况，但李×2 并未进行审慎的注意义务。综上，因李×1 为限制民事行为能力人，其就涉案房屋与李×2 签订买卖合同须经陈××同意或者追认后有效，现陈××对李×1 与李×2 签订的《存量房屋买卖合同》拒绝追认，并主张无效，故李×1 与李×2 就涉案房屋签订的《存量房屋买卖合同》应属无效。

二审法院认为：根据查明的事实，李×1 患有精神疾病，于 2015 年 12 月被生效判决宣告为限制民事行为能力人，其在房屋交易期间属于限制民事行为能力人。不能辨认自己行为的精神病人是限制民事行为能力人，可以进行与他的精神健康状况相适应的民事活动；其他民事活动由他的法定代理人代理，或征得他的法定代理人同意或者追认后有效。房屋交易属于重大民事行为，不能认定该行为与限制民事行为能力人的精神健康状况相适应。李×2 上诉称其在购房时没有过错，尽到了审慎注意义务，且李×1在房屋交易时并未披露其民事行为能力受限情况。本院认为涉案房屋交易已经超出李×1的民事行为能力范围，需要其法定代理人同意或追认，方可有效。现李×1之法定代理人陈××对李×1与李×2签订的《存量房屋买卖合同》不同意且拒绝追认，并主张无效。因此，本院确认李×1与李×2签订的《存量房屋买卖合同》应属无效。李×2主张李×1法定代理人属于恶意诉讼，理由不充分。对于李×2提出的其善意且无过错问题，可在之后的损失赔偿中予以充分考虑。

关于李×2所称涉案房屋适用善意取得的主张。根据《中华人民共和国物权法》第一百零六条规定，无处分权人将不动产或者动产转让给受让人的，所有权人有权追回；除法律另有规定外，符合下列情形的，受让人取得该不动产或者动产的所有权：（一）受让人受让该不动产或者动产时是善意的；（二）以合理的价格转让；（三）转让的不动产或者动产依照法律规定应当登记的已经登记，不需要登记的已经交付给受让人。故，善意取得物权应以无权处分为前提条件。本案中，李×1系涉案房屋所有权人，并非无权处分，涉案房屋不适用善意取得。此外，本案争议焦点系涉案房屋买卖合同是否有效，涉案房屋是否适用善意取得亦与合同效力无涉。

综上所述，李×2的上诉请求不能成立，应予驳回；一审判决认定事实清楚，适用法律正确，应予维持。

【法条链接】

1. 《中华人民共和国合同法》

第四十七条　限制民事行为能力人订立的合同，经法定代理人追认后，该合同有效，但纯获利益的合同或者与其年龄、智力、精神健康状况相适应而订立的合同，不必经法定代理人追认。

相对人可以催告法定代理人在一个月内予以追认。法定代理人未作表示的，视为拒绝追认。合同被追认之前，善意相对人有撤销的权利。撤销应当以通知的方式作出。

2. 《中华人民共和国物权法》

第一百零六条　无处分权人将不动产或者动产转让给受让人的，所有权人有权追回；除法律另有规定外，符合下列情形的，受让人取得该不动产或者动产的所有权：

（一）受让人受让该不动产或者动产时是善意的；

（二）以合理的价格转让；

（三）转让的不动产或者动产依照法律规定应当登记的已经登记，不需要登记的已经交付给受让人。

受让人依照前款规定取得不动产或者动产的所有权的，原所有权人有权向无处分权人请求赔偿损失。

当事人善意取得其他物权的，参照前两款规定。

【案例来源】

北京市第二中级人民法院民事判决书（2019）京02民终7093号。

029. 签订的房屋买卖合同构成恶意串通损害第三人利益情形的，应当认定为无效

（杭××与吴××、颜××、刘××房屋买卖合同纠纷）

【裁判要旨】

代理人并未本着维护委托人利益的原则进行代理行为，且有滥用代理权的行为。作为买受人其与代理人签订合同及履行合同的行为亦存在诸多明显不合常理之处，构成恶意串通损害第三人利益的情形，应当认定为无效。

【当事人信息】

上诉人：杭××（原审原告）

被上诉人：吴××、颜××、刘××（原审被告）

【基本案情】

2016年8月10日，吴××、颜××与王×1签订《借款合同》，吴××、颜××向王×1借款170万元用于资金周转，借款期限为12个月，月利息为0.68%。同日，北京××公司（甲方）与吴××、颜××（乙方）签署《委托保证合同》，合同约定，甲方为乙方在主合同（即上述《借款合同》）项下履行合同的义务暨乙方清偿主债权的义务向王×1提供连带责任保证，保证的范围为主合同

项下被担保的主债权的金额，包括但不限于被担保之主债权、违约金、损害赔偿金、实现主债权和担保权利的费用（包括但不限于诉讼费、执行费、财产保全费、律师费、评估费、拍卖费、公告费、电讯费、差旅费）和乙方应当向王×1支付的其他费用。乙方承担保证责任的保证期间为自主合同约定的主合同主债务履行期限届满之日起两年。

同日，北京××公司（即保证人，合同甲方）与吴××、颜××（即抵押人和借款人，合同的乙方及丙方）签署《房屋抵押反担保合同》，合同约定，甲方作为保证人为丙方向王×1融资借款事宜提供连带保证责任担保，担保金额为170万元。乙方为主债权合同和委托保证合同提供吴××名下位于北京市石景山区××房屋抵押作为反担保。

2016年8月11日，北京市方正公证处出具（2016）京方正内民证字第85904号及85905号两份具有强制执行效力的债权文书公证书，对上述《委托保证合同》和《房屋抵押反担保合同》进行公证并赋予强制执行效力。

2016年8月11日，吴××、颜××向董××、李×1、高××、于××、王×2、李×2出具授权委托书并经北京市方正公证处公证。该公证处出具的（2016）京方正内民证字第85908号公证书载明委托事项如下："1. 代为办理预约还款并提前偿还银行贷款、办理注销与上述房地产相关的抵押登记事宜，代为签署解押协议，领取解押材料。2. 前往房地产管理部门协助购房人查询上述房地产是否发生司法机关和行政机关依法裁定、决定查封或以其他形式限制房地产权利等情形；在符合已发出售的前提下，代为办理房屋、土地核验、代为办理此房地产的买卖交易手续、代为签订网签手续及解除网签手续、代为办理公示手续、代为确定房屋价格、签订房屋买卖合同、到房地产交易管理部门办理此房地产权转移、过户的有关事宜、代为到国有土地使用证管理部门办理该房国有土地证的解除抵押转移事宜，代为接受询问、签署询问笔录、代为办理公示手续、代为办理与出售此房相关的交税、退税等税务手续、协助买方以买方名义办理贷款、抵押的相关手续、代为在《售房人银行开户情况说明》及划款协议上签字，代为收取相关售房款及办理提款手续；代为办理房地产交易中涉及的银行资金托管、资金监管与资金解冻等相关手续并签署相关文件；代为办理房地产交易资金从解冻账户中的转出并签署相关文件，且代收全部房款并签署相关文件。3. 代为办理房屋所有权证密码设置、重置、变更等事宜，签署相应申请材料，领取变更后的房屋所有权证。……受托人任意一人均有权单独办理上述委托事项。委托期限：自委托之日起至委托事项办完为止。受托人有转委托权。"

2017 年 6 月 20 日，高××出具转委托书，将（2016）京方正内民证字第 85908 号公证委托书中的所有委托事宜转委托杜××、刘××、王×3、舒××办理，转委托书还约定，受托人在其权限范围内所签署的一切文件，委托人均予以承认，受托人中的任意一人均可单独办理全部委托事项，受托人无转委托权。委托期限为自委托之日起至上述公证委托书中规定的委托期限截止之日止。

刘××持高××的《转委托书》，作为出卖人吴××的委托代理人与买受人杭××签订《存量房买卖合同（自行成交版）》（合同编号：CW394282），合同约定，出卖人所出售的××房屋建筑面积为 110.93 平方米，房屋成交价格为 167 万元。合同由刘××代吴××在出卖人处签名，刘××在代理人处签名，杭××在买受人处签名，签订日期为 2017 年 8 月 17 日。该合同对房款的交付方式、期限、权属转移登记、房屋交付、违约责任、争议解决方式等均未作约定。

关于房屋买卖交易情况，2017 年 8 月 17 日，杭××交纳契税及印花税共计 31 332.14 元，2017 年 8 月 30 日，杭××取得××房屋所有权。

杭××主张该房屋实际交易的房款金额为 550 万元，并提交《北京市存量房屋买卖合同》一份，该合同约定，房屋成交价格为 5 500 000 元，买受人采取自行交割的方式付款，出卖人应当在过户当日将房屋交付给买受人，并约定付款方式为：1. 签订本合同当日支付订金 56 000 元；2. 2017 年 8 月 31 日前支付房款 1 100 000 元；3. 房屋过户前支付房款 3 244 000 元，用于偿还银行贷款；4. 过户当日支付尾款 1 100 000 元。合同由刘××代吴××在出卖人处签名，刘××在代理人处签名，杭××在买受人处签名，合同所载签订时间为 2017 年 7 月 7 日。

杭××同时主张该房屋房款交付方式如下：2017 年 7 月 7 日以现金交付定金 56 000 元，7 月 26 日刘××代付 1 100 000 元，8 月 8 日张××代付 1 420 000 元，8 月 17 日杭××支付 1 100 000 元。对此杭××提交银行电子回单、账户交易明细及收条为证。其中，曹××名下账号为×××的银行账户交易明细显示，张××名下账号为×××的账户于 2017 年 8 月 3 日转账 2 000 000 元至曹××名下上述账户，并注明"购房款"，同日，上述款项被转至王×3 名下账号为×××的账户，并注明"购房首付款"。2017 年 8 月 8 日杨××名下账号为×××的账户转账 2 000 000 元至曹××上述账户，同日该账户转账 1 824 000 元至刘××名下账号为×××的账户。张××名下账号为×××的银行账户交易明细显示，曹××名下账号尾号为 4050 的账户于 2017 年 8 月 9 日转账 175 900 元至张××名下上述账户，该账户于同日转账 1 420 000 元至刘××名下账号尾号为 6353 的账户。根据其房款发票显示，该房屋价格为 2 192 899.74 元，对此杭××表示该契税系他人代为办理，并对此未能作出合理解释。

庭审中，杭××之代理人表示杭××本人在签订合同前实地到××房屋中进行看房，并提交照片为证。吴××、颜××对此予以否认，并表示一直居住在××房屋内，房屋买卖交易过程中未接到任何看房电话，也无任何人看房。

诉讼中，法庭通知杭××本人到庭陈述售房经过，杭××到庭陈述其本人在签订购房合同前并未实地看房，仅看过刘××等人的照片即支付定金，买房前知道该房屋存在抵押登记，并表示其与刘××之前并不相识，是通过他人介绍相识，并给予居间介绍人几万元，其购买××房屋是用于投资，因其具备购房资格，故与其他代付房款人一同出资购买房屋，并表示其从事房屋投资达四五年时间。

另查，颜××、吴××于 2017 年 9 月 10 日报警称多人持杭××的委托书闯入涉案房屋，并在屋内没人的情况下更换门锁，并带着搬家公司的人将二人的东西全部搬出，后颜××及其弟与上述多人发生肢体冲突并报警，冲突中颜××左前臂等处受伤。

【诉讼请求】

1. 确认刘××代理吴××、颜××与杭××于 2017 年 8 月 17 日签订的《存量房屋买卖合同》无效或予以撤销；

2. 判令杭××协助将位于北京市石景山区××房屋重新过户至吴××名下，过户费由杭××、刘××承担。

【裁判结果】

一审：1. 刘××代理吴××、颜××与杭××于 2017 年 8 月 17 日签订的《存量房屋买卖合同》无效；

2. 杭××于本判决生效后七日内持相关手续前往房屋权属登记机关将位于北京市石景山区××房屋恢复登记至吴××名下；

3. 驳回吴××、颜××其他诉讼请求。

二审：驳回上诉，维持原判。

【裁判理由】

一审法院认为：当事人对自己提出的诉讼请求所依据的事实有责任提供证据加以证明，没有证据或者证据不足以证明当事人的事实主张的，由负有举证责任的当事人承担不利后果。本案的争议焦点在于刘××作为颜××、吴××的代理人与杭××签订的《存量房买卖合同（自行成交版）》是否存在恶意串通、损害颜××和吴××利益的情形。

就刘××而言，代理人在代理权限内以被代理人的名义实施民事法律行为，被代理人对代理人的代理行为，承担民事责任。同时，代理人实施代理行为时不得损害被代理人的利益，且代理人对代理事项进展应及时向被代理人通知，其出售房屋的价款亦应归属于被代理人所有。刘××作为颜××、吴××的代理人，其应对被代理人尽到勤勉、诚实信用之义务。本案中，刘××持委托书擅自出售××房屋，且未告知亦未征得被代理人同意，在被代理人仍居住在房屋内的情况下，积极促成房屋交易并获取对价款，显属恶意。

就杭××而言，××房屋的网签合同中房屋交易价格明显低于市场价格，而杭××本人在庭审中提交的存量房屋买卖合同约定的房款支付方式，房屋交付时间的约定，明显有悖于价值较大的房产交易习惯。

另外，就房产交易而言，因房款数额一般较大，而本案中杭××表示大部分房款系他人代付，明显与一般房产交易习惯不符，且根据杭××提交的银行转账明细显示，几位代付人在 2017 年 7 月至 8 月期间较短时间内与刘××及他人有较为密集的大额资金转入转出，上述亦无法证明杭××所主张的代付房款之关系。同时，杭××主张的房款代付时间部分在网签合同之前，部分在房产变更登记之后，亦不符合正常的房产交易行为。

综上，法院认定刘××与杭××之间就××房屋的买卖存在恶意串通，且此行为损害了房屋所有权人吴××、颜××的合法利益。故刘××代理吴××、颜××与杭××于 2017 年 8 月 17 日签署的《存量房屋买卖合同》应属无效。

合同无效或者被撤销后，因该合同取得的财产，应当予以返还；不能返还或者没有必要返还的，应当折价补偿。有过错的一方应当赔偿对方因此所受到的损失，双方都有过错的，应当各自承担相应的责任。故吴××、颜××要求杭××将××房屋恢复至吴××名下之诉求，具备事实和法律依据，法院对吴××、颜××的诉讼请求予以支持。吴××、颜××要求杭××承担过户费用之诉请，因该项费用尚未实际发生，吴××、颜××可待损失实际发生之后另行主张权利，故对此法院不予支持。

二审法院认为：恶意串通，损害国家、集体或者第三人利益的，合同无效。本案中，刘××作为吴××、颜××的委托代理人与杭××就××房屋签订的存量房屋买卖合同存在恶意串通，损害吴××、颜××利益的情形，该合同应为无效。具体理由如下：

刘××作为代理人并未本着维护委托人利益的原则进行代理行为，而有滥用代理权的行为。刘××在接受委托后，未就××房屋的出售事宜向吴××、颜××进行过报告，未就房屋的出售对象、价款征求吴××、颜××的意见，且在吴××、颜××仍居住于涉案房屋的情况下，向他人出售房屋并交付。在出售涉案房屋后，刘××并未将任何房屋价款交付吴××、颜××。刘××违反代理人的法定义务，损害吴××、颜××的利益，明显存在主观恶意。

杭××作为买受人，其与刘××签订合同及履行合同的行为亦存在诸多明显不合常理之处。

第一，网签合同约定房屋交易价格为167万元，房款发票显示的交易价格为219万余元，杭××主张的实际交易房款为550万元，该三项价格约定不一致且均低于市场价。在房屋价款低于市场价的情况下，杭××理应负有审慎的注意义务。但杭××明知涉案房屋交易价格过低且存在抵押登记，仍未实际查看房屋，仅凭借刘××持有的公证委托书以及刘××等人出示的照片即签订合同并支付定金，杭××的行为与善意买受人的行为方式不符。

第二，杭××所提交的银行转账明细显示，在2017年7月至8月期间，杭××所主张的"代付人"张××、曹××等人与刘××之间存在复杂的款项往来，且"代付人"与（2016）京方正内民证字第85098号公证书中的另外一名受托人王×3亦有款项往来，显示出"代付人"与出卖人的受托人之间有不合常理的联系。且杭××未能就其与所谓代付人之间的法律关系提供相应证据，亦未能说明他人代付大额购房款的合理性。基于本案中的款项流转情况不符合正常的房屋买卖交易模式，本院无法认定刘××、张××、曹××等人与刘××之间的款项流转目的在于履行真实的房屋买卖合同。

鉴于杭××与刘××签订的存量房屋买卖合同存在多项违反常理之处，足以认定杭××、刘××的行为不符合一般的代理人和买受人理性的行为特征。刘××与杭××存在通过签订房屋买卖合同，擅自处分吴××、颜××的房屋，以损害吴××、颜××利益的主观故意，且客观上实施了上述行为。因此，刘××与杭××签订的《存量房屋买卖合同》构成恶意串通损害第三人利益的情形，应当认定为无效。

本案系因刘××代理吴××、颜××与杭××签订的房屋买卖合同所产生的争议，高××并非本案的必要共同诉讼当事人，杭××所持应当追加高××作为本案被告的上诉理由不能成立。因杭××一审中并未就购房款问题提出主张，一审法院未予处理并无不当，不存在遗漏杭××诉讼请求的情形。综上所述，杭××的上诉请求不能成立，本院不予支持。

【法条链接】

《中华人民共和国合同法》

第五十二条 有下列情形之一的，合同无效：

（一）一方以欺诈、胁迫的手段订立合同，损害国家利益；

（二）恶意串通，损害国家、集体或者第三人利益；

（三）以合法形式掩盖非法目的；

（四）损害社会公共利益；

（五）违反法律、行政法规的强制性规定。

第五十八条 合同无效或者被撤销后，因该合同取得的财产，应当予以返还；不能返还或者没有必要返还的，应当折价补偿。有过错的一方应当赔偿对方因此所受到的损失，双方都有过错的，应当各自承担相应的责任。

第五十九条 当事人恶意串通，损害国家、集体或者第三人利益的，因此取得的财产收归国家所有或者返还集体、第三人。

【案例来源】

北京市第一中级人民法院民事判决书（2019）京01民终2650号。

030. 增加违约金以后当事人又请求对方赔偿损失的，人民法院不予支持

（许××、郑××与孔××、北京××经纪公司房屋买卖合同纠纷）

【裁判要旨】

因房屋买卖合同无法履行所遭受的实际损失，应考虑守约方亦有过失所造成的损失、守约方因此获得的利益以及守约方取得利益需要支出的必要的交易成本，并综合考虑守约方的履约情况等因素予以确定。

【当事人信息】

上诉人：许××（原审原告）、郑××（原审被告）

被上诉人：孔××（原审被告）

原审第三人：北京××经纪公司

【基本案情】

涉案房屋的登记权利人为郑××，登记的共同状态为单独所有。郑××与孔××系夫妻关系，二人于 1998 年 5 月 15 日登记结婚。

经北京××经纪公司居间介绍，郑××作为出卖人与许××作为买受人于 2016 年 5 月 9 日签订《北京市存量房屋买卖合同（经纪成交版）》，约定出卖人出售涉案房屋，房屋总价款 8 500 000 元，房屋家具、家电、装饰装修及配套设施等作价 500 000 元。买受人向银行申办抵押贷款，并由贷款机构按其规定将该部分房款直接支付给出卖人，买受人拟贷款金额为 4 400 000 元。买受人因自身原因未获得贷款机构批准的（包括贷款未获得批准和未按照前述拟贷款金额足额批准的），双方同意买受人继续申请其他贷款机构贷款，至贷款批准，买受人自行负担其间已发生的及要产生的各项费用。出卖人应当保证该房屋没有产权纠纷，未被限制转让。出卖人承诺其配偶和该房屋的共有权人均知晓并同意本次房屋交易，认可本合同及其他相关文件的约定，且无他人对该房屋享有优先购买权；买受人承诺其配偶和该房屋的共同买受人均知晓并同意本次房屋交易，且认可本合同及其他相关文件的约定。如因一方违反前述承诺，导致该房屋不能办理产权登记或发生债权债务纠纷的，由违反承

诺方按照房屋成交总价款的 20% 赔偿守约方的损失。出卖人应该在办理完毕房屋所有权转移登记手续后 5 个工作日内将房屋交付给买受人。买受人未按照补充协议约定的时间付款的，逾期在 15 日之内，自约定的应付款期限届满之次日至实际支付应付款之日止，买受人按日计算向出卖人支付逾期应付款万分之五的违约金，并于实际支付应付款之日起 15 日之内向出卖人支付违约金，合同继续履行。当事人双方同意，自本合同签订之日起 365 日内，双方共同向房屋权属登记部门申请办理房屋权属转移登记手续。

当日，郑××作为甲方（出卖方）、许××作为乙方（买受方）、北京××经纪公司作为丙方（居间方）签订《补充协议》，约定甲乙双方同意，交易房屋价款及家具家电、装饰装修和配套设施作价总计 9 000 000 元，此价格为甲方净得价，不含税。乙方于 2016 年 5 月 10 日将第一笔定金 100 000 元以自行支付的方式支付甲方，于 2016 年 5 月 17 日前将第二笔定金 900 000 元以理房通托管的方式支付甲方。乙方于 2016 年 7 月 1 日前将第一笔首付款 3 500 000 元以自行支付的方式支付甲方。甲乙双方应于网签后的 5 个工作日共同前往贷款机构办理贷款申请手续。甲乙双方应当在过户后的 3 个工作日内自行办理物业交割手续，丙方陪同。甲乙双方一致同意，乙方从本协议约定的购房款中留存 100 000 元作为物业交割保证金，该保证金在办理物业交割当日，由乙方自行支付给甲方。甲乙双方任何一方逾期履行本补充协议约定义务的，每逾期一日，违约方应按日计算向守约方支付房屋总价款万分之五的违约金。涉案房屋被查封或限制转让，导致乙方无法取得房屋所有权的，甲方构成根本违约，且乙方有权以书面通知的方式解除房屋买卖合同，甲方应在违约行为发生之日起 15 日内，以相当于房屋总价款的 20% 向乙方支付违约金，丙方收取乙方的所有费用不予退还，由甲方直接赔付乙方。乙方拒绝购买涉案房屋、逾期履行本补充协议约定的义务超过 15 日的，乙方构成根本违约，且甲方有权以书面通知的方式解除房屋买卖合同，乙方应在违约行为发生之日起 15 日内，以相当于该房屋总价款的 20% 向甲方支付违约金，乙方向甲方已支付的全部款项冲抵违约金，多退少补，丙方收取乙方的费用不予退还。涉案房屋租赁期限至 2016 年 12 月 31 日止，就房屋租金，甲方双方同意过户前的租金归甲方所有，过户后的租金归乙方所有。该协议其他约定部分有手写"甲乙双方协商一致：在合同有效期内乙方有权本人或指定他人购买此套房产"的内容。许××、郑××、孔××、北京××经纪公司均称补充协议之所以有手写的约定，是因为在签订合同时许××不具有在京购房资格，且各方均知晓。

郑××（甲方）、许××（乙方）、北京××经纪公司（丙方）还签订了《买卖定金协议书》，该协议第四条约定甲乙双方同意，由丙方为本次交易提供居间服务，且应在签署买卖合同时由乙方向丙方支付居间代理费 225 000 元。

签订合同当日，孔××出具主要内容为同意出售共有的涉案房屋且同意房屋出售人出售房屋的《配偶（共有权人）同意出售证明》。

许××于 2016 年 4 月 8 日向郑××支付 100 000 元，于 5 月 16 日支付 900 000 元，于 6 月 22 日支付 2 000 000 元，于 2016 年 7 月 6 日支付 550 000 元，于 2016 年 7 月 10 日支付 950 000 元。许××已支付郑×× 4 500 000 元，其中应于 2016 年 7 月 1 日支付的 1 500 000 元，许××实际于 2016 年 7 月 6 日支付 550 000 元，于 2016 年 7 月 10 日支付 950 000 元。

2016 年 6 月 27 日，许××向北京××经纪公司支付了 225 600 元。北京××经纪公司称其中 225 000 元为居间代理费，剩余 600 元为评估费。

2017 年 1 月 21 日至 2017 年 3 月 8 日期间，北京××经纪公司工作人员通过微信催促郑××签署存量房房源核验委托书、申请表。2017 年 3 月，北京××经纪公司工作人员通过微信告知郑××北京××经纪公司已向其发送催告函并将催告函的照片发送给郑××。催告函的主要内容为：我公司工作人员通过电话、短信等方式多次与您沟通并催促未果，现书面通知于 2017 年 3 月 17 日前办理交易房屋的核验事宜、配合房屋买受方继续履行房屋交易的各项具体事宜。

许××提交北京市工作居住证以及购房资格核验截图，证明其已取得在京购房资格。前述证据显示许××于 2017 年 1 月 11 日取得北京市工作居住证，2017 年 2 月 8 日，购房资格核验通过。郑××对前述证据不予认可，北京××经纪公司认可前述证据。

2017 年 3 月 20 日，案外人邵××向温州市龙湾区人民法院提起诉讼要求郑××、孔××偿还借款本金 4 500 000 元并支付利息，该案诉讼过程中，温州市龙湾区人民法院于 2017 年 3 月 29 日查封了涉案房屋。2017 年 7 月 17 日，温州市龙湾区人民法院作出（2017）浙 0303 民初 1437 号民事判决书，判决郑××、孔××偿还邵××借款本金 4 500 000 元及利息（以本金 1 500 000 元为基数，从 2010 年 9 月 17 日按月利率 2% 计算至实际履行完毕之日止；以本金 3 000 000 元为基数，从 2011 年 2 月 1 日起按月利率 2% 计算至实际履行完毕之日止）。

许××以合同约定的违约金不足以弥补其损失为由，向一审法院提出申请要求对涉案房屋在 2017 年 8 月 23 日的价值进行评估，一审法院委托北京康正宏基房地产评估有限公司进行评估，该公司于 2018 年 8 月 10 日作出《不动产估价报告书》，评估结论为涉案房屋的价值为 11 314 165 元。为评估，许××支出评估费 29 471 元。许××不认可评估结论，提出评估价格过低。

本案庭审结束后，许××以在庭后发现了与涉案房屋相同楼号房屋的评估价格高于涉案房屋评估单价 10 000 元至 17 000 元为由，向一审法院提出申请要求评估人员出庭接受质询并要求重新评估。为此，许××提交了在互联网上查询的相关材料。

一审法院通知了评估人员出庭接受质询，许××提出以下质疑：1. 评估报告仅有结论，无法看出评估过程；2. 收益法不应适用于本案；3. 通过市场经纪机构查询，与涉案房屋同一小区的房屋成交价格在 75 000 元每平方米左右；4. 其他法院对涉案房屋所在同一小区房屋委托评估的价格与涉案房屋的评估价格差距巨大；5. 涉案房屋的评估价格与现房屋成交价差距巨大，如评估价格合理，如此大的房价涨幅则不合理。出庭人员针对许××提出的问题予以了答复，出庭人员提出：评估价格与评估时间有关，不能以现在的价格倒推。我公司采取的比较法参考了北京××经纪公司的成交记录以及我公司做其他项目所获得的一手资料，许××提出的案例在我公司评估过程中已进行了参考，许××提出的一套房屋的评估单价虽为 62 457 元每平方米，但评估时点是 2018 年 1 月 15 日，且实际成交价格单价为 47 842 元每平方米，另外一套房屋的评估价格没有评估时点且无面积，仅能参考。另外，我公司在评估过程中还参考了许××未能查询到的相关案例。关于收益法的适用，普通住宅的收益确实较低，但涉案房屋并非普通住宅，属于租金收益相对稳定的高端住宅，不能以普通住宅的租售比来否定收益法的适用。许××提到的 2018 年的成交价格对本案评估没有参考意义。许××还提出除了北京××经纪公司的成交记录外，还有其他公司的成交情况，评估机构未参考有失偏颇。评估人员提出房地产经纪公司成交的房屋数量与房屋类型有关，北京××经纪公司在高档公寓和普通住宅方面的成交量较高，且其公布的是实际成交价格，故北京××经纪公司公示的价格较为可信，且我公司自身也有数据，同时还参照了走访的情况，并非仅仅参考北京××经纪公司公布的数据。为质询，许××支出出庭费用 4000 元。

许××提交郑××与案外人就涉案房屋签订的房屋租赁合同，证明郑××以每月 32 750 元的租金对外出租涉案房屋。郑××对此认可。许××还提出如涉案房屋买卖合同能继续履行，郑××应在起诉前将房屋交付，起诉后给郑××预留 2 天时间，郑××应在 2017 年 3 月 23 日交付涉案房屋，故要求支付自 2017 年 3 月 23 日至本案合同解除之日按每月 32 750 元的标准计算的租金。

许××提交 2017 年 9 月 4 日其与案外人签订的房屋租赁合同，证明其以每月 15 000 元的标准租赁房屋。郑××对此不认可。许××提出因合同解除后，郑××未能将房款退还产生了租房费用，故主张自 2017 年 9 月 4 日至判决生效之日按每月 15 000 元计算的房租租金。

许××提出其于 2017 年 3 月 31 日经一审法院出具调查令调查得知涉案房屋被查封，考虑到其有部分房款未支付，且查封金额仅为 4 500 000 元，认为合同可以继续履行，但在 2017 年 7 月份得知，温州市龙湾区人民法院判决郑××、孔××承担的本息共计 12 000 000 余元，故于 2017 年 8 月变更诉讼请求要求解除合同。郑××、孔××称在涉案房屋被查封后告知了许××，但许××对此不认可。

许××以郑××、孔××系夫妻关系，涉案房屋为夫妻共同财产为由认为孔××为本案合同相对方。

另查：许××于 2017 年 3 月 21 日向一审法院提起本案诉讼，要求郑××、孔××继续履行房屋买卖合同，配合办理涉案房屋的权属转移登记手续并支付违约金 500 000 元。2017 年 3 月 31 日，许××向一审法院申请财产保全，要求查封涉案房屋，为保全许××支出保全费 5000 元，保险费 13 500 元。一审法院采取了保全措施，轮候查封了涉案房屋。

2017 年 4 月 19 日，许××提出增加诉讼请求申请要求郑××、孔××支付违约金 2 500 000 元。2017 年 4 月 21 日，许××向一审法院提出财产保全申请，要求查封、扣押、冻结郑××、孔××名下价值 3 000 000 元的财产。为保全，许××支付保全费 5000 元，保险费 4500 元。一审法院查封了孔××购买的位于北京市朝阳区某小区 2507 号房屋（以下简称 2507 号房屋），保全期限自 2017 年 8 月 15 日至 2020 年 8 月 14 日。

2017 年 8 月 23 日，许××提出变更诉讼请求申请，要求解除与郑××签订的房屋买卖合同；郑××、孔××退还购房款 4 500 000 元；郑××、孔××赔偿损失 7 500 000 元。郑××、孔××于 2017 年 10 月 18 日收到变更诉讼请求申请书。2017 年 9 月 13 日，许××向一审法院提出财产保全申请，要求查封、扣押、冻结郑××、孔××名下价值 9 000 000 元的财产，为保全，许××支出保全费 5000 元。一审法院查封了孔××购买的位于北京市朝阳区某小区 2508 号房屋（以下简称 2508 号房屋），保全期限自 2017 年 9 月 19 日至 2020 年 9 月 18 日。

后郑××、孔××对保全提出异议，认为一审法院查封的 2507 号房屋和 2508 号房屋的价值足以覆盖许××的诉讼请求，故要求解除对涉案房屋的查封。经一审法院询问，郑××、孔××提出涉案房屋、2507 号房屋、2508 号房屋均属于二人夫妻共同财产，孔××提出 2507 号房屋、2508 号房屋中属郑××所有部分已足以覆盖许××的诉讼请求，如不足以覆盖，同意以其对 2507 号房屋、2508 号房屋所享有部分为郑××承担责任。一审法院审查后解除了对涉案房屋的查封。

【原告诉请】

1. 要求解除与郑××签订的房屋买卖合同；

2. 郑××、孔××退还购房款 4 500 000 元；

3. 郑××、孔××赔偿损失 2 814 165 元；

4. 郑××、孔××支付保全费 15 000 元；

5. 郑××、孔××返还自 2017 年 3 月 23 日至 8 月 22 日按每月 32 750 计算的租金 163 750 元；

6. 郑××、孔××赔偿居间代理费 225 000 元以及自 2016 年 6 月 27 日按中国银行同期贷款利率计算至判决确定的还款之日的利息；

7. 郑××、孔××支付自 2017 年 9 月至判决生效之日按每月 15 000 元计算的房租租金；

8. 郑××、孔××支付律师费 150 000 元；

9. 郑××、孔××支付保全保险费 18 000 元。

【裁判结果】

一审：1. 许××与郑××于 2016 年 5 月 10 日签订的《北京市存量房屋买卖合同》及《补充协议》于 2017 年 10 月 18 日解除；

2. 郑××于判决生效后七日内退还许××4 500 000 元并支付利息；

3. 郑××于判决生效后七日内赔偿许××2 926 606.67 元（含租金 112 441.67 元）；

4. 郑××于判决生效后七日内支付许××保全费 15 000 元；

5. 郑××于判决生效后七日内支付许××保全保险费 18 000 元；

6. 许××于判决生效后七日内支付郑××逾期付款违约金 36 000 元；

7. 如郑××对北京市朝阳区某小区 2507 号房屋、北京市朝阳区某小区 2508 号房屋享有的份额不足履行判决第 2 至第 5 项的义务，则孔××应以其对前述房屋享有的份额对郑××所负担的义务承担责任；

8. 驳回许××的其他诉讼请求；

9. 驳回郑××的其他反诉请求。

二审：驳回上诉，维持原判。

【裁判理由】

一审法院认为：许××与郑××签订的《北京市存量房屋买卖合同》以及与北京××经纪公司三方签订的《补充协议》《买卖定金协议书》系各方真实意思表示，且不违反法律、行政法规的强制性规定，合法有效，各方均应依约履行各自合同义务。当事人订立合同，采取要约、承诺方式。合同当事人意思表示一致系合同成立的要件之一。涉案房屋登记的权利人为郑××，登记的共有状态为单独所有，本案合同书也仅有郑××签字确认，现孔××不认可与本案合同有关，故许××主张孔××为合同相对人应举证证明孔××有与其订立合同的意思表示。许××虽提交了孔××出具的《配偶（共有权人）同意出售证明》，但该证明仅表明孔××同意由郑××出售涉案房屋，仅能得出孔××作出了同意让渡其房屋所有权的意思表示，不能据此得出孔××同意合同全部内容的结论。本案中，现无充分证据证明孔××曾作出了与许××订立合同的意思表示，故一审法院对许××以孔××为合同相对人要求承担合同责任的诉讼请求不予支持。

根据查明的事实可知，许××存在未按合同约定支付房款的违约行为，应按合同约定承担违约责任，许××同意按逾期时间、金额以及合同约定的日万分之五的标准支付违约金，一审法院对此不持异议。郑××反诉主张逾期付款违约金的利息，缺乏依据，一审法院不予支持。关于郑××提出的要求许××按涉案房屋成交价 20% 支付违约金 1 700 000 元的反诉请求，因缺乏合同依据，一审法院不予支持。

根据许××提交的北京××经纪公司员工与郑××的微信记录可知，在许××取得购房资格后，北京××经纪公司人员积极催促郑××办理房屋核验手续，因郑

××一方原因未办理，且此后涉案房屋被其他法院查封，导致房屋买卖合同无法继续履行，许××基于法律规定、合同约定均享有合同解除权。合同解除权在性质上属形成权，解除合同的意思表示到达合同相对方始发生合同解除的法律效果。本案中，许××以诉讼的方式要求解除合同，故自载有解除合同意思的诉讼文书到达郑××之日即2017年10月18日合同解除。

合同解除后，尚未履行的，终止履行；已经履行的，根据履行情况和合同性质，当事人可以要求恢复原状、采取其他补救措施，并有权要求赔偿损失。本案合同解除后，郑××应将收取的购房款退还许××，郑××同意支付利息，一审法院对此不持异议。

当事人可以约定一方违约时应当根据违约情况向对方支付一定数额的违约金，也可以约定因违约产生的损失赔偿额的计算方法。约定的违约金低于造成的损失的，当事人可以请求人民法院或者仲裁机构予以增加；约定的违约金过分高于造成的损失的，当事人可以请求人民法院或者仲裁机构予以适当减少。当事人请求人民法院增加违约金的，增加后的违约金数额以不超过实际损失额为限。增加违约金以后，当事人又请求对方赔偿损失的，人民法院不予支持。许××要求郑××赔偿的2 814 165元实质是房屋的差价损失，许××以违约金不足以弥补其损失为由要求郑××赔偿差价损失，实质是要求增加违约金数额。与此同时，许××还要求郑××返还自2017年3月23日至8月22日按每月32 750元计算的租金163 750元，支付自2017年9月4日至判决生效之日按每月15 000元计算的租金，支付居间代理费及利息，许××的前述诉讼请求，本质上均为要求郑××赔偿因合同不能履行给其造成的损失。我国《合同法》第一百一十三条第一款规定："当事人一方不履行合同义务或者履行合同义务不符合约定，给对方造成损失的，损失赔偿额应当相当于因违约所造成的损失，包括合同履行后可以获得的利益，但不得超过违反合同一方订立合同时预见到或者应当预见到的因违反合同可能造成的损失。"根据该规定，合同履行后的履行利益以及可得利益均属可赔偿损失的范围，唯可得利益应受可预见性规则的限制。

因房屋买卖合同无法履行所遭受的实际损失，应考虑守约方亦有过失所造成的损失、守约方因此获得的利益以及守约方取得利益需要支出的必要的交易成本，并综合考虑守约方的履约情况等因素予以确定。本案合同未能履行给许××造成的损失主要包括许××再次购买房屋多支出的成本、未能占有涉案房屋而丧失的占有利益等。本案中，许××按合同约定支付了除贷款4 400 000元以及物业交割保证金100 000元外的全部购房款，基本履行了其合同义务，现因郑××一方原因导致合同未能履行完毕，许××无法获得涉案房屋，许××再行购买相同房屋多支出的费用即本案房屋的差价损失，郑××应予赔偿，故一审法院对许××主张的差价损失2 814 165元予以支持。在签订房屋买卖合同时，涉案房屋处于出租状态，且许××与郑××在合同中就房屋租金事宜也进行了安排，故本案合同未能履行给许××所造成的损失应包括许××未及时取得涉案房屋权属进而未获得的涉案房屋租金，且该损失也在郑××的可预见范围之内。但许××主张自2017年3月23日开始计算缺乏依据，如本案合同正常履行，可预期取得房屋权属时间应为合同签订后的365日内，故一审法院支持自合同签订后第366日开始计算的租金。就许××主张的另行租房的租金，考虑到郑××同意负担许××已支付的房款利息，故对该损失一审法院不再予以重复考虑。关于许××主张的居间代理费以及利息，根据补充协议的约定，郑××应赔付北京××经纪公司收取的所有费用，故许××要求郑××赔付居间代理费有合同依据，但许××支出居间代理费系正常履行涉案房屋买卖合同所应支付的必要成本，故一审法院在支持许××主张的差价损失、可得的租金损失后，就居间代理费及利息不再支持。

诉讼中，许××不认可评估结论，并申请重新评估。就此，一审法院认为本案评估过程程序合法，评估人员具备评估资质且评估结论有相应依据，经质证、质询，也未发现评估结论存在其他不能作为证据使用的情形，故一审法院对评估结论予以采信，对许××要求重新评估的申请不予准许。

许××主张的保全费、保全保险费，系为本案诉讼所支出的费用，该费用的支出也属因违约给许××造成的损失，但该损失的发生介入了当事人的自身因素即合同双方的财产状况尤其是债务人的责任财产状况，同时还与本案的具体情况有关。本案中，许××在郑××存在不积极履行合同义务之际，向一审法院提出继续履行合同的主张，进而要求查封涉案房屋，在发现涉案房屋被查封且郑××所负债务较大的情况下，变更诉求要求解除合同进而要求采取保全措施以实现诉讼目的，属根据案件具体情况进行合理预判后所采取的合理诉讼行为，故一审法院对许××主张的保全费予以支持。关于保全保险费，涉案房屋标的较大，许××以责任保险作为担保并无不妥，故一审法院对此也予以支持。

关于律师费，许××与郑××之间签订的合同虽未约定，但不妨碍许××依合同法规定主张对该损失的赔偿。律师费的支出与否介入了当事人的自身因素即费用支出与否与当事人的自身知识水平以及案件的复杂程度等众多因素相关。考虑到我国民事诉讼未实行律师强制代理制度，故在一方当事人恶意违约或有其他违背诚实信用原则的行为的情况下，支持律师费的支出有利于实现公平正义、弘扬合同应当严守的契约精神，并有助于公平正义与鼓励交易的合同法原则的实现。具体到本案中，现无证据证明郑××有违反合同的恶意，故一审法院对许××主张的律师费不予支持。

二审法院认为：许××提出《不动产估价报告书》对房产的评估价值比市场价值明显过低，但就此未提交充分证据予以证明，故本院对其该项主张不予采纳。

关于许××主张郑××及孔××应承担自 2017 年 3 月 23 日起租赁房屋的租金一节，许××与郑××签订的《北京市存量房屋买卖合同（经纪成交版）》约定自合同签订之日起 365 日内，双方共同向房屋权属登记部门申请办理房屋权属转移登记手续。按照上述内容，如合同正常履行，许××可预期的取得房屋权属时间应为合同签订后的 365 日内，故一审法院支持自合同签订后第 366日开始计算的租金并无不当。许××主张起算点为 2017 年 3 月 23 日依据不足，本院不予支持。

就许××主张的另行租房的租金，属于因郑××不履行合同义务致使许××遭受的损失，但考虑到郑××同意负担许××已支付的房款利息，上述损失不宜重复计算，一审法院的处理并无不当。关于许××上诉主张的居间代理费及律师费，一审法院不予支持理由充分，本院予以确认。

综上所述，许××的上诉请求均不能成立，应予驳回；一审判决认定事实清楚，适用法律正确，应予维持。

【法条链接】

《中华人民共和国合同法》

第一百一十三条第一款　当事人一方不履行合同义务或者履行合同义务不符合约定，给对方造成损失的，损失赔偿额应当相当于因违约所造成的损失，包括合同履行后可以获得的利益，但不得超过违反合同一方订立合同时预见到或者应当预见到的因违反合同可能造成的损失。

第一百一十四条 当事人可以约定一方违约时应当根据违约情况向对方支付一定数额的违约金，也可以约定因违约产生的损失赔偿额的计算方法。

约定的违约金低于造成的损失的，当事人可以请求人民法院或者仲裁机构予以增加；约定的违约金过分高于造成的损失的，当事人可以请求人民法院或者仲裁机构予以适当减少。

当事人就迟延履行约定违约金的，违约方支付违约金后，还应当履行债务。

【案例来源】

北京市第三中级人民法院民事判决书（2019）京 03 民终 7862 号。

031. 购房人有理由相信行为人有代理权的，买卖合同有效

（康××与师××、北京××经纪公司房屋买卖合同纠纷）

【裁判要旨】

虽然房屋所有权人未出具书面授权委托书，但全面考虑行为人在签署合同时出示了相关证件、产权人收取定金等情况，能够形成证据链证明产权人对于行为人代理其签订合同是知情并且同意的，并以自己的行为对案涉房屋的买卖作出了真实意思表示。

【当事人信息】

再审申请人：康××（一审原告、二审被上诉人）
被申请人：师××（一审被告、二审上诉人）
一审被告、二审被上诉人：北京×××经纪公司

【基本案情】

2016 年 8 月 24 日，师××的配偶盛××以师××的名义与康××签订了《北京市存量房屋买卖合同》，约定师××将位于北京市丰台区新发地×号楼×层×号房屋（以下简称×号房屋）出售给康××。房屋总价款为 568 万元，定金为 10 万元。当事人双方同意，自本合同签订之日起 120 日内，双方共同向房屋权属

登记部门申请办理房屋权属转移登记手续。同日，师××的配偶盛××以师××的名义（甲方）与康××（乙方）以及北京××经纪公司（丙方）签订了《补充协议》，约定甲乙双方同意交易房屋价款及家具家电、装饰装修和配套设施作价总计为 568 万元，此价格为甲方净得价，不含税。该房屋已经设定抵押，甲方应于 2016 年 9 月 15 日前向该房屋的原贷款机构提交一次性还清剩余贷款的申请，且甲方最迟应于 2016 年 9 月 30 日前办理完毕解除抵押登记手续。甲方若出现下列情形之一的，甲方构成根本违约，且乙方有权以书面通知的方式解除房屋买卖合同：……（4）拒绝将该房屋出售给乙方或者擅自提高房屋交易价格的……甲方出现上述根本违约情形之一的，甲方应在违约行为发生之日起 15 日内，以相当于该房屋总价款的 20% 向乙方支付违约金；丙方收取乙方的所有费用不予退还，由甲方直接赔付乙方。其他约定：1. 甲乙双方协商一致，甲方有权为了促使交易顺利完成变更产权人；2. 甲乙双方同意留 1 万元物业交割保证金。协议另对其他交易事项进行了约定。合同签订当日，康××向师××转账 92 000 元，另向盛××转账 8 000 元。

另查，×号房屋的所有权人记载为师××单独所有。盛××和师××是夫妻关系。双方均认可，上述合同和协议由盛××签署。庭审中，师××主张其未出具授权委托书，故盛××签署的合同均无效。

康××主张师××同意盛某某代理其出售房屋，向法庭提交盛××签署《代理人关于代理权的承诺书》，载明：本人盛××受师××的合法委托，代其出售×号房产并签署相关合同文本。师××认可《代理人关于代理权的承诺书》系盛××所签，但不认可其授权盛××签署合同。康××另提交师××与北京××经纪公司经办人卢×的微信记录。2016 年 8 月 24 日晚，师××向卢×发出消息："卢×：要注明 2 点：1. 双方同意留 1 万元为物业押金。2. 双方同意过户时卖方将出售物业产权人变更。以上 2 点与补充协议冲突的以此为准。"2016 年 8 月 26 日，卢×询问："姐，您几号回北京呢？"师××当日回复："现在不好确定""已约好银行回去就解押。"卢×："有一个授权委托书，你得签字。让你老公带回去了，需要您签……"师××回复："9 月 2 号应该到北京。"2016 年 8 月 28 日，师××："我天伦锦城房产证复印件帮我拍一下，我申请解押发给银行。"卢×发送房产证复印件照片给师××。2016 年 9 月 2 日，卢×询问："姐您今天回北京了吗？""有一个授权委托书，你得签字。让你老公带回去了，需要您签……"师××回复："回京尽快办理，香港事情没办完。"

康××另申请证人卢×出庭作证，卢×系北京××经纪公司房屋买卖合同签订的经办人，其到庭提交原始手机载体，展示师××与其微信记录原件，均与康××提交的复印件一致。证人称："2016年8月24日晚，师××的配偶盛××携带自己的身份证、房产证、结婚证、户口本原件以及师××的身份证复印件到链家门店与康××签订合同。签合同的过程中，与师××电话沟通，并由盛××将合同内容拍照发微信给师××看，师××看过后，通过微信明确物业交割保证金1万元等两个要求。补充协议中注明了师××要求的内容。2016年9月12日，师××与康××到门店面谈，师××拿出一份遗嘱，称×号房屋系其母亲的财产，母亲已立遗嘱将房屋留给其哥哥，故不再出售×号房屋。"对于上述证人证言，康××认可证据的真实性，师××认为证人与康××有利害关系，不认可证人证言。

另查，2016年9月12日，师××以房屋实际为其母亲所有、母亲遗嘱将房屋留给其哥哥为由向康××提出不再出售×号房屋。当日晚，师××将收取的定金退还给康××，并向康××发出短信："本人之前有出售房产想法，但任何人未经本人下达正式书面授权书所签署的有关本人名下房产之相关出售文件均无效，康××先生自行转账的款项现已原路退还……"师××认可其上述行为，其称因为康××要求其假离婚将×号房屋办成唯一住房，其为不揭穿康××的偷税意图，假称有遗嘱无法出售。经法庭释明，康××不要求对房屋差价进行评估鉴定。

另查：康××所持《补充协议》原件无"产权人回京，不签署对本人的授权委托书，本人代签的全部协议及相关文件不具有法律效力"的文字表述。

【诉讼请求】

1. 解除康××与师××签订的《北京市存量房屋买卖合同》以及康××与师××、北京××经纪公司签订的《补充协议》；

2. 师××向康××支付违约金182万元；

3. 诉讼费用由师××承担。

【裁判结果】

一审：1. 解除康××与师××签订的《北京市存量房屋买卖合同》以及康××与师××、北京××经纪公司签订的《补充协议》；

2. 师××于判决生效之日起七日内向康××支付违约金 60 万元；

3. 驳回康××的其他诉讼请求。

二审：1. 撤销北京市丰台区人民法院（2016）京 0106 民初 21014 号民事判决；

2. 驳回康××的诉讼请求。

再审：1. 撤销北京市第二中级人民法院（2017）京 02 民终 8281 号民事判决；

2. 维持北京市丰台区人民法院（2016）京 0106 民初 21014 号民事判决。

【裁判理由】

一审法院认为：依法成立的合同，对当事人具有法律约束力。师××认为其配偶盛××就×号房屋代其签订的《北京市存量房屋买卖合同》及《补充协议》未经其书面授权，故为无效合同。虽师××未出具书面授权委托书，结合本案中认定的证据，师××之夫盛××代理师××签署合同，且出示了相关证件。而师××在签订合同过程中向北京××经纪公司工作人员发出微信补充合同条款，师××微信所发内容均体现在盛××代师××所签《补充协议》中。结合师××在合同签订后与北京××经纪公司工作人员交流解除房屋抵押等合同履行的问题，上述内容能够形成证据链证明师××对于盛××代理其签订合同是知情并且同意的。虽师××本人未到场签署合同，康××有理由相信盛××有代理权。故认定《北京市存量房屋买卖合同》及《补充协议》系双方真实意思表示且不违反法律法规的强制性规定，均为有效，合同的当事人应当按照约定履行自己的义务。康××签订合同后，履行了作为房屋买受人支付定金的义务；作为房屋出卖人，师××应当履行将房屋过户给康××的义务。师××于 2016 年 9 月 12 日明确向康××表示拒绝履行合同并退还了康××所支付的定金，康××依据合同条款要求解除合同，于法有据，予以支持。师××拒绝继续履行合同，理应承担相应的违约责任。师××主张合同系在北京××经纪公司和康××的诱骗下签字，未向法庭举证，对于师××的该项抗辩，不予采纳。康××要求师××依约支付违约金，师××认为违约金标准过高，结合合同的履行情况、当事人的过错程度以及康××的损失情况、预期利益等综合因素，根据公平原则和诚实信用原则，对违约金数额依法予以调整，具体数额由法院酌定。

二审法院认为：《合同法》第四十九条规定：行为人没有代理权，超越代理权或者代理权终止后以被代理人名义订立合同，相对人有理由相信行为人有代理权的，该代理行为有效。表见代理为我国法律所确认。根据表见代理制度概念及立法规定，表见代理应具备相应的构成要件，其中相对人为善意且无过失，是构成表见代理的主观要件，即相对人不知行为人所为的行为系无权代理。如果相对人即明知他人为无权代理，仍与其实施民事行为，就失去了法律保护的必要，故表见代理不成立。本案中，根据已查明的事实，北京××经纪公司作为居间方始终在要求盛××取得师××的授权，作为买房人康××亦明知盛××必须取得师××的授权，代理方有效，因此盛××的签约行为不构成表见代理。

《合同法》第四十八条规定：行为人没有代理权、超越代理权或者代理权终止后以被代理人名义订立的合同，未经被代理人追认，对被代理人不发生效力，由行为人承担责任。相对人可以催告被代理人在一个月内予以追认。被代理人未作表示的，视为拒绝追认。合同被追认之前，善意相对人有撤销的权利。撤销应当以通知的方式作出。狭义无权代理是指既没有委托授权，又没有法律上的根据，是不属于表见代理的未授权之代理。本案中，盛××自始至终没有取得师××的授权，且师××明确表示拒绝追认，故盛××的签约行为属无权代理，盛××的代理行为对师××不发生效力。

房屋买卖应当签订书面合同是法律的规定，本案中师××在签订合同过程中向北京××经纪公司工作人员发出微信，微信内容亦在协议中有所体现，且收取了康××的部分款项，但师××的上述行为，均不构成法律意义上的合同成立。

综上所述，盛××以师××的名义与康××签订的《北京存量房屋买卖合同》以及与康××、北京××经纪公司签订的《补充协议》因无师××的授权及追认，属于无权代理，对师××不发生效力。康××请求师××承担合同的违约责任，没有法律依据，法院不予支持。

再审法院认为：本案的争议焦点是师××之夫盛××代理行为的效力问题及康××的诉讼请求能否获得支持。本案中，虽师××未出具书面授权委托书，但全面考虑师××之夫盛××代理师××签署合同时出示了相关证件、师××与卢×消息往来、师××收取定金等情况，能够形成证据链证明师××对于盛××代理其签订合同是知情并且同意的，并以自己的行为对案涉房屋的买卖作出了真实意思表示，康××有理由相信盛××有代理权，且康××主观善意，无明显过失。故应当认定《北京市存量房屋买卖合同》及《补充协议》系双方真实意思表示，对师××及康××具有约束力，师××应对代理人盛××的行为承担民事责任。康××要求师××依约支付违约金的请求应予以支持。一审法院结合合同的履行情况、当事人的过错程度以及康××的损失情况、预期利益等综合因素酌情确定师××向康××支付 60 万元违约金是正确的。

综上，康××的再审理由及请求有事实及法律依据，本院予以支持。

【法条链接】

《中华人民共和国合同法》

第四十八条　行为人没有代理权、超越代理权或者代理权终止后以被代理人名义订立的合同，未经被代理人追认，对被代理人不发生效力，由行为人承担责任。

相对人可以催告被代理人在一个月内予以追认。被代理人未作表示的，视为拒绝追认。合同被追认之前，善意相对人有撤销的权利。撤销应当以通知的方式作出。

第四十九条　行为人没有代理权、超越代理权或者代理权终止后以被代理人名义订立合同，相对人有理由相信行为人有代理权的，该代理行为有效。

【案例来源】

北京市高级人民法院再审民事判决书（2019）京民再 109 号。

032. 中介服务机构未尽审核义务的，应承担赔偿责任

（马××与朱××、北京××房地产经纪有限公司房屋买卖合同纠纷）

【裁判要旨】

作为专业的房地产中介服务机构，在提供居间服务过程中，特别是在居间介绍出售方与买受方签订房屋买卖合同时，应当核对房屋产权信息、委托人身份证明以及受托人权限，并要求出售方提供身份证明、房产权属证明、代理人身份证明、授权委托书原件等材料。未对委托书进行严格审核，应承担一定的赔偿责任。

【当事人信息】

上诉人：马××（一审原告）、朱××（一审被告）、北京××房地产经纪有限公司（一审被告）

【基本案情】

张×1 系涉案房屋所有权人。2016 年 1 月 24 日，朱××以其母亲张×1 代理人身份伪造其母张×1 签字与马××、北京××房地产经纪有限公司（以下简称××公司）签署居间服务合同，约定买卖双方经××公司居间介绍签署《北京市存量房屋买卖合同》，朱××向××公司支付居间服务费 43 875 元。当日，朱××以母亲张×1（甲方）委托代理人身份伪造张×1 签字与马××（乙方）签订《北京市存量房屋买卖合同》，主要内容是，甲方将朝阳区×号、建筑面积为 58.16 平方米房屋出售给乙方。房屋成交总价 325 万元；乙方于合同签署当日向甲方支付定金 5 万元；乙方拟贷款 120 万元；乙方于网签后缴税前通过资金存管方式向甲方支付 200 万元。乙方因甲方违约有权解除合同，甲方应将收取的定金返还给乙方，并按照房屋成交总价的 20% 向乙方支付违约金。合同签署后，马××将 5 万元定金支付朱××，并向××公司支付居间服务费 43 875 元。之后，买卖双方发生争议，朱××将 5 万元定金退还马××。

2016 年 3 月 17 日，马××以张×1 为被告、朱××为第三人提起诉讼，要求解除合同，并要求张×1 支付违约金 65 万元、赔偿租房损失 80 720 元以及房屋价格上涨损失 200 万元。张×1 在该案中否认委托女儿朱××出售房屋。一审法院在审理该案过程中，张×1 申请对马××提交委托书上"张×1"签字进行笔迹鉴定。2017 年 7 月 13 日，北京明正司法鉴定中心出具司法鉴定意见书，结论为委托书上"张×1"签字并非张×1 笔迹。2018 年 2 月 5 日，北京市朝阳区人民法院依法作出（2016）京 0105 民初 13060 号民事判决书，判决驳回了马××的诉讼请求。

【诉讼请求】

1. 朱××和××公司共同赔偿房屋价格上涨造成的损失 82 万元；

2. 朱××和××公司赔偿另一案件诉讼费 32 800 元；

3. ××公司退还中介费 43 875 元；

4. 诉讼费由朱××和××公司承担。

【裁判结果】

一审：1. 朱××于判决生效之日起十日内赔偿马××损失 282 000 元、另一案件诉讼费用 8240 元；

2. ××公司于判决生效之日起十日内赔偿马××损失 43 000 元、另一案件诉讼费用 2060 元；

3. ××公司于判决生效之日起十日内退还马××居间服务费 43 875 元；

4. 驳回马××其他诉讼请求。

二审：驳回上诉，维持原判。

【裁判理由】

一审法院认为：《中华人民共和国合同法》第四十八条第一款规定，行为人没有代理权、超越代理权或者代理权终止后以被代理人名义订立的合同，未经被代理人追认，对被代理人不发生法律效力，由行为人承担责任。第二款规定，相对人可以催告被代理人在一个月内予以追认。被代理人未作表示的，视为拒绝追认。合同被追认之前，善意相对人有撤销的权利。撤销应当以通知的方式作出。《最高人民法院关于适用〈中华人民共和国合同法〉若干问题的解释（二）》第十一条规定，根据合同法第四十七条、第四十八条的规定，追认的意思表示自到达相对人时生效，合同自订立时起生效。本案中，朱××在未取得母亲张×1 授权的情况下，以张×1 代理人身份与马××签署合同。因张×1 未对朱××与马××签署的合同予以追认，该合同并未生效。朱××作为行为人，对马××因此造成的合理损失，应承担相应的民事赔偿责任。××公司作为中介机构，未对朱××提交的委托书进行严格审核，亦应承担一定的责任。关于马××主张的 82 万元房屋价格上涨损失，一审法院认为，从朱××与马××签署合同到发生争议后马××提起诉讼不足两个月，即使房屋价格上涨，也不足以支持马××主张的数额。而且，从马××在另一案件中的诉讼主张来看，其并无继续履行合同的愿望。朱××以马××未采取措施减少损失扩大的理由成立，一审法院酌情确定朱××赔偿马××房屋价格上涨损失 28.2 万元，××公司赔偿马××房屋价格上涨损失 4.3 万元。关于马××主张的另案诉讼费用 32 800 元，即使买卖合同生效，其主张数额也难以被全额支持，故一审法院酌情确定由朱××赔偿马××另一案件诉讼费用 8240 元，××公司赔偿其另一案件诉讼费用 2060 元。关于马××主张××公司退还中介费 43 875 元，因××公司居间服务存在重大瑕疵，应将收取的服务费予以退还。

二审法院认为：根据当事人的诉辩意见，本案二审争议焦点为：一、各方当事人在签订案涉合同过程中是否存在过错；二、朱××、××公司是否应赔偿马××房屋价格上涨的损失、另案诉讼费以及赔偿数额的认定；三、××公司应否退还马××居间服务费。

关于焦点一。××公司上诉主张马××在明知出售方代理人无授权委托书的情况下，仍与其签订合同，对合同无效造成的损失亦存在过错。对此，本院认为，马××作为普通的购房人，在签订合同前在××公司工作人员的带领下看房，看房时朱××在场，后基于××公司提供专业居间服务及张×1 与朱××之间系母女关系等情况，与朱××签订案涉房屋买卖合同，可以认定马××在签订案涉合同时尽到了合理的注意义务。因此，××公司主张马××在签订合同时存在过错，缺乏事实依据，本院不予采信。

《中华人民共和国合同法》第四十八条第一款规定："行为人没有代理权、超越代理权或者代理权终止后以被代理人名义订立的合同，未经被代理人追认，对被代理人不发生法律效力，由行为人承担责任。"本案中，根据生效判决所确认的事实，朱××在未取得其母张×1 授权的情况下，以张×1 代理人身份与马××签署《北京市存量房屋买卖合同》等协议，且张×1 未对朱××与马××签署的上述合同予以追认。因此，上述合同对张×1 不发生法律效力，朱××作为无权代理人依法应承担责任。另，根据××公司二审中提交的《补充协议》，朱××在签订案涉房屋买卖合同当日曾保证已经获得张×1 本人的授权，故朱××在签订案涉房屋买卖合同过程中存在违背诚实信用原则的行为，对于因此给马××造成的合理损失，其应当承担相应的损害赔偿责任。

××公司作为专业的房地产中介服务机构，在提供居间服务过程中，特别是在居间介绍出售方与买受方签订房屋买卖合同时，应当核对房屋产权信息、委托人身份证明以及受托人权限，并要求出售方提供身份证明、房产权属证明、代理人身份证明、授权委托书原件等材料。根据××公司的陈述，在朱××以张×1 之代理人的名义与马××签订案涉房屋买卖合同当日，朱××未提供张×1 的授权委托书、张×1 的身份证、房产证，而是签订合同后补充提交。因此，××公司在朱××未提供授权委托书的情况下，就居间介绍双方签订案涉合同，其应当预料到此次房屋交易存在一定风险，故××公司应对案涉合同无法履行给马××造成的损失承担一定的赔偿责任。××公司主张其在居间服务过程中没有瑕疵，不应承担赔偿责任，缺乏事实依据，本院不予采信。

综上所述，马××对合同不能履行不存在过错；朱××在签订案涉合同过程中存在违背诚实信用原则的行为，××公司亦存在一定过错，故朱××、××公司应对马××的合理损失承担赔偿责任。但是，案涉合同未能履行的主要原因在于朱××无权代理张×1签订案涉合同、无权处分涉案房屋，故朱××应当承担主要赔偿责任。朱××上诉主张由××公司承担主要责任，没有事实依据，本院不予采信。

关于焦点二。房屋价格上涨的损失。因为案涉房屋买卖合同未能履行，而在案涉合同签订后涉案房屋价格上涨，势必因此给马××造成一定的经济损失。关于该项损失的数额，本院结合当事人的上诉请求具体分析如下：第一，从朱××与马××签署合同到发生争议后马××提起诉讼，不足两个月时间，此时马××作为起诉一方应当预料到合同可能存在无法继续履行的风险，其应及时采取措施防止损失扩大。第二，自2016年3月马××起诉张×1、××公司、朱××〔（2016）京0105民初13060号案件〕，至2017年7月鉴定意见确定委托书并非张×1本人签名，再到2017年8月马××在另案主张解除案涉房屋买卖合同，涉案房屋价格在诉讼期间有较大幅度的增长，而诉讼的周期与涉案房屋价格的涨幅均非当事人所能合理预见，对于朱××、××公司不能控制、不能预见的风险与损失应合理限制。因此，马××主张按照2017年8月涉案房屋的价格作为计算其房屋价值上涨损失的依据，依据不足，本院不予支持。本院对于马××要求对涉案房屋2017年8月的房屋价值进行评估的申请亦不予准许。第三，综合考虑合同履行不能的过错及风险的负担、损失的可预见性及减损规则等因素，结合当事人合同违约及履行的具体阶段、当事人的举证情况以及马××为合同履行仅支付了5万元定金且朱××已经返还的客观情况，一审法院酌情确定朱××赔偿马××房屋价格上涨损失28.2万元、××公司赔偿马××房屋价格上涨损失4.3万元，并无明显不当，本院予以维持。对于马××所持的一审法院认定的房屋价格上涨损失过低以及朱××所持的一审法院认定的房屋价格上涨损失过高的上诉意见，本院均不予采信。

关于另案诉讼费，系因案涉房屋买卖合同未能履行，马××维权所产生的损失，一审法院认定其中部分金额属于马××的合理损失范围，并无不当，马××就此有权要求朱××和××公司予以赔偿。一审法院酌情确定由朱××赔偿马××

另案诉讼费用 8240 元，××公司赔偿马××另案诉讼费用 2060 元，亦无不当，本院予以维持。对于朱××和××公司所持的其均不应承担马××另案诉讼费损失的上诉意见，依据不足，本院均不予采信。

关于焦点三。如前所述，××公司在从事居间服务过程中未尽严格审核之义务，一审法院判决其返还马××中介费，具有事实和法律依据，本院予以支持。××公司上诉主张一审判决其承担赔偿责任、返还服务费没有法律依据，缺乏依据，本院不予支持。

综上所述，朱××、马××、××公司的上诉请求均不能成立，均应予驳回；一审判决认定事实清楚，处理结果并无不当，应予维持。

【法条链接】

《中华人民共和国合同法》

第四百二十五条 居间人应当就有关订立合同的事项向委托人如实报告。

居间人故意隐瞒与订立合同有关的重要事实或者提供虚假情况，损害委托人利益的，不得要求支付报酬并应当承担损害赔偿责任。

【案例来源】

北京市第三中级人民法院民事判决书（2018）京 03 民终 15904 号。

033. 未经公司股东会、董事会同意的理由不能否认公司印章对外产生的法律效力

（××公司与邵××房屋买卖合同纠纷）

【裁判要旨】

房屋买卖合同中均加盖公司印章且公司未对其印章的真实性提出异议。未经公司股东会、董事会同意的仅为其公司内部的管理性规定，并不能否认公司印章对外产生的法律效力。

【当事人信息】

上诉人：××公司（一审被告）

被上诉人：邵×× （一审原告）

【基本案情】

2016 年 4 月 26 日，原、被告签订了三份《商品房买卖合同》约定，被告将其所有的×××1 号商品房（建筑面积 66.36 平方米、每平方米单价为 25 476.08元）、×××2 号商品房（建筑面积 66.36 平方米、每平方米单价为 25 476.08元）、×××3 号商品房（建筑面积 66.36 平方米、每平方米单价为 25 476.08元）出售给原告，合计建筑面积 199.08 平方米，价款合计为 5 071 779.00元。被告应当于 2016 年 7 月 30 日前向原告交付该商品房，逾期交付按日计算向原告支付全部房价款万分之二的违约金。双方共同申请办理该商品房的房屋所有权转移登记及房屋所有权证书，因被告原因未能完成房屋所有权登记的，被告按日计算向原告支付全部房价款万分之二的违约金。另外，原被告及宁夏××公司、宁夏××农业开发有限公司四方于 2016 年 4 月 28 日签订《协议书》约定，被告以三套商品房抵偿结清宁夏××公司、宁夏××开发有限公司欠原告工程款 5 071 779.00 元，交付房屋并办理相关产权过户手续。被告向原告出具的房款收据视为协议抵清工程款的凭据，被告将三套营业房的产权手续办理到原告名下。合同签订后，被告向房产管理部门按照约定办理了备案登记。2016 年 7 月 30 日房屋交付期限到期后，原告多次要求被告交付房屋，但被告至今拖延不予交付，且在房屋交付之日起就应当办理房屋转移登记和房屋产权证书而不办理，给原告造成一定的经济损失。现原告起诉来院，要求判如所请。

【诉讼请求】

1. 依法判令被告向原告交付涉案房屋；
2. 依法判令被告协助原告办理涉案房屋所有权转移登记及房屋所有权证书；
3. 依法判令被告向原告支付未交付房屋违约金；
4. 依法判令被告向原告支付未办理房屋所有权转移登记的违约金；
5. 本案受理费等诉讼费用由被告承担。

【裁判结果】

一审：1. 由被告××公司于本判决生效之日起十日内向原告邵××交付×××1号商品房、×××2号商品房、×××3号商品房，并协助原告办理×××1号商品房、×××2号商品房、×××3号商品房所有权登记证书；

2. 由被告××公司于本判决生效之日起十日内向原告邵××支付未按期交付房屋违约金730 336.00元、未按期办理房屋所有权登记证书违约金360 096.00元，共计1 090 432.00元；

3. 驳回原告邵××的其他诉讼请求。

二审：驳回上诉，维持原判。

【裁判理由】

一审法院认为：原、被告签订的《商品房买卖合同》是在双方当事人充分协商的基础上达成的一致意见，系双方当事人的真实意思表示，且该合同不违反法律、行政法规的强制性规定合法有效，应受法律保护。合同签订后，原告依约履行用其所得的工程款折抵购房款，且经被告确认后向原告出具原告已支付购房款票据，该事实已经本院判决确认。被告理应按照合同约定履行向原告交付涉案房屋及办理房屋产权登记手续。被告不按合同约定履行交付房屋及办理房屋产权登记手续的行为已构成根本违约，其应按照合同约定承担违约责任。因此，原告的诉讼请求成立，其诉讼主张本院予以支持。庭审中，被告的抗辩理由不能成立，其抗辩意见本院不予采纳。

二审法院认为：关于涉案房屋买卖合同效力如何认定的问题。上诉人认为涉案房屋买卖合同的签订系其前任法定代表人为化解个人债务的行为，并非其真实意思表示，应属无效合同。同时认为被上诉人并未支付房款，其与被上诉人之间并不存在建设工程施工合同法律关系，一审认定以工程款折抵购房款错误。本案中，涉案三份房屋买卖合同中均加盖上诉人公司印章，上诉人并未对其印章的真实性提出异议。上诉人认为未经公司股东会、董事会同意的理由仅为其公司内部的管理性规定，并不能否认公司印章对外产生的法律效力。从被上诉人提供的亦加盖上诉人公司印章的协议书中可以看出，涉案合同购房款的支付方式，双方约定的是以工程款折抵形式支付，在上诉人向被上诉人出具收款收据后已经符合该协议约定的支付购房款目的。因此上诉人的该主张无事实和法律依据，本院不予支持。

关于一审判决确定的违约金数额是否过高的问题。根据涉案房屋买卖合同关于违约责任的约定，上诉人逾期交付房屋及被上诉人未能在合同约定期限内取得房屋所有权证书的，上诉人均应从逾期之日每日按照房款总额的万分之二标准向被上诉人支付违约金。该合同约定数额低于中国人民银行同期贷款利率，系双方当事人的真实意思表示，应为合法有效内容。一审法院按照房屋买卖合同约定确定的违约金数额并无不当。被上诉人虽抗辩违约金过低，不足以弥补其实际遭受的损失，但未提供任何证据加以证实。且一审判决后并未提出上诉，应视为其认可一审判决结果，故其抗辩理由不能成立，本院亦不予支持。

综上所述，××公司的上诉请求不能成立，应予驳回；一审法院认定事实正确，适用法律正确，应予维持。

【法条链接】

《中华人民共和国合同法》

第六十条　当事人应当按照约定全面履行自己的义务。

当事人应当遵循诚实信用原则，根据合同的性质、目的和交易习惯履行通知、协助、保密等义务。

【案例来源】

宁夏回族自治区固原市（地区）中级人民法院民事判决书（2018）宁04民终1005号。

034. 北京"3.17新政"的实施对购房人的履约能力产生重大影响的，购房人有权解除合同

（邹×与李×、北京××经纪公司房屋买卖合同纠纷）

【裁判要旨】

"3.17新政"具有公共政策的性质，其具体的限贷、限购、限售等措施，对部分房屋买卖合同会造成成本增加或履行不能等障碍。对于合同订立后由

于"3.17 新政"的实施致使合同无法继续履行的，属于因不可归责于双方当事人的原因导致合同目的无法实现。当事人要求解除合同的，除合同另有约定外，一般应予支持。

【当事人信息】

上诉人：邹×（一审被告）

被上诉人：李×（一审原告）

一审第三人：北京××经纪公司

【基本案情】

2017 年 2 月 28 日，邹×（出卖人）与李×（买受人）签订《北京市存量房屋买卖合同（经纪成交版）》约定：邹×将其位于北京市丰台区××2 号楼 1 至 2 层 4 单元 101 号房屋（以下简称涉案房屋）出售给李×；该房屋成交价格为 634 万元，该房屋家具、家电、装饰修饰及配套设施设备等作价为 116 万元，上述价款由买受人一并另行支付给出卖人；买受人可以在签订本合同的同时向出卖人支付定金 100 万元。关于该房屋的抵押情况：该房屋已经设定抵押，抵押权人为中国银行，出卖人应于 2017 年 4 月 30 日前办理抵押注销手续。关于贷款约定为，买受人拟向银行申办抵押贷款，并由贷款机构按其规定将该部分房款直接支付给出卖人，买受人拟贷款金额为 380 万元。买受人因自身原因未获得贷款机构批准的（包括贷款未获得批准和未按照前述拟贷款金额足额批准的），双方同意买受人继续申请其他贷款机构贷款，至贷款批准，买受人自行负担其间已发生的及要产生的各项费用。合同第九条关于权属转移登记约定为，当事人双方同意，自本合同签订之日起 270 日内，双方共同向房屋权属登记部门申请办理房屋权属转移登记手续。

同日，李×（买受方、乙方）、邹×（出卖方、甲方）与北京××经纪公司（丙方、居间方）签订《补充协议》约定，交易房屋价款及家具家电、装饰装修和配套设施作价总计为 750 万元，此价格为甲方净得价，不含税。第二条关于房屋交易具体事宜的约定为，1. 定金：乙方支付首付款时，已支付的定金视为首付款的一部分。（1）乙方于签约当天将第一笔定金 10 万元以自行划转的方式支付甲方；（2）乙方于甲方预约银行还款日前 3 个工作日之内将第二笔定金 90 万元以理房通支付的方式支付甲方。2. 还款解押：交易房屋有抵押的，甲方应于2017年4月30前向该房屋的原贷款机构提交一次性还清剩余贷款的申请，且甲方最迟应于2017年5月31日前办理完毕解除抵押登记手续。甲方解押所需资金来源为：用乙方首付款还款解押：乙方第1笔首付款用于甲方还款解押。3. 首付款：乙方于甲方约定还款日前3个工作日内将第一笔首付款254万元以建委监管支付的方式支付甲方。4. 申请购房贷款：甲乙双方应于接到丙方通知5个工作日内共同前往贷款机构办理贷款申请手续。5. 权属转移登记：甲乙双方同意，在接到丙方通知5个工作日内，甲乙双方应共同办理房屋所有权转移登记手续。关于违约责任约定为乙方拒绝购买该房屋的，乙方构成根本违约，且甲方有权以书面通知的方式解除房屋买卖合同。乙方出现上述根本违约情形之一的，乙方应在违约行为发生之日起15日内，以相当于该房屋总价款的20%向甲方支付违约金；乙方向甲方已支付的全部款项冲抵违约金，多退少补；丙方收取乙方的费用不予退还。在本协议履行期间，如出台新的限购政策且该限购政策导致本协议无法继续履行的，各方互不承担违约责任，后续事宜及已交付的款项和已发生的费用由各方友好协商解决。其他约定为，甲方承诺本次交易房产为甲方家庭名下在京唯一住房，且房产证登记日期满5年，否则甲方承担多余税费（个人所得税）；乙方承诺具备在京购房及贷款资质。

2017年3月10日，邹×（甲方、出售方）、李×（乙方、买受方）与北京××经纪公司（丙方、居间方）签订《变更协议书》约定，原《补充协议》第二条第2项约定乙方于甲方预约银行还款日前3个工作日之内将第二笔定金90万元整以理房通方式支付甲方，现变更该项约定为以自行划转的方式支付。

上述合同签订后，李×于2017年2月27日向邹×支付定金2万元，2017年2月28日支付定金8万元，2017年3月10日支付定金90万元，2017年3月10日支付购房款15万元，邹×于2017年3月10日出具《借条》载明"兹有邹×于2017年3月10日向卢××借款人民币150 000元整。该款用于冲抵李×购买借款人所拥有的丰台区××2号楼1至2层4单元101住宅房款的相应额度"。

2017年3月17日，北京市住房和城乡建设委员会等四部门发布《关于完善商品住房销售和差别化信贷政策的通知》（以下简称"3.17新政"），居民家庭名下在本市已拥有1套住房，以及在本市无住房但有商业性住房贷款记录或公积金住房贷款记录的，购买普通自住房的首付款比例不低于60%，购买非普通自住房的首付款比例不低于80%。一审庭审中，李×、邹×、北京××经纪公司均认可101号房屋为非普通住宅。

一审庭审中，北京××经纪公司工作人员陈××作为证人出庭作证。陈××称2017年2月28日签订合同后，李×于2017年3月3日向其提供相应证件进行资质审核，2017年3月17日购房资格核验通过，其向该公司网签专员提交材料进行网签，因网签数量较大，截止18：00网签系统关闭未能办理网签，当天出台"3.17新政"。3月20日左右约双方面谈，协商李×办理离婚继续履行合同。3月21日，李×办理离婚并前往银行办理面签，先面签之后补办网签手续，同时卢××于3月21日提供相应证件以进行购房资格审核。购房资格审核尚未通过，李×于3月27日左右即告知合同无法继续履行。当时汇丰银行工作人员称征信报告上未体现卢××的公积金贷款记录，故可以继续办理相应贷款手续。双方曾协商变更买受人为卢××，但是尚未签署变更协议。3月27日，该公司组织双方面谈，双方就赔偿事宜未能达成一致意见，李×不同意支付10万元赔偿款，邹×表示在房屋出售后才同意解除合同。之后该公司帮邹×继续带其他客户看房以出售房屋。房屋交易中，缴税时所售房屋具备满五唯一的条件，即可以按照满五唯一的政策缴税。另，证人陈××出示其与李×的微信聊天记录，该微信记录显示：2017年3月17日，陈××称"网签已经提交了，明天能出来"；李×称"我们受影响吗"，陈××称"等周一看实施情况吧。肯定受影响"；3月18日，陈××称"新政已经确定以网签为节点，网签认定日期昨天的，就按老政策。所以现在怎么都是新政了"；3月19日，李×称"我们离婚的状态需要持续几个月啊"，陈××称"一直到中体的房子过完户"；3月22日，李×称"什么时候出结果"，陈××称"一般他今天报审的话，后期会有人给你们打电话核实基本情况的。征信我们查的没有记录，他们查的应该也没有记录"；3月24日，陈××称"现在银行那边还没给我回信"，"银行那边应该给卢哥打电话了，现在不知道政策怎么执行，先按正常的给你做审批"，李×询问"那就是不受影响，是吗"，陈××称"不知道。银行流程先按正常走，今天出的政策细节，执行时间都不知道"；3月27日，陈××称"今天我给银行那边打电话，那边现在还没出离婚的实行节点"，李×称"我老公部门开始核购房资格了，我们等不了了"，陈××称"那您复婚，中体这个房子怎么办啊"，"按二套买吗"，李×称"我得先保住单位的"，"二套我付不了那么多钱"，"实在不行只能解约了"；3月30日，陈××称"刚跟业主见完面。

还没到店里。业主现在态度很强硬，我带的客户明天才有时间看二遍"。证人陈××出示的其与邹×的微信聊天记录显示：2017 年 3 月 21 日，邹×称"现在什么情况办得怎么样"，陈××称"办完离婚了，马上吃完饭去银行。到那边估计银行刚好上班"，邹×称"好的，现在是确定能批下来没问题了哈"，陈××称"基本没问题"，邹×称"那我去订房了"，陈××称"你那边给钱的时间稍微写长点。打着富裕，别到时候卡着时间刚好晚个几天就不好了，人家算你违约也不合适"，"贷款这边银行已经提审批了，目前没什么事"，"他那边房子我们同事也在抓紧找客户"；3 月 24 日，邹×称"咱们没受影响吧"，陈××称"不知道执行日期……我们都在等消息"，邹×称"我那边已经交了 30 万定金了行不行也只能这样了"；3 月 28 日，邹×称"下午看房没变化吧"，陈××回复"没有"，邹×称"那是不是我要先撤了你们的房屋核验才能让别的中介卖啊"，陈××称"如果他们卖出去的话，我就撤了，如果链家卖的话，就不用撤了"。李×、邹×、北京××经纪公司对于上述证人证言及微信聊天记录的真实性均予以认可。

关于合同解除原因，李×主张系因受到房屋新政等客观原因的影响无法继续履行合同，不构成违约。李×提供如下证据：1. 李×、卢××（甲方、借款人）与中国工商银行股份有限公司北京方庄支行（乙方、贷款人）、北京市住房贷款担保中心（丙方、担保人）于 2013 年 3 月 5 日签订的合同。2. 李×、卢××的离婚证，离婚日期为 2017 年 3 月 21 日。3. 中国南车集团北京二七车辆厂出具的《情况说明》，该《情况说明》载明："中国南车集团北京二七车辆厂职工住宅项目于 2010 年开始启动，2015 年完成项目前期建设手续，2016 年初项目进入施工建设阶段。根据施工建设进度，公司原计划于 2016 年 12 月完成职工住宅配售工作。受北京市空气环境管控力度加大，严格控制土建工程施工等政策影响，职工住宅建设进度较计划延迟，职工住宅配售工作也相应延迟。直至 2017 年 8 月 4 日，公司根据职工住宅建设进度，组织召开了公司第一届职工代表大会第三次会议，审议通过了《职工住宅配售实施办法》[二七辆综（2017，18 号）]，下发组织实施。公司职工住宅配售面向本企业婚后无住房职工、住房面积未达标的职工，按照职工住房面积、工龄、职称职务、家庭成员（双职工、独生子女）等条件计分排队。卢××（身份证号×××）、李×（身份证号×××）均为我公司员工，符合职工住宅配售人员范围。"李×认为其单位分房其需要着急复婚，但其单位分房与本案合同是否履行无直接关系，其在单位出台分房政策后于 2017 年 8 月 4 日复婚。邹×对于上述证据的证明目的不予认可，其认为李×因单位分房个人原因解除合同，应承担违约责任。北京××经纪公司认可上述证据的真实性。

在案件审理过程中，汇丰银行（中国）有限公司北京分行住房按揭业务部向法院回复函称："我行就北京市丰台区人民法院递送的关于李×的房屋买卖合同纠纷案件的调查令，我行个人住房贷款申请人卢××［身份证号码：××
×］提供的相关材料与当时政策因素，回复以下几点问题：1. 申请人卢××于 2017 年 3 月 17 日之前来我行进行贷款咨询，并准备贷款材料（资料并未齐备），欲就购买位于北京市丰台区××2 号楼 1 至 2 层 4 单元 101 号的房屋向我行提出贷款申请。当时房贷经理告知卢××，根据当时政策，家庭名下无房、但有过一次已经结清的公积金贷款记录的，符合首套贷款政策，购买非普通住房最高可贷款金额为房屋网签价格的 60%。随后，2017 年 3 月 17 日出台《关于完善商品住房销售和差别化信贷政策的通知》。我行房贷经理口头询问客户的网签合同出具时间，如果是 2017 年 3 月 17 日之前，可按照原政策继续贷款申请；如果网签合同在 2017 年 3 月 17 日之后，根据'3.17 新政'，则贷款金额不得超过网签价格的 20%。卢××回复会与家人商量，之后我行收到中介经纪人的回复，卢××因没有出具网签合同，且无法接受首付款金额，所以我行视为申请人自愿放弃其贷款申请。2. 根据'3.17 新政'，贷款执行政策以网签合同出具时间为准，如申请人提供的网签合同系签署于 2017 年 3 月 17 日之后，则贷款审批需要按照'3.17 新政'执行。鉴于申请人卢××名下有公积金贷款记录，如适用'3.17 新政'，申请人将按二套贷款标准执行，且客户购买房产为非普通住宅，贷款金额不得超过网签价格的 20%。3. 申请人卢××的离婚证于 2017 年 3 月 21 日颁发，根据 2017 年 3 月 24 日出台的《关于加强北京地区住房信贷业务风险管理通知》，申请人离婚证日期在新政出台之前，可以按照'3.24 新政'之前的政策执行，不受新政影响。我行本着还原当时实际情况原则，以上均属实。"李×认可上述银行的回复函。邹×认为上述回复函系依据现行政策作出的解释，未全部还原当时的情况，上述回复函与北京××经纪公司工作人员对其的答复不相符，同时因李×迟延履行合同才导致双方未能在"3.17 新政"出台前办理网签手续。北京××经纪公司认可上述回复函的真实性。

关于邹×主张的违约金及损失，邹×提供如下证据：

1. 邹×（买受人）与案外人甘××（出卖人）于 2017 年 3 月 24 日签订《北京市存量房屋买卖合同（经纪成交版）》及补充协议，收条及借记卡账户历史明细清单，北京市朝阳区人民法院（2017）京 0105 民初 60248 号民事判决书及生效证明书，上述三组证据以证明其违约损失 253 650 元。上述《北京市存量房屋买卖合同（经纪成交版）》及补充协议约定，买受人购买出卖人位于北京市朝阳区××1 号楼 11 层 1118 号房屋，该房屋成交价格为 630 万元，该房屋定金为 40 万元，定金不高于成交价格的 20%；其中买受人在签订本合同的同时，向出卖人支付部分定金 30 万元，买受人在该房屋核验通过当日，向出卖人支付剩余定金 10 万元。签约当日出卖人知晓买受人暂无购房资格，但买受人承诺以出售名下房产的方式在 2017 年 7 月 1 日前获得购房资格。依据上述北京市朝阳区人民法院（2017）京 0105 民初 60248 号民事判决书及生效证明书，2017 年 8 月 16 日，邹×以甘××为被告提起房屋买卖合同纠纷民事诉讼，要求判令解除双方之间的《北京市存量房屋买卖合同》及补充协议，要求甘××返还购房款 40 万元。上述判决认为邹×主张其在本案中无法获得购房资格系与李×的房屋买卖合同履行过程中李×的违约，邹×对此没有过错，但合同纠纷中，当事人是否构成违约，不以是否具有过错为前提。邹×明知在签订本案相关协议时不具备购房资格，应该对全面履行本案合同义务承担相应的责任，现邹×因无法获得购房资格、无法继续履行合同而提出解除合同，应承担违约责任。若确因李×原因导致本案中承担违约责任，应另案予以主张，不影响对本案甘××承担违约责任。现甘××在诉讼中同意退还部分定金，属于对邹×部分诉讼请求的同意，法院不持异议，对邹×要求退还全部定金的请求，法院不予支持。综上，依照《中华人民共和国合同法》第六十条、第一百一十五条之规定，判决如下：一、确认邹×与甘××就朝阳区××1 号楼 11 层 1118 号房屋签订的《北京市存量房屋买卖合同》及两份《补充协议》于二〇一七年十二月四日解除；二、甘××于判决生效之日起七日内退还邹×购房定金十五万元；三、驳回邹×的其他诉讼请求。案件受理费 3650 元，由邹×负担（已交纳）。该民事判决书于 2017 年 12 月 23 日已发生法律效力。

2. 个人无偿赠与不动产登记表、税收完税证明、不动产权证书，以证明为符合出售房屋满五唯一的标准，邹×将其位于通州区的房产以赠与形式过户至其母亲名下，因此产生税费损失 34 726.57 元。

3. 委托代理协议、收据及发票，以证明其律师费损失 50 000 元。

4. 邹×（出售方、甲方）与案外人贺××（买受方、乙方）于 2018 年 10 月 16 日签订《北京市存量房屋买卖合同（经纪成交版）》约定，以证明其房屋差价损失 7 万元。上述合同及补充协议约定，邹×将 101 号房屋出售给贺××，该房屋成交总价为 743 万元；该房屋基本情况为该房屋是为甲方家庭唯一住房，甲方购房时间是满 5 年。2018 年 11 月 1 日邹×（出卖方、甲方）与贺××（买受方、乙方）、北京××经纪公司（见证方、丙方）签订补充协议约定，由于乙方原因无法于签署本协议时缴纳足额定金，甲方同意乙方暂交 10 万元，余额部分在网签后 2019 年 3 月 31 日前补齐。若逾期未补齐，则视为乙方违约，甲方已收到的定金不予退还，并甲方有权解除合同。同时约定，由于甲乙双方原因导致合同未能按照原约定履行完毕，经甲乙双方友好协商，同意按照如下方式解决：甲乙双方于 2018 年 10 月 16 日签订的《买卖合同》及甲、乙、丙三方签订的《履约服务合同》《居间合同》延期执行至 2019 年 5 月 31 日。

【诉讼请求】

原告起诉请求：

判令邹×返还定金 100 万元及购房款 15 万元，诉讼费用由邹×承担。

被告反诉请求：

1. 要求判令李×支付违约金 100 万元及房屋差价损失 7 万元；

2. 要求判令李×赔偿邹×为配合履行合同产生的税费损失 34 726.57 元；

3. 要求判令李×赔偿邹×承担的违约损失 253 650 元；

4. 要求判令李×赔偿邹×因诉讼产生的律师费用损失 50 000 元；

5. 诉讼费用由李×承担。

【裁判结果】

一审：1. 邹×于判决生效之日起十日内返还李×定金及购房款共计 1 150 000 元；

2. 李×于判决生效之日起十日内向邹×赔偿损失 30 000 元；

3. 驳回邹×的其他反诉请求。

二审：驳回上诉，维持原判。

【裁判理由】

一审法院认为：李×与邹×签订的《北京市存量房屋买卖合同（经纪成交版）》及《补充协议》并不违反法律、行政法规的强制性规定，合法有效。本案中，双方均同意解除《北京市存量房屋买卖合同（经纪成交版）》及《补充协议》，法院对此不持异议。合同解除后，尚未履行的，终止履行；已经履行的，根据履行情况和合同性质，当事人可以要求恢复原状、采取其他补救措施，并有权要求赔偿。本案中争议的焦点之一在于李×是否受到"3.17新政"影响导致双方无法继续履行合同。对此法院认为，根据双方在买卖合同中的约定，李×购买涉案房屋的贷款金额为380万元，占总房款的50.7%，其自行支付的房款370万元占总房款的49.3%。李×向法院提交的李×、卢××（甲方、借款人）与中国工商银行股份有限公司北京方庄支行（乙方、贷款人）、北京市住房贷款担保中心（丙方、担保人）签订的贷款合同，住房公积金贷款还款明细单能够证明其属于"3.17新政"中"在本市无住房但有公积金住房贷款记录的"，根据该政策规定，李×在购买涉案房屋时应支付的首付款比例不低于80%，即600万元，已超过双方合同约定的首付款比例，相比合同约定的首付款金额增加230万元，资金缺口巨大。该政策调整确属不可归责于双方当事人的重大变化，导致继续履行合同对买方明显不公平。根据合同约定及相关规定，因"3.17新政"原因导致合同解除后，出卖人应当将收受的购房款或定金返还给买受人。李×要求退还定金100万元及购房款15万元的诉讼请求有事实和法律依据，法院予以支持。本案中，双方于2017年2月28日签订合同，2017年3月17日双方即已在进行购房资格核验和房屋核验后由北京××经纪公司工作人员申请办理网签，且合同约定自本合同签订之日起270日内，双方共同向房屋权属登记部门申请办理房屋权属转移登记手续。现邹×未提供相应证据证明李×故意拖延导致双方未能在"3.17新政"前办理网签，故对其该答辩意见，缺乏依据，法院不予采纳。关于邹×认为李×因单位分房而拒绝履行合同且买受人已变更为卢××的答辩意见，一审法院认为，"3.17新政"出台具有公共政策的性质，双方在2017年2月28日签订合同时并不能预见"3.17新政"的出台，亦不能预见为了促成合同履行需要办理离婚手续。在"3.17新政"出台后，李×为了继续履行合同而办理离婚手续，且以卢××名义申请贷款，首先，对于这种企图规避政策的行为法院予以批评。其次，双方并未签订书面协议变更买受人。再次，依据现有证据，卢××名下有公积金贷款记录，按照政策规定，卢××购房非普通住宅申请贷款应支付的首付款比例亦不低于80%。故对于邹×的上述答辩意见，法院难以支持。

本案的另一争议焦点在于邹×主张的违约金及损失是否支持。对此，法院基于以下几方面考虑：第一，依据相关规定，对于合同订立后由于"3.17新政"的实施致使合同无法继续履行的，属于因不可归责于双方当事人的原因导致合同目的无法实现。因"3.17新政"原因导致合同解除后，当事人一方要求另一方承担违约责任或适用定金罚则的，不予支持。故对于邹×要求李×支付违约金100万元的诉讼请求，法院不予支持。第二，对于邹×主张的房屋差价损失，依据现有证据，2017年3月27日李×已明确表示解除合同，且北京××经纪公司工作人员亦帮邹×继续带其他客户看房以出售房屋，李×已尽到避免损失扩大的义务。邹×选择于2018年10月16日与案外人贺××签订合同以743万元出售101号房屋，相比邹×与李×签订的房屋买卖合同约定的房屋成交价格750万元产生的价格差7万元，邹×未能提供相应证据证明该房屋价差与"3.17新政"、本案合同解除的直接因果关系，故法院难以支持。第三，对于邹×主张的为了符合"满五唯一"要求，其将房屋赠与其母亲而产生的税费损失，法院认为符合"满五唯一"系邹×出售101号房屋价值最大化的一个必备条件，其实现满五唯一是为了交易房屋，其于2018年10月16日将101房屋出售给案外人贺××亦承诺该房屋是家庭唯一住房，购房时间满5年，而不只是为了履行其与李×的合同而产生的成本，故其要求李×赔偿其税费损失的反诉请求，法院不予支持。第四，关于邹×主张律师费的反诉请求，缺乏依据，法院不予支持。第五，依据北京××经纪公司工作人员陈某与李×的微信记录，截至2017年3月24日14：00之前，李×多次向陈某询问贷款情况，陈某并未给出明确答复。故现有证据不能证明李×在2017年3月24日前向邹×保证并承诺贷款能够按照原合同约定获得审批。基于此，对于邹×主张因另行购房而产生的违约损失，法院认为，一方面，在"3.17新政"出台后，贷款政策已明确发生变化且李×、卢××的贷款申请尚未获得审批的情况下，邹×径直与案外人签订房屋买卖合同购买其他房屋，且在合同中明确约定邹×承诺以出售名下房产的方式在2017年7月1日前获得购房资格。但依据邹×与李×于2017年2月28日签订房屋买卖合同关于权属登记约定为自本合同签订之日起270日内，双方共同向房屋权属登记部门申请办理房屋权属转移登记手续，退一步讲，即便邹×和李×的合同正常履行，亦存在邹×于 2017 年 7 月 1 日前无法获得购房资格的可能性。故邹×对于上述违约损失的产生负有一定责任。另一方面，"3.17 新政"出台后，李×试图采取离婚方式规避政策，亦有不妥。故法院根据合同履行情况及公平原则，酌情确定李×应分担的损失数额。

　　二审法院认为：关于双方之间买卖合同是因李×违约解除还是因"3.17 新政"原因导致解除一节。首先，本案在案证据显示，李×与邹×于 2017 年 2 月 28 日签订的《北京市存量房屋买卖合同（经纪成交版）》及《补充协议》，合同中约定拟贷款金额 380 万元，买受人因自身原因未获得贷款机构审批的，买受人继续申请其他贷款机构之贷款批准；"3.17 新政"前涉案房屋未进行网签，涉案房屋为非普通住宅，李×、卢××有公积金住房贷款记录。根据"3.17 新政"的内容，受新政影响，李×购买涉案房屋应支付的首付款金额比合同约定增加 230 万元，可见，"3.17 新政"对李×的履约能力以及双方合同的履行会产生重大影响。其次，陈某的出庭证言和提交的微信聊天记录，虽可以证明"3.17 新政"后，北京××经纪公司组织双方就通过离婚、变更买受人为卢××、以卢××名义申请贷款继续履行合同进行协商，李×亦确与卢××办理离婚，卢××向银行申请贷款，但各方就此并未形成书面协议，且经询，双方亦就以卢××名义申请贷款与双方买卖合同约定的贷款金额产生的差额何时、如何支付未进行协商，结合"3.24 新政"的出台对银行信贷业务的影响，本院难以认定双方就新政后合同如何继续履行已达成一致意见。邹×有关买受人已变更为卢××、李×和卢××因单位分房拒绝继续履行合同，构成违约的上诉意见，本院不予采纳。一审法院未追加卢××参加诉讼，认定邹×与李×之间的房屋买卖合同因"3.17 新政"原因导致解除并驳回邹×有关李×支付违约金的请求，并无不当，本院予以维持。

　　关于邹×主张的损失。《补充协议》中明确载明协议履行期间，如出台新的限购政策且该限购政策导致协议无法继续履行的，各方互不承担违约责任。且针对其主张的各具体损失，一审法院已做详细分析，本院不持异议，不再赘述。一审判决酌定的李×应分担的数额，亦无不当，本院予以确认。关于邹×主张的违反法定程序一节，经审查，一审法院不存在导致发回重审的严重违反法定程序的问题，对其该项上诉意见，本院不予采纳。一审反诉案件受理费，一审法院核算有误，本院予以纠正。

　　综上所述，邹×的上诉请求不能成立，应予驳回；一审判决认定事实清楚，适用法律正确，应予维持。

【法条链接】

《北京市高级人民法院民一庭关于妥善处理涉及"3.17新政"的房屋纠纷案件若干问题的会议纪要》

第四条 确有证据证明因"3.17新政"导致购房出资的履约成本增加幅度较小，对当事人履约能力不构成严重影响的，合同应当继续履行，当事人一方以此要求解除合同的，不予支持。

因继续履行合同增加的购房出资成本的承担问题，合同有约定的依合同约定，合同没有约定或约定不明的，由购买方承担。

合同能否继续履行的判断，法院应综合合同履行程度，成本增加比例、买受人资信情况等因素综合进行考量。

第七条 买受人以出售己方名下房屋获得购房资金方式向卖房人购买房屋，因"3.17新政"原因导致其无法出售房屋获得资金。买受人以此为由请求不承担对卖房人的违约责任，法院不予支持。

【案例来源】

北京市第二中级人民法院民事判决书（2019）京02民终5701号。

035. 购房人有能力但未积极采取措施付款的，无权主张解除合同

（李××与岳××、北京××经纪公司房屋买卖合同纠纷）

【裁判要旨】

"3.17新政"的实施虽然客观上导致购房人首付款项增加，但购房人有能力而不积极采取措施履行房屋买卖合同付款义务的，购房人无权以此为由解除合同。

【当事人信息】

上诉人：李××（一审原告）

被上诉人：岳××（一审被告）

一审第三人：北京××经纪公司

【基本案情】

2017 年 1 月 16 日，岳××（出卖人）与李××（买受人）签订《北京市存量房屋买卖合同（经纪成交版）》，约定李××购买岳××位于北京市海淀区 1101 号房屋（以下简称涉案房屋），房屋成交价格为 917 万元，家具、家电、装饰装修及配套设施设备等作价 633 万元。买受人向出卖人支付定金 100 万元，买受人向银行申办抵押贷款，拟贷款金额为 550 万元。

同日，岳××（甲方、出卖方）与李××（乙方、买受方）及北京××经纪公司（丙方，居间方）签订《补充协议》，协议约定："第一条，成交价格，交易房屋价款及家具家电、装饰装修和配套设施作价 1550 万元，此价格为甲方净得价，不含税。第二条，关于房屋交易的具体事宜，1. 定金，乙方于 2017 年 1 月 16 日自行向甲方支付定金 10 万元；乙方于 2017 年 1 月 20 日前将第二笔定金 90 万元以理房通支付甲方。2. 还款解押，甲方应于 2017 年 4 月 30 日前向该房屋的原贷款机构提交一次性还清剩余贷款的申请，且甲方最迟应于 2017 年 5 月 31 日前办理完毕解除抵押登记手续。……4. 首付款，乙方于自己名下的房产过户完成后 7 个工作日内将第一笔首付款 300 万元以第三方担保方式支付甲方；乙方于 2017 年 7 月 12 日前将第二笔首付款 367 万元以理房通方式支付甲方；乙方于 2017 年 7 月 12 日前将第三笔首付款 223 万元以理房通方式支付甲方。5. 申请购房贷款，甲乙双方应于 2017 年 6 月 5 日前共同前往贷款机构办理贷款申请手续。6. 权属转移登记，甲乙双方同意，在 2017 年 7 月 17 日前共同办理房屋所有权转移登记手续。……第五条，违约责任，甲乙双方任何一方逾期履行本补充协议约定义务的，每逾期一日，违约方应按日计算向守约方支付房屋总价款万分之五的违约金。甲方若出现下列情形之一的，甲方构成根本违约，且乙方有权以书面通知的方式解除房屋买卖合同：（1）甲方提供的该房屋所有权证，原购房合同等相关产权证明手续不真实、不完整、无效，导致乙方无法取得房屋所有权的；（2）该房屋被查封或限制转让，导致乙方无法取得房屋所有权的；（3）逾期履行本补充协议第二条约定的义务超过十五日的；（4）拒绝将该房屋出售给乙方或者擅自提高房屋交易价格的；（5）将该房屋出售给第三方的；（6）甲方承诺的学区情况、学区名额不属实，或甲方逾期迁出户口，致使乙方无法实现购买学区房之目的的。甲方出现上述根本违约情形之一的，甲方应在违约行为发生之日起十五日内，以相当于该房屋总价款的20%向乙方支付违约金；丙方收取乙方的所有费用不予退还，由甲方直接赔付乙方。乙方若出现下列情形之一的，乙方构成根本违约，且甲方有权以书面通知的方式解除房屋买卖合同：（1）提供的证件等购房所需的资料不完整、不真实或无效，导致无法办理房屋所有权转移登记手续的；（2）拒绝购买该房屋的；（3）逾期履行本补充协议第二条约定的义务超过十五日的。乙方出现上述根本违约情形之一的，乙方应在违约行为发生之日起十五日内，以相当于该房屋总价款的20%向甲方支付违约金；乙方向甲方已支付的全部款项冲抵违约金，多退少补；丙方收取乙方的费用不予退还。在本协议履行期间，如出台新的限购政策且该限购政策导致本协议无法继续履行的，各方互不承担违约责任，后续事宜及已交付的款项和已发生的费用由各方友好协商解决。"合同签订后，李××向岳××支付了定金100万元。

2017年3月17日，北京市住房和城乡建设委员会等部门发布《关于完善商品住房销售和差别化信贷政策的通知》（以下称"3.17新政"），规定：居民家庭名下在本市已拥有一套住房，以及在本市无住房但有商业性住房贷款记录或公积金住房贷款记录的，购买普通自住房的首付款比例不低于60%，购买非普通自住房的首付款比例不低于80%，暂停发放贷款期限25年（不含25年）以上的个人住房贷款（含住房公积金贷款）。

庭审中，双方一致认可李××因"3.17新政"将会导致首付款金额增加240万元。因此，李××以受到"3.17新政"影响导致合同无法继续履行为由，要求解除合同。2017年5月21日，李××告知岳××、北京××经纪公司无法继续履行合同，要求解除合同，岳××表示不同意解除。岳××于2017年5月31日自行办理了涉案房屋解押登记手续。现涉案房屋被法院查封，岳××称出售涉案房屋为了偿还欠款，因李××拒绝履行合同，于是将房屋抵押给贷款公司获得贷款500万元，后因无力偿还贷款导致房屋被查封。

关于"3.17新政"是否对李××产生实质性影响，李××称合同约定首付款金额为1000万元，且约定李××需要出售其他房产用于支付首付款，而所售房屋的挂牌价格为1200万元，实际出售价格肯定会低于报价，购买涉案房屋还需要支付高额的税费，因此，其家庭无其他财产用于支付多出的首付款。岳××对此不予认可，称李××出售房屋的报价为1200万元，而本案首付款为1000

万元，即使首付款增加 240 万元，李××亦有能力支付。北京××经纪公司称李××购买涉案房屋需要支付税费 59 万元，其所出售的房屋曾有买房人出资 1150 万元购买，但李××不同意出售。

【诉讼请求】

原告起诉请求：

1. 解除李××、岳××于 2017 年 1 月 16 日签订的房屋买卖合同及补充协议；

2. 判决岳××返还购房定金人民币 100 万元；

3. 判决岳××支付违约金 310 万元。

被告反诉请求：

1. 同意解除李××、岳××于 2017 年 1 月 16 日签订的房屋买卖合同及补充协议；

2. 判决李××向岳××支付违约金人民币 310 万元；

3. 李××承担本案诉讼费。

【裁判结果】

一审：1. 解除原告李××与被告岳××于二〇一七年一月十六日签订的《北京市存量房屋买卖合同》及《补充协议》；

2. 被告岳××于本判决生效后十日内向原告李××返还定金人民币 50 万元；

3. 驳回原告李××的全部诉讼请求；

4. 驳回被告岳××的其他反诉请求。

二审：驳回上诉，维持原判。

【裁判理由】

一审法院认为：依法成立的合同，受法律保护，对当事人具有法律约束力。本案中，李××与岳××签订的《北京市存量房屋买卖合同》及《补充协议》是双方真实意思表示，且不违反法律、行政法规的强制性规定，应属合法有效，双方均应按照约定履行自己的义务。

本案的争议焦点在于："3.17 新政"的实施是否对李××的履约能力产生实质性影响，导致合同无法继续履行。现双方一致认可"3.17 新政"将会使得首付款增加 240 万元，李××表示其无力承担增加的首付款。

首先，依据合同约定，李××已向岳××支付定金 100 万元，该笔定金视为首付款的一部分，李××还应向岳××支付首付款 890 万元，以及户口保证金 5 万元、物业交割保证金 5 万元，共计 900 万元，合同另约定李××以自有房屋出售款项用来支付首付款。关于李××所出售房屋的价款，其所出售的房屋报价为 1 200 万元，北京××经纪公司表示曾有买方愿意以 1150 万元购买该房屋而李××不同意出售，李××认可北京××经纪公司经纪人曾表示过有买方以 1150 万元购买房屋之事实。新政后首付款金额增加 240 万元，因此，李××需再向岳××支付的首付款金额为 1140 万元，若李××积极出售自有房屋，即便首付款比例增加，亦不足以认定其不具有支付该笔首付款的能力。

其次，李××以出售自有房屋的方式支付涉案房屋首付款，此种付款形式本身在交易过程中即存在一定风险，存在诸多无法预见的问题，例如出售价格的不确定性、买房人付款时间的不确定性，因此，李××在签订合同时主观上则应知晓合同有可能存在履行风险，其既然承诺在合同约定的时间内支付涉案房屋的首付款，理应要比一般购房人具备承担风险的能力。而本案中，李××未积极出售自有房屋，未与岳××沟通因新政出台如何继续履行合同，亦未对合同的继续履行作出任何努力，反而直接向岳××提出解除合同，李××此行为明显欠妥。

综上，本案情况不宜认定为受政策影响合同不可归责于双方当事人不能履行合同的情形，李××并不享有合同解除权。现李××以受到新政影响无力负担首付款为由主张解除合同，法院不予支持。关于李××主张岳××返还定金并承担违约责任一节，于法无据，法院不予支持。现岳××亦表示要求解除合同，双方解除合同的意思表示一致，可以解除合同。合同解除后，尚未履行的，终止履行；已经履行的，根据履行情况和合同性质，当事人可以要求恢复原状、采取其他补救措施，并有权要求赔偿损失。合同无法继续履行的责任在于李××，因此对于岳××要求李××承担违约金之反诉请求，法院予以支持。关于违约金的数额，合同约定违约金标准过高，法院将综合考虑合同的履行情况、当事人实际损失等因素，酌情判定李××应向岳××支付违约金 50 万元。李××已支付的定金 100 万元折抵违约金，故岳××需再向李××返还定金 50 万元。

二审法院认为：当事人一方不履行合同义务或者履行合同义务不符合约定的，应当承担继续履行、采取补救措施或者赔偿损失等违约责任。李××以出售自有房屋的方式支付涉案房屋首付款，此种付款形式本身在交易过程中即存在一定风险，且"3.17 新政"并未导致李××无法出售自有房屋，即便其在出售自有房屋过程中存在一定障碍，亦不能构成不履行其与岳××之间合同的合法免责事由。李××称即便其出售自有房屋，仍无法继续履行其与岳××之间的房屋买卖合同，北京××经纪公司在庭审中表示曾有买方愿意以 1150 万元购买该房屋而李××不同意出售，李××认可北京××经纪公司经纪人曾表示过有买方以 1150 万元购买房屋之事实。"3.17 新政"后首付款金额增加 240 万元，因此，李××需再向岳××支付的首付款金额为 1140 万元，若李××积极出售自有房屋，即便首付款比例增加，亦不足以认定其不具有支付该笔首付款的能力。

故李××未在约定的时间内出售自有房屋获得资金，并提前向岳××提出解除合同，构成违约。一审法院酌情判决李××向岳××支付违约金 50 万元，并无不当，本院予以确认。李××已支付的定金 100 万元折抵违约金，故岳××需再向李××返还定金 50 万元。

综上所述，上诉人李××的上诉请求不能成立，应予驳回；一审判决认定事实清楚，适用法律正确，应予维持。

【法条链接】

《北京市高级人民法院民一庭关于妥善处理涉及"3.17 新政"的房屋纠纷案件若干问题的会议纪要》

第四条　确有证据证明因"3.17 新政"导致购房出资的履约成本增加幅度较小，对当事人履约能力不构成严重影响的，合同应当继续履行，当事人一方以此要求解除合同的，不予支持。

因继续履行合同增加的购房出资成本的承担问题，合同有约定的依合同约定，合同没有约定或约定不明的，由购买方承担。

合同能否继续履行的判断，法院应综合合同履行程度、成本增加比例、买受人资信情况等因素综合进行考量。

第七条　买受人以出售己方名下房屋获得购房资金方式向卖房人购买房屋，因"3.17 新政"原因导致其无法出售房屋获得资金。买受人以此为由请求不承担对卖房人的违约责任，法院不予支持。

【案例来源】

北京市第一中级人民法院民事判决书（2019）京 01 民终 5388 号。

036. 房屋出卖人对房屋居住人在交易房屋外发生非正常死亡应披露

（郑××与丁××、陈××房屋买卖合同纠纷）

【裁判要旨】

当事人订立、履行合同，应当遵守诚实信用原则，遵守社会公德。房屋买卖属于生活中重大的交易事项，与房屋有关的相关信息应当予以披露。涉案房屋曾发生人员非正常死亡事件，尽管房屋本身的使用价值未因此受到影响，但该信息对购房人是否愿意与出卖人交易及以何种条件进行交易有重大影响。

【当事人信息】

原告：郑××
被告：丁××、陈××

【基本案情】

两被告系夫妻关系。2018 年 8 月 29 日，原、被告双方签订一份《房地产买卖协议书》，约定：被告将其所有的坐落于苍南县灵溪镇江滨路××号房屋一间以 1 338 000 元的价格出售给原告，付款方式为自 2018 年 8 月 29 日预收定金 15 万元，双方于 2018 年 9 月 20 日立契。同日，原告通过银行转账 15 万元至被告丁××账户。2018 年 9 月 10 日，原、被告双方签订一份《房屋契约》，约定：被告将其所有的坐落于苍南县灵溪镇江滨路××号房屋一间以 1 338 000 元的价格出售给原告。同日，原、被告又签订一份编号为 156163 的《温州存量房买卖合同》，并办理了涉案房屋的所有权转移登记手续。2018 年 9 月 10 日，原告郑××通过银行转账 1 188 000 元至房屋中介卢××账户。原告郑××另支付契税 14 286.72 元及地方教育附加、教育费附加、城市维护建设税、增值税、个人所得税计 61 904.76 元。

另法院查明：2014 年 2 月 28 日，被告儿子丁×1 在灵溪镇江滨路××号楼上跳楼死亡。2019 年 3 月 12 日，原告郑××向本院提出申请，要求对登记在陈××名下的坐落于苍南县灵溪镇秀园小区××房屋进行保全，本院于同日作出民事裁定，查封了上述房屋，原告郑××支付了保全申请费 5000 元。

【诉讼请求】

1. 撤销原、被告双方于 2018 年 9 月 10 签订的房屋契约及温州市存量房买卖合同（合同编号：156163）；

2. 被告返还原告购房款 1 338 000 元；

3. 判令被告赔偿原告税费 76 190.48 元、中介费 5800 元及利息损失（利息以 1 419 990.48 元为基数，自起诉之日起按年利率 6% 计算至判决确定履行之日止）；

4. 案件受理费、保全费由被告承担。

【裁判结果】

1. 撤销郑××与丁××、陈××于 2018 年 9 月 10 签订的《房屋契约》及《温州市存量房买卖合同》（合同编号：156163）；

2. 丁××、陈××于本判决生效之日起十日内返还郑××购房款 1 338 000 元，郑××应于本判决生效之日起十日内将坐落于苍南县灵溪镇江滨路××号房屋返还给丁××、陈××；

3. 丁××、陈××于本判决生效之日起十日内赔付郑××财产保全申请费 2500 元、税费损失 38 095.24 元及利息损失（以 1 414 190.48 元为计算基数，自 2018 年 9 月 28 日起至实际履行之日止，按中国人民银行同期同档次贷款基准利率计算，丁××、陈××承担其中的 50%）；

4. 驳回郑××的其他诉讼请求。

【裁判理由】

法院认为：当事人订立、履行合同，应当遵守诚实信用原则，遵守社会公德。房屋买卖属于生活中重大的交易事项，与房屋有关的相关信息应当予以披露。本案中涉案房屋曾发生人员非正常死亡事件，尽管房屋本身的使用价值未因此受到影响，但该信息对原告是否愿意与被告交易及以何种条件进行交易有重大影响。本案在房屋交易过程中，被告认可未向原告告知涉案房屋发生过人员非正常死亡的事实，使原告在违背真实意思的情况下签订了房屋买卖合同并履行完毕，原告有权要求撤销该合同。综上，对原告要求撤销双方之间签订的《房屋契约》及《温州存量房买卖合同》的诉请，本院予以支持。合同被撤销后，因该合同取得的财产，应当予以返还，有过错的一方应当赔偿对方因此所受到的损失，双方都有过错的，应当各自承担相应的责任。故涉案房屋买卖合同被撤销后，被告应当返还原告购房款 1 338 000 元，原告则应将涉案房屋返还被告。被告隐瞒了人员非正常死亡的信息，使原告与其进行房屋交易，原告在交易过程中未尽审慎审查义务，对产生的税费等交易费用损失，双方均有一定的过错，应当各自承担相应的责任，本院酌情认定原、被告各承担 50%。因本次交易所产生的损失如下：财产保全申请费5000 元、税费 76 190.48 元及相应的利息损失（以 1 414 190.48 元为计算基数，自 2018 年 9 月 28 日起至实际履行之日止，按中国人民银行同期同档次贷款基准利率计算）。被告辩称仅收到 132 万元购房款，但结合双方订立的买卖契约及汇款情况，对该辩称本院不予采信。被告的其余辩称，缺乏事实和法律依据，本院亦不予采信。

【法条链接】

《中华人民共和国合同法》

第六条 当事人行使权利、履行义务应当遵循诚实信用原则。

第七条 当事人订立、履行合同，应当遵守法律、行政法规，尊重社会公德，不得扰乱社会经济秩序，损害社会公共利益。

第五十四条 下列合同，当事人一方有权请求人民法院或者仲裁机构变更或者撤销：

（一）因重大误解订立的；

（二）在订立合同时显失公平的。

一方以欺诈、胁迫的手段或者乘人之危，使对方在违背真实意思的情况下订立的合同，受损害方有权请求人民法院或者仲裁机构变更或者撤销。

当事人请求变更的，人民法院或者仲裁机构不得撤销。

第五十八条 合同无效或者被撤销后，因该合同取得的财产，应当予以返还；不能返还或者没有必要返还的，应当折价补偿。有过错的一方应当赔偿对方因此所受到的损失，双方都有过错的，应当各自承担相应的责任。

【案例来源】

浙江省苍南县人民法院民事判决书（2018）浙 0327 民初 9249 号。

037. 房屋出卖人有义务主动披露房屋内发生过非正常死亡事件的信息

（崔××与吕××、孙××、烟台××公司房屋买卖合同纠纷)

【裁判要旨】

虽然现行法律中没有关于房屋出卖人主动披露房屋是否发生过非正常死亡事件的义务的强制性规定，但诚实信用原则、公序良俗原则的作用就在于弥补强行性和禁止性规定之不足，而发生过非正常死亡事件的房屋会影响到购房者的购买决定以及房屋的市场价值是众所周知的，房屋出卖人不主动披露该种信息是违背了诚实信用原则及公序良俗原则。

【当事人信息】

上诉人：崔××（一审被告）
被上诉人：吕××（一审原告）、孙××（一审原告）
一审被告：烟台××公司

【基本案情】

2018 年 2 月 25 日，吕××拟购买涉案房屋，向烟台××公司支付了购房意向金 5000 元。2018 年 2 月 26 日，吕××和崔××、烟台××公司在签订的《烟台市不动产买卖合同》及《居间服务合同》中约定：吕××以 780 000 元的总价款购买崔××所有的、建筑面积为 33.88 平方米的涉案房屋（包括装饰装修及附属设施），吕××于 2018 年 2 月 26 日前由烟台××公司代收向崔××支付的定金 30 000 元，2018 年 3 月 25 日前由烟台××公司代收剩余购房款 750 000 元；吕××和崔××应于吕××全款到位三日内共同向房产权属登记部门申请办理房屋权属转移登记手续；崔××应于出证后三日内将涉案房屋交付给吕××，并在交房前二日内办理原有户口的迁出手续；吕××和崔××因涉案房屋的交易应于合同签订当日各向烟台××公司支付居间代理费7800元。上述合同签订后的当日，吕××向烟台××公司支付了涉案房屋购房定金25 000元和居间服务费7800元，烟台××公司亦向吕××开具了金额共计37 800元（定金30 000元+居间服务费7800元）的收款收据。2018年3月6日，孙××缴纳了涉案房屋的交易契费7800元。2018年3月15日，吕××向烟台××公司交付了涉案房屋的剩余购房款750 000元。2018年4月2日，孙××取得了涉案房屋的不动产权证书[证号：鲁（2018）烟台市芝不动产权第0007481号]。2018年4月3日，崔××收取了全部房款780 000元后向孙××出具了收据。2018年4月5日，崔××向吕××、孙××交付了涉案房屋。

2018年4月19日，吕××与崔××的电话交谈中，吕××以崔××未告知有人在涉案房屋内自杀为由提出异议，要求退房；崔××则表示租客在涉案房屋内烧炭自杀，送至医院抢救后在医院去世，不同意退房。2018年4月20日，烟台××公司工作人员冀××与崔××妻子的电话交谈中，崔××妻子否认在涉案房屋的交易过程中存在任何违约行为。崔××对上述两份电话录音的真实性均无异议，但辩称在涉案房屋的交易过程中吕××、孙××和烟台××公司均未针对涉案房屋内是否发生过非正常死亡事件向崔××询问过，在现行法律没有强制性规定和合同亦没有约定的情况下，崔××没有义务主动披露自杀事件，不属于故意隐瞒和欺诈。

诉讼中，一审法院至烟台市公安局芝罘分局毓璜顶派出所调查，该所在向一审法院出具的2017年8月5日的出警记录和《事件单》中载明：2018年8月5日，该所接到崔姓男子的报警，案发地址为涉案房屋，内容为该报警男子称其租客几天联系不上了，今天至涉案房屋发现门被反锁，怀疑在家中发生意外；该派出所接警后到达现场，经调查死者为李××，在其租住的涉案房屋内烧炭自杀，已通知法医勘察现场。经落实，出警民警向一审法院回复的现场情况为：法医到场检查后表示死者已死亡十余天时间，尸体肿胀，散发恶臭。

【诉讼请求】

1. 撤销吕××与崔××、烟台××公司在2018年2月26日分别签订的《烟台市不动产买卖合同》及《居间服务合同》；

2. 崔××返还吕××、孙××购房款780 000元，并以795 600元为基数赔偿自 2018 年 3 月 15 日起至崔××付清之日止按年利率 6.80% 计算的利息损失；烟台××公司对上述款项承担连带责任；

3. 崔××赔偿吕××、孙××因本案房屋买卖事宜发生的损失 21 140 元（包括中介费 7800 元、税费 7800 元、工本费 100 元、购置家具家电费 4190 元、交通费和误工费 1250 元）以及精神损害抚慰金 10 000 元；烟台××公司对上述款项承担连带责任；

4. 崔××、烟台××公司承担撤销合同后办理相关过户手续产生的所有费用。

【裁判结果】

一审：1. 撤销吕××与崔××在 2018 年 3 月 26 日签订的《烟台市不动产买卖合同》；

2. 限崔××于判决生效之日起十日内向吕××返还购房款 780 000 元，并赔偿以 780 000 元为基数自 2018 年 3 月 15 日起至崔××付清之日止按中国人民银行同期贷款利率计算的利息损失；

3. 限吕××和孙××于判决生效之日起十日内向崔××返还坐落于烟台市芝罘区南通路××号房屋；

4. 限吕××和孙××于判决生效之日起十日内配合崔××将坐落于烟台市芝罘区南通路××号房屋的不动产权转移登记至崔××名下；

5. 驳回吕××和孙××对烟台××公司的诉讼请求；

6. 驳回吕××和孙××的其他诉讼请求。

二审：驳回上诉，维持原判。

【裁判理由】

一审法院认为：房屋买卖合同的买卖双方应遵循诚实信用的基本原则，对交易房屋涉及公序良俗的相关信息应当予以披露；而发生过非正常死亡事件的房屋虽不构成对房屋本身进行物质性使用的障碍，但往往会影响到房屋的市场价值。本案中，崔××未向吕××告知涉案房屋曾发生过非正常死亡事件的信息，而该信息对吕××、孙××是否愿意购买涉案房屋以及以何种条件进行交易均有重大影响。虽然吕××、孙××与崔××针对涉案房屋的买卖行为已经履行完毕，但因崔××隐瞒了上述重要信息，使吕××、孙××在违背真实意思表示的情况下签订并履行了房屋买卖合同的事实清楚，故吕××、孙××请求撤销与崔××签订的《烟台市不动产买卖合同》的主张，依法予以支持。崔××以其不具有法定和合同约定的告知义务为由辩称不存在任何过错，理由不当，不予采信。

合同被撤销后，因该合同取得的财产，应当予以返还，有过错的一方应当赔偿对方因此所受到的损失。现吕××、孙××请求崔××返还购房款 780 000 元、赔偿以 795 600 元（含购房款 780 000 元、中介费 7800 元、契税 7800 元）为基数自 2018 年 3 月 15 日起至付清之日止按年利率 6.80% 计付利息损失的主张，依法仅能支持崔××返还原告吕××购房款 780 000 元，并以 780 000 元为基数赔偿自 2018 年 3 月 15 日起至崔××付清之日止按中国人民银行同期贷款利率计算的利息损失；超出部分，不予支持。

吕××、孙××请求崔××赔偿购置家电费用 4190 元、工本费 100 元、契税 7800 元、精神损害抚慰金 10 000 元、交通费和误工费 1250 元的主张，因家电属于可搬移的动产、契税则会在涉案的《烟台市不动产买卖合同》撤销后由税务部门予以退回；至于其他费用，吕××、孙××举证不足；故对吕××、孙××诉请的上述损失依法不予支持。

二审法院认为：《中华人民共和国民法总则》第七条规定："民事主体从事民事活动，应当遵循诚信原则，秉持诚实，恪守承诺。"第八条规定："民事主体从事民事活动，不得违反法律，不得违背公序良俗。"虽然现行法律中没有关于卖方主动披露房屋是否发生过非正常死亡事件的义务的强制性规定，但诚实信用原则、公序良俗原则的作用就在于弥补强行性和禁止性规定之不足，而发生过非正常死亡事件的房屋会影响到购房者的购买决定以及房屋的市场价值是众所周知的，卖方不主动披露该种信息是违背了诚实信用原则及公序良俗原则，因此崔××有义务主动披露房屋发生过非正常死亡事件的信息。因崔××隐瞒了上述重要信息，双方签订的《烟台市不动产买卖合同》是在违背吕××、孙××的真实意思表示的情况下完成的，故吕××、孙××请求撤销与崔××签订的《烟台市不动产买卖合同》的主张，依法予以支持。

《中华人民共和国合同法》第五十八条规定："合同无效或者被撤销后，因该合同取得的财产，应当予以返还；不能返还或者没有必要返还的，应当折价补偿。有过错的一方应当赔偿对方因此所受到的损失，双方都有过错的，应当各自承担相应的责任。"本案中，吕××、孙××与崔××签订的《烟台市不动产买卖合同》被撤销是因为崔××违背了诚实信用原则、公序良俗原则，崔

××作为有过错的一方，应当赔偿吕××、孙××的利息损失。一审法院对此认定正确，说理充分，本院予以支持，在此不再赘述。

【法条链接】

1.《中华人民共和国民法总则》

第七条　民事主体从事民事活动，应当遵循诚信原则，秉持诚实，恪守承诺。

2.《中华人民共和国合同法》

第六条　当事人行使权利、履行义务应当遵循诚实信用原则。

第七条　当事人订立、履行合同，应当遵守法律、行政法规，尊重社会公德，不得扰乱社会经济秩序，损害社会公共利益。

第五十四条　下列合同，当事人一方有权请求人民法院或者仲裁机构变更或者撤销：

（一）因重大误解订立的；

（二）在订立合同时显失公平的。

一方以欺诈、胁迫的手段或者乘人之危，使对方在违背真实意思的情况下订立的合同，受损害方有权请求人民法院或者仲裁机构变更或者撤销。

当事人请求变更的，人民法院或者仲裁机构不得撤销。

第五十八条　合同无效或者被撤销后，因该合同取得的财产，应当予以返还；不能返还或者没有必要返还的，应当折价补偿。有过错的一方应当赔偿对方因此所受到的损失，双方都有过错的，应当各自承担相应的责任。

【案例来源】

山东省烟台市中级人民法院民事判决书（2019）鲁 06 民终 1648 号。

038.　"一房二卖"在各买受人均未办理过户、占有房屋时，应当考虑合同履行程度

（李×与杨×、沈×、郝×房屋买卖合同纠纷）

【裁判要旨】

出卖人就同一房屋分别签订数份买卖合同，在合同均为有效的前提下，

买受人均要求继续履行合同的，原则上应按照以下顺序确定履行合同的买受人：（1）已经办理房屋所有权转移登记的；（2）均未办理房屋所有权转移登记，已经实际合法占有房屋的；（3）均未办理房屋所有权转移登记，又未合法占有房屋，应综合考虑各买受人实际付款数额的多少及先后、是否办理了网签、合同成立的先后等因素，公平合理的予以确定。

【当事人信息】

上诉人：李×（一审原告）

被上诉人：杨×（一审被告）、沈×（一审第三人）、郝×（一审第三人）

【基本案情】

杨×与郝×系夫妻关系。2007 年，杨×经继承公证取得诉争房屋（建筑面积 57.61 平方米）的所有权，于 2012 年 11 月 22 日取得所有权证。

2015 年 12 月 24 日，杨×与李×签订《买卖合同》，约定：杨×将其所有的诉争房屋出售给李×；房屋价款 350 万元；2016 年 4 月 15 日前或当日办理产权过户手续。此前，李×于 2016 年 12 月 16 日向杨×支付定金 10 万元（郝×为李×出具了收条）。

2016 年 3 月 10 日，杨×与沈×经我爱我家公司居间签订了《北京市存量房屋买卖合同（经纪成交版）》（以下简称《买卖合同》），约定：杨×将诉争房屋卖与沈×，房屋售价 380 万元，定金 38 万元，沈×贷款 239 万元。合同另约定了其他内容。合同签订后，沈×给付杨×定金 38 万元。2016 年 3 月 29 日，杨×与沈×进行了面签。2016 年 3 月 30 日，杨×与沈×签订《存量房屋买卖合同》（网签合同）。2016 年 4 月 6 日，浦发银行马家堡支行向沈×发放了《个人贷款审批通知书》，贷款金额 239 万元。2016 年 4 月 8 日，沈×缴纳了购买诉争房屋的相关税款。

另查，杨×与郝×于 1979 年结婚。2001 年，双方协议离婚。2007 年，杨×经继承公证取得诉争房屋的所有权。2012 年 11 月 21 日，杨×与郝×复婚。2016 年 3 月 18 日，杨×与郝×再次协议离婚。2016 年 4 月 13 日，二人复婚。原审诉讼中，李×对诉争房屋是否属于杨×与郝×的夫妻共同财产提出异议。对此，杨×与郝×均表示诉争房屋为夫妻共同财产，并称愿将该房屋卖与沈×。同时，郝×还表示当时为李×出具定金收据时并不知道杨×将诉争房屋卖予李×。

李×对郝×的陈述不予认可。2016 年 4 月 5 日，依据李×申请，原审法院对诉争房屋进行了保全查封。

【诉讼请求】

1. 杨×继续履行双方签订的《买卖合同》，并协助李×办理诉争房屋的权属转移登记手续；

2. 杨×赔偿定金 10 万元。

【裁判结果】

一审：1. 杨×及郝×、北京我爱我家房地产经纪有限公司协助沈×办理房屋的权属转移登记手续，将房屋所有权登记在沈×名下；

2. 驳回李×的诉讼请求。

二审：驳回上诉，维持原判。

【裁判理由】

一审法院认为：依法成立的合同受法律保护。根据已查明的事实，李×与杨×签订的《买卖合同》及杨×与沈×签订的《买卖合同》等合同均是双方真实意思表示，不违反法律法规规定，合法有效。诉讼中，李×与沈×均要求杨×履行房屋买卖合同，办理诉争房屋的过户手续。应当指出，李×与沈×在履行合同过程中，李×向杨×支付了定金 10 万元；沈×通过我爱我家公司居间向杨×支付定金 38 万元，办理了剩余购房款的贷款审批手续，缴纳了相关税费，并与杨×办理了网签手续。关于诉争房屋是否为杨×与郝×夫妻共同财产一节，该房屋所有权系杨×与郝×离婚状态下通过继承取得，但杨×与郝×在庭审中均认可该房屋为共有，故应认定诉争房屋为杨×与郝×的夫妻共同财产。现郝×亦同意将诉争房屋售予沈×。综合上述情况，杨×将诉争房屋卖予沈×且履行房屋所有权过户手续更为适宜。基于此，沈×要求继续履行与杨×签订的《买卖合同》等合同，办理诉争房屋的过户手续，理由正当，应当予以支持。关于李×与杨×之间签订的《买卖合同》，双方可通过合法途径另行解决。故李×的诉讼请求，不应支持。

二审法院认为：关于诉争房屋的权属认定，即是否为杨×与郝×的夫妻共同财产，杨×通过继承取得诉争房屋所有权之时，其与郝×处于离婚状态，故杨×取得诉争房屋时为其个人财产。虽然杨×与郝×在庭审中均认可该房屋为共有，但均未提供证据证明杨×通过法律行为将房屋权属转为夫妻共同财产，故不可能仅以当事人在庭审中的表态当然确认房屋权属。原审法院认定有误，本院予以更正。

本案的争议焦点为"一房二卖"如何履行。杨×分别与李×、沈×签订了两份房屋买卖合同，该两份合同均是双方真实意思表示，不违反法律、行政法规的强制性规定，均为合法有效的合同。诉讼中，李×与沈×均要求杨×履行房屋买卖合同，办理诉争房屋的权属转移登记手续。对此，《北京市高级人民法院关于审理房屋买卖合同纠纷案件适用法律若干问题的指导意见（试行）》第十三条第一款规定："出卖人就同一房屋分别签订数份买卖合同，在合同均为有效的前提下，买受人均要求继续履行合同的，原则上应按照以下顺序确定履行合同的买受人：（1）已经办理房屋所有权转移登记的；（2）均未办理房屋所有权转移登记，已经实际合法占有房屋的；（3）均未办理房屋所有权转移登记，又未合法占有房屋，应综合考虑各买受人实际付款数额的多少及先后、是否办理了网签、合同成立的先后等因素，公平合理的予以确定。"该指导意见解决了如何根据法律、司法解释的相关规定，在个案中适用法律的问题，故可参照。本案中，将李×与沈×的履行合同情况相比，李×向杨×支付了定金10万元；沈×通过我爱我家公司居间向杨×支付定金38万元，办理了剩余购房款的贷款审批手续，缴纳了相关税费，并与杨×办理了网签手续。相比而言，李×与沈×同为合法的买受人，沈×支付了更多的专用性投资，合同履行程度更深。因此，原审法院确定杨×与沈×的房屋买卖合同优先履行，并指出杨×与李×的房屋买卖合同纠纷可通过合法途径另行解决，符合利益衡量的原则和维护交易秩序的价值取向，本院予以维持。综上所述，李×的上诉请求不成立，本院不予支持。原判正确，应予维持。

【法条链接】

《北京市高级人民法院关于审理房屋买卖合同纠纷案件适用法律若干问题的指导意见（试行）》

第十三条 出卖人就同一房屋分别签订数份买卖合同，在合同均为有效的前提下，买受人均要求继续履行合同的，原则上应按照以下顺序确定履行合同的买受人：

（1）已经办理房屋所有权转移登记的；

（2）均未办理房屋所有权转移登记，已经实际合法占有房屋的；

（3）均未办理房屋所有权转移登记，又未合法占有房屋，应综合考虑各买受人实际付款数额的多少及先后、是否办理了网签、合同成立的先后等因素，公平合理的予以确定。

买受人中之一人起诉要求出卖人继续履行买卖合同，出卖人以房屋已转让给他人为由提出抗辩的，法院可以根据案件具体情况决定是否追加其他买受人作为第三人参加诉讼；其他买受人另行提起诉讼要求继续履行合同的，应当依据前款原则协调处理。

【案例来源】

北京市第二中级人民法院民事判决书（2016）京 02 民终 6340 号。

039. 承租人未在法定期间内主张优先购买权不予支持

（臧××与曲××、伦××承租人优先购买权纠纷）

【裁判要旨】

出租人履行通知义务后，承租人在十五日内未明确表示购买的或第三人善意购买租赁房屋并已经办理登记手续的，承租人主张优先购买房屋的不予支持。

【当事人信息】

上诉人：臧××（一审原告）

被上诉人：曲××、伦××（一审被告）

【基本案情】

位于青岛市市南区户房屋的原所有人为曲××。2016 年 4 月 10 日，臧××与曲××达成协议，约定由臧××承租涉案房屋，租期三年，自 2016 年 4 月 10 日至 2019 年 4 月 9 日，租赁费用为 24 000 元/年。合同签订后，双方依约履行合同义务，臧××在涉案房屋中居住至今，其租赁费用交至 2017 年 4 月 9 日。

2016 年 9 月，曲××与伦××签订《房地产买卖契约》，由伦××以总价 800 000 元买受涉案房屋，合同双方依约履行合同义务，被告伦××于 2016 年 11 月 22 日办理物权变更登记。

另，2017 年 9 月，伦××向法院提起诉讼，要求臧××腾退房屋并支付租赁费。一审法院审理后认为臧××与曲××签订的租赁合同不符合解除条件，遂判令臧××支付自 2017 年 4 月 10 日至判决生效之日止，按照年租赁 24 000 元标准计算租赁费，并驳回伦××关于腾退房屋的诉讼请求。一审宣判后，臧××不服，向青岛市中级人民法院提起上诉，案件正在审理中。

【诉讼请求】

1. 确认曲××、伦××签订的房屋买卖合同无效；
2. 确认臧××享有以同等条件下的优先购买权；
3. 判令被告退还房屋租赁押金 2000 元，退还已经交付的 2016 年 9 月至 2017 年 4 月房租 12 000 元，或将此款转为购房款；
4. 伦××、曲××赔偿不能实现优先购买权经济损失约 600 000 元；
5. 伦××、曲××承担本案诉讼费用。

【裁判结果】

一审：驳回臧××全部诉讼请求。
二审：驳回上诉，维持原判。

【裁判理由】

一审法院认为：本案诉争焦点为：1. 伦××与曲××签订的《房地产买卖契约》是否无效；2. 臧××在同等条件下能否优先购买涉案房产；3. 臧××能否要求退还房屋租赁押金、租赁费；4. 臧××赔偿请求应否支持。

1. 关于《房地产买卖契约》是否无效。合同是平等主体的自然人、法人、其他组织之间设立、变更、终止民事权利义务关系的协议。原告臧××主张合同无效的理由为两被告私自交易未通知行为侵犯其优先购买权。根据《最高人民法院关于审理城镇房屋租赁合同纠纷案件具体应用法律若干问题的解释》第二十一条的规定，"出租人出卖租赁房屋未在合理期限内通知承租人或者存在其他侵害承租人优先购买权情形，承租人请求出租人承担赔偿责任的，人民法院应予支持。但请求确认出租人与第三人签订的房屋买卖合同无效的，人民法院不予支持"。故臧××申请确认合同无效之主张，缺乏法律依据，不予采纳。

2. 臧××能否在同等条件下优先购买涉案房产。臧××作为承租人，对同等条件下行使优先购买权具有法律依据。但在本案中，涉案房产已经交易，权属发生变更，臧××行使优先购买权的条件并不具备，客观上不能，臧××之主张不予采纳。

3. 臧××能否要求退还房屋租赁押金、租赁费。依据臧××与曲××签订的《房屋租赁合同》，臧××依约交纳房屋租赁押金 2000 元，2016 年 9 月至 2017 年 4 月租赁费 12 000 元，该费用发生原因是合同相对人基于合同约定，是臧×× 为使用涉案房屋所支付的合理对价，既然房屋租赁合同尚处有效期间，权属变动又不影响租赁合同效力，臧××主张返还房屋租赁押金和租赁费缺乏法律依据，一审法院不予采纳；

4. 臧××赔偿请求应否支持。如前所述，曲××因未履行通知义务，侵犯臧 ××优先购买权，依据规定，臧××可请求曲××承担赔偿责任。臧××为此提交网络待售房产挂牌价格，以证明差价损失为 600 000 元。从臧××陈述可以看出，其要求曲××事前通知的主要目的是待成交价款确定后再考虑是否购买或继续承租，并无必然交易的意思表示，且臧××亦并未购买其他房产，臧××仅以挂牌价格主张损失不当。涉案房产权属变动后，伦××虽向法院提起诉讼，要求解除涉案房屋租赁合同，但法院依法认定租赁合同应继续履行，臧××不存在无处居住问题。《最高人民法院关于民事诉讼证据的若干规定》第二条规定："当事人对自己提出的诉讼请求所依据的事实或者反驳对方诉讼请求所依据的事实有责任提供证据加以证明。没有证据或者证据不足以证明当事人的事实主张的，由负有举证责任的当事人承担不利后果。" 臧××要求曲××赔偿损失 600 000 元之请求，证据不足，一审法院不予采纳。

二审法院认为：本案争议焦点是曲××与伦××的房屋买卖是否侵犯了臧×× 的优先购买权。《最高人民法院关于民事诉讼证据的若干规定》（法释〔2001〕 33 号）第七十四条规定："诉讼过程中，当事人在起诉状、答辩状、陈述及其委托代理人的代理词中承认的对己方不利的事实和认可的证据，人民法院应当予以确认，但当事人反悔并有相反证据足以推翻的除外。" 臧××自认曲× ×于出卖涉案房屋之始即告知臧××，臧××对曲××拟出售涉案房屋自始知晓，曲××已经尽到合理告知义务。《最高人民法院关于审理城镇房屋租赁合同纠纷案件具体应用法律若干问题的解释》第二十四条第三、四项规定："具有下列情形之一，承租人主张优先购买房屋的，人民法院不予支持：……（三）出租人履行通知义务后，承租人在十五日内未明确表示购买的；（四）第三人善意购买租赁房屋并已经办理登记手续的。"臧××庭审陈述证明其在得知曲××出卖涉案房屋后，并未有明确表示购买涉案房屋的意思表示，其关于"如果曲××最后卖不了，告诉我，我可以考虑买下，帮曲××筹资"的表述，进一步证明其并无购买涉案房屋意愿，同时证明该时其同意曲××将涉案房屋出售他人。原审关于曲××未尽通知义务的事实部分认定不当，本院予以纠正。《最高人民法院关于民事诉讼证据的若干规定》（法释〔2001〕33号）第七十六条规定："当事人对自己的主张，只有本人陈述而不能提出其他相关证据的，其主张不予支持。但对方当事人认可的除外。"本案中，虽臧××主张在知道曲××出卖房屋后表示要购买房屋，但除其陈述外并无证据证明，且其主张与庭审陈述相悖，本院对该主张不予采信。本案中，曲××主张其以800 000元的价格将房屋卖给伦××并提交《房地产买卖契约》及房产中介证明等证据材料证明，伦××对此亦予认可，应当认定涉案房屋实际交易价格为800 000元。现臧××要求以备案价格572 000元作为同等条件购买争议房屋，缺乏事实依据，不予支持。综上，臧××明知本案争议房屋为出售房屋，其在出租人履行通知义务后，未明确表示购买，并同意曲××向他人出售涉案房屋，其已经放弃优先购买权利，曲××将该房屋卖给伦××并未侵犯其优先购买权。

综上，原审判决关于曲××履行通知义务部分的事实认定及关于合同效力法律适用有瑕疵，本院予以纠正，但判决结果正确，本院予以维持。

【法条链接】

《最高人民法院关于审理城镇房屋租赁合同纠纷案件具体应用法律若干问题的解释》

第二十一条 出租人出卖租赁房屋未在合理期限内通知承租人或者存在其他侵害承租人优先购买权情形，承租人请求出租人承担赔偿责任的，人民法院应予支持。但请求确认出租人与第三人签订的房屋买卖合同无效的，人民法院不予支持。

第二十四条 具有下列情形之一，承租人主张优先购买房屋的，人民法院不予支持：

（一）房屋共有人行使优先购买权的；

（二）出租人将房屋出卖给近亲属，包括配偶、父母、子女、兄弟姐妹、祖父母、外祖父母、孙子女、外孙子女的；

（三）出租人履行通知义务后，承租人在十五日内未明确表示购买的；

（四）第三人善意购买租赁房屋并已经办理登记手续的。

【案例来源】

山东省青岛市中级人民法院民事判决书（2018）鲁02民终5302号。

040. 共有人未在法定期间内主张优先购买权不予支持

（张×1与耿××、张×2共有人优先购买权纠纷）

【裁判要旨】

不动产可以由两个以上个人共有；按份共有人可以转让其享有的共有的不动产份额，其他共有人在同等条件下享有优先购买的权利。优先购买权的行使期间，按份共有人之间有约定的，按照约定处理；没有约定或约定不明的，转让人未通知、无法确定其他按份共有人知道或者应当知道最终确定的同等条件的，为共有份额权属转移之日起六个月。

【当事人信息】

上诉人：张×1（一审原告）
被上诉人：耿××、张×2（一审被告）

【基本案情】

张×1于1966年6月18日出生，1967年，张×1之母熊××与北京市平谷区南独乐河镇甘营村村民张××再婚，张×1即随其母一起与张××生活，其户口亦迁至张××处。张××与熊××婚后生有一女张×3。1969年，熊××去世，张×1到平谷区夏各庄镇安固村生活，1985年左右与甘营村村民霍××结婚。

1989年6月1日，张××与耿××结婚，二人婚后在涉案房屋居住生活。耿

××原与王××生有三子，长子王×1（1958 年 11 月出生）、次子王×2、三子王×3，王×1 因患精神发育迟滞伴发精神障碍，其随母亲耿××再婚和继父张××共同生活。2001 年 8 月，张××去世，耿××与王×1 在涉案房屋居住。2006 年 1 月 13 日，耿××将王×1 杀害，因此耿××被判处有期徒刑十二年，现已刑满释放。

2008 年 5 月 21 日，耿××以自己看病用钱为由，委托其子王×3 将涉案房屋以 20 000 元价格卖给张×2。同年，张×2 在该宅院新建了南房。经法院向王×3 核实，现王×3 亦认可该房屋买卖行为有效。

2010 年，张×3 起诉耿××要求继承张××的遗产，北京市平谷区人民法院判决确定涉案房屋由张×3 享有四分之一份额。2011 年，北京市平谷区人民法院决定对该案进行再审。2012 年 8 月 6 日，北京市平谷区人民法院作出再审判决书，确定张×1 对涉案房屋享有四分之一的继承份额；王×3 对涉案房屋享有四分之一的继承份额；耿××对涉案房屋享有二分之一的继承份额，现该判决已发生法律效力。2013 年 9 月 16 日，张×1 向北京市平谷区人民法院提起诉讼，要求确认耿××、张×2 签订的买卖协议无效，经北京市平谷区人民法院审理认定张×2 已合法取得涉案房屋，且耿××、张×2 签订的房屋买卖协议有效。此后，张×1 不服一审判决结果，上诉至北京市第三中级人民法院，北京市第三中级人民法院经审理后判决驳回上诉，维持原判。现张×1 诉至本案一审法院，请求确认其对涉案房屋享有优先购买权；撤销耿××、张×2 所签订的房屋买卖协议。耿××、张×2 持答辩意见不同意张×1 的诉讼请求。

【诉讼请求】

确认张×1 对涉案房屋的优先购买权并撤销耿××、张×2 所签订的房屋买卖协议。

【裁判结果】

一审：驳回张×1 的诉讼请求。
二审：驳回上诉，维持原判。

【裁判理由】

一审法院认为：按份共有人可以转让其享有的共有的不动产或者动产份额，其他共有人在同等条件下享有优先购买的权利。优先购买权的行使期间在转让人未通知，且无法确定其他按份共有人知道或者应当知道最终确定的同等条件的，为共有份额权属转移之日起六个月。本案中，耿××、张×2 之间就诉争房屋的买卖行为已经生效判决确认为合法有效。张××于 2001 年死亡后，涉案房屋未被分割继承，即处于继承人共同共有状态。2010 年，张×3 起诉要求确认其对诉争房屋的份额时，张×1 亦未参加诉讼，张×1 作为同村村民称其不知房屋买卖事宜，与常理相悖；法院确定张×3 享有房屋份额判决生效后，张×1 此时以继承人的身份主张涉案房屋的权益。因张×1 的家庭关系复杂，张×2 作为张×1 家庭之外的村民，难以知晓涉案房屋所有权人的详细情况。且自 1989 年 6 月 1 日起，耿××与张××在涉案房屋以夫妻关系居住生活，距离 2008 年涉案房屋买卖合同签订已长达十九年。在此情况下，张×2 有理由相信耿××享有该房产的处分权利，其与耿××的委托代理人签订该房屋买卖合同，张×2 主观上没有过错。另外，涉案房屋已以合理的价格转让，涉案房屋所在地并没有房屋登记注册的习惯，涉案房屋已实际交付张×2 使用多年，且该房屋买卖合同签订在权利人主张房屋权益之前。另，王×3 现亦认可该房屋买卖行为有效，对于该房产的买卖行为已经达到了三分之二以上共有人的同意。

从张×1 主张优先购买权的时间看，张×1 自 2013 年起就耿××、张×2 买卖合同提出异议，但从未主张过优先购买权。现张×1 主张优先购买权已超过最长六个月的主张期间。

综上考虑，张×1 要求确认其优先购买权，且撤销耿××、张×2 之间签订的房屋买卖协议，缺乏事实及法律依据，法院均难以支持。

二审法院认为：根据《中华人民共和国物权法》之规定，处分共有的不动产或者动产以及对共有的不动产或者动产作重大修缮的，应当经占份额三分之二以上的按份共有人或者全体共同共有人同意，但共有人之间另有约定的除外。按份共有人可以转让其享有的共有的不动产或者动产份额，其他共有人在同等条件下享有优先购买的权利。《最高人民法院关于适用〈中华人民共和国物权法〉若干问题的解释（一）》规定，优先购买权的行使期间，按份共有人之间有约定的，按照约定处理；没有约定或约定不明的，转让人未通知，且无法确定其他按份共有人知道或者应当知道最终确定的同等条件的，为共有份额权属转移之日起六个月。根据查明的事实，张×3、张×1 等人与耿××继承纠纷一案经法院审理，2012 年 8 月判张×1 对涉案房屋享有四分之一的继承份额。耿××委托其子王×3 于 2008 年 5 月已将涉案房屋卖与张×2 并向其交付。耿××、王×3 均同意出售涉案房屋，对房产的处分已达到了三分之二以上共有人的同意。张×1 于 2013 年 9 月 16 日起诉要求确认耿××、张×2 签订的买卖协议无效的案件，已经人民法院生效判决驳回其关于确认耿××与张×2 签署的北京市平谷区南独乐河镇涉案房屋的买卖合同无效的诉讼请求。张×1 未在法定期间内主张优先购买权，其诉讼请求已超过法律规定的主张期间。故张×1 关于确认其对涉案房屋享有优先购买权的诉讼请求，缺乏依据，本院不予支持。张×1 并非上述房屋买卖合同相对方，且该合同不存在法律规定的可撤销情形。故张×1 要求撤销耿××、张×2 签订的房屋买卖合同，缺乏事实及法律依据，本院不予支持。

根据《中华人民共和国民事诉讼法》之相关规定，被告不提出答辩状的，不影响人民法院审理。被告经传票传唤，无正当理由拒不到庭的，或者未经法庭许可中途退庭的，可以缺席判决。《最高人民法院关于适用〈中华人民共和国民事诉讼法〉的解释》规定，被告经传票传唤无正当理由拒不到庭，或者未经法庭许可中途退庭的，人民法院应当按期开庭或者继续开庭审理，对到庭的当事人诉讼请求、双方的诉辩理由以及已经提交的证据及其他诉讼材料进行审理后，可以依法缺席判决。本案中，耿××未进行答辩，其经一审法院传票传唤，无正当理由未到庭参加诉讼，应视为其放弃答辩和质证的权利，一审法院依法缺席开庭审理本案符合法律规定，但一审法院在当事人未进行答辩且未出庭应诉的情况下，在判决书中所载耿××答辩意见有误，对此应予以纠正。鉴于一审法院在审理本案过程中，未存在《中华人民共和国民事诉讼法》第一百七十条第一款第四项、《最高人民法院关于适用〈中华人民共和国民事诉讼法〉的解释》第三百二十五条规定的严重违反法定程序之情形，一审判决结果并无不当，故应予维持。

综上，张×1 的上诉请求不能成立，应予驳回；一审判决结果正确，应予维持。

【法条链接】

1.《中华人民共和国物权法》

第九十三条 不动产或者动产可以由两个以上单位、个人共有。共有包括按份共有和共同共有。

第一百零一条 按份共有人可以转让其享有的共有的不动产或者动产份

额。其他共有人在同等条件下享有优先购买的权利。

2.《最高人民法院关于适用〈中华人民共和国物权法〉若干问题的解释（一）》

第十一条 优先购买权的行使期间，按份共有人之间有约定的，按照约定处理；没有约定或者约定不明的，按照下列情形确定：

（一）转让人向其他按份共有人发出的包含同等条件内容的通知中载明行使期间的，以该期间为准；

（二）通知中未载明行使期间，或者载明的期间短于通知送达之日起十五日的，为十五日；

（三）转让人未通知的，为其他按份共有人知道或者应当知道最终确定的同等条件之日起十五日；

（四）转让人未通知，且无法确定其他按份共有人知道或者应当知道最终确定的同等条件的，为共有份额权属转移之日起六个月。

第十二条 按份共有人向共有人之外的人转让其份额，其他按份共有人根据法律、司法解释规定，请求按照同等条件购买该共有份额的，应予支持。

其他按份共有人的请求具有下列情形之一的，不予支持：

（一）未在本解释第十一条规定的期间内主张优先购买，或者虽主张优先购买，但提出减少转让价款、增加转让人负担等实质性变更要求的；

（二）以其优先购买权受到侵害为由，仅请求撤销共有份额转让合同或者认定该合同无效。

【案例来源】

北京市第三中级人民法院民事判决书（2016）京 03 民终 11969 号。

041. 出卖人拒绝解除房屋抵押的，买受人可代为清偿债务消灭抵押权并要求继续履行合同

（杨×与张×、沈×房屋买卖合同纠纷）

【裁判要旨】

房屋抵押权存续期间，出卖人（抵押人）未经抵押权人同意转让抵押房

屋的，不影响房屋买卖合同的效力。出卖人在合同约定的履行期限届满时仍未履行消灭抵押权的义务，致使买受人无法办理房屋所有权转移登记，买受人要求继续履行合同，办理房屋所有权转移登记，经法院释明后仍坚持不变更的，对其诉讼请求，不予支持，但买受人同意并能够代为清偿债务消灭抵押权的除外。法院可以根据案件具体情况征询抵押权人的意见，必要时可以追加抵押权人作为无独立请求权第三人参加诉讼。

【当事人信息】

上诉人：杨×（一审被告）
被上诉人：张×、沈×（一审原告）
原审第三人：天津银行股份有限公司××分行（以下简称天津银行）
原审第三人：××经纪公司

【基本案情】

2016 年 6 月 1 日，杨×（出卖人）与张×、沈×（买受人）在××经纪公司居间下签订房屋买卖合同，约定杨×将 1006 号房屋出售予张×、沈×，房屋成交价格为 232 万元，房屋家具、家电、装饰装修及配套设施设备等作价为 266 万元；买受人向出卖人支付定金 10 万元，出卖人应于 2016 年 10 月 1 日前办理抵押注销手续。办理完毕该房屋所有权转移登记手续后，于 3 个工作日内将该房屋交付给买受人。买受人未按照补充协议约定的时间付款的，按照下列方式处理：二、逾期超过 15 日后，出卖人有权解除合同。出卖人解除合同的，买受人应当自解除合同通知书送达之日起 15 日内按照累计的逾期应付款的 20% 向出卖人支付违约金，并由出卖人退还买受人全部已付款。本合同履行过程中，买卖双方应按照国家及北京市的相关规定缴纳各项税、费，承担税费的具体约定见补充协议。一方不按法律、法规规定缴纳相关税费导致交易不能继续进行的，应当向对方支付相当于房价款 20% 的违约金。同日，杨×（甲方）、张×、沈×（乙方）与××经纪公司（丙方）另行签订《补充协议》。第二条约定：乙方于 2016 年 6 月 1 日将第一笔定金 10 万元自行支付给甲方。交易房屋有抵押的，甲方应于 2016 年 10 月 1 日前向该房屋的原贷款机构提交一次性还清剩余贷款的申请，且甲方最迟应于 2016 年 10 月 1 日前办理完毕解除抵押登记手续。甲方解押所需资金来源为：甲方自行筹集。关于首付款的支付：乙方于银行批贷后且于 2016 年 10 月 28 日前将第一笔首付款 69 万元以建委资金监管方式支付给甲方；乙方于银行批贷后且于 2016 年 10 月 28 日前将第二笔首付款 254 万元以理房通托管方式支付给甲方。甲方若出现下列情形之一的，甲方构成根本违约，且乙方有权以书面通知的方式解除房屋买卖合同：（3）逾期履行本补充协议第二条约定的义务超过 15 日的。甲方出现上述根本违约情形之一的，甲方应在违约行为发生之日起 15 日内，以相当于该房屋总价款的 20% 向乙方支付违约金。乙方若出现下列情形之一的，乙方构成根本违约，且甲方有权以书面通知的方式解除房屋买卖合同：（4）逾期履行本补充协议第二条约定的义务超过 15 日的。乙方出现上述根本违约情形之一的，乙方应在违约行为发生之日起 15 日内，以相当于该房屋总价款的 20% 向甲方支付违约金，乙方向甲方已支付的全部款项冲抵违约金，多退少补。同日，张×支付杨×定金 10 万元。

2016 年 8 月 21 日，杨×、张×、沈×签署合同变更申请单，约定因出卖人需求追加定金，双方一致同意并申请将房屋成交价格由 232 万元变更为 208 万元，第一笔首付款 69 万元变更为 63 万元，张×、沈×贷款金额由 135 万元变更为 145 万元。同日，杨×（甲方、出卖方）与张×（乙方、买受方）、北京理房通支付科技有限公司（丙方）签订理房通定金托管协议，约定甲乙双方同意在丙方官方网站开立理房通账户，张×最迟于签署协议时将定金 88 万元存入托管账户内。后双方均依约开通了理房通账户，张×通过理房通账户向杨×支付定金 88 万元。2016 年 9 月 25 日，双方办理了第一次网签手续。2016 年 10 月，因杨×的房产证丢失，导致合同履行出现问题。2016 年 10 月，张×、沈×入住至 1006 号房屋并居住使用至今。

2016 年 12 月 4 日，张×、沈×与杨×、××经纪公司签订《变更协议书》，约定张×、沈×于银行批贷后 5 个工作日内将第一笔首付款 73 万元以建委监管支付的方式支付给杨×。由于杨×将房产证丢失，导致合同无法继续办理，三方一致协商合同总价款 498 万元不变，杨×尽快办理产权证挂失和补办手续，补办到新的产权证后合同继续履行，合同事项不变，只是时间顺延。杨×承诺最迟于 2016 年 12 月 30 日前领取新的产权证。2017 年 3 月 15 日前办理产权转移手续，实际时间以丙方约到预约号为准。

2017 年 1 月 17 日，杨×补办的房产证下发。2017 年 2 月 20 日，双方再次办理网签手续，网签合同约定房屋成交价格为 224 万元，其中自有交易结算资金为 79 万元，贷款金额为 145 万元。2017 年 2 月 22 日，杨×（甲方、出售方）、张×、沈×（乙方、买受方）与××经纪公司签订《变更协议书》，约定出卖人和买受人协商一致，该房屋成交价格由 208 万元变更为 224 万元，乙方于银行批贷后 5 个工作日内将第一笔首付款 79 万元以建委监管的方式支付给杨×。乙方于银行批贷后 5 个工作日内将第二笔首付款 174 万元以理房通方式支付给杨×。张×、沈×拟贷款金额为 145 万元。2017 年 3 月 28 日，张×、沈×通过中国光大银行将首付款 79 万元打入 1006 号房屋资金监管账户中。杨×虽否认张×、沈×已支付 79 万元之事实，但并未向法院提交相应反证。后双方就合同履行问题产生争议。

庭审中，张×、沈×以杨×未依约办理解押手续另拒绝配合办理缴税手续为由主张杨×已经构成违约，进而要求杨×在收到其交纳的剩余全部购房款后依法协助其办理房屋过户手续，将房屋过户至其名下，并支付违约金 99.6 万元。对于剩余房款支付方式，张×、沈×明确表示要求一次性现金全额支付，且就 1006 号房屋抵押贷款部分，张×、沈×亦明确表示自愿代杨×偿还 1006 号房屋在天津银行的全部剩余贷款本息，以消灭天津银行对 1006 号房屋享有的抵押权。杨×对上述主张不予认可，其主张张×、沈×未按合同约定支付首付款超过 15 日，已经构成根本违约，故其于 2017 年 6 月 19 日向张×、沈×送达了书面解除通知书，双方之间的合同已于其送达书面解除通知书时解除，杨×另以上述理由要求张×、沈×支付违约金 99.6 万元及房屋使用费、律师费、利息损失。张×、沈×否认收到上述书面解除合同通知书，杨×未向法院提交相关证据证明张×、沈×收到上述解除合同通知书。天津银行就张×、沈×提出的代杨×偿还 1006 号房屋在天津银行的全部剩余贷款本息，以消灭天津银行对 1006 号房屋享有的抵押权之主张不持异议，天津银行另表示直至本案诉讼之日，杨×未向该单位申请办理 1006 号房屋的解押手续。

为查明相关事实，××经纪公司经纪人张××作为证人到庭作证。其表示，因第二笔首付款 174 万元双方约定通过理房通方式支付，买卖双方之前的 88 万元定金也系通过理房通方式支付，但此过程中杨×本人身份证过期，2017 年 3 月其通知杨×需要重新进行实名认证，但杨×一直未予办理实名认证，导致张×、沈×无法支付第二笔首付款。另，关于缴税，其表示曾通知杨×前往税务部门办理房屋缴税手续，但杨×均未予配合。张××另表示在房屋交易流程中，网签之后即可缴税，交纳首付款及批贷函并非缴税的前置条件。杨×对上述证人证言不予认可，主张其之所以未办理理房通实名认证是因为其不知如何操作且怀疑理房通支付方式的安全性，××经纪公司未向其提供理房通支付方式的任何资质文件亦未告知其如何操作，故其未予配合。关于缴税问题，张×、沈×主张于 2017 年 3 月通过××经纪公司约杨×前往税务部门办理缴税事宜，但杨×均未予前往配合办理。对此，杨×解释称，其未予前往办理的原因是因房屋没有支付完所有首付款，且张×、沈×未取得银行批贷函，故尚不存在纳税的依据，亦不符合房屋买卖交易流程。

关于张×、沈×取得银行批贷函的时间，张×、沈×主张其于 2017 年 3 月 23 日收到天津银行××分行贷款批复，并提交了与天津银行工作人员之间的微信聊天记录。天津银行虽否认微信聊天记录的真实性，但对上述事实予以认可。杨×虽否认上述主张亦不认可上述证据的真实性，但并未向法院提交相应反证。

诉讼中，张×、沈×向法院申请对 1006 号房屋采取诉讼保全措施，法院依法裁定准许并已执行。

【诉讼请求】

原告起诉请求：

1. 张×、沈×代杨×向天津银行还清全部剩余贷款本息，以消灭天津银行对涉案房产享有的抵押权；

2. 杨×继续履行房屋买卖合同，在收到张×、沈×交纳的剩余全部购房款（扣除代偿的贷款数额）后依法协助张×、沈×办理房屋过户手续，将房屋过户至张×、沈×名下；

3. 杨×向张×、沈×支付违约金 996 000 元；

4. 确认杨×发出的合同解除通知书无效。

被告反诉请求：

1. 确认杨×与张×、沈×于 2016 年 6 月 1 日签署的《北京市存量房买卖合同》及《补充协议》、《变更协议书》已于 2017 年 6 月 19 日全部解除；

2. 张×、沈×向杨×支付违约金 99.6 万元，其中抵扣已付款项 98 万元后实际应支付 1.6 万元；

3. 张×、沈×自 2016 年 10 月 17 日起按照每月 8500 元价格向杨×支付房屋使用费，直至其搬出房屋为止；

4. 张×、沈×向杨×赔偿律师费10万元；

5. 张×、沈×向杨×支付自起诉之日起至判决生效之日止杨×每月向天津银行支付的利息1.5万元。

【裁判结果】

一审：1. 杨×于本判决生效后五日内向天津银行股份有限公司××分行提交一次性清偿一〇〇六号房屋剩余贷款本息的申请，并于该房屋所涉贷款本息清偿完毕后三日内协助张×、沈×办理该房屋的解除抵押权登记手续；若杨×逾期未履行该义务，张×、沈×可替杨×向天津银行股份有限公司××分行清偿该房屋剩余贷款本息并办理该房屋的解除抵押权登记手续；杨×于办理完毕该房屋的解除抵押权登记手续后三日内协助张×、沈×办理该房屋的权属转移登记手续，将该房屋过户至张×、沈×名下，办理该权属转移登记手续所需费用由张×、沈×负担；

2. 张×、沈×应向杨×支付剩余购房款三百二十一万元，于办理一〇〇六号房屋权属转移登记手续的当日给付杨×；若张×、沈×按本判决第一项确定的替代杨×向天津银行股份有限公司××分行清偿剩余贷款本息，则按实际发生费用自其应向杨×支付的剩余购房款中予以抵扣；

3. 杨×于本判决生效后十日内偿付张×、沈×违约金三十万元；

4. 驳回张×、沈×的其他本诉请求；

5. 驳回杨×的全部反诉请求。

二审：驳回上诉，维持原判。

【裁判理由】

一审法院认为：合同是确立双方当事人权利义务关系的依据，经依法成立的合同具有法律效力，合同双方当事人均应严格履行合同义务，否则应承担相应的法律责任。本案中，杨×与张×、沈×签订《北京市存量房屋买卖合同》《补充协议》及二份《变更协议书》，内容不违反法律规定，具有法律效力。根据双方之间的约定，杨×应于2016年10月1日前办理完毕1006号房屋的解除抵押登记手续，张×、沈×应于银行批贷后5个工作日内将第一笔首付款79万元以建委监管的方式支付给杨×、将第二笔首付款174万元以理房通的支付方式支付给杨×。如逾期履行上述义务超过15日的，构成根本违约，违约方应当向守约方支付该房屋总价款20%的违约金。一方不按法律、法规规定缴纳相关税费导致交易不能继续进行的，应当向对方支付相当于房价款20%的违约金。双方于2017年3月15日前办理产权转移手续。实际履行中，经天津银行确认，杨×直至本案开庭之日仍未向该单位提交解除抵押登记手续之申请。杨×亦未配合张×、沈×前往税务部门办理1006号房屋的缴税手续。庭审中，张×、沈×主张杨×未按约定办理房屋解除抵押登记手续超过15日，已经构成根本违约并要求杨×支付相应违约金。根据法院查明的事实，在发现杨×房产证丢失之后，双方未就杨×办理解除抵押登记手续的期限作出变更约定，但杨×应在新的房产证下发后尽快去办理解除抵押手续，并应于双方约定的2017年3月15日办理产权转移的期限之前办理完毕。而杨×于2017年1月17日补办的房产证下发后至今仍未办理解除抵押登记手续，亦未提交相关申请，已逾期15日，构成根本违约，其应当承担相应的违约责任。杨×在××经纪公司通知后拒不配合办理缴税事宜，导致合同不能继续履行，其亦构成违约，亦应当承担相应的违约责任。杨×虽以缴税条件未成就予以抗辩，但并未向法院提交充分反证，故法院对杨×上述抗辩主张不予采信。张×、沈×现要求杨×在收到其交纳的剩余全部购房款后协助其办理1006号房屋过户手续，将房屋过户至其名下，具有事实及法律依据，法院予以支持。就1006号房屋抵押贷款部分，张×、沈×亦明确表示自愿代杨×偿还1006号房屋在天津银行的全部剩余贷款本息，以消灭天津银行对1006号房屋享有的抵押权。天津银行对此表示同意配合，法院对此不持异议。

关于违约金的数额，杨×请求法院对违约金予以酌减，而张×、沈×并未提交证据证明其实际损失，故法院以实际损失为基础，综合考虑合同的履行情况、当事人过错程度以及预期利益等因素，根据公平原则对违约金数额予以衡量酌减。

杨×另主张张×、沈×未依约支付首付款，已超过15日构成根本违约，其已于2017年6月19日行使了合同解除权并要求张×、沈×支付相应违约金、房屋使用费、律师费及还贷利息损失。庭审中，张×、沈×主张于2017年3月23日取得银行批贷函，上述事实得到天津银行之认可。杨×虽否认上述事实，但并未向法院提交充分反证，故法院对杨×的上述抗辩主张不予采信。实际履行中，张×、沈×于2017年3月28日通过中国光大银行将首付款79万元打入1006号房屋资金监管账户中。杨×虽否认张×、沈×已支付79万元之事实，但并未向法院提交反证，故法院对其抗辩主张不予采信。关于第二笔首付款 147 万元，双方约定通过理房通方式支付，后因杨×身份证过期，故需要杨×重新进行实名认证后张×、沈×才可支付第二笔首付款。但杨×经××经纪公司多次催告后一直未予办理实名认证，导致张×、沈×无法履行。杨×虽以不知如何办理且质疑理房通支付方式的安全性为由予以抗辩，但双方选择理房通方式支付是双方合意的结果，且前期双方曾签署过理房通协议并通过理房通支付方式支付了定金 88 万元，故法院对杨×的上述抗辩意见不予采信。综上，张×、沈×虽未按约定支付第二笔首付款 147 万元，但系因杨×不予配合所致，故张×、沈×的上述行为并不构成根本违约，杨×不享有合同解除权。现杨×要求确认双方之间的房屋买卖合同、补充协议及变更协议已于 2017 年 6 月 19 日解除并要求张×、沈×支付相应违约金、房屋使用费、律师费及还贷利息损失之诉请，缺乏事实及法律依据，法院不予支持。

二审法院认为：杨×之上诉状及代理意见为本案设置了较为分散的争议点。本院结合杨×之上诉请求进行回应。

《北京市存量房屋买卖合同》之效力。1. 《北京市存量房屋买卖合同》价格条款不具有法律效力。《北京市存量房屋买卖合同》之价格条款将家具家电、装饰装修等作价 266 万元，该条款为避税条款，损害了国家税收利益，应属无效条款。为避免损害国家税收利益之情况发生，双方办理过户时不得以避税条款之价格执行。2. 《北京市存量房屋买卖合同》价格条款之效力不影响《北京市存量房屋买卖合同》整体的效力。除价格条款外，《北京市存量房屋买卖合同》尚有付款时间、所有权转移等诸多条款。《北京市存量房屋买卖合同》中其他条款的履行，无涉《合同法》第五十二条规定之无效情形。整体上，《北京市存量房屋买卖合同》为有效合同。

杨×与张×、沈×签订的《补充协议》及二份《变更协议书》均为有效合同。《补充协议》及二份《变更协议书》为双方的真实意思表示，不违反法律行政法规的强制性规定，为有效合同。

杨×主张张×、沈×的二笔首付款均迟延 15 日支付而违约，要求确认其2017 年 6 月 19 日发出的解除通知发生法律效力。本院对此不予支持。1. 关于第一笔首付款 79 万元的支付。2017 年 2 月 22 日《变更协议书》约定，第一笔首付款 79 万元应于银行批贷后 5 个工作日内以建委监管的方式支付。在案证据可以认定张×、沈×于 2017 年 3 月 23 日收到天津银行的贷款批复。张×、沈×于2017年3月28日将79万元打入1006号房屋资金监管账户。张×、沈×未违反合同的约定。2. 关于第二笔首付款174万元的支付。当事人互负债务，有先后履行顺序，先履行一方未履行的，后履行一方有权拒绝其履行要求。2017年2月22日《变更协议书》约定，第二笔首付款174万元以理房通方式支付。杨×所持张×、沈×应更换理房通外支付方式之主张于法无据，本院不予采信。

为满足2017年2月22日《变更协议书》约定的支付条件，杨×有为保持其理房通账户之有效性而配合办理实名认证之义务。杨×本人身份证过期，经××经纪公司工作人员通知后，其未办理重新实名认证之程序，没有履行其在先义务。张×、沈×有权拒绝支付第二笔首付款。张×、沈×有权拒绝支付时，自然不构成违约。杨×不得据此主张解除合同或要求张×、沈×承担违约责任。

杨×要求解除合同、支付房屋使用费、赔偿律师费之诉讼请求皆以张×、沈×违约为前提。前已述及，上述前提并不具备。杨×要求解除合同、支付房屋使用费、赔偿律师费之诉讼请求应不予支持。杨×要求解除《北京市存量房屋买卖合同》及《补充协议》、《变更协议书》之诉讼请求不能成立时，上述合同应继续履行。原审法院对此处理正确，本院予以确认。

杨×未按照合同约定办理房屋解押，构成根本违约，应承担违约责任。《补充协议》约定，杨×应于2016年10月1日办理完毕解押。由于杨×产权证书丢失等情况，2016年12月4日《变更协议书》约定时间顺延。杨×主张该时间顺延应理解为办理解押的时间顺延，而双方未约定解押的具体时间。本院对此不予采信。2016年12月4日《变更协议书》约定的时间顺延及其他条款仅能理解为双方就继续履行合同事宜达成一致意见，未见张×、沈×放弃主张杨×违约责任的意思表示。杨×应于2016年10月1日办理完毕解押，而杨×迟延办理解押手续已超过15日，构成双方约定的根本违约，其应向张×、沈×承担违约责任。张×、沈×是否更换贷款银行，张×、沈×是否故意不告知其支付第一笔首付款，天津银行是否遗失杨×的产权证书等情况皆非免除杨×违约责任之法定理由，杨×的相关主张本院不予采信。

关于违约金的数额。原审法院以实际损失为基础，综合考虑合同的履行情况、当事人过错程度以及预期利益等因素，根据公平原则对违约金数额进行了酌减。原审法院的做法符合法律的规定，本院不再变更。

本案无需中止审理。人民法院有权不待当事人主张而主动审查合同效力问题。《合同法》第五十二条保护之对象如公共利益、国家利益等多为双方当事人无权依自己意思所处分之法益，而无效合同之履行会造成对《合同法》第五十二条所保护法益之侵害。为避免双方当事人故意不主张合同无效而导致上述法益受到侵害，故法院有权不待当事人主张而主动审查合同效力。本院有权主动对《北京市存量房屋买卖合同》之效力进行审查时，无需以另案《北京市存量房屋买卖合同》效力之认定为依据，本案无需中止审理。

综上所述，杨×的上诉请求不能成立，应予驳回；一审判决认定事实清楚，适用法律正确，应予维持。

【法条链接】

1.《中华人民共和国物权法》

第一百九十一条 抵押期间，抵押人经抵押权人同意转让抵押财产的，应当将转让所得的价款向抵押权人提前清偿债务或者提存。转让的价款超过债权数额的部分归抵押人所有，不足部分由债务人清偿。

抵押期间，抵押人未经抵押权人同意，不得转让抵押财产，但受让人代为清偿债务消灭抵押权的除外。

2.《中华人民共和国合同法》

第五十二条 有下列情形之一的，合同无效：

（一）一方以欺诈、胁迫的手段订立合同，损害国家利益；

（二）恶意串通，损害国家、集体或者第三人利益；

（三）以合法形式掩盖非法目的；

（四）损害社会公共利益；

（五）违反法律、行政法规的强制性规定。

第一百一十四条 当事人可以约定一方违约时应当根据违约情况向对方支付一定数额的违约金，也可以约定因违约产生的损失赔偿额的计算方法。

约定的违约金低于造成的损失的，当事人可以请求人民法院或者仲裁机构予以增加；约定的违约金过分高于造成的损失的，当事人可以请求人民法院或者仲裁机构予以适当减少。

当事人就迟延履行约定违约金的，违约方支付违约金后，还应当履行债务。

3.《最高人民法院关于适用〈中华人民共和国合同法〉若干问题的解释（二）》

第二十九条第一款　当事人主张约定的违约金过高请求予以适当减少的，人民法院应当以实际损失为基础，兼顾合同的履行情况、当事人的过错程度以及预期利益等综合因素，根据公平原则和诚实信用原则予以衡量，并作出裁决。

【案例来源】

北京市第一中级人民法院民事判决书（2018）京01民终47号。

042. 出卖人未按合同约定解除房屋抵押的，应承担违约责任

（宋×与程×、梁×房屋买卖合同纠纷）

【裁判要旨】

房屋抵押权存续期间，出卖人（抵押人）未经抵押权人同意转让抵押房屋的，不影响房屋买卖合同的效力。出卖人在合同约定的履行期限届满时仍未履行消灭抵押权的义务，致使买受人无法办理房屋所有权转移登记，应按合同约定承担违约责任。买受人同意并能够代为清偿债务消灭抵押权的，可要求办理房屋所有权转移登记。

【当事人信息】

原告：宋×
被告：程×、梁×
第三人：北京×经纪有限公司
第三人：中信银行股份有限公司××营业部

【基本案情】

梁×与程×曾系夫妻关系，双方于2009年10月16日登记结婚。2010年1月15日，程×签订《北京市商品房预售合同》，程×购买北京市朝阳区×号房屋。2012年2月23日，程×给梁×出具委托书，委托梁×出售上述房屋。2012年11月14日，程×取得该房屋的所有权证书。

2012年3月13日，宋×（买受人）与程×（出卖人）签订《房屋买卖约定合同》。双方约定：出卖人所售房屋坐落于北京市朝阳区×号，建筑面积87.96平方米，出卖人尚未取得《房屋所有权证》，售房单位正在按购房合同的约定办理房屋登记，具体取得时间以开发建设单位实际办理而定；成交价格为290万元，签订本合同当日买受人向出卖人支付定金5万元；出卖人在得到该房屋《房屋所有权证》的通知后3日内通知买受人和北京×经纪有限公司，买受人得到通知后10日内，双方共同向房屋权属登记部门申请办理房屋权属转移登记手续；出卖人应在2012年3月23日前将该房屋交付买受人使用。该合同由梁×代程×在落款处签字。

当日，宋×与程×签订《补充协议》。双方约定：交易房屋的实际成交价格为290万元；买受人应于签订买卖合同当日向出卖人支付定金5万元；买受人应于签订买卖合同之后10日内向出卖人支付270万元；买受人应于出卖人取得《房屋所有权证》后10日内，双方进行产权过户手续，并且买受人在过户当日支付15万元，否则出卖人不予配合办理转移登记手续；出卖人是以银行按揭贷款的方式购买的交易房屋，出卖人应于收到买受人支付购房款275万元后开始办理提前还款手续。

上述合同签订后，宋×于签约当日给付程×定金5万元、于2012年3月17日给付程×购房款115万元、于2012年3月23日给付程×购房款155万元；程×于2012年3月24日向宋×交付上述房屋。

2013年1月3日，宋×（买受人）与程×（出卖人）签订补充协议。双方约定：交易房屋的实际成交价格为290万元，买受人已向出卖人支付275万元，余款15万元将于过户当日支付；出卖人是以银行按揭贷款的方式购买的交易房屋，故出卖人应按下列方式办理提前还款手续：出卖人和买受人签订买卖合同后，最晚于2013年3月31日前办理完提前还款手续，并且向买受人出示贷款银行出具的贷款结清证明及相关材料，每逾期一天出卖人将承担1000元的违约金，买受人有权在上述余款中扣除相应违约金。

另查，程×为购买涉案房屋，与中信银行签订《个人购房借款合同》，向中信银行借款138万元，并进行了抵押登记，抵押权人为中信银行。截至庭审，程×尚欠银行贷款本金119万余元。宋×表示同意代程×清偿债务消灭抵押权。

审理中，经宋×申请，本院作出（2016）京0105民初28047号民事裁定书，裁定查封涉案房屋，查封、冻结程×、梁×名下价值 1 115 000 元的裁定。

【诉讼请求】

1. 要求继续履行合同，程×、梁×为宋×办理房屋过户手续；

2. 程×、梁×按每天 1000 元的标准支付 2013 年 3 月 31 日起至实际办理还款手续完结之日止的违约金。

【裁判结果】

一审：1. 原告宋×于本判决生效后三十日内代被告程×、梁×向第三人中信银行股份有限公司××营业部清偿被告程×与第三人中信银行股份有限公司××营业部所签订的《个人购房借款合同》项下借款本息，以消灭第三人中信银行股份有限公司××营业部对北京市朝阳区×号房屋的抵押权；

2. 被告程×、梁×在依上述第一项消灭第三人中信银行股份有限公司××营业部对北京市朝阳区×号房屋享有的抵押权后七日内协助原告宋×办理将该房屋过户至原告宋×名下的产权过户手续；

3. 被告程×、梁×于本判决生效后十日内，按每日一千元的标准，给付原告宋×二○一三年三月三十一日起至上述第一项确定的贷款实际还清之日止的违约金（其中十五万元与尚欠购房款十五万元相互折抵）。

【裁判理由】

一审法院认为：宋×与程×之间的房屋买卖合同系双方当事人真实意思表示，且不违反法律法规强制性规定，合法有效。程×称梁×在其不知情的情况下代为签约出售房屋，缺乏证据，本院不予采信。现宋×表示同意代程×清偿债务，消灭在涉案房屋上设立的抵押权，本院不持异议。在宋×代程×清偿债务，解除涉案房屋的抵押登记后，程×应为宋×办理该房屋的过户手续。程×未按约定履行合同义务，应承担违约责任。宋×要求程×支付违约金，符合合同约定，本院予以支持。对于尚未支付的购房款 15 万元，根据约定，应与违约金进行抵扣。因梁×构成上述债务加入，故应与程×共同承担责任。程×、梁×主张宋×的请求已超过诉讼时效，缺乏法律依据，本院不予采纳。

【法条链接】

1. 《中华人民共和国物权法》

第一百九十一条　抵押期间，抵押人经抵押权人同意转让抵押财产的，应当将转让所得的价款向抵押权人提前清偿债务或者提存。转让的价款超过债权数额的部分归抵押人所有，不足部分由债务人清偿。

抵押期间，抵押人未经抵押权人同意，不得转让抵押财产，但受让人代为清偿债务消灭抵押权的除外。

2. 《中华人民共和国合同法》

第一百一十四条　当事人可以约定一方违约时应当根据违约情况向对方支付一定数额的违约金，也可以约定因违约产生的损失赔偿额的计算方法。

约定的违约金低于造成的损失的，当事人可以请求人民法院或者仲裁机构予以增加；约定的违约金过分高于造成的损失的，当事人可以请求人民法院或者仲裁机构予以适当减少。

当事人就迟延履行约定违约金的，违约方支付违约金后，还应当履行债务。

3. 《最高人民法院关于适用〈中华人民共和国合同法〉若干问题的解释（二）》

第二十九条第一款　当事人主张约定的违约金过高请求予以适当减少的，人民法院应当以实际损失为基础，兼顾合同的履行情况、当事人的过错程度以及预期利益等综合因素，根据公平原则和诚实信用原则予以衡量，并作出裁决。

【案例来源】

北京市朝阳区人民法院民事判决书（2016）京 0105 民初 28047 号。

第四章
政策性住房转让纠纷

043. "按经济适用住房管理"的房屋可以进行交易

（李×与张×房屋买卖合同纠纷）

【裁判要旨】

政策性保障性住房是中国城镇住宅建设中较具特殊性的一种类型住宅，它通常是指根据国家政策以及法律法规的规定，由政府统一规划、统筹，提供给特定的人群使用，并且对该类住房的建造标准和销售价格或租金标准给予限定，起社会保障作用的住房。因为该类房产价格相当低廉，故政策性住房资格也逐渐演化成了一种商品，该类房产的转让也引发了较多的纠纷。本案认定"按经济适用住房管理"与"经济适用住房"属于两种不同的房屋性质，"按经济适用住房管理"的房屋不适用"经济适用住房"关于限制交易的相关规定，法律法规亦未禁止"按经济适用住房管理"性质房屋的交易，故认定双方的交易有效。

【当事人信息】

上诉人：李×（原审被告）
被上诉人：张×（原审原告）

【基本案情】

张×与李×是邻居关系，李×在落款日期为2012年5月26日的赠书上签字并按手印，赠书内容是："我叫李×，现年73岁，我是2010年12月份拆迁的，拆迁时……给的指标是张仪村的，张仪村看病太远不方便，我想在城里买房居住，我买了城里的房就买不了张仪村的。2012年初我女儿从美国回来，我和她说拆迁给了个一居指标，你要你就拿去，她说我没钱买我不要。我想她也不要、我也不要，不买指标就作废了，后来我就送给了我的邻居张×，这是我的真实意思表示，特此赠书。"赠书底部有李×之子张××签字按手印。2014年2月28日，北京广安置业投资公司（出卖人）与李×（买受人）签订了《广安康馨家园房屋买卖协议》，约定买受人购买北京广安×号（以下简称×号房屋）。房屋总价款701 298元。张×通过其儿子名下的银行卡支付了全额房款，且张×于2014年3月26日从开发商处办理了房屋入住手续，使用房屋至今。2016年12月9日，李×取得×房屋所有权，该房屋性质为按经济适用住房管理，张×的购房资格核验申请结果为：初步审核通过。张×诉请李×将该房产过户到其名下，李×以涉案房屋是经济适用住房，是政策性保障住房，购买资格具有专属性，不能随意转让或者赠与，认为赠与行为无效。

【诉讼请求】

判令李×将位于丰台区丰仪路×号房屋过户至原告名下。

【裁判结果】

一审：被告李×于本判决生效之日起十日内将位于北京市丰台区×号房屋过户至原告张×名下。

二审：驳回上诉，维持原判。

【裁判理由】

一审法院认为：赠书系李×的真实意思表示，内容不违反法律、行政法规的强制性规定，应为有效。李×在赠书中明确表示其将购房指标赠与张×，且在李×与开发商签订合同后，房款以及税费的支付、收房、装修均由张×完成，且张×使用房屋至今。双方以实际行动履行了李×在赠书中的承诺。李×赠与购房指标，赠与的权利内涵应当包括对房屋占有、使用、收益、处分的权利，现李×取得房屋产权，张×要求将房屋过户至其名下，亦属于赠书的应有之意。

关于李×提出的房屋属于政策性保障住房，赠与指标的行为应属无效的抗辩意见。因"按经济适用住房管理"与"经济适用住房"属于两种不同的房屋性质，"按经济适用住房管理"的房屋不适用"经济适用住房"关于限制交易的相关规定，法律法规亦未禁止"按经济适用住房管理"性质房屋的交易。故对李×认为房屋属于政策性保障住房故赠与购房指标的行为无效的抗辩意见，本院不予采信。

二审法院认为：涉案房屋的产权性质为按经济适用住房管理，属可以上市交易的房屋，故双方就该房屋进行的处分，不违反相关规定。李×的指标赠与系其真实意思表示，内容不违反法律、行政法规的强制性规定。基于李×的指标赠与，在其与开发商签订房屋买卖协议后，张×支付了全部房款以及税费，并完成了收房、装修，且居住使用至今。综合上述事实及双方实际履行赠书的情况，一审法院认定赠与的权利内涵应当包括对房屋占有、使用、收益、处分的权利并无不当，张×主张涉案房屋归其所有应予支持。现张×具备购房资格，涉案房屋亦不存在过户障碍，一审判决李×将涉案房屋过户至张×名下亦无不当。

【法条链接】

《中华人民共和国合同法》

第六十条　当事人应当按照约定全面履行自己的义务。

当事人应当遵循诚实信用原则，根据合同的性质、目的和交易习惯履行通知、协助、保密等义务。

【案例来源】

北京市第二中级人民法院民事判决书（2018）京 02 民终 4360 号。

044. "拆迁安置用房购房资格"家庭成员内部转让有效

（居×与宋×确认合同无效纠纷）

【裁判要旨】

本案争议焦点为家庭成员内部转让购房指标的行为是否有效，法院认为涉案房屋系拆迁安置用政府保障性住房，而非一般意义上的向不特定社会公众配售的政府保障性住房。家庭成员内部在拆迁安置过程中因不愿意浪费安置用房购房资格而私下商定所有权归属的情况并未侵犯社会不特定公众的利益，并未侵犯具备一般购买资格的社会不特定公众享受政府保障性住房公平配售的权益，故协议有效。

【当事人信息】

上诉人：居×（原审原告）

被上诉人：宋×（原审被告）

【基本案情】

居×与宋×系母女关系。2009 年 6 月 17 日，北京市朝阳区市政管理委员会（以下简称朝阳区市管委）与原告签订《北京市住宅房屋拆迁货币补偿协议》，协议约定：甲方（即朝阳区市管委）因通惠河南岸双井地区"城中村"环境整治项目建设，需要拆迁乙方（即原告）在拆迁范围内朝阳区双花园某号所有的房屋。

乙方在拆迁范围内有正式住宅房屋 4 间，建筑面积 77.06 平方米，非正式房屋（附属物），乙方现有在册人口 5 人，实际居住人口 5 人，分别是户主居×，之女宋×，之外孙王×1，之女宋×1，之女婿王××。甲方应当在本协议签订之日起 5 日内将拆迁补偿款、补助费合计 1 505 185 元，向被拆迁人开具领款凭证。该协议签订后，居×领取了全部拆迁补偿款和补助费。此后，朝阳区市管委与居×、宋×及居×另一女宋×1 分别签订限价房源认购意向书，拆迁安置的限价房源位于朝阳区三间房乡东柳地区康惠园小区。宋×及宋×1 以各自名义在该小区各购买安置房一套。2010 年 8 月 19 日，居×与宋×签订《协议书》，约定：居×无资金购买朝阳区双桥康惠园小区两居室房屋一套，康惠园小区某号房屋（即涉案房屋），同意由宋×出资并支付全部购房款，并约定该房屋所有权归×所有。同日，居×为宋×出具《保证书》，内容为："由于本人无能力购买双桥康惠园小区某号房屋现由宋×出资购买，本人放弃房屋所有权并协助办理房产证过户及相关手续，如果期间发生任何变故，本人同意将该房屋所有权全部归宋×。"2010 年 8 月 30 日至 10 月 26 日期间，宋×以原告名义交纳了涉案房屋的购房款，此后，宋×办理了涉案房屋收房手续，现该房屋由其使用。2011 年 10 月 26 日，被告领取了涉案房屋的房产证，涉案房屋所有权登记在原告名下。后双方发生纠纷。居×诉请返还原物被判决驳回诉讼请求。居×又以物权确认为案由起诉，后撤回起诉。此后，提起本诉。

【诉讼请求】

1. 确认双方就购买涉案房屋所签订的《协议书》无效;

2. 判令宋×腾退并返还涉案房屋;

3. 判令宋×支付自 2011 年 11 月 1 日至实际腾退之日止的房屋占有使用费(每月按照 2 803 元计算)。

【裁判结果】

一审:驳回原告居×的全部诉讼请求。

二审:驳回上诉,维持原判。

【裁判理由】

一审法院认为:依法成立的合同,自成立时生效。本案中,居×与宋×系母女关系,且均系被安置人员,涉案房屋系拆迁安置用政府保障性住房,而非一般意义上的向不特定社会公众配售的政府保障性住房。家庭成员内部在拆迁安置过程中因不愿意浪费安置用房购房资格而私下商定所有权归属的情况并未侵犯社会不特定公众的利益,并未侵犯具备一般购买资格的社会不特定公众享受政府保障性住房公平配售的权益。居×与宋×之间签订的《协议书》系双方真实意思表示,且不违反法律法规的强制性规定,合法有效,双方均应当依约履行义务,故原告居×要求确认《协议书》无效的诉讼请求,本院不予支持。

二审法院认为:依法成立的合同,自成立时生效。本案中,居×与宋×系母女关系,且均系被安置人员,涉案房屋系拆迁安置用政府保障性住房,而非一般意义上的向不特定社会公众配售的政府保障性住房。家庭成员内部在拆迁安置过程中因不愿意浪费安置用房购房资格而商定所有权归属的情况并未侵犯社会不特定公众的利益,并未侵犯具备一般购买资格的社会不特定公众享受政府保障性住房公平配售的权益。居×主张符合条件的申请家庭只能购买一套限价商品房,已购买限价商品房家庭的成员不得再次享受其他形式的保障性住房,但本次拆迁安置仅是按户安置,并非是按政府保障性住房的一般资格条件进行配售。故居×与宋×之间签订的《协议书》系双方真实意思表示,且未损害社会公共利益,亦不违反法律法规的强制性规定,应属有效。

【法条链接】

《中华人民共和国合同法》

第四十四条　依法成立的合同，自成立时生效。

法律、行政法规规定应当办理批准、登记等手续生效的，依照其规定。

第六十条　当事人应当按照约定全面履行自己的义务。

当事人应当遵循诚实信用原则，根据合同的性质、目的和交易习惯履行通知、协助、保密等义务。

【案例来源】

北京市第三中级人民法院民事判决书（2015）三中民终字第 12236 号。

045. "拆迁安置房购买指标"转让合同有效，但不足以排除强制执行

（芦×与安×房屋买卖合同纠纷）

【裁判要旨】

芦×、卢×与安×签订《×村拆迁安置房指标转让协议》，将购房指标作价卖给安×。法院认为，当事人签订合同将房屋（包括拆迁安置用房等）的购买指标转让给他人，当事人一方主张转让合同无效的，一般不予支持，但当事人转让经济适用住房等政策性保障住房购房指标的除外，认定本案合同有效。后芦×因其他案件被法院裁定暂停拆迁安置房的选购事宜，安某持合同及判决提出执行异议，但法院认为协议有效，但不足以排除强制执行。

【当事人信息】

上诉人：芦×（原审被告）

上诉人：卢×（原审被告）

被上诉人：安×（原审原告）

【基本案情】

北京市顺义区×镇×村×路×号院于 2012 年 6 月拆迁。该宅院的《房屋拆迁

货币补偿协议书》，被拆迁人为芦×，被拆迁人落款处芦×签名。被拆迁家庭人口共四人，分别是李×、芦×、卢×、卢×1。《预选房型确认单》记载：选房人家庭可购买安置房名单李×、芦×、卢×、卢×1，确认房型：353 新批芦×过户一个单位人口安置房指标，B 系列 2 套，C 系列 1 套。2014 年 1 月 18 日，芦×、卢×与安×签订了《×村拆迁安置房指标转让协议》，内容为：芦×回迁安置面积共计 270 平方米（含从 353 宅基地过户一个单位人口安置房指标），选房型确认 B 系列 2 套，C 系列 1 套。现因家人治病，经家人协商后共同决定将其中一套 B 系列房型指标转让安×，转让费为 50 万元。本转让所指一套 B 系列安置房指标，含本人 1 个 $54m^2$ 和之子卢×一半指标 $27m^2$，共计 $81m^2$。转让人处有芦×、卢×签字，受让人处有安×签字，证明人处有朱×签字。安×于当日支付芦×50 万元。

芦×诈骗罪执行一案中，法院裁定暂停办理顺义区×镇×村×号宅基地及其上房屋附属物拆迁安置房中芦×拆迁安置房的选购事宜的强制执行措施。安×提出执行异议。

【诉讼请求】

确认原告与二被告签订的《×村拆迁安置房指标转让协议》有效。

【裁判结果】

一审：确认原告安×与被告卢×、芦×于二〇一四年一月十八日签订的《×村拆迁安置房指标转让协议》有效。

二审：驳回上诉，维持原判。

执行异议：驳回案外人安×的异议请求。

【裁判理由】

一审法院认为：依法成立的合同，对当事人具有法律约束力。当事人签订合同将房屋（包括拆迁安置用房等）的购买指标转让给他人，当事人一方主张转让合同无效的，一般不予支持，但当事人转让经济适用住房等政策性保障住房购房指标的除外。本案中，被告卢×、芦×与原告安×就卢×、芦×所获拆迁安置房购买指标签订《×村拆迁安置房指标转让协议》，该协议是卢×、芦×与安×真实意思的表示，且不违反法律法规的效力性强制规定，应属合法有效。截至本案法庭辩论终结之日，芦×、卢×尚未实际完成选房，此时芦×、卢×的安置房购买指标仍仅为一种拆迁安置利益，尚未实际转化为房产本身，李×、卢×1对芦×、卢×的此种拆迁安置利益不享有任何权益，芦×、卢×将其售予安×无涉李×、卢×1权益，更不会侵及李×、卢×1共有权，故芦×、卢×主张出售二人拆迁安置房购买指标侵害了其他共有权人的合法权益的辩解意见，无法律依据，本院不予采信。

二审法院认为：依法成立的合同对当事人具有约束力，均应予以恪守。本案中，安×与芦×、卢×签订《×村拆迁安置房指标转让协议》系各方真实意思表示，未违反法律法规的强制性规定，且芦×已经收取安×的转让款，故该合同有效。双方所签订的协议仅约束合同相对方即安×和芦×、卢×，在协议签订为各方真实意思表示且不违反法律法规的强制性规定。但需特别指出的是，本院确认合同有效并不包含对合同履行的判断。因该协议涉及拆迁安置，其能否继续履行尚需尊重拆迁安置方和相关安置政策。

执行异议案法院认为：拆迁人北京市土地整理储备中心顺义区分中心、北京市顺义区×镇人民政府、首创天顺基础设施投资有限公司与被拆迁人芦×签订了房屋拆迁货币补偿协议书，芦×是本案被执行人，法院对其名下财产采取查封措施于法有据。虽然芦×与安×签订了《×村拆迁安置房指标转让协议》，并经法院确定协议有效，但并不符合《最高人民法院关于人民法院办理执行异议和复议案件若干问题的规定》第二十六条之情形，不足以排除本案强制执行。

【法条链接】

1. 《中华人民共和国合同法》

第八条　依法成立的合同，对当事人具有法律约束力。当事人应当按照约定履行自己的义务，不得擅自变更或者解除合同。

依法成立的合同，受法律保护。

2. 《最高人民法院关于人民法院民事执行中查封、扣押、冻结财产的规定》

第二条　人民法院可以查封、扣押、冻结被执行人占有的动产、登记在被执行人名下的不动产、特定动产及其他财产权。

未登记的建筑物和土地使用权，依据土地使用权的审批文件和其他相关证据确定权属。

对于第三人占有的动产或者登记在第三人名下的不动产、特定动产及其他财产权，第三人书面确认该财产属于被执行人的，人民法院可以查封、扣押、冻结。

3.《最高人民法院关于人民法院办理执行异议和复议案件若干问题的规定》

第二十四条　对案外人提出的排除执行异议，人民法院应当审查下列内容：

（一）案外人是否系权利人；

（二）该权利的合法性与真实性；

（三）该权利能否排除执行。

第二十五条　对案外人的异议，人民法院应当按照下列标准判断其是否系权利人：

（一）已登记的不动产，按照不动产登记簿判断；未登记的建筑物、构筑物及其附属设施，按照土地使用权登记簿、建设工程规划许可、施工许可等相关证据判断；

（二）已登记的机动车、船舶、航空器等特定动产，按照相关管理部门的登记判断；未登记的特定动产和其他动产，按照实际占有情况判断；

（三）银行存款和存管在金融机构的有价证券，按照金融机构和登记结算机构登记的账户名称判断；有价证券由具备合法经营资质的托管机构名义持有的，按照该机构登记的实际投资人账户名称判断；

（四）股权按照工商行政管理机关的登记和企业信用信息公示系统公示的信息判断；

（五）其他财产和权利，有登记的，按照登记机构的登记判断；无登记的，按照合同等证明财产权属或者权利人的证据判断。

案外人依据另案生效法律文书提出排除执行异议，该法律文书认定的执行标的权利人与依照前款规定得出的判断不一致的，依照本规定第二十六条规定处理。

第二十六条　金钱债权执行中，案外人依据执行标的被查封、扣押、冻结前作出的另案生效法律文书提出排除执行异议，人民法院应当按照下列情形，分别处理：

（一）该法律文书系就案外人与被执行人之间的权属纠纷以及租赁、借用、保管等不以转移财产权属为目的的合同纠纷，判决、裁决执行标的归属于案外人或者向其返还执行标的且其权利能够排除执行的，应予支持；

（二）该法律文书系就案外人与被执行人之间除前项所列合同之外的债权纠纷，判决、裁决执行标的归属于案外人或者向其交付、返还执行标的的，不予支持。

（三）该法律文书系案外人受让执行标的的拍卖、变卖成交裁定或者以物抵债裁定且其权利能够排除执行的，应予支持。

金钱债权执行中，案外人依据执行标的被查封、扣押、冻结后作出的另案生效法律文书提出排除执行异议的，人民法院不予支持。

非金钱债权执行中，案外人依据另案生效法律文书提出排除执行异议，该法律文书对执行标的的权属作出不同认定的，人民法院应当告知案外人依法申请再审或者通过其他程序解决。

申请执行人或者案外人不服人民法院依照本条第一、二款规定作出的裁定，可以依照民事诉讼法第二百二十七条规定提起执行异议之诉。

【案例来源】

一审：北京市顺义区人民法院民事判决书（2016）京 0113 民初 3740 号；
二审：北京市第三中级人民法院民事判决书（2016）京 03 民终 11888 号；
执行异议：北京市平谷区人民法院执行裁定书（2017）京 0117 执异 22 号。

046. "非摇号取得限价房购房资格" 转让有效

（张×与李×房屋买卖合同纠纷）

【裁判要旨】

李×、张×系亲属关系，李×因拆迁取得限价房购房资格，后由张×出资购买了限价房，张×办理了房屋入住手续，并交纳了契税、公共维修基金、产权证登记费、代办费、印花税等相关费用，并对房屋进行装修并居住至今。本案焦点系该借名买房行为是否有效。法院认为双方行为形成借名买房合同关系，诉争房屋虽系限价房，但并未参加社会统一摇号购房，属于原家庭房屋拆迁而取得的权利，李×对此应享有处分权，其与张×借名购房约定并未损害社会公共利益，因此双方借名购房合同应属有效。

【当事人信息】

再审申请人：李×（一审被告、二审上诉人）

被申请人：张×（一审原告、二审被上诉人）

【基本案情】

张×与李×系亲属关系。2008年，李×之母刘×（乙方）与北京燕金源置业有限公司（甲方，以下简称燕金源公司）签订《北京市住宅房屋拆迁补偿协议》（以下简称《拆迁协议》），载明：甲方因苹果园交通枢纽商务区土地一级开发项目建设，需要拆迁乙方在拆迁范围内石景山区×××××内所有的房屋；乙方在册人口3人，实际居住人口3人，分别是刘×、李×1、李×；拆迁补偿款共计232 278.6元。依据《拆迁协议》，燕金源公司提供刘×家庭两套限价房安置条件，为此刘×家庭用拆迁补偿款自行购买了北京市石景山区××××××号限价房。本案诉争房屋即北京市石景山区××××××号限价房，由李×于2009年3月13日与北京首钢房地产开发有限公司（以下简称首钢开发公司）签订《商品房预售合同》，由张×出资进行了购买，张×向首钢开发公司交纳购房款556 338元。后诉争房屋交付，张×办理了房屋入住手续，并交纳了契税、公共维修基金、产权证登记费、代办费、印花税等相关费用。张×对房屋进行装修并居住至今。2011年4月28日，诉争房屋所有权登记在李×名下。

另法院向燕金源公司核实，依据《拆迁协议》刘×家庭系苹果园交通枢纽被拆迁人，当时由当事人自行申请限价房购房资格，后持《拆迁协议》并按协议编号进行排序购房，诉争房屋系政府为苹果园拆迁安置人员预留房源，不参加社会统一摇号；石景山区住建委答复：涉案房屋系苹果园交通枢纽工程拆迁而取得的限价房，当事人经审核符合两限房购房条件，诉争房屋未参加社会统一摇号。

【诉讼请求】

判令被告李×协助原告张×办理位于石景山区××××××号房屋所有权转移登记手续。

【裁判结果】

一审：李×于本判决生效后七日内持相关手续前往房屋权属登记机关将位于北京市石景山区×××××号房屋所有权转移登记至张×名下，张×予以协助。

二审：驳回上诉，维持原判。

再审：驳回李×的再审申请。

【裁判理由】

一审法院认为：诉争房屋由张×出资，且自交房居住至今，对诉争房屋进行了装修，并持有房屋所有权证、商品房预售合同、相关票据手续等购房和入住材料，亦对借名买房进行了合理解释，故双方存在借名买房合同关系。经向燕金源公司和石景山区住建委调查核实情况，诉争房屋虽系限价房，但并未参加社会统一摇号购房，属于因重点工程拆迁而取得的安置性房屋，李×基于拆迁而取得诉争房屋购买条件，属于原家庭房屋拆迁而对价取得的权利，李×对此应享有处分权，其与张×借名购房约定并未损害社会公共利益，因此双方借名购房合同应属有效。现房屋能够上市交易，李×应按借名购房约定将诉争房屋所有权转移登记至张×名下。

二审法院认为：诉争房屋由张×出资并装修；张×自交房居住至今；房屋所有权证、商品房预售合同、相关票据手续等购房和入住材料均由张×持有；张×亦对借名买房提供了合理理由。李×虽主张真实法律关系系借款关系，但真实的法律关系属借款关系时，房屋不会由张×装修、居住，房屋所有权证、商品房预售合同等文件亦不会由张×持有。本院认定李×与张×之间真实的法律关系为借名买房关系，而非借款关系。李×的购房资格并非摇号取得，李×与张×之间的借名买房合同不损害公共利益。李×与张×之间的借名买房合同亦不存在其他导致合同无效的情形，应为有效合同。现房屋能够上市交易，李×应按借名购房约定将诉争房屋所有权转移登记至张×名下。李×虽主张根据《北京市限价商品住房管理办法（试行）》的规定，张×无权利获得该房屋，但该主张于法无据，本院不予支持。

再审法院认为：李×主张与张×之间为借款关系，张×主张双方系借名买房关系，结合诉争房屋的出资、装修、居住及房屋所有权证、商品房预售合同、相关票据手续等购房和入住材料的持有情况，李×与张×之间应为借名买房关系。根据李×的自述及提交的限价房购买资格审核备案通知单等证据，李×的购房资格并非摇号取得，一、二审综合本案的实际情况所作认定和处理并无不当。

【法条链接】

《中华人民共和国合同法》

第六十条 当事人应当按照约定全面履行自己的义务。

当事人应当遵循诚实信用原则，根据合同的性质、目的和交易习惯履行通知、协助、保密等义务。

第一百零七条 当事人一方不履行合同义务或者履行合同义务不符合约定的，应当承担继续履行、采取补救措施或者赔偿损失等违约责任。

【案例来源】

北京市高级人民法院民事裁定书（2018）京民申293号。

047. 2008年4月11日前"借名购买经济适用房"有效

（范×与胡×经济适用房转让合同纠纷）

【裁判要旨】

经济适用房，属于政策性保障住房，借名买房的效力与国家的相关政策息息相关。北京市关于经济适用房的相关政策以2008年4月11日为界，在政策适用上，前后有着明显差异，本案购房合同是2008年4月11日（含）之前签订的，属于"老房"适用"老政策"。法院认为，借名买卖涉案房屋合同关系亦成立于2008年4月11日之前，不违反当时法律、行政法规的强制性法律规定，合同有效。

【当事人信息】

上诉人：范×（原审原告）

被上诉人：胡×（原审被告）

【基本案情】

2004 年 3 月 31 日，范×与北京市百环房地产开发有限责任公司签订《商品房买卖合同》，约定范×购买涉案房屋。在范×诉胡×房屋买卖合同纠纷中，(2016) 京 0105 民初 27749 号民事判决书认定涉案房屋的买卖合同虽记载买受人为范×，且以范×的名义办理了房屋所有权证，但买卖合同中"范×"字样实际由胡×代签，胡×支付了该房屋的购房款，并自房屋交付之日起实际使用该房屋，且有关买卖该房屋的相关资料原件均在胡×处，再结合胡×提供的证人证言，认定范×与胡×之间形成借名买卖关系，即胡×借用范×名义向开发商购买涉案房屋。后二审、再审均予以维持该认定。后范×以胡×没有资格购买经济适用房，双方之间的借名买房关系违反我国的相关经济适用房转让的规定，要求确认范×与胡×之间的关于北京市朝阳区（以下简称涉案房屋）的经济适用房转让合同无效。

【诉讼请求】

确认借名买房合同无效。

【裁判结果】

一审：驳回原告范×的诉讼请求。
二审：驳回上诉，维持原判。

【裁判理由】

一审法院认为：人民法院的生效判决已经认定胡×和范×之间形成借名买卖关系，即胡×借用范×之名义向开发商购买涉案房屋。范×主张借名买房合同无效，但经济适用房属于政策性保障住房，其受政策的影响较大。本案涉案房屋的买卖合同签订于 2008 年 4 月 11 日之前，相关政策并不否认此时借名买卖经济适用住房合同的效力。现胡×已交付全部购房款并实际入住涉案房屋，双方之间借名买卖涉案房屋合同并未违反法律、法规的强制性规定，亦不存在其他导致合同无效的情形，故该合同应属有效。对于范×要求确认合同无效的诉讼请求，本院不予支持。

二审法院认为：本案中，生效判决已经认定范×与胡×之间存在借名买房关系，涉案房屋为经济适用房，属于政策性保障住房。政策性保障住房是指国家为保障中低收入城镇居民家庭住房困难提供的政策性住房，主要包括经济适用住房、限价商品房和自住型商品房。借名购买该类房屋损害了广大符合购买该类房屋资格家庭的合法权益，认定借名购买经济适用房的合同无效是处理该类纠纷的基本原则。但是作为政策性保障住房的经济适用房和国家的相关政策是密不可分的。实际上，北京市关于经济适用房的相关政策以 2008 年 4 月 11 日为界，在政策适用上，前后有着明显差异，原购房合同是 2008 年 4 月 11 日（含）之前签订的，属于"老房"适用"老政策"。本案中，涉案房屋的购房合同签订于 2004 年 3 月 31 日，范×与胡×之间借名买卖涉案房屋合同关系亦成立于 2008 年 4 月 11 日之前，不违反当时法律、行政法规的强制性法律规定，亦不存在其他合同无效之情形，一审法院结合本案实际情况，判决驳回范×要求确认合同无效的诉讼请求，并无不当。

【法条链接】

1. 《中华人民共和国合同法》

第六条　当事人行使权利、履行义务应当遵循诚实信用原则。

第五十二条　有下列情形之一的，合同无效：

（一）一方以欺诈、胁迫的手段订立合同，损害国家利益；

（二）恶意串通，损害国家、集体或者第三人利益；

（三）以合法形式掩盖非法目的；

（四）损害社会公共利益；

（五）违反法律、行政法规的强制性规定。

2. 《关于出具已购经济适用住房上市出售意见等问题的批复》

一、为简化审批程序，提高工作效率，2008 年 4 月 11 日之前签订购房合同的已购经济适用住房家庭取得契税完税凭证或房屋所有权证满五年后上市出售，可直接到房屋所在地的区县房屋行政管理部门办理交易过户手续，区县住房保障管理部门不再出具《已购经济适用住房上市出售意见》。

二、2008 年 4 月 11 日之后签订购房合同的已购经济适用住房家庭取得契税完税凭证或房屋所有权证满五年后上市出售的，区县住房保障管理部门继续按本市相关管理规定出具《已购经济适用住房上市出售意见》。

同等价格条件下，区县住房保障管理部门可优先回购；区县无力回购的，可由北京市保障房建设投资中心实施回购。

【案例来源】

北京市第三中级人民法院民事判决书（2019）京 03 民终 5162 号。

048. 2008 年 4 月 11 日后 "借名购买经济适用房" 无效

（郭×1 与郭×2 经济适用房转让合同纠纷）

【裁判要旨】

郭×1 与郭×2 系姐妹关系，郭×2 借用郭×1 的名义购买经济适用房，北京市关于经济适用房的相关政策以 2008 年 4 月 11 日为界，在政策适用上，前后有着明显差异，本案购房合同是 2008 年 9 月 23 日签订的，属于 "新房" 适用 "新政策"。法院认为，借名买卖涉案房屋合同关系亦成立于 2008 年 4 月 11 日之后，借名买房的合同关系违反了相关政策、法规的规定，故应属无效。增值部分损失按双方责任分担。

【当事人信息】

上诉人：郭×1（原审被告）
被上诉人：郭×2（原审原告）

【基本案情】

郭×1 与郭×2 系姐妹关系，2008 年 9 月 23 日，郭×1 与北京××房地产开发有限公司签订《北京市商品房预售合同（经济适用住房）》，约定郭×1 购买涉案房屋，房屋性质为经济适用房，总价为人民币 292 087 元。涉案房屋合同签订后，郭×2 交纳了购房款首付 172 724.57 元、房屋维修基金 13 798 元，贷款担保服务费 600 元，代办产权费 800 元，印花税 146 元，契税 2927.25 元、房屋登记费 40 元等款项，并自 2008 年 11 月 27 日起一直偿还以郭×1 名义办理的公积金贷款至今，每月还款金额为 1000 元，郭×1 对郭×2 还款事实予以认可。自房屋交付起，郭×2 一家在涉案房屋中居住至今，并交纳了全部物业费、供暖费等。2011 年 3 月 30 日，涉案房屋的房屋所有权证下发，所有权人登记为郭×1 单独所有，建筑面积为 68.99 平方米。2014 年郭×1 以涉案房屋系其同意由郭×2 暂时使用、欲收回房屋为由，将郭×2 诉至原审法院，现要求郭×2 腾退涉案房屋；原审法院经审理，于 2014 年 10 月作出（2014）朝民初字第 38091 号民事判决，判令郭×2 将涉案房屋腾退给郭×1。后郭×2 诉至法院，请求郭×1 返还购房款及相关费用，并赔偿房屋增值损失 100 万元。

【诉讼请求】

1. 郭×1 返还购房款首付 172 724.57 元，贷款本金和利息（计算至判决生效之日），房屋维修基金 13 798 元，贷款担保服务费 600 元，代办产权费 800 元，印花税 146 元，契税 2927.25 元，房屋登记费 40 元，物业费 7473.65 元（2010 年 10 月 1 日至 2016 年 6 月 30 日），供暖费 10 348.8 元（截止到 2015 年 11 月 14 日）；

2. 郭×1 赔偿郭×2 房屋装修损失 90 000 元；

3. 郭×1 赔偿郭×2 房屋增值补偿款 1 200 000 元。

【裁判结果】

一审：1. 郭×1 于判决生效之日起十五日内返还郭×2 购房首付款人民币十七万二千七百二十四元五角七分，房屋维修基金一万三千七百九十八元，贷款担保服务费六百元，代办产权费八百元，印花税一百四十六元，契税二千九百二十七元二角五分，房屋登记费四十元；

2. 郭×1 于判决生效之日起十五日内返还郭×2 已偿还住房借款本金和利息，该款项的具体金额按每月人民币一千元计算，自二零零八年十一月二十七日起计算至判决生效之日止；

3. 郭×1 于判决生效之日起十五日内赔偿郭×2 房屋装修损失人民币二万五千七百四十一元；

4. 郭×1 于判决生效之日起十五日内赔偿郭×2 房屋增值损失人民币八十八万零三百四十五元。

二审：驳回上诉，维持原判。

【裁判理由】

一审法院认为：根据本案涉案房屋购买手续的办理、费用负担、房屋交付以及实际居住等情况，能够认定郭×2与郭×1之间存在借名购买经济适用住房的合同关系。但经济适用住房系政府提供政策优惠，具有保障性质的政策性住房，国家对该类房屋的交易有特殊的规定和限制，其购买人必须满足国家规定的条件，购买资格具有专属性。本案涉案房屋的买卖合同签订于2008年4月11日之后，而郭×2并不具备购买经济适用住房的条件，其与郭×1之间关于借名买房的合同关系违反了相关政策、法规的规定，故应属无效。对于合同无效的后果，双方均有过错，关于责任比例，法院综合本案具体案情，酌情确定郭×1承担主要责任，郭×2承担次要责任。合同无效后，因该合同取得的财产，应当予以返还；不能返还或者没有必要返还的，应当折价补偿；有过错的一方应当赔偿对方因此所受到的损失，双方都有过错的，应当各自承担相应的责任。关于郭×2要求郭×1返还各项购房费用及已偿还贷款的诉讼请求，于法有据，法院予以支持。关于郭×2要求郭×1支付其已交纳物业费、供暖费的诉讼请求，因上述费用发生产生在郭×2居住期间，法院不予支持。关于郭×2要求郭×1赔偿装修损失、房屋增值补偿款的请求，法院综合考虑郭×1因房屋升值获得的利益、郭×2因此丧失的订约机会损失、郭×2装修房屋的添附价值及双方的过错程度等因素，参考评估结果，酌情予以支持。

二审法院认为：郭×2主张双方之间存在买卖经济适用房合同关系，并就此提供了赫×、郭×3在另案中的证人证言以及证明其支付购房款、实际居住的其他证据，综合上述证据可以证明其与郭×1之间存在借名购买经济适用房的合同关系。郭×1予以否认，应当就其抗辩主张承担举证责任，但其既未提交有效证据证明其与郭×2之间是借款关系，又未就郭×2持有讼争房屋的购买手续文件并长期居住使用该房屋进行合理解释，故应当承担举证不能的后果。原审法院认定郭×2与郭×1之间存在借名购买经济适用房合同关系并无不当。因二人之间的借名买房关系违反了国家政策法规的规定，应属无效，双方当事人基于合同取得的财产应予以返还，并结合双方过错比例承担责任。原审法院综合双方的过错比例，并结合房屋的升值利益等因素，酌定郭×1赔偿郭×2房屋增值损失880 345元符合情理。

【法条链接】

1.《中华人民共和国合同法》

第六条　当事人行使权利、履行义务应当遵循诚实信用原则。

第五十二条　有下列情形之一的，合同无效：

（一）一方以欺诈、胁迫的手段订立合同，损害国家利益；

（二）恶意串通，损害国家、集体或者第三人利益；

（三）以合法形式掩盖非法目的；

（四）损害社会公共利益；

（五）违反法律、行政法规的强制性规定。

2.《关于出具已购经济适用住房上市出售意见等问题的批复》

一、为简化审批程序，提高工作效率，2008 年 4 月 11 日之前签订购房合同的已购经济适用住房家庭取得契税完税凭证或房屋所有权证满五年后上市出售，可直接到房屋所在地的区县房屋行政管理部门办理交易过户手续，区县住房保障管理部门不再出具《已购经济适用住房上市出售意见》。

二、2008 年 4 月 11 日之后签订购房合同的已购经济适用住房家庭取得契税完税凭证或房屋所有权证满五年后上市出售的，区县住房保障管理部门继续按本市相关管理规定出具《已购经济适用住房上市出售意见》。

同等价格条件下，区县住房保障管理部门可优先回购；区县无力回购的，可由北京市保障房建设投资中心实施回购。

【案例来源】

北京市第三中级人民法院民事判决书（2016）京 03 民终 7332 号。

049. 以产权单位认为"已购公房"不得上市交易为由
要求确认合同无效难以支持

（焦×与程×房屋买卖合同纠纷）

【裁判要旨】

焦×与程×签订合同将从单位购置的公房转让给程某，后焦×反悔，以其对于涉诉房屋不享有任何所有权为由要求确认双方签订的合同无效。法院认为《中华人民共和国城市房地产管理法》中"权属有争议的""未依法登记领取权属证书的"房屋不得转让的规定属于行政管理性质，并不属于《最高人民法院关于适用〈中华人民共和国合同法〉若干问题的解释（二）》第十四条中的效力性强制性规定。同样《中央在京单位已购公有住房上市出售管理办法》中关于不得转让的规定，也不属于效力性强制性规定，焦×以此主张合同无效，法院不予采纳。

【当事人信息】

上诉人：焦×（原审原告）
被上诉人：程×（原审被告）

【基本案情】

2000年3月21日，焦×（甲方）与程×（乙方）、吴×（中保人）签订《楼房产权及所有权转移合同》约定：一、今将位于北京丰台区×北里×号楼×单元×号财产及所有权同意一次性转移给乙方程×永久所有（因甲方购楼款是乙方交纳的）。二、在该楼产权没变更前涉及以后向厂方交纳的任何费用（水电费等）仍继续由甲方代交。三、如以后该楼产权厂方变更给甲方，甲方必须将产权变更手续无条件的转移给乙方永久所有等。后焦×以当初北方车辆公司出售的房屋为无产权证的福利房，仅能在北方车辆公司内部职工之间转让，不能对外买卖为由诉请确认合同无效。

在案件审理过程中，北方车辆公司复函称：涉诉房屋是我司职工住宅属于央产房，产权登记单位为北方车辆公司，房屋性质为已售标准价的房改房，但没有给职工办理房产证。涉诉房屋1994年由我司分配给焦×，焦×是该房产的使用权人。我司对登记在本公司名下的房产进行日常维护和管理。我司属于在京中央企业，隶属中国兵器工业集团公司，具有国家一级保密资质，我司住房档案已在"在京中央和国家机关住房交易办公室"进行登记备案，我司管理的所有房屋不得进行上市交易，员工个人无权将我司管理的房屋转让给他人。

在京中央和国家机关住房交易办公室复函称"经查询住房档案备案情况，该诉争房屋未在我办建档，是否属于可上市交易房屋需与原产权单位核实"。

向北京市国土资源局丰台分局调查，该单位经查询涉诉房屋无房屋登记信息。

【诉讼请求】

确认焦×与程×于 2000 年 3 月 21 日签订的《楼房产权及所有权转移合同》无效。

【裁判结果】

一审：驳回原告焦×的诉讼请求。

二审：驳回上诉，维持原判。

再审：驳回焦×的再审申请。

【裁判理由】

一审法院认为：依法成立的合同，受法律保护。法院从以下几方面考虑：第一，《中华人民共和国城市房地产管理法》第三十八条第（五）项"权属有争议的"、第（六）项"未依法登记领取权属证书的"房屋不得转让，但该规定属于行政管理性质，并不属于《最高人民法院关于适用〈中华人民共和国合同法〉若干问题的解释（二）》第十四条规定中的效力性强制性规定，焦×以此主张双方协议无效，依据不足，法院不予支持。第二，依据《最高人民法院关于审理买卖合同纠纷案件适用法律问题的解释》第三条规定，当事人一方以出卖人在缔约时对标的物没有所有权或者处分权为由主张合同无效的，人民法院不予支持。第三，《中央在京单位已购公有住房上市出售管理办法》第八条第二款规定，涉及国家安全、保密的特殊部门的住房，党政机关、科研部门及大专院校等单位在机关办公、教学、科研区内的住房，原产权单位认为不宜公开上市出售的，应报交易办公室备案，并在职工住房档案中注记。该类住房可按规定向原产权单位腾退，也可在原产权单位职工范围内进行交易。上述管理办法第十一条第二款规定，凡以标准价购买的住房，出售人可按购房当年房改成本价向原产权单位补交房价款，取得全部产权后上市出售。依据现有证据，涉诉房屋为央产房，系北方车辆公司分配给焦×，房屋性质为已售标准价的房改房，虽然北方车辆公司认为涉诉房屋现不得进行上市交易，但《中央在京单位已购公有住房上市出售管理办法》不属于效力性强制性规定，焦×以此主张双方协议无效，法院难以采纳。综上，现涉诉房屋不属于国家保障性住房，又无第三人向法院主张侵害其合法权益。焦×与程×

签订的《楼房产权及所有权转移合同》，现没有相应证据证明该合同存在合同无效的法定事由，故对于焦×要求确认焦×与程×于 2000 年 3 月 21 日签订的《楼房产权及所有权转移合同》无效的诉讼请求，缺乏依据，法院不予支持。

二审法院认为：焦×上诉称涉诉房屋无建设用地规划许可证和建设工程规划许可证，其与程×之间的《楼房产权及所有权转移合同》因此无效。但是根据北方车辆公司的回复函，涉诉房屋属于央产房，产权登记单位为北方车辆公司，系该单位分配给焦×的，房屋性质为已售标准价的房改房，北方车辆公司隶属中国兵器工业集团公司，具有国家一级保密资质，故仅根据焦×提交的北京市规划委员会丰台分局的告知书，本院难以认定其与程×之间的《楼房产权及所有权转移合同》因该理由无效。关于焦×所述其自始无权处分涉诉房屋而致合同无效的问题，依据《最高人民法院关于审理买卖合同纠纷案件适用法律问题的解释》第三条的规定可知，出卖人在订立合同时对合同标的无所有权或处分权，不影响合同效力。本案中，焦×对涉诉房屋无处分权，不导致其与程×订立的《楼房产权及所有权转移合同》无效。且现涉诉房屋不属于国家保障性住房，亦无第三人向法院主张侵害其合法权益。故焦×的上诉请求不能成立，应予驳回。

再审法院认为：现有证据不足以证实涉诉房屋为违法建筑，焦×对涉诉房屋无权处分，不导致其与程×签订的《楼房产权及所有权转移合同》无效，一、二审适用法律亦无不当。焦×的再审请求缺乏充分的事实与法律依据，不符合《中华人民共和国民事诉讼法》第二百条第二款第六项规定的情形，本院不予支持。

【法条链接】

1.《最高人民法院关于适用〈中华人民共和国合同法〉若干问题的解释（二）》

第十四条 合同法第五十二条第（五）项规定的"强制性规定"，是指效力性强制性规定。

2.《最高人民法院关于审理买卖合同纠纷案件适用法律问题的解释》

第三条 当事人一方以出卖人在缔约时对标的物没有所有权或者处分权为由主张合同无效的，人民法院不予支持。

出卖人因未取得所有权或者处分权致使标的物所有权不能转移，买受人要求出卖人承担违约责任或者要求解除合同并主张损害赔偿的，人民法院应予支持。

3.《中央在京单位已购公有住房上市出售管理办法》

第八条 凡属超标而未经处理的住房，须经原产权单位按规定超标处理后方可上市出售；按房改政策规定属不可售住房但已向职工出售的，不得上市出售。

涉及国家安全、保密的特殊部门的住房，党政机关、科研部门及大专院校等单位在机关办公、教学、科研区内的住房，原产权单位认为不宜公开上市出售的，应报交易办公室备案，并在职工住房档案中注记。该类住房可按规定向原产权单位腾退，也可在原产权单位职工范围内进行交易。

法律、法规规定的其它不得上市出售的已购公房或与原产权单位有特殊约定的已购公房（规定住满五年内容的除外），应按法律、法规规定或与原产权单位的约定执行。

【案例来源】

北京市第二中级人民法院民事判决书（2017）京02民终11839号；
再审：北京市高级人民法院民事判决书（2018）京民申368号。

050. "小产权" 房屋买卖合同效力问题暂不进行实体处理 需等待相关政策明确后处理

(刘×与苏×房屋买卖合同纠纷)

【裁判要旨】

随着房价的一路高涨，房地产市场的违约率也随之快速上升。刘×于签订合同且交付房屋将近十年之后，诉请确认合同无效。同类型的案件近些年时有发生，而此案的典型性在于转让标的是"小产权"房屋，"小产权"房一般是指建于集体所有土地上，缺少合法建设审批手续的房屋。该类房屋虽然没有合法的手续，但因其价格低廉，受到了一部分人的青睐。同样由于没有合法的产权，其交易流通都无章可循，导致纠纷频繁发生。该判决明确"小产权"房屋买卖合同的效力问题不宜作出实体处理，起诉缺乏实体依据，双方可待该类房屋的相关政策法规施行后另行处理，驳回了原告的起诉。

【当事人信息】

上诉人：刘×（原审原告）
被上诉人：苏×（原审被告）

【基本案情】

2001 年 8 月 31 日，刘×（购买方、甲方）与大庄村委会（销售方、乙方）签订《商品房购销合同》，约定，甲方向乙方定购北京市大兴区黄村镇××楼×号楼×单元×室房屋（以下简称×室房屋）一套，面积 88.98 平方米，购房款 115 674 元，甲方一次性付清购房款。甲方在交清购房款后，应与房屋所在地房屋管理部门办理房屋管理协议，交纳住宅区及房屋管理费用。甲方拥有所购商品房之产权。乙方应如期交付经北京市建设工程质量监督站检验合格的商品房屋，并有义务协助甲方办理好产权手续。

2007年3月27日，刘×与苏×签订《协议》，约定：刘×将×室房屋产权转移苏×所有，从办理手续起由于住房产生的各种费用由苏×承担，刘×协助做完产权转移手续，苏×完成付款后接纳水、电等材料，住房发生费用以交钥匙为界分开负责。协议签订后，苏×依约给付了刘×房款280 000元，现×室房屋由苏×居住使用。

【诉讼请求】

1. 请求法院确认双方于2007年3月27日签订的房屋买卖协议无效；
2. 请求判令苏×将北京市大兴区黄村镇×楼×号楼×单元×室房屋返还刘×。

【裁判结果】

一审：驳回原告刘×的起诉。
二审：驳回上诉，维持原判。
再审：驳回刘×的再审申请。

【裁判理由】

一审法院认为：小产权房一般是指建于集体所有土地之上，缺少合法建设审批手续的房屋。双方均认定×室房屋的性质系"小产权"房屋，相关法律法规对小产权房屋权属登记方面尚未予以规定。根据物权法定原则及涉案房屋现状，涉及"小产权"房屋的买卖合同的效力问题不宜作出实体处理，刘×的起诉缺乏实体法依据，双方可待该类房屋的相关政策法规施行后再行处理。

二审法院认为：经一审法院查明，本案诉争房屋的性质为"小产权"，双方对此不持异议。因相关法律法规对"小产权"房屋权属登记方面尚未予以规定，故一审法院关于根据物权法定原则及涉案房屋现状，涉及"小产权"房屋的买卖合同的效力问题不宜作出实体处理，刘×的起诉缺乏实体法依据，双方可待该类房屋的相关政策法规施行后再行处理的认定，并无不当，本院予以支持。

再审法院认为：本案在一、二审审理过程中，双方当事人对本案诉争房屋的性质为"小产权",均不持异议。因相关法律法规对"小产权"房屋权属登记方面尚未予以规定,故一、二审法院关于根据物权法定原则及涉案房屋现状,涉及"小产权"房屋的买卖合同效力问题不宜作出实体处理,刘×的起诉缺乏实体法依据,双方可待该类房屋的相关政策法规施行后再行处理的认定,并无不当,本院予以支持。

【法条链接】

《中华人民共和国物权法》

第九条 不动产物权的设立、变更、转让和消灭,经依法登记,发生效力;未经登记,不发生效力,但法律另有规定的除外。

依法属于国家所有的自然资源,所有权可以不登记。

第十五条 当事人之间订立有关设立、变更、转让和消灭不动产物权的合同,除法律另有规定或者合同另有约定外,自合同成立时生效;未办理物权登记的,不影响合同效力。

【案例来源】

二审:北京市第二中级人民法院民事判决书(2016)京 02 民终 10038 号。
再审:北京市第二中级人民法院民事判决书(2017)京 02 民申 49 号。

051. 对"小产权房"的占有不应受到法律之外的侵害

(周×与刘×排除妨害纠纷)

【裁判要旨】

案外人吴×将其小产权房出售给周×,又为了利益将该小产权房出租给刘×,而"小产权房"因缺少合法建设审批手续,无法进行物权登记,当买受人的使用权与承租人的使用权相冲突时,承租人是否可以适用"买卖不破租赁"的原则,买受人是否可以以权利人身份主张权利,在实践中并无明确的法律依据。本案认为周×作为买受人,交付使用房屋在先,其对房屋的占有不应受到法律之外的侵害。而租赁合同鉴于小产权房没有规划许可证,故租赁合同无效，不应适用买卖不破租赁的原则。

【当事人信息】

上诉人：刘×（原审被告）
被上诉人：周×（原审原告）

【基本案情】

2015 年 4 月 28 日，周×自修×、吴×处购买北京市昌平区小汤山镇龙脉花园×房屋，修×、吴×承诺该房屋无任何经济纠纷、无任何贷款，双方于当日支付全部购房款和交接房屋。交接房屋后，原告周×即安排施工人员对房屋进行装修。2015 年 5 月 8 日起被告刘×多次骚扰原告周×，2015 年 5 月 11 日被告刘×通过强行换锁、威吓工人、塞锁等行为阻挠原告装修施工，并造成经济损失。

被告刘×称，2015 年 1 月 11 日其与吴×签订对涉案房屋的租赁合同，租期 4 年，租金七万且一次性付清。

【诉讼请求】

1. 判决被告刘×立即停止妨害原告对北京市昌平区小汤山镇龙脉花园×房屋的占有、使用、处分、收益等权益；
2. 被告向原告赔偿经济损失三万五千元。

【裁判结果】

一审：1. 被告刘×于本判决生效后立即停止妨害原告周×对北京市昌平区小汤山镇龙脉花园×房屋的占有、使用；
2. 被告刘×赔偿原告周×经济损失三千元；
3. 驳回周×的其他诉讼请求。
二审：驳回上诉，维持原判。

【裁判理由】

一审法院认为：原告作为购买人，出卖人将房屋交付原告后，原告即对涉案房屋可以占有使用，如果其占有受到他人侵害，依照法律规定当然有权作为诉讼主体参加诉讼。原告周×购买涉案房屋虽系小产权房，但是其对该房屋的占有不应受到法律之外的侵害。关于被告辩称买卖不破租赁，根据法律规定，出租人就未取得建设工程规划许可证或者未按照建设工程规划许可证的规定建设的房屋，与承租人订立的租赁合同无效。本案中被告提供的房屋租赁合同其租赁标的无相应的规划许可证，故本院认为本案不适用买卖不破租赁的法律规则。另外，根据被告提供的租赁合同虽然签订时间在前，但是出租人吴×并未将涉案房屋交付被告使用，反而是吴×和修×共同配合原告变更登记房屋买卖合同，交接房屋，可见原告的占有在先。根据合同相对性的原理，被告的损失可以向出租人吴×主张，但无权阻挠原告对涉案房屋正常占有使用。

二审法院认为：周×因履行买卖合同而合法占有该房屋，有权要求非法侵占者排除妨害。刘×未举证证明吴×向其实际交付了租赁房屋，因此不能证明其对该房屋已经产生合法占有。

【法条链接】

1. 《中华人民共和国物权法》

第二百四十五条 占有的不动产或者动产被侵占的，占有人有权请求返还原物；对妨害占有的行为，占有人有权请求排除妨害或者消除危险；因侵占或者妨害造成损害的，占有人有权请求损害赔偿。

占有人返还原物的请求权，自侵占发生之日起一年内未行使的，该请求权消灭。

2. 《最高人民法院关于审理城镇房屋租赁合同纠纷案件具体应用法律若干问题的解释》

第一条 本解释所称城镇房屋，是指城市、镇规划区内的房屋。

乡、村庄规划区内的房屋租赁合同纠纷案件，可以参照本解释处理。但法律另有规定的，适用其规定。

当事人依照国家福利政策租赁公有住房、廉租住房、经济适用住房产生的纠纷案件，不适用本解释。

第二条 出租人就未取得建设工程规划许可证或者未按照建设工程规划许可证的规定建设的房屋，与承租人订立的租赁合同无效。但在一审法庭辩论终结前取得建设工程规划许可证或者经主管部门批准建设的，人民法院应当认定有效。

【案例来源】

北京市第一中级人民法院民事判决书（2015）一中民终字第 6846 号。

052. "小产权房"的占有使用权可以进行确认、分割

（吴×与王×用益物权确认纠纷）

【裁判要旨】

吴×与王×原系夫妻关系，二人离婚时并未对其拥有的小产权房进行分割处理，后产生纠纷，吴×诉请确认小产权房的使用权归其所有。小产权房因缺少合法建设审批手续，无法进行物权登记，所以小产权房的买卖、分割一直没有明确的法律依据，本案经过一审、二审，法院认为双方虽未取得合法的所有权，但占有使用仍是一种利益，且实际生活中有价可循，故对涉案房屋依法予以分割。

【当事人信息】

上诉人：王×（原审被告）
被上诉人：吴×（原审原告）

【基本案情】

吴×与王×于 2007 年经人介绍相识。2010 年 1 月 7 日，经吴×要求，王×父母自愿将其出资购买并装修的位于北京市通州区×号楼×单元×号房屋赠与给二人，作为二人婚房。因×号房屋是小产权房屋，没有合同，也没有房屋产权证，不能办理过户手续，故由北京市永乐店建筑工程公司（×号房屋的开发商）出具收据，写明"今收到王×、吴×交来楼房款 297 075 元"。后王×父母将×号房屋实际交给吴×与王×。吴×与王×于 2010 年 1 月 15 日登记结婚，且一直在×号房屋内居住至 2013 年年初，其后轮流与双方父母共同居住。现房屋由王×方控制。后吴×与王×因感情不和于 2016 年 6 月 8 日经法院调解离婚。

王×对吴×主张的事实未提出异议，但主张赠与是表面的东西，因为吴×怀

孕了，考虑到将来的孩子，照顾女方，就在收据上写上吴×的名字。房屋实际是王×父亲出资的，并非赠与。

【诉讼请求】

请求法院依法确认位于北京市通州区×号楼×单元×号房屋的使用权归原告所有。

【裁判结果】

一审：1. 位于北京市通州区×号楼×单元×号房屋的使用权归被告王×享有；

2. 被告王×给付原告吴×房屋补偿款三十五万元，于本判决生效之日起七日内执行清；

3. 驳回关×的其他诉讼请求。

二审：驳回上诉，维持原判。

【裁判理由】

一审法院认为：根据已查明的事实，涉案房屋为小产权房，买方与开发商之间没有签订合同，除开发商出具的收据外，没有其他任何证明房屋权利的凭证。在这种情况下，当事人通过开发商更改收据缴款人名字的行为，应视为赠与。由于更改名字后，王×与吴×实际居住房屋，房屋亦已完成交付，王×、吴×已实际取得占有使用权。现双方虽未取得合法的所有权，但占有使用仍是一种利益，且实际生活中有价可循，故本院对涉案房屋依法予以分割。具体的分割方案，本院考虑到房屋的价值、居住的现状、房屋的购买出资情况以及照顾妇女儿童的基本原则，依法予以确定。

二审法院认为：根据已查明的事实及双方当事人的陈述，涉案房屋系小产权房，由王×之父出资购买。因王×之父与房屋开发商并未签订书面合同，且无其他权利记载凭证，故通过开发商更改收据缴款人为王×和吴×的行为，应视为赠与，且涉案房屋在变更缴款人名称后已实际交付，由王×、吴×居住使用，该赠与已实际履行，故王×和吴×已取得涉案房屋的相关权利，一审法院对此认定正确。

一审法院考虑居住现状、房屋购买出资情况等因素，判令涉案房屋的使用权归王×享有,此实质系对涉案房屋排他性的占有使用,在此情况下,对于吴×对于涉案房屋应享有的权益应一并予以处理,故一审法院考虑房屋价值及照顾妇女儿童原则等因素,判令王×给付吴×相应房屋补偿款,并无不当。

另,王×主张依据《中华人民共和国合同法》的相关规定,因涉案房屋尚未变更登记到王×和吴×名下,故其父可以撤销赠与;因涉案房屋系小产权房,出资购买人王×之父并未取得涉案房屋的所有权,其对于涉案房屋仅享有与开发商的合同权利,且涉案房屋已交付王×和吴×实际占有使用,赠与已实际履行,故王×的该项主张,于法无据,本院不予采纳。

【法条链接】

《中华人民共和国婚姻法》

第三十九条 离婚时,夫妻的共同财产由双方协议处理;协议不成时,由人民法院根据财产的具体情况,照顾子女和女方权益的原则判决。

夫或妻在家庭土地承包经营中享有的权益等,应当依法予以保护。

【案例来源】

北京市第三中级人民法院民事判决书(2017)京 03 民终 18 号。

053. "农村房屋连环买卖"最后一手买受人与出卖人属于同一集体经济组织成员的合同有效

(许×与程×农村房屋买卖合同纠纷)

【裁判要旨】

北京市延庆区大榆树镇下屯村西区×××号集体建设用地使用证登记在许×名下,许×将其拥有的房屋一处转让给了程×,后程×加盖后转让给了朱×。许×与第三人朱×均属于北京市延庆区大榆树镇下屯村村集体组织成员,程×不是北京市延庆区大榆树镇下屯村村集体组织成员。法院认为农村私有房屋买卖合同的效力,应当以最后一手买受人的身份情况进行判断,最后一手买受人与出卖人同属同一集体经济组织成员的,合同有效。

【当事人信息】

上诉人：许×（原审原告）

被上诉人：程×（原审被告）

被上诉人：朱×（原审第三人）

【基本案情】

2009 年 12 月，许×与程×签订农村房屋买卖合同，约定："一、房屋一处，四至东至朱宝玉，西至陈桂祥，南至赵亮，北至街，使用面积以县土地管理局所发的集体土地建设用地使用证为准，房屋价格人民币柒万元整，在写此协议当天一次性付清房屋款。二、如需进行房屋过户，其费用由买方承担。"当日程×将七万元现金交付许×，许×将诉争房屋交付程×，程×的父母一直居住在诉争房屋内至今。后程×对该诉争房屋进行了修缮，并在该宅基地加盖了三间东房、三间西房。

2015 年 5 月 3 日，程×与朱×签订农村房屋买卖合同，约定："一、房屋一处，四至东至朱宝玉，西至陈桂祥，南至赵亮，北至街，使用面积以县土地管理局所发的集体土地建设用地使用证为准，房屋价格人民币肆拾伍万元整，在写此协议当天一次性现金付清。二、如需进行房屋过户，其费用由买方承担。"北京市延庆区大榆树镇下屯村西区×××号集体建设用地使用证【下集建（下屯）字第×××号】登记在原告许×名下，现存放于朱×处。

许×与程×、程×与朱×所签订的二份农村房屋买卖合同均未向北京市延庆区大榆树镇下屯村村民委员会和大榆树镇镇政府备案，程×所建房屋六间亦未经下屯村村民委员会和大榆树镇镇政府批准。

【诉讼请求】

原告起诉请求：

1. 确认许×与程×的农村房屋买卖合同无效；

2. 请求程×返还房屋。

第三人诉讼请求：

1. 依法确认许×与程×房屋买卖合同有效并驳回许×的诉讼请求；

2. 依法确认程×与朱×的房屋买卖合同有效并确认朱×对诉争房屋享有所

有权。

【裁判结果】

一审：1. 驳回原告许×的诉讼请求；

2. 原告许×与被告程×签订的农村房屋买卖合同有效；

3. 第三人朱×与被告程×签订的农村房屋买卖合同关于北京市延庆区大榆树镇下屯村西区×××号院内北房三间半部分有效；

4. 位于北京市延庆区大榆树镇下屯村西区×××号院内北房三间半归第三人朱×所有；

5. 驳回第三人朱×的其他诉讼请求。

二审：1. 维持北京市延庆区人民法院（2017）京0119民初3220号民事判决第一项；

2. 撤销北京市延庆区人民法院（2017）京0119民初3220号民事判决第二项、第三项、第四项、第五项。

【裁判理由】

一审法院认为：农村私有房屋买卖合同的效力，应当以最后一手买受人的身份情况进行判断，最后一手买受人与出卖人同属同一集体经济组织成员的，合同有效。本案中，位于北京市延庆区大榆树镇下屯村西区×××号的北房三间半由原告许×出售给被告程×，后又由程×出售给第三人朱×，属于农村私有房屋"连环买卖"，应当以最后一手买家暨第三人朱×的身份情况确定该二份农村房屋买卖合同的效力，因原告许×与第三人朱×均属于北京市延庆区大榆树镇下屯村村集体组织成员，故关于该北房三间半的农村房屋买卖均有效。因原告许×与被告程×农村房屋买卖合同的标的仅为该北房三间半，而非北京市延庆区大榆树镇下屯村西区×××号宅基地，且被告程×不是北京市延庆区大榆树镇下屯村村集体组织成员，故被告程×未经村镇批准而在该宅基地上新建东房三间、西房三间的产权应另行确认，进而第三人朱×关于确认北京市延庆区大榆树镇下屯村西区×××号院内所有房屋所有权的诉求缺乏法律依据，本院不能支持。

二审法院认为：宅基地使用权是集体经济组织成员享有的权利，与特定的身份关系相联系，不允许转让给集体经济组织成员以外的人。许×将诉争房屋出售给程×后，程×又将该房屋出售给朱×。虽然程×并非诉争房屋所在的北京市延庆区大榆树镇下屯村村民，但朱×为该村村民，故综合上述两个买卖关系，并未导致宅基地使用权流转给集体经济组织成员以外的人，不违反相关法律规定。因此，一审法院判决驳回许×关于确认其与程×之间房屋买卖合同无效并要求程×返还诉争房屋的诉讼请求，是正确的，应予维持。

朱×并非许×与程×之间房屋买卖合同的当事人，许×与程×之间房屋买卖合同效力对其与程×之间的房屋买卖合同效力并无必然影响，故朱×对本案争议的许×与程×之间农村房屋买卖合同的效力问题并无独立请求权，程×与朱×之间房屋买卖合同的效力问题与本案并非同一法律关系，不宜在本案中一并处理。因此，一审法院就朱×的诉讼请求进行实体审理，适用法律错误，本院予以纠正。

【法条链接】

1.《中华人民共和国合同法》

第八条 依法成立的合同，对当事人具有法律约束力。当事人应当按照约定履行自己的义务，不得擅自变更或者解除合同。

依法成立的合同，受法律保护。

第一百三十二条 出卖的标的物，应当属于出卖人所有或者出卖人有权处分。

法律、行政法规禁止或者限制转让的标的物，依照其规定。

2.《中华人民共和国土地管理法》（2004年修正）

第十一条 农民集体所有的土地，由县级人民政府登记造册，核发证书，确认所有权。

农民集体所有的土地依法用于非农业建设的，由县级人民政府登记造册，核发证书，确认建设用地使用权。

单位和个人依法使用的国有土地，由县级以上人民政府登记造册，核发证书，确认使用权；其中，中央国家机关使用的国有土地的具体登记发证机关，由国务院确定。

确认林地、草原的所有权或者使用权，确认水面、滩涂的养殖使用权，分别依照《中华人民共和国森林法》、《中华人民共和国草原法》和《中华人民共和国渔业法》的有关规定办理。

第十六条 土地所有权和使用权争议，由当事人协商解决；协商不成的，由人民政府处理。

单位之间的争议，由县级以上人民政府处理；个人之间、个人与单位之间的争议，由乡级人民政府或者县级以上人民政府处理。

当事人对有关人民政府的处理决定不服的，可以自接到处理决定通知之日起三十日内，向人民法院起诉。

在土地所有权和使用权争议解决前，任何一方不得改变土地利用现状。

【案例来源】

北京市第一中级人民法院民事判决书（2018）京01民终36号。

054. 回乡落户职工购买"农村房屋"合同有效

（张×与马×农村房屋买卖合同纠纷）

【裁判要旨】

关于农村私有房屋买卖合同效力的认定问题，2004年12月高院民一庭曾联合高院审监庭、立案庭等相关部门进行了专门研讨，并在充分吸收一、二中院调研意见的基础上，形成了会议纪要。根据会议所达成的共识，农村私有房屋买卖合同以认定无效为原则，以认定有效为例外；从买卖双方的主体身份来看，如果双方都是同一集体经济组织的成员，经过了宅基地审批手续的，可以认定合同有效。2006年9月14日《北京市法院民事审判实务疑难问题研讨会会议纪要》再次指出买卖双方都是同一集体经济组织成员，或者诉讼时买受人已将户口迁入所在地的集体经济组织的，可以认定合同有效；对于1999年1月1日《土地管理法》修订之前，将房屋转让给回乡落户的干部、职工、退伍军人以及华侨、港澳台同胞的，亦可认定转让合同有效。

【当事人信息】

上诉人：张×（原审原告）

被上诉人：马×（原审被告）

【基本案情】

××市××区××镇××村村民赵×1与妻子刘××生前共育有七个子女，分别为：赵×2、赵×3、赵××、赵×4、赵×5、赵×6和赵×7。刘××已于1978年去世，赵×1于1998年去世，赵××于1995年去世。赵××与本案原告张×系夫妻关系，二人共育有一女即赵×8。赵××一家原住××市××区××镇××村新村六排13号宅院，后赵××作为卖方于1993年12月24日将本案诉争房屋卖与本案被告马×，双方签订了《卖房契约》，载明：兹立卖房契约人赵××因乔迁新居，愿将原坐落在东临街、南临街、北临街、西至宋××家的北房四间、南房四间、东西配房各一间及其院落和自来水设施等一并卖给本村马×，属于永久为业。总出售价为三万三千元整，房款于1993年12月24日一次性付清，交卖房主赵××收存。房权证发后由赵××交与马×。1995年赵××去世。后原告张×作为非农业家庭户的户主于1998年7月1日搬至××市××区××镇××村191号院居住；后原告张×又于2005年3月14将住所搬至××市××区。现因涉案房屋即位于××市××区××镇××村新村六排13号宅院的买卖合同效力问题双方产生争议，原告张×起诉要求确认《卖房契约》无效，并要求被告向原告返还本案诉争房屋。赵×2、赵×3、赵×4、赵×5、赵×6、赵×7、赵×8均作出如下书面意思表示和承诺不参与诉讼，对××市××区房产放弃继承。

本案诉争的位于××市××区院的宅基地使用权已经由××县人民政府于1994年4月15日登记在被告马×名下。

另查，原告张×虽居住在××市××区××镇××村，但其户籍性质属于非农业户口；被告马×作为长期居住在××村的老门老户，其父母生前亦系××市××区××镇××村的村民，属于该村集体经济组织成员，且系农业户口；被告马×于1975年12月27日到××所上班而将农业户口转为非农业户口，且1990年3月14日之后，被告马×将户籍从××县××场转到××市××区××镇××村，属于我国法律规定的回乡落户的职工身份。

【诉讼请求】

1. 判令张×与马×双方之间签订的房屋买卖合同无效；
2. 要求马×将坐落于××市××区××镇××村新村六排13号房屋返还给张×。

【裁判结果】

一审：驳回原告张×的诉讼请求。
二审：驳回上诉，维持原判。

【裁判理由】

一审法院认为：本案中房屋买卖行为有效，理由如下：其一，原告张×之夫赵××在将本案诉争房屋及宅院于1993年12月24日处分给本案被告马×之前，诉争房屋属于本案原告张×和其丈夫赵××的夫妻共同财产。《卖房契约》系双方真实意思表示，且该买卖合同签订后双方依约履行了各自的合同义务。其二，原告张×虽居住在××市××区××镇××村，但其户籍性质属于非农业户口；被告马×作为长期居住在××村的老门老户，其父母生前亦系××市××区××镇××村的村民，属于该村集体经济组织成员，且系农业户口；被告马×于1975年12月27日到××所上班而将农业户口转为非农业户口，且1990年3月14日之后，被告马×将户籍从××县××场转到××市××区××镇××村，属于我国法律规定的回乡落户的职工身份。依据我国相关法律、法规以及相应司法解释之规定，非同一集体经济组织成员之间的农村房屋买卖合同的认定效力以认定无效为原则、以认定有效为例外，例外情形主要包括如下几个情形：（一）买卖合同双方在签订合同后均系同一集体经济组织成员的；（二）诉讼时买受人已将户口迁入所购买房屋所在地的集体经济组织的；（三）对于1999年1月1日《中华人民共和国土地管理法》修订之前，将房屋转让给回乡落户的干部、职工、退伍军人以及华侨、港澳台同胞的；上述三种情形应认定为农村房屋买卖合同有效。就本案而言，从查明的事实看，被告马×作为回乡落户的职工，其于1990年3月14日将户口迁至××市××区××镇××村，并于1993年12月24日购买本案诉争宅院及房屋。从这一过程分析，被告马×与赵××就本案诉争房屋的交易过程完全符合上述“例外情形”中第（三）种情形之规定，本院应以认定双方农村房屋买卖行为有效为宜。本院从维护市场交易秩序和交易安全、当事人合理预期、尊重诚实信用的市场交易原则以及引导当事人积极维权的角度出发，本院对原告的诉讼请求以不予支持为宜。其三，本案中原告本次提起的确认房屋买卖行为无效的确认之诉以及要求被告返还房屋的给付之诉，均超过了我国现行法律规定的最长保护时效期间的规定，其相关权利基础已不复存在。其四，1994 年 4 月 15 日，××县人民政府根据诉争房屋的来龙去脉和权属的前因后果，为本案被告马×颁发了《集体土地建设用地使用证》，以国家公权力的形式为本案诉争房屋的最终权利归属以及房屋坐落范围内的宅基地使用权进行了确定。故本院综合本案诉讼双方矛盾纠纷形成的时代背景和前因后果，结合双方庭审中举证质证和法庭辩论等，以事实为依据、以法律为准绳，综合认定原告张×之夫赵××于 1993 年与被告马×签订的《卖房契约》合法有效，原告张×的诉讼请求依法应予驳回。

二审法院认为：本案的争议焦点系《卖房契约》的效力如何认定。经审查，涉案《卖房契约》是双方当事人的真实意思表示，且订立于 1993 年。《卖房契约》签订后马×亦将户口迁至该房屋，且原××县人民政府向马×颁发了《集体土地建设用地使用证》。据此，《卖房契约》应属有效。张×主张《卖房契约》无效并返还诉争房屋的诉讼请求，缺乏事实及法律依据，一审法院驳回其诉求正确。关于诉讼时效，《最高人民法院关于审理民事案件适用诉讼时效制度若干问题的规定》第一条规定："当事人可以对债权请求权提出诉讼时效抗辩，但对下列债权请求权提出诉讼时效抗辩的，人民法院不予支持：（一）支付存款本金及利息请求权；（二）兑付国债、金融债券以及向不特定对象发行的企业债券本息请求权；（三）基于投资关系产生的缴付出资请求权；（四）其他依法不适用诉讼时效规定的债权请求权。"明确了诉讼时效适用的范围为债权请求权。一审法院认定确认无效之诉超过诉讼时效，适用法律不当，本院予以纠正。综上所述，原判决裁判结果正确，但适用法律存在瑕疵，本院予以纠正。

【法条链接】

1. 《中华人民共和国合同法》

第四十四条 依法成立的合同，自成立时生效。

法律、行政法规规定应当办理批准、登记等手续生效的，依照其规定。

第六十条 当事人应当按照约定全面履行自己的义务。

当事人应当遵循诚实信用原则，根据合同的性质、目的和交易习惯履行通知、协助、保密等义务。

2. 《中华人民共和国土地管理法》（2004 年修正）

第六十二条 农村村民一户只能拥有一处宅基地，其宅基地的面积不得超过省、自治区、直辖市规定的标准。

农村村民建住宅，应当符合乡（镇）土地利用总体规划，并尽量使用原有的宅基地和村内空闲地。

农村村民住宅用地，经乡（镇）人民政府审核，由县级人民政府批准；其中，涉及占用农用地的，依照本法第四十四条的规定办理审批手续。

农村村民出卖、出租住房后，再申请宅基地的，不予批准。

3.《农村私有房屋买卖纠纷合同效力认定及处理原则研讨会会议纪要》（2004年12月15日　京高法发〔2004〕391号）

与会者同时认为，此类合同的效力以认定无效为原则，以认定有效为例外，如买卖双方都是同一集体经济组织的成员，经过了宅基地审批手续的，可以认定合同有效。

4.《北京市法院民事审判实务疑难问题研讨会会议纪要》

根据多数人的意见，会议认为：农村私有房屋买卖应当认定无效，2004年《会议纪要》中所确立的原则是恰当的，仍应坚持；认定无效虽然可能引发一些诉讼，但可以制约众多潜在的房屋买受人，发挥司法应有的导向作用。同时，与会大多数人认为，虽然买卖合同以认定无效为原则，但考虑个案的不同情况，可以根据实际情况依法确认合同效力。例如，买卖双方都是同一集体经济组织成员，或者诉讼时买受人已将户口迁入所购房屋所在地的集体经济组织的，可以认定合同有效；对于1999年1月1日《土地管理法》修订之前，将房屋转让给回乡落户的干部、职工、退伍军人以及华侨、港澳台同胞的，亦可认定转让合同有效。

同时，与会人员一致认为：此类案件成讼多源于土地增值以及土地征用、房屋拆迁将获得补偿安置等原因，出卖人受利益驱动而起诉。在合同无效的原因方面，出卖人负有主要责任，买受人负有次要责任；在合同无效的处理上，应全面考虑出卖人因土地增值或拆迁、补偿所获利益，以及买受人因房屋现值和原买卖价格的差异造成损失两方面因素，平衡买卖双方的利益，避免认定合同无效给当事人造成利益失衡；对买受人已经翻建、扩建房屋的，应对其添附价值进行合理补偿；买受人确实无房居住的，应予以妥善安置。

【案例来源】

北京市第一中级人民法院民事判决书（2018）京01民终2460号。

055. 村委会确认买受人属于"村集体经济组织成员"的买卖合同有效

（雒×与赵×农村房屋买卖合同纠纷）

【裁判要旨】

农村私有房屋买卖合同以认定无效为原则，本案一审因买受人为城镇户口，法院否定了买卖合同的效力，但二审诉讼过程中，该村村委会出具证明证实，买受人雒×属于该村集体经济组织成员。法院认为村民委员会作为东庄户村自我管理的基层群众性自治组织，其确认买受人属于该村集体经济组织成员，法院不持异议。并据此认定签订买卖协议是双方当事人的真实意思表示，雒×支付了全部房款并一直在涉案房屋内居住生活，对房屋形成了稳定的占有状态，此种关系应当得到法律的保护，故撤销了原判，认定涉案买卖合同应属合法有效。

【当事人信息】

上诉人：雒×（原审原告）
被上诉人：赵×（原审被告）

【基本案情】

雒×系非农业户口，现户籍地顺义区×号；雒×与其子1999年8月11日因办理小城镇户口农转非，入顺义区×号，于2010年11月2日迁往×号，入非农业户口，有户口本复印件及户籍证明信在案。2001年9月8日，赵×与雒×签订"协议书"，内容为"兹有我村村民赵×家中有正房陆间、厢房两间及院内所有建筑折价壹万肆仟元，卖给本村村民雒×。经双方同意定此协议书"，有双方签字捺印，证明人三人签字捺印及时间落款。本案中涉诉宅院位于顺义区×号，集体土地建设用地使用证编号为×号，登记使用权人赵×，证明人王×出庭证明双方买卖房屋时系自愿协商。

【诉讼请求】

确认原告雒×与被告赵×签订的房屋买卖合同为有效协议。

【裁判结果】

一审：原告雒×与被告赵×于二〇〇一年九月八日所签的房屋转让协议书无效。

二审：1. 撤销北京市顺义区人民法院（2018）京 0113 民初 6677 号民事判决。

2. 雒×与赵×于二〇〇一年九月八日所签房屋转让协议书有效。

【裁判理由】

一审法院认为：庭审中，原告雒×与被告赵×对"协议书"所确认的房屋购买事实无不同意见，证人证言亦证实双方曾就房屋购买达成合意，且交付了款项及集体土地使用证，但原告雒×在 1999 年已不再是农业户口，办理了转为小城镇户口的农转非手续。但是，宅基地使用权是农村集体经济组织成员享有的权利，与享有者特定的身份相联系，非本集体经济组织成员无权取得或变相取得。因此，原告雒×在已非农村居民后购买农村宅基地上房屋的行为违反法律法规的强制性规定应属无效。

二审法院认为：宅基地使用权是农村集体经济组织成员享有的权利，对宅基地上的房屋，非本集体经济组织成员无权取得或变相取得，但可在集体经济组织成员内部进行流转。根据查明的事实，涉案房屋买受人雒×户籍所在地为东庄户村，并长期在该村生活居住。东庄户村村民委员会作为东庄户村自我管理的基层群众性自治组织亦出具证明证实雒×系该村村民，于 1999 年转为小城镇户口，属于该村集体经济组织成员，并一直享有本村确权地，赵×对上述证明的真实性亦予以认可，对此本院不持异议。2001 年 9 月雒×与赵×就涉案房屋及院落所签订买卖协议，是双方当事人的真实意思表示，此后雒×支付了全部房款并一直在涉案房屋内居住生活，对房屋形成了稳定的占有状态，此种关系应当得到法律的保护，涉案买卖合同应属合法有效。一审法院对双方所签合同效力认定有误，本院予以纠正。

【法条链接】

1. 《中华人民共和国合同法》

第八条 依法成立的合同，对当事人具有法律约束力。当事人应当按照约定履行自己的义务，不得擅自变更或者解除合同。

依法成立的合同，受法律保护。

2.《中华人民共和国土地管理法》（2004 年修正）

第六十二条 农村村民一户只能拥有一处宅基地，其宅基地的面积不得超过省、自治区、直辖市规定的标准。

农村村民建住宅，应当符合乡（镇）土地利用总体规划，并尽量使用原有的宅基地和村内空闲地。

农村村民住宅用地，经乡（镇）人民政府审核，由县级人民政府批准；其中，涉及占用农用地的，依照本法第四十四条的规定办理审批手续。

农村村民出卖、出租住房后，再申请宅基地的，不予批准。

3.《农村私有房屋买卖纠纷合同效力认定及处理原则研讨会会议纪要》

与会者同时认为，此类合同的效力以认定无效为原则，以认定有效为例外，如买卖双方都是同一集体经济组织的成员，经过了宅基地审批手续的，可以认定合同有效。

【案例来源】

北京市第三中级人民法院民事判决书（2018）京 03 民终 15203 号。

056. 未经村委会确认属于"村集体经济组织成员"，
即使户口已迁入，买卖合同依然无效

（谷×与马×农村房屋买卖合同纠纷）

【裁判要旨】

农村私有房屋买卖合同最关键点在于买受人是否是"村集体经济组织成员"。本案一审法院以马×已经将户口迁入所购房屋所在地的集体经济组织，认定马×成为该村集体经济组织成员。但二审法院认为马×虽然将其户口迁入了××村 27 号，但其户别为非农业家庭户，据此认定其已经成为该集体经济组织成员证据并不充分，故户口迁入并非认定"村集体经济组织成员"的关键因素。

【当事人信息】

上诉人：谷×（原审原告）

被上诉人：马×（原审被告）

【基本案情】

谷×系××村村民，该村 27 号院登记土地使用者为谷×。2000 年 3 月 16 日，谷×与马×签订《房屋买卖契约》一份，内容为：卖房人谷×愿将院内坐北朝南的瓦房四间、东棚子贰间卖给马×。院内其它不动产（包括树、自来水等）一并随房归属买主。议定人民币大写伍万叁仟元整，一次性付款后，卖方同时将房产移交给买方。协议落款处卖方有谷×签字，买方有张×1 作为马×的代理人签字，另有两位中证人签字，并加盖有××村村民委员会公章。《房屋买卖契约》签订后，马×按约支付了购房款，谷×交付了房屋。2000 年 3 月 16 日，马×向镇人民政府交纳了契税 2120 元，并领取了契税证书。2000 年 4 月 4 日，马×向镇机关事务管理科交纳了房屋买卖管理费 1590 元。2000 年 4 月，马×与××村村民委员会达成《补充协议》一份，内容为："关于马×买谷×房，马×如果翻盖北屋正房时，必须给房后李×1 留 2 米道让出 1 米，等于合计 3 米宽。村委会给予马×补长，由原来（东西 12.40 米）加长 2 米，合计 14 米 90，南北（13.50 米）加长 2 米，合计 15.50 米。如果马×不往前错 1 米，村委会不给办理任何手续，不翻盖保持现状。经村委会和马×协商达成协议。"协议落款处有马×代理人代签字，证明人签字，并加盖有××村村民委员会公章。2002 年 3 月 16 日，马×申请翻建、新建涉案宅基地上房屋，提交了《新建翻建申请》，该申请上加盖有××村村民委员会公章，并有负责人签字。之后，马×按申请对原有房屋进行了翻建、新建，其称现有房屋为北房 4 间、东房、西房、南房各 2 间。后谷×提起诉讼要求确认《房屋买卖契约》无效，并要求判决马×腾退房屋。

另查，马×原为农业户口，于 1999 年 11 月 11 日由回龙观迁往怀柔汽车工业学校。2007 年 4 月 10 日又由回龙观镇迁入××村 27 号，户别为非农业家庭户。谷×户籍登记住址仍为××村 27 号，2005 年转为非农业家庭户。

【诉讼请求】

确认谷×与马×签订的《房屋买卖契约》无效并要求马×腾退房屋。

【裁判结果】

一审：驳回原告谷×的诉讼请求。

二审：1. 撤销北京市昌平区人民法院（2018）京 0114 民初 5623 号民事判决；

2. 谷×与马×签订的《房屋买卖契约》无效。

【裁判理由】

一审法院认为：当事人行使权利、履行义务应当遵循诚实信用原则。依法成立的合同，受法律保护。本案中，谷×与马×签订的《房屋买卖契约》系双方当事人的真实意思表示，且《房屋买卖契约》加盖有××村村民委员会公章，马×亦就购房向镇政府相关单位交纳了契税和房屋买卖管理费。之后翻建房屋马×亦提交有村委会签字盖章的《新建翻建申请》。在诉讼前，马×已经将户口迁入所购房屋所在地的集体经济组织，成为该村集体经济组织成员。此种情况下，属于农村房屋买卖可以认定为有效的特殊情形，故谷×要求确认合同无效并要求马×腾退房屋，依据不足，本院不予支持。

二审法院认为：违反法律、行政法规的强制性规定的合同无效。宅基地使用权是集体经济组织成员享有的权利，与特定的身份关系相联系，不允许转让给集体经济组织成员以外的人。本案中，谷×与马×签订《房屋买卖契约》，将××村 27 号房屋转让给马×。现马×虽然将其户口迁入了××村 27 号，但其户别为非农业家庭户，马×并未提供充分证据证明其已经成为该集体经济组织成员，故双方交易导致××村 27 号房屋所在的宅基地使用权流转给了集体经济组织成员以外的人，违反法律、行政法规的强制性规定，故双方《房屋买卖契约》应为无效。马×交纳契税、房屋买卖管理费以及××村村民委员会批准其《新建翻建申请》等，均不能改变双方《房屋买卖契约》违反法律、行政法规的强制性规定的事实，故马×据此主张双方买卖有效，缺乏法律依据，不能成立。一审法院判决驳回谷×要求确认《房屋买卖契约》无效的诉讼请求，适用法律错误，应予纠正。

【法条链接】

1. 《中华人民共和国合同法》

第五十二条 有下列情形之一的，合同无效：

（一）一方以欺诈、胁迫的手段订立合同，损害国家利益；

（二）恶意串通，损害国家、集体或者第三人利益；

（三）以合法形式掩盖非法目的；

（四）损害社会公共利益；

（五）违反法律、行政法规的强制性规定。

2. 《中华人民共和国土地管理法》（2004 年修正）

第六十二条 农村村民一户只能拥有一处宅基地，其宅基地的面积不得超过省、自治区、直辖市规定的标准。

农村村民建住宅，应当符合乡（镇）土地利用总体规划，并尽量使用原有的宅基地和村内空闲地。

农村村民住宅用地，经乡（镇）人民政府审核，由县级人民政府批准；其中，涉及占用农用地的，依照本法第四十四条的规定办理审批手续。

农村村民出卖、出租住房后，再申请宅基地的，不予批准。

3. 《农村私有房屋买卖纠纷合同效力认定及处理原则研讨会会议纪要》

与会者同时认为，此类合同的效力以认定无效为原则，以认定有效为例外，如买卖双方都是同一集体经济组织的成员，经过了宅基地审批手续的，可以认定合同有效。

【案例来源】

北京市第一中级人民法院民事判决书（2018）京 01 民终 5479 号。

057. 出卖人请求确认农村房屋买卖合同无效，买受人可主张因合同无效的信赖利益损失

（王×与李×农村房屋买卖合同纠纷）

【裁判要旨】

王×与李×签订的《房屋买卖协议书》因买受人李某并非"村集体经济组织成员"，该协议被确认无效。要求王×赔偿因诉讼中经过评估，评估了房屋重置成新价、附属物价值、土地区位补偿价。出卖人王×只同意支付房屋的重置成新价，不认可土地的区位补偿金。法院认为出卖人王×其对合同无效应承担主要责任，应参照评估结果给付李×房屋重置成新价、附属物价值、树木价值并赔偿信赖利益之损失。而因合同无效所遭受的信赖利益之损失，在本案中主要体现为其今后可以获得的涉案宅院的土地区位补偿款。

【当事人信息】

上诉人：王×（原审被告）
被上诉人：李×（原审原告）

【基本案情】

王×系北京市顺义区×镇杜×村村民，原在顺义区×镇×村大街×巷×号有宅院一处，内有北正房六间、西院墙等建筑物以及院内树木。2003 年 7 月 11 日，王×与李×签订《房屋买卖协议书》，约定李×以 14 000 元的价格购买王×的该处宅院及房屋。合同签订后，李×依约支付了价款 14 000 元，王×将涉案宅院的集体土地建设用地使用证交给了李×。2018 年王×向法院提起诉讼，要求确认房屋买卖协议无效，李×返还房屋及院落和树木。2018 年 4 月 13 日法院对此作出了（2018）京 0113 民初 3930 号民事判决书，判决确认王×与李×于二○○三年七月十一日签订的房屋买卖合同无效。该判决目前已经生效。李×现在要求将宅院腾退、返还，由王×对其损失承担赔偿责任。

【诉讼请求】

1. 原告李×腾退、返还位于北京市顺义区×镇×村×大街×巷×号宅院及宅院

内住房、树木给被告王×;

2. 被告王×赔偿原告李×因返还、腾退上述宅院及宅院内房屋、树木的损失（具体数额以评估结果确定）。

【裁判结果】

一审：1. 被告王×共赔偿原告李×损失八十四万六千九百七十四元八角，于本判决生效之日起七日内执行;

2. 原告李×将位于顺义区×镇×村×大街×巷×号宅院及院内房屋、树木腾退返还给被告王×，于被告王×履行完本判决第 1 项赔偿义务后三十日内执行;

3. 驳回原告李×的其他诉讼请求。

二审：驳回上诉，维持原判。

【裁判理由】

一审法院认为：李×与王×签订的《房屋买卖协议书》已被生效的判决确认无效，根据相关法律规定，合同无效后，因该合同取得的财产，应当予以返还。有过错的一方应当赔偿对方因此所受到的损失，双方都有过错的，应当各自承担相应的责任。因此，在王×已通过起诉确认了双方签订的《房屋买卖协议书》无效的情况下，李×要求将所购的宅院及房屋、树木腾退、返还，于法有据，本院对此予以支持。因腾退、返还宅院及房屋等产生的损失赔偿问题，由双方根据各自的过错承担相应的赔偿责任。具体到本案的过错责任的划分，因王×对外转让房屋及宅基地违反我国法律、行政法规的禁止性规定，在李×占有使用多年后，又以出售房屋违法为由主张合同无效，故其对合同无效应承担主要责任，本院确定王×承担 70% 的责任;李×系城镇户口，未经主管部门批准，违反相关法律规定擅自购买农村宅院及房屋，亦应对合同无效承担相应责任，故本院确定李×承担 30% 的责任。基于农村房屋买卖合同无效之法律后果的处理原则，王×应参照评估结果给付李×房屋重置成新价、附属物价值、树木价值并赔偿信赖利益之损失。至于李×因合同无效所遭受的信赖利益之损失，具体到本案中，主要体现为其今后可以获得的涉案宅院的土地区位补偿款。根据《房地产评价报告》，显示涉案宅院的土地区位补偿款为 332 748 元，但是经本院审查，该《房地产评价报告》所依据的部分标准已远远低于本地区土地、房屋交易的实际价格，根本不足以弥补李×因《房屋买卖协议书》无效而返还涉案宅院后遭受的损失，因此本院对李×所遭受的信赖利益损失，参考《房地产评价报告》并结合本地区的实际情况，酌情确定涉案宅院的土地区位补偿款。根据导致合同无效的过错责任程度，并结合区位补偿价所确定的信赖利益损失，本院最终确认王×应当承担的赔偿数额为846 974.8元。

二审法院认为：双方的争议焦点为，一审法院判决王×应赔偿李×因合同无效的信赖利益损失范围及数额是否合理。王×上诉主张应按照评估报告中的房屋重置成新价确定信赖利益损失数额，而不应考虑土地区位补偿价。但是，农村土地大幅增值是客观事实，为权衡买卖双方的利益，一审法院参考评估报告中对于土地区位补偿价的意见，综合考虑市场价格变化、双方过错责任等因素，酌定李×的信赖利益损失数额，并无不当，本院予以维持。王×上诉主张李×加建房屋系违章建筑且不应予以补偿，因合同无效的后果系将涉案院落及房屋等整体返还，该加建部分无论是否被认定为违章建筑都与其他部分形成添附，亦产生相应价值，故王×应给予添附部分的补偿。

【法条链接】

《中华人民共和国合同法》

第五十二条　有下列情形之一的，合同无效：

（一）一方以欺诈、胁迫的手段订立合同，损害国家利益；

（二）恶意串通，损害国家、集体或者第三人利益；

（三）以合法形式掩盖非法目的；

（四）损害社会公共利益；

（五）违反法律、行政法规的强制性规定。

第五十六条　无效的合同或者被撤销的合同自始没有法律约束力。合同部分无效，不影响其他部分效力的，其他部分仍然有效。

【案例来源】

北京市第三中级人民法院民事判决书（2019）京03民终3295号。

下 篇

与房屋租赁有关的纠纷

第六章
普通商品住宅租赁纠纷

058. 合同书未盖章又未实际履行的，因缺乏合同成立要件未成立，无法以此主张违约金

（王×与北京××房地产经纪有限公司等房屋租赁合同纠纷）

【裁判要旨】

当事人采用合同书形式订立合同的，自双方当事人签字盖章或盖章时合同成立。本案中的三方经办人虽然在合同书上签字，但是承租人未按事先约定交纳中介费和租金，因此出租人未在合同书上盖章，也未将合同书交给承租人，该合同也未实际履行，此三方合同并未成立，故上诉人要对方支付违约金的请求缺乏法律依据。

【当事人信息】

上诉人：王×（原审原告）

被上诉人：柯××（原审被告）

被上诉人：北京××房地产经纪有限公司（原审被告）

【基本案情】

2018 年 7 月 6 日，承租人王×与出租人柯××、房屋租赁中介公司北京××房地产经纪有限公司（以下简称××公司）签订房屋租赁三方合同书，约定柯××将北京市大兴区××镇××小区×号楼×单元的一套房屋出租给王×，月租金为12 000 元。

出租人柯××于 2018 年 7 月 7 日上午电话通知王×不再向其出租房屋了，王×不必交纳租金。7 月 7 日晚王×通过户名为赖××的中国建设银行个人账户

向柯××的银行账户分 4 笔转账汇款合计 151 000 元，柯××于 2018 年 7 月 9 日将上述款项全额退回王×。

【诉讼请求】

1. 柯××向王×支付违约金 24 000 元（主张 2 个月租金，每月租金 12 000 元）；

2. 柯××向王×赔偿搬家费 1200 元和押车费用 6800 元，合计 8000 元；

3. ××公司向王×双倍返还定金 10 000 元。

【裁判结果】

一审：驳回王×的全部诉讼请求。
二审：驳回上诉，维持原判。

【裁判理由】

一审法院认为：当事人对自己提出的诉讼请求所依据的事实或者反驳对方诉讼请求所依据的事实，应当提供证据加以证明，但法律另有规定的除外。在作出判决前，当事人未能提供证据或者证据不足以证明其事实主张的，由负有举证证明责任的当事人承担不利的后果。王×按照房屋租赁合同纠纷的案由提起本案诉讼，而房屋租赁合同是指房屋出租人将房屋提供给承租人使用，承租人定期给付约定租金，并于合同终止时将房屋完好地归还出租人的合同，房屋租赁合同纠纷系房屋出租人与承租人之间关于房屋租赁事宜发生的纠纷；本案中，王×系房屋租赁合同关系中的承租人，柯××系出租人，××公司系居间人，××公司并非房屋租赁合同关系的当事人，××公司作为房屋租赁合同纠纷的被告，主体不适格，故对王×对××公司所提出诉讼请求，即要求××公司双倍返还定金 10 000 元，法院不予支持；对所涉争议，争议方可另行解决。依法成立的合同，自成立时生效；依法成立的合同，对当事人具有法律约束力；当事人应当按照约定全面履行自己的义务。虽然各方当事人均未提交完整的合同书文本，但均认可于 2018 年 7 月 6 日签订了合同书，故王×、柯××之间所订立房屋租赁合同，已对租赁房屋、租金标准等作出约定，系双方真实意思表示，不存在法定无效情形，应属有效，双方均应按照约定全面履行自己的义务。对目前合同效力，王×、柯××均认可合同已不再履行，对此法院不持异议。因柯××未举证证明双方曾有王×应在签订合同当日（2018年7月6日）支付押金及1年租金合计156 000元之约定，故在王×于2018年7月7日给付上述款项后，柯××仍拒绝履行租赁合同，应认定系违约。同理，虽然当事人可以约定一方违约时应当根据违约情况向对方支付一定数额的违约金，也可以约定因违约产生的损失赔偿额的计算方法；但是，王×主张按照合同约定，柯××应给付违约金24 000元，其未提交合同书等证据证明存在该项违约金约定，故对该项诉讼请求，法院不予支持。就产生搬家费用及押车费用损失，王×未提供证据证明，故对其要求柯××给付上述费用的诉讼请求，法院不予支持。

二审法院认为：当事人采用合同书形式订立合同的，自双方当事人签字或盖章时合同成立。柯××、王×及××公司经办人虽在合同书上签字，但因王×未如事先商定交纳中介费和租金，××公司未在合同书上盖章，也未将合同书交给王×，后王×虽向柯××转账支付租金，但柯××及时退还，并未接受，故三方合同并未成立。因此，王×要求柯××支付违约金，缺乏法律依据。即使××公司在合同书盖章，合同成立，但因王×在签订合同后当即违反约定，未支付租金和中介费，后又辱骂××公司工作人员，情节严重，构成根本违约，××公司和柯××也有权解除合同。本案王×违约在先，其要求柯××支付违约金，缺乏事实依据。况且，现各方均不能提供合同书原件，故不能认定合同中存在王×主张的违约金条款，其主张违约金更缺乏合同依据。综上所述，王×的上诉请求不能成立，应予驳回。一审判决认定事实存在瑕疵，但判决结果正确，本院予以维持。

【法条链接】

1.《中华人民共和国合同法》

第一百零七条　当事人一方不履行合同义务或者履行合同义务不符合约定的，应当承担继续履行、采取补救措施或者赔偿损失等违约责任。

第一百零八条　当事人一方明确表示或者以自己的行为表明不履行合同义务的，对方可以在履行期限届满之前要求其承担违约责任。

第一百一十条　当事人一方不履行非金钱债务或者履行非金钱债务不符合约定的，对方可以要求履行，但有下列情形之一的除外：

（一）法律上或者事实上不能履行；

（二）债务的标的不适于强制履行或者履行费用过高；

（三）债权人在合理期限内未要求履行。

2. 《最高人民法院关于适用〈中华人民共和国民事诉讼法〉的解释》

第三百三十四条　原判决、裁定认定事实或者适用法律虽有瑕疵，但裁判结果正确的，第二审人民法院可以在判决、裁定中纠正瑕疵后，依照民事诉讼法第一百七十条第一款第一项规定予以维持。

【案例来源】

北京市第二中级人民法院民事判决书（2019）京 02 民终 1926 号。

059. 根据合同的相对性，承租人无权要求出租方的工作人员承担连带赔偿责任

（北京×××房地产经纪有限公司等与卢××房屋租赁合同纠纷）

【裁判要旨】

根据合同的相对性，承租人无权要求出租方的工作人员承担连带赔偿责任。未到期的租金按照实际居住情况予以认定，多退少补。本案被上诉人（一审原告）在一审时以出租方的工作人员为第二被告，要求其承担连带责任的诉讼请求，法院依法不予支持。

【当事人信息】

再审申请人：北京×××房地产经纪有限公司（一审被告、二审上诉人）
被申请人：卢××（一审原告、二审被上诉人）
一审被告：张××

【基本案情】

2017 年 12 月 28 日，卢××与北京×××房地产经纪有限公司（以下简称×××公司）签订《和公寓单间租赁协议》，约定卢××承租×××公司的和公寓单间××房（以下简称涉案房屋），租赁期自 2017 年 12 月 29 日至 2018 年 12 月 28 日，每月租金为 2000 元，付款方式为季付押一，提前一月付下季，押金为 2000 元。×××公司指定收款人为张××。

合同签订当日，卢××依约向×××公司交纳了首期租金 6000 元及押金 2000 元。之后卢××依约履行合同，交纳租金至 2018 年 6 月 28 日。卢××称因涉案房屋于 2018 年 5 月 11 日被相关部门拆除，其于该日搬离涉案房屋。卢××向一审法院起诉要求×××公司退还其未到期的房租及押金，以及误工费和精神损失费，并要求张××与×××公司承担连带责任。

【诉讼请求】

1. 判令×××公司、张××退还卢××押金 2000 元及未到期房租 3330 元；
2. 判令×××公司、张××赔偿卢××误工费 400 元；
3. 判令×××公司、张××赔偿卢××精神损失费 1000 元。

【裁判结果】

一审：1. 北京×××房地产经纪有限公司于本判决生效后七日内退还卢××房屋租金三千二百元、押金二千元，以上共计五千二百元；

2. 驳回卢××其他诉讼请求。如果未按本判决指定的期间履行给付金钱义务，应当依照《中华人民共和国民事诉讼法》第二百五十三条之规定，加倍支付迟延履行期间的债务利息。

二审：驳回上诉，维持原判。

再审：准许北京×××房地产经纪有限公司撤回再审申请。

【裁判理由】

一审法院认为：根据我国民事诉讼法的规定，当事人有答辩并对对方当事人提交的证据进行质证的权利，本案被告张××、×××公司经本院合法传唤，无正当理由拒不出庭应诉，视为其放弃了答辩和质证的权利。根据本案证据可以证实，卢××向×××公司预付了房屋租金及押金，现涉案房屋已于 2018 年 5 月 11 日被相关部门拆除，故卢××要求×××公司退还其未到期的房租及押金的诉讼请求，理由正当，本院予以支持，但其主张的租金金额有误，本院根据实际情况予以认定。关于卢××要求张××承担责任一节，涉案房屋租赁合同为×××公司和卢××所签，张××仅负责收取租金，根据合同相对性，被告×××公司应独立承担民事责任，卢××要求张××承担连带责任，没有依据，本院不予支持。卢××主张的误工费及精神损失费，没有依据，本院不予支持。张×

×、×××公司经本院合法传唤，无正当理由拒不到庭应诉，本院依法缺席判决。

二审法院认为：根据本案已查明事实，卢××向×××公司预付了房屋租金及押金，现涉案房屋已于 2018 年 5 月 11 日被相关部门拆除，卢××无法继续使用涉案房屋，卢××要求×××公司退还其未到期的房租及押金的诉讼请求，理由正当，一审法院所作处理正确，应予维持。

×××公司经一审法院合法传唤，无正当理由拒不出庭应诉，视为其放弃了答辩和质证的权利，对其以双方未交接为由不同意退还租金的上诉理由本院不予采纳，对其在二审中提出的水电费用未结清的问题，本案不予处理。卢××经本院传唤，无正当理由拒不出庭应诉，本院依法缺席判决。

综上所述，×××公司的上诉请求不能成立，应予驳回；一审判决认定事实清楚，适用法律正确，应予维持。

再审法院认为：×××公司撤回再审申请的请求，不违反法律规定，再审法院予以准许。

【法条链接】

《中华人民共和国合同法》

第九十七条　合同解除后，尚未履行的，终止履行；已经履行的，根据履行情况和合同性质，当事人可以要求恢复原状、采取其他补救措施，并有权要求赔偿损失。

【案件来源】

北京市高级人民法院民事裁定书（2019）京民申 4464 号。

060. 一方当事人违反合同约定，守约方可以要求解除合同并要求对方承担违约责任

（韩××与佟××房屋租赁合同纠纷）

【裁判要旨】

当事人应当按照合同约定全面履行自己的义务。当事人一方不履行合同

义务或者履行合同义务不符合约定的，应当承担继续履行、采取补救措施或者赔偿损失等违约责任。本案中，承租人违反租赁合同的约定，私自打隔断进行群租，出租人有权解除合同并要求其恢复原状、扣除其租房押金等。

【当事人信息】

上诉人：韩××（原审被告）

被上诉人：佟××（原审原告）

【基本案情】

2017 年 2 月 18 日，佟××作为甲方、韩××作为乙方，双方签订《房屋租赁合同》（以下简称案涉合同），约定：乙方承租的房屋坐落于北京市朝阳区 ××城×号楼×房屋（以下简称案涉房屋）；租赁期限自 2017 年 2 月 19 日至 2019 年 2 月 18 日止；第一年每月房屋租金为 11 500 元，第二年每月房屋租金为 12 000 元，付款方式押一付三，房屋押金为 11 500 元。乙方负责支付承租期内的水、电、煤气、电话费和卫生费等费用，甲方负责支付物业费和供暖费。承租期内的房屋结构维修责任由甲方承担，乙方使用不当或人为造成损坏的，维修责任由乙方承担。乙方应当在承租期届满之日，将符合正常使用的房屋和附属设施、设备，依照《物品验收单》交还给甲方，房屋及附属设施设备发生损坏的，乙方承担修复和赔偿责任。韩××应当根据案涉合同约定于 2018 年 11 月 12 日支付 2018 年 11 月 19 日至 2019 年 2 月 18 日期间的房屋租金 36 000 元，2018 年 11 月 20 日，韩××向佟××支付房屋租金 19 000 元。韩××认可未支付案涉房屋水费等费用。

佟××主张，韩××将案涉房屋承租后，未经佟××允许，私自将案涉房屋打造隔断，并出租给案外人张××、曲××等 6 人居住，后案涉房屋因非法打造隔断进行群租，被朝阳区××街道办事处强行拆除。因张××、曲××称已经将租金支付给案外人翟×，拒不搬离案涉房屋，佟××分别向张××赔偿 2600 元、曲××赔偿 7500 元后，张××和曲××才于 2019 年 1 月 2 日搬离案涉房屋。韩××称其在案涉房屋内居住到 2018 年 7 月左右，然后就回家了，朋友帮忙照看案涉房屋，案涉房屋一直闲置，其不清楚案涉房屋是否打隔断，其未打过隔断，也不认识张××和曲××。

佟××主张韩××将案涉房屋内留置的沙发和客厅灯具丢失，并提交有《物品验收单》，证明佟××将案涉房屋交付给韩××时，案涉房屋内留置有沙发和灯具，至佟××收房时沙发和灯具均已丢失。韩××不认可佟××该主张，称其交接房屋时未有沙发和灯具。

【诉讼请求】

1. 判令解除佟××、韩××双方之间签订的房屋租赁合同；

2. 判令韩××赔偿租住期间房屋内丢失沙发2950元、客厅灯具835元，赔偿佟××支付现有租户租金10 100元，赔偿佟××恢复房屋原状费用5000元，热水费6218元，中水费572元，自来水费100元，煤气费130元。

【裁判结果】

一审：1. 确认佟××与韩××之间签订的《房屋租赁合同》于2019年1月2日解除；

2. 韩××于判决生效之日起七日内向佟××赔偿租金损失8700元、家具损失3785元、恢复房屋原状费4500元；

3. 韩××于判决生效之日起七日内向佟××支付热水费6218元、中水费572元、自来水费100元、煤气费130元；

4. 驳回佟××的其他诉讼请求。

二审：驳回上诉，维持原判。

【裁判理由】

一审法院认为：当事人应当按照约定全面履行自己的义务。当事人一方不履行合同义务或者履行合同义务不符合约定的，应当承担继续履行、采取补救措施或者赔偿损失等违约责任。本案中，佟××与韩××签订案涉合同，佟××将案涉房屋出租给韩××，并依约向韩××交付了房屋。在案涉合同约定的租赁期限内，韩××应当合理使用房屋，并按期交纳房屋租金。根据法院查明的事实，案涉房屋因室内私自打造隔断，违反相关法律规定，被要求拆除室内隔断，韩××作为承租人，在租赁期间应当承担相应的管理义务并承担相应的法律责任。韩××将案涉房屋私自打造隔断出租并不按期支付房屋租金，违反了双方签订的合同的约定。2019年1月2日佟××将案涉房屋收回，并要求解除与韩××之间的房屋租赁合同，有事实依据，故法院确认佟××、韩××之间签订的案涉合同于 2019 年 1 月 2 日解除。

韩××作为承租人，在租赁期内私自将案涉房屋打造隔断转租，佟××为收回案涉房屋，向案涉房屋内租户赔偿 10 100 元，佟××要求韩××予以支付，有事实和法律依据，法院予以支持。佟××主张韩××赔偿沙发和灯具的费用的诉求，根据双方签订的案涉合同中确认的家具的信息，佟××确实将沙发和灯具交付给韩××，现韩××将沙发和灯具丢失，韩××应当予以赔偿，佟××主张的沙发和灯具的费用未明显超出市场价格，法院予以支持。佟××要求韩××支付水费和煤气费的诉求，有相关单据为证，韩××应当予以支付，具体数额以单据记载数额为准。因韩××私自将案涉房屋打造隔断，佟××要求韩××支付案涉房屋修复费的诉求，法院予以支持，具体数额法院予以酌定。

韩××主张的佟××未退还其案涉房屋押金的抗辩理由，因韩××违反合同约定，将案涉房屋私自打造隔断出租，造成佟××经济损失，韩××的行为已经违反了合同约定，佟××亦不同意退还韩××案涉房屋押金，故法院不予采纳。

韩××主张的佟××未退还案涉房屋剩余租金的抗辩理由，因佟××主张 2019 年 1 月 2 日案涉房屋内租户搬离并收回房屋，故韩××应当支付房屋租金至 2019 年 1 月 2 日，韩××已经向佟××交纳 2018 年 11 月 19 日至 2019 年 2 月 18 日期间房屋租金 19 000 元，经核算，佟××应当退还韩××案涉房屋剩余的租金 1400 元，该剩余租金在韩××应当赔偿给佟××的租金损失 10 100 元中予以扣除。

二审法院认为：依法成立的合同，对当事人具有法律约束力。佟××与韩××签订的《房屋租赁合同》系双方真实意思表示，不违反法律、行政法规的强制性规定及公序良俗，属合法有效，双方均应依照上述合同约定行使各自权利，履行己方义务。根据双方合同约定，韩××应于 2018 年 11 月 12 日向佟××支付 2018 年 11 月 19 日至 2019 年 2 月 18 日租期内的房租 36 000 元，但其未能如期足额交纳租金，至 2018 年 11 月 20 日仅支付房租 19 000 元，且在韩××承租案涉房屋期间，案涉房屋存在未经出租人佟××同意的转租情况及违反有关规定打造隔断进行群租的情形。韩××作为案涉房屋的承租人，其行为违反合同约定，佟××依约有权解除上述《房屋租赁合同》。一审法院根据佟××收回案涉房屋的情形等相关事实，确认《房屋租赁合同》于 2019 年 1 月 2 日解除，并无不当。合同解除后，尚未履行的，终止履行；已经履行的，根据履行情况和合同性质，当事人可以要求恢复原状、采取其他补救措施，并有权要求赔偿损失。一审法院根据在案证据及查明的事实，判决韩××向佟××赔偿租金损失 8700 元、家具损失 3785 元、恢复房屋原状费 4500 元及热水费 6218 元、中水费 572 元、自来水费 100 元、煤气费 130 元，具有事实及法律依据。韩××上诉主张佟××应退还其支付的房屋押金，但根据双方合同约定，韩××逾期支付房租超过 7 日，押金即不予退还，故其上述主张缺乏依据，本院不予采纳。韩××上诉主张其没有实际使用案涉房屋，不能承担全部上述费用，但根据合同相对性原则，其作为案涉房屋的承租人应对出租人负责，在承租使用期间对案涉房屋负有相关管理责任，故其上述主张缺乏依据，本院不予采信。

【法条链接】

《中华人民共和国合同法》

第六十条　当事人应当按照约定全面履行自己的义务。

当事人应当遵循诚实信用原则，根据合同的性质、目的和交易习惯履行通知、协助、保密等义务。

第一百零七条　当事人一方不履行合同义务或者履行合同义务不符合约定的，应当承担继续履行、采取补救措施或者赔偿损失等违约责任。

【案例来源】

北京市第三中级人民法院民事判决书（2019）京 03 民终 6833 号。

061. 已经房屋主管部门认定为私产的房屋，所有权人依法享有占有、使用、收益和处分的权利

（朱××等与薛××房屋租赁合同纠纷）

【裁判要旨】

所有权人对自己的不动产或者动产，依法享有占有、使用、收益和处分的权利。本案中涉案房屋的性质，已由房屋主管部门认定为标准租私房，产权人因继承获得房屋所有权。上诉人以涉案房屋属于历史遗留问题，不属于人民法院受案范围为由提出上诉的，法院不予支持。产权人与承租人之间形

成了事实租赁关系，承租人因欠付租金，产权人要求解除租赁合同并要求腾退房屋的，依法得到了法院的支持。

【当事人信息】

再审申请人：朱××（一审第三人、二审上诉人）

被申请人：薛××（一审原告、二审被上诉人）

被申请人：×××有限责任公司（一审被告、二审上诉人）

二审上诉人：陈××（一审第三人）

【基本案情】

北京市××厂为×××有限责任公司（以下简称×××公司）原名称。陈××、朱××夫妇系×××公司的退休职工。薛××经继承取得涉案房屋的所有权。涉案房屋房门西侧搭建有自建房。1979年，×××公司安排陈××、朱××住进涉案房屋。1998年7月2日，薛××与×××公司签订私房租赁契约，约定薛××将涉案房屋出租给×××公司。2009年7月22日，薛××（乙方）与×××公司（甲方）就涉案房屋的承租问题重新达成协议书，双方约定：根据市政府京发［2001］37号文件《关于解决本市按照标准租金出租私有房屋问题的若干意见》第二条第四款"企业租用私房，单位与产权人协商确定租金标准"的精神，经过协商，我单位与产权人特立此协议。1.双方共同遵守国家法规。2.从2009年1月至2009年12月，房租每月35元/平方米。3.2010年房租价格甲乙双方再进行新的约定。4.出租期间如遇拆迁，按国家有关规定进行解决，不影响产权人利益。上述协议到期后，双方未签订新的租赁协议。

2011年，薛××曾起诉×××公司、陈××、朱××，要求×××公司、陈××、朱××腾退涉案房屋、×××公司支付自2011年1月1日至2011年7月31日的房屋使用费21 000元。2011年11月3日，法院作出（2011）西民初字第21730号民事判决："一、自本判决生效之日起七日内，被告×××有限责任公司给付原告薛××自二〇一一年一月一日至二〇一一年九月十五日的房屋使用费五千七百八十五元五角。二、驳回原告薛××其他诉讼请求。"薛××不服判决提出上诉。北京市第一中级人民法院于2011年12月16日作出（2011）一中民终字第18758号终审民事判决："驳回上诉，维持原判。"

2012年5月18日，北京市西城区房屋管理局对信访人薛××、薛×2所反映问题作出书面答复："经查，北京市西城区××××胡同××号×幢产权人薛×2，建筑面积 18.9 平方米；9 幢产权人薛××，建筑面积 17.4 平方米。两幢房均为标准租私房，承租人×××厂，此房由×××分配给本单位职工住用。根据京政发〔2001〕37 号文第二条第四款规定：'单位租用标准租私房安排个人住用，由单位支付租金的，应当开放租金，由单位与产权人协商确定租金标准，重新签订房屋租赁合同；双方协商不成的，单位应当负责将承租人搬出。'因此，薛×2、薛×× 2 人反映的问题，按照落实私房政策应当由承租单位：北京市×××厂负责解决。"

2017 年 3 月 22 日，北京市西城区房屋管理局针对朱××的来信出具西房信直〔2017〕（040）号信访办理意见书，写明"××××胡同××号房屋为来信人单位承租的私房，来信人与产权人无租赁关系。根据《北京市人民政府批转市国土房管局关于解决本市按照标准租金出租私有房屋问题的若干意见的通知》（京政发〔2001〕37 号）之规定：'单位租用标准租私房安排个人住用，由单位支付租金的，应当开放租金，由单位与产权人协商确定租金标准，重新签订房屋租赁合同；双方协商不成的，单位应当负责将承租人搬出。'因此，来信人提出的××××胡同××号房屋腾退问题应由租用单位负责解决。"

×××公司未给付薛××自 2013 年 11 月 1 日至 2016 年 3 月 31 日期间的房屋租金 17 052 元。×××公司在原审开庭中辩称，同意解除×××公司与薛××之间关于涉案房屋的租赁关系，涉案房屋实际使用和占有人为本案第三人，腾退义务是由第三人负责腾退，同意支付 2013 年 11 月至 2016 年 3 月的房屋租金 17 052 元，租金应当是由第三人支付，×××公司可以先行垫付，不同意支付利息。

【诉讼请求】

1. 判令解除薛××与×××公司关于北京市西城区××××胡同××号×幢房屋的租赁合同关系；

2. 判令×××公司及陈××、朱××将北京市西城区××××胡同××号×幢房屋腾空、拆除自建后交还给薛××；

3. 判令×××公司支付自 2013 年 11 月至 2016 年 3 月共 28 个月的房屋租金（建筑面积 17.4 平方米、每平方米每月 35 元），共计 17 052 元。

【裁判结果】

一审：1. 解除薛××与×××公司之间就北京市西城区××××胡同××号×幢房屋的租赁合同关系；

2. 自判决生效之日起六十日内，×××公司将居住在北京市西城区××××胡同××号×幢房屋内的陈××、朱××迁出，另行安排住房；×××公司、陈××、朱××将坐落于北京市西城区××××胡同××号×幢房屋腾空交予薛××，并将房前的自建房拆除，渣土清理干净；

3. 自判决生效之日起五日内，×××公司给付薛××自二〇一三年十一月一日至二〇一六年三月三十一日期间的租金17 052元。如未按判决指定的期间履行给付金钱义务，应当依照《中华人民共和国民事诉讼法》第二百五十三条规定，加倍支付迟延履行期间的债务利息。

二审：驳回上诉，维持原判。

再审：驳回朱××的再审申请。

【裁判理由】

一审法院认为：所有权人对自己的不动产或者动产，依法享有占有、使用、收益和处分的权利。涉案房屋已由房管部门认定为标准租私房。根据标准租私房的相关政策，在出租方和承租方签订的协议书到期后，未再续订租赁合同，×××公司继续支付租金，双方形成事实租赁关系。×××公司未支付2013年11月1日至2016年3月31日期间的房屋租金17 052元，薛××作为出租人解除租赁关系，于法有据，法院予以支持。鉴于薛××与×××公司已不能就涉案房屋的租赁事宜订立新的房屋租赁合同，×××公司应当另行安排薛××房屋内住用人员的住房，负责将房屋腾空交与薛××，并负责将自建房拆除。×××公司与薛××签订的协议书于2009年12月31日到期后，双方虽未签订新的租赁协议，但×××公司安排住用的人员仍然居住使用涉案房屋，故×××公司应按协议书约定的租金标准向薛××支付约定的租赁期限届满后至事实租赁关系解除前的房屋租金。综上所述，薛××要求解除租赁合同关系、腾退房屋、支付房屋租金的诉讼请求，法院予以支持。

二审法院认为：所有权人对自己的不动产或者动产，依法享有占有、使用、收益和处分的权利。关于涉案房屋的性质，已由房屋主管部门认定为标准租私房，薛××通过与×××公司签订私房租赁协议，将涉案房屋出租给×××公司，×××公司在与薛××签订的租赁协议到期后，并未将涉案房屋腾空交还给薛××，继续向薛××支付租金，双方形成事实租赁关系。现薛××以×××公司欠付租金为由，要求解除与×××公司之间的租赁关系，于法有据，一审法院予以支持，处理并无不妥。×××公司应当向薛××支付房屋使用对价，薛××按照与××公司签订的原租赁协议约定的租金标准主张自 2013 年 11 月至 2016 年 3 月期间的房屋使用对价利益，应当得到支持。鉴于薛××与×××公司已不能就涉案房屋的租赁事宜订立新的房屋租赁合同，×××公司应当另行安排薛××房屋内住用人员的住房，负责将房屋腾空交与薛××，并负责将自建房拆除。

再审法院认为：涉案房屋系标准租私房，薛××将房屋出租给×××公司，×××公司应当支付相应的租赁费用。鉴于薛××与×××公司已不能就涉案房屋的租赁事宜订立新的房屋租赁合同，×××公司应当负责将房屋腾空交与薛××，并负责将自建房拆除。朱××的申诉理由，缺乏事实及法律依据。朱××的再审申请理由不符合《中华人民共和国民事诉讼法》第二百条第二项、第六项、第十一项规定的情形。

【法条链接】

1.《关于解决本市按照标准租金出租私有房屋问题的若干意见》

（四）单位租用标准租私房安排个人住用，由单位支付租金的，应当放开租金，由单位与产权人协商确定租金标准，重新签订房屋租赁合同；双方协商不成的，单位应当负责将承租人搬出。

2.《中华人民共和国物权法》

第三十九条 所有权人对自己的不动产或者动产，依法享有占有、使用、收益和处分的权利。

【案例来源】

北京市高级人民法院民事裁定书（2019）京民申 5577 号。

062. 对方构成根本违约的，守约方可以要求
解除合同，并要求对方承担违约责任

（杜××与郝××等房屋租赁合同纠纷）

【裁判要旨】

一方根本违约，守约方要求解除合同的，于法有据，依法得到了法院的支持。合同解除后，中介公司应当退还押金、管理费及未到期的租金，同时根据合同的违约责任条款依法承担违约责任。依据事实租赁关系支付的使用费，不属于不当得利，无需返还。

【当事人信息】

上诉人：杜××（原审原告）
被上诉人：北京××房地产经纪有限公司（原审被告）
被上诉人：郝××（原审被告）

【基本案情】

2015 年 7 月 11 日，杜××（乙方）、北京××房地产经纪有限公司（以下简称××公司）（甲方）签订了《租赁合同》，约定××公司将其受托出租的位于北京市朝阳区××号房屋中的一间出租给杜××使用，租赁期限自 2015 年 7 月 11 日至 2016 年 3 月 30 日。押一付三，租金 1300 元/月，租金分三次给付，即 2015 年 7 月 11 日给付 3640 元、2015 年 8 月 30 日给付 3900 元、2015 年 11 月 30 日付款 3900 元。房租保证金（押金）1300 元、综合管理费 365 元均于签约当日给付。租赁期内，××公司不得无故收回房屋，如因特殊原因中途将房屋收回应提前三十日通知杜××，并积极给杜××调房，否则将退还杜××剩余房屋租金，并按月租金 200% 支付违约金。

同日，杜××依约交付了房租保证金（押金）1300 元、综合管理费 365 元、第一期租金 3640 元、第二期租金 3900 元，租金付至 2015 年 12 月 31 日。

涉案房屋系郝××于 2014 年 5 月 31 日委托××公司对外出租，××公司受托对外出租的期限自 2014 年 7 月 1 日至 2016 年 3 月 30 日（可延长一月）。

2015 年 9 月 26 日、2015 年 10 月 26 日、2015 年 11 月 25 日，杜××累计

向郝××及其配偶交付 3000 元租金，并实际使用涉案房屋截至 2015 年 12 月 31 日前搬出。

【诉讼请求】

1. 确认杜××与××公司签订的《房屋租赁合同》于 2015 年 10 月 1 日解除；

2. 要求××公司退还租金 3900 元、房租保证金（押金）1300 元、综合管理费 283 元；

3. 要求××公司赔偿违约金 2600 元；

4. 要求郝××返还原告租金 3000 元。

【裁判结果】

一审：1. 杜××与××公司于二○一五年七月十一日签订的《租赁合同》于二○一五年十月一日解除；

2. ××公司于判决书生效之日起七日内退还杜××租金、租赁保证金（押金）、综合管理费五千四百八十三元；

3. ××公司于判决书生效之日起七日内给付杜××违约金二千六百元；

4. 驳回杜××的其他诉讼请求。如未按本判决指定期间履行给付金钱的义务，应依照《中华人民共和国民事诉讼法》第二百五十三条之规定，加倍支付迟延履行期间的债务利息。

二审：驳回上诉，维持原判。

【裁判理由】

一审法院认为：租赁合同是出租人将租赁物交付承租人使用、收益，承租人支付租金的合同。租赁合同系双务合同，提供适格租赁标的物、如期交付租金分别系出租人和承租人的主要合同义务。本案中，杜××依约交纳了押金、综合管理费、租金，但自 2015 年 10 月 1 日至 2015 年 12 月 31 日，因××公司与郝××之间的租金结算事宜导致杜××额外向郝××支付了 3000 元租金，虽然杜××仍实际使用涉案房屋，但××公司并未尽到提供适格租赁标的物的义务，构成了根本违约，杜××主张自 2015 年 10 月 1 日起双方合同解除，于法有据，一审法院准予。结合杜××、××公司的租约，杜××主张违约责任，符合双方的合同约定，一审法院准予。合同解除后，××公司收取的租赁保证金（押金）、综合管理费均应据实退还。租赁合同中的当事人权利义务具有相对性、封闭性，租赁保证金（押金）、综合管理费系××公司收取，杜××向郝××主张，于法无据。杜××向郝××交付的3000元租金，系针对其实际使用涉案房屋的三个月期间对应的费用，难以认定为其损失，故一审法院对杜××向郝××主张返还该款项的请求不予支持。

二审法院认为：租赁合同是出租人将租赁物交付承租人使用、收益，承租人支付租金的合同。本案中，自2015年10月1日至2015年12月31日，因××公司与郝××之间的租金结算事宜导致杜××与××公司《租赁合同》无法继续履行，杜××另行向郝××交付的3000元租金，系针对其实际使用涉案房屋的三个月期间对应的费用，杜××与郝××形成事实租赁合同关系。杜××主张上述3000元租金系郝××不当得利，缺乏事实和法律依据。综上所述，杜××的上诉请求不能成立，应予驳回；一审判决认定事实清楚，适用法律正确，应予维持。

【法条链接】

《中华人民共和国合同法》

第九十四条 有下列情形之一的，当事人可以解除合同：

（一）因不可抗力致使不能实现合同目的；

（二）在履行期限届满之前，当事人一方明确表示或者以自己的行为表明不履行主要债务；

（三）当事人一方迟延履行主要债务，经催告后在合理期限内仍未履行；

（四）当事人一方迟延履行债务或者有其他违约行为致使不能实现合同目的；

（五）法律规定的其他情形。

第二百一十二条 租赁合同是出租人将租赁物交付承租人使用、收益，承租人支付租金的合同。

第二百一十六条 出租人应当按照约定将租赁物交付承租人，并在租赁期间保持租赁物符合约定的用途。

【案例来源】

北京市第三中级人民法院民事判决书（2019）京 03 民终 6159 号。

063. 谁主张谁举证，缺乏事实和法律 依据的主张，依法得不到支持

（王××与北京××房地产经纪有限公司房屋租赁合同纠纷）

【裁判要旨】

谁主张谁举证，缺乏事实和法律依据的主张，依法得不到支持。本案中，承租人主张要用遭受的精神和财产损失来抵扣租金，但是其并未举证实际遭受的损失，故法院依法不予支持。如何确定腾退房屋的时间，如果没有其他证据证明，就以退还钥匙的时间为准。

【当事人信息】

上诉人：王××（原审被告）

被上诉人：北京××房地产经纪有限公司（原审原告）

【基本案情】

2016 年 5 月 3 日，北京××房地产经纪有限公司（以下简称××公司）（甲方、出租人）与王××（乙方、承租人）签订《北京市房屋租赁合同 V4.2》。双方约定：租赁房屋为北京市朝阳区××街路北区房屋（以下简称涉案房屋），租期 2016 年 5 月 3 日至 2017 年 5 月 2 日，月租金 6220 元，付款方式押一付三，押金 6220 元；2016 年 5 月 3 日支付 2016 年 5 月 3 日至 2016 年 8 月 2 日的租金 18 660 元，2016 年 8 月 3 日支付 2016 年 8 月 3 日至 2016 年 11 月 2 日的租金 18 660 元；赁期满或合同解除后，房屋租赁押金除抵扣应由乙方承担的费用、租金，以及乙方应当承担的违约赔偿责任外，剩余部分应如数无息返还；乙方应按照合同付款约定，按时足额向甲方支付房屋租金。乙方未按约定时间支付租金的，每逾期 1 日，应向守约方支付相当于日租金的 100% 的违约金，并赔偿守约方因此遭受的相应损失。

合同签订后，××公司向王××交付租赁房屋，王××向××公司支付 2016 年 5 月 3 日至 2016 年 8 月 2 日的租金 18 660 元。自 2016 年 8 月 3 日起，王××未向××公司支付租金。

【诉讼请求】

王××支付违约金 6220 元、2016 年 8 月 3 日至返还房屋之日止的租金。

【裁判结果】

一审：1. 王××于判决生效后七日内给付××公司房租十三万六千零三十七元。

2. 王××于判决生效后七日内给付××公司违约金六千二百二十元。如果未按判决指定的期间履行给付金钱义务，应当依照《中华人民共和国民事诉讼法》第二百五十三条之规定，加倍支付迟延履行期间的债务利息。

二审：驳回上诉，维持原判。

【裁判理由】

一审法院认为：××公司与王××签订的房屋租赁合同系双方真实意思表示，且不违反法律行政法规强制性规定，合法有效。王××作为承租人，应按合同约定向××公司支付租赁期间的租金。王××以××公司打包其物品造成物品丢失为由拒绝支付租金，但王××就其主张未举证，故王××的抗辩理由不能对抗支付租金的合同义务。在合同期满后，王××未向××公司返还涉案房屋，故王××应按合同约定标准向××公司支付租金至返还涉案房屋之日止。王××虽主张其已于 2017 年 9 月腾退涉案房屋，但未举证，故无法采信。王××于 2018 年 5 月 29 日方向××公司返还涉案房屋的钥匙，故王××应向××公司给付 2016 年 8 月 3 日至 2018 年 5 月 29 日的房租。王××未按约定支付租金，已构成违约，故对××公司要求王××支付违约金的诉讼请求，予以支持。

二审法院认为：××公司与王××签订的房屋租赁合同系双方真实意思表示，并不违反法律、行政法规的强制性规定，合法有效。当事人应当按照约定全面履行自己的义务。合同期限为 2017 年 5 月 2 日，已经届满。本案的上诉争议焦点有两个：一、××公司是否存在擅自进入房屋等违约行为；二、王××尚欠租金的数额。

关于第一个上诉争议焦点。依据合同第五条第（四）项的约定，租赁期限内，××公司对房屋进行维修时王××应予配合。王××承租的涉案房屋的卫生间漏水，王××以开公司较忙为由，未及时配合××公司进行维修。××公司出于维修的目的未经允许进入王××承租的涉案房屋，理由正当，不构成违约。王××主张××公司打包其物品造成物品丢失，其提交的证据不足以证明该主张，不予采信。

关于第二个上诉争议焦点。王××应按合同约定标准向××公司支付租金至返还涉案房屋之日止，其于2018年5月29日向××公司返还涉案房屋的钥匙，故租金应支付至该日。王××主张其已于2017年9月腾退涉案房屋，证据不足，不予采信。王××主张租金中扣除其所遭受的精神和财产损失，缺乏事实及法律依据，应予驳回。

【法条链接】

《中华人民共和国民事诉讼法》

第六十四条 当事人对自己提出的主张，有责任提供证据。

当事人及其诉讼代理人因客观原因不能自行收集的证据，或者人民法院认为审理案件需要的证据，人民法院应当调查收集。

人民法院应当按照法定程序，全面地、客观地审查核实证据。

第六十五条 当事人对自己提出的主张应当及时提供证据。

人民法院根据当事人的主张和案件审理情况，确定当事人应当提供的证据及其期限。当事人在该期限内提供证据确有困难的，可以向人民法院申请延长期限，人民法院根据当事人的申请适当延长。当事人逾期提供证据的，人民法院应当责令其说明理由；拒不说明理由或者理由不成立的，人民法院根据不同情形可以不予采纳该证据，或者采纳该证据但予以训诫、罚款。

【案例来源】

北京市第三中级人民法院民事判决书（2019）京03民终7009号。

064. 事实上的租赁关系，虽未签订租赁合同，但是双方的权利义务参照房屋租赁惯例确定

（高×与张××房屋租赁合同纠纷）

【裁判要旨】

当事人对自己提出的主张，有责任提供证据。本案中由于出租人没有明确证据证明上诉人何时成为承租人的，上诉人又主张不存在租赁关系，法院根据二房东离开涉诉房屋后上诉人代收同住人房租并向出租人支付租金的事实，认定其已成为事实上的承租人。同时根据房屋租赁的惯例，水费应当由承租人负担，参考其成为事实承租人的时间确定。

【当事人信息】

上诉人：高×（原审被告）

被上诉人：张××（原审原告）

【基本案情】

涉诉房屋由张××所有。张××称高×自 2008 年起一直承租涉诉房屋，期间未交纳过水费，要求高×负担其结算的水费，并就此提交了水费发票及购买记录，该记录显示在 2007 年 12 月 10 日购买了 20 吨水，在 2018 年 7 月 14 日补透支 1177 吨，总金额 5885 元。高×虽认可水费发票及购买记录，但主张其与张××之间不存在租赁关系，张××应向租赁合同的相对方主张权利。

就涉诉房屋的租赁合同，经法院询问，张××陈述合同已丢失。

【诉讼请求】

1. 高×支付欠付的水费 5885 元并支付利息（以 5885 元为基数，以中国人民银行同期贷款利息为标准，自 2018 年 7 月 8 日起至高×实际清偿之日止）；

2. 诉讼费由高×负担。

【裁判结果】

一审：1. 高×支付张××水费二千四百元，于判决生效之日起七日内执行；

2. 驳回张××的其他诉讼请求。如果未按判决指定的期间履行给付金钱义务，应当依照《中华人民共和国民事诉讼法》第二百五十三条之规定，加倍支付迟延履行期间的债务利息。

二审：驳回上诉，维持原判。

【裁判理由】

一审法院认为：《中华人民共和国民事诉讼法》第六十四条规定，当事人对自己提出的主张，有责任提供证据。张××主张高×自 2008 年起与其存在租赁关系，应当就此提交证据予以证实，否则就应当承担举证不能的不利后果。

高×主张其与张××之间不存在租赁关系，但从其陈述看，在 2014、2015 年左右二房东离开涉诉房屋后，高×收取同住人租金并向张××支付租金，已在事实上成为涉诉房屋的承租人。依据房屋租赁的惯例，水费应当由承租人负担。高×在承担水费后，可另行向其收取租金的次承租人主张相应权利。

考虑到本案中高×实际成为涉诉房屋承租人的日期难以准确确定，涉案的 1177 吨用水于各年度的使用量也无法查证，张××就此又无任何证据予以证实，故法院就双方争议的水费酌情判处。对于张××主张的利息损失，法院不予支持。

二审法院认为：当事人对自己提出的诉讼请求所依据的事实或者反驳对方诉讼请求所依据的事实有责任提供证据加以证明。没有证据或者证据不足以证明当事人的事实主张的，由负有举证责任的当事人承担不利后果。

本案中，高×虽主张其与张××之间不存在租赁关系，但在一审中其认可在二房东离开涉诉房屋后，高×收取同住人租金并向张××支付租金，事实上已经成为涉诉房屋的承租人，依据房屋租赁惯例，水费应当由承租人负担。但考虑到高×实际成为涉诉房屋承租人的日期难以准确确定，涉案各年度用水使用量也无法查证，张××就此又无任何证据予以证实，故一审法院酌情判处高×支付张××水费二千四百元并无不当。高×在承担水费后，可另行向其收取租金的次承租人主张相应权利。

综上所述，高×的上诉请求不能成立，应予驳回。一审判决认定事实清楚，适用法律正确，应予维持。

【法条链接】

1.《中华人民共和国民事诉讼法》

第六十四条　当事人对自己提出的主张，有责任提供证据。

当事人及其诉讼代理人因客观原因不能自行收集的证据，或者人民法院认为审理案件需要的证据，人民法院应当调查收集。

人民法院应当按照法定程序，全面地、客观地审查核实证据。

2.《中华人民共和国合同法》

第六条　当事人行使权利、履行义务应当遵循诚实信用原则。

【案例来源】

北京市第三中级人民法院民事判决书（2019）京 03 民终 6809 号。

065. 当事人对自己提出的主张有责任提供证据

（朱××与李×房屋租赁合同纠纷）

【裁判要旨】

依法成立的合同对当事人具有法律约束力。当事人一方不履行合同义务或者履行合同义务不符合约定的，应当承担继续履行、采取补救措施或者赔偿损失等违约责任。当事人可以约定一方违约时应当根据违约情况向对方支付一定数额的违约金，也可以约定因违约产生的损失赔偿额的计算方法。约定的违约金低于造成的损失的，当事人可以请求人民法院或者仲裁机构予以增加，约定的违约金过分高于造成的损失的，当事人可以请求人民法院或者仲裁机构予以适当的减少。

【当事人信息】

上诉人：朱××（原审原告）

被上诉人：李×（原审被告）

【基本案情】

朱××为北京市通州区××中路×号×幢×层×号房屋（以下简称涉案房屋）的所有权人。2018年7月2日，朱××（出租人，甲方）与李×（承租人、乙方）、北京××××房地产经纪有限公司（居间方、丙方）签订了《北京市房屋租赁合同》，由李×承租朱××所有的涉案房屋。合同约定：租赁用途为居住；租赁期限自2018年7月5日至2019年7月4日，共计12个月。甲方应于2018年7月5日前将房屋按约定交付给乙方；租金标准每月5000元，押一付三，押金5000元；第九条合同解除：（一）经甲乙双方协商一致，可以解除本合同；（二）因不可抗力导致本合同无法继续履行的，本合同自行解除；（三）甲方有下列情形之一的，乙方有权单方解除合同：1. 迟延交付房屋达七日的。2. 交付的房屋严重不符合合同约定或影响乙方安全、健康的。3. 不承担约定的维修义务，致使乙方无法正常使用房屋的。（四）乙方有下列情形之一的，甲方有权单方解除合同，收回房屋：1. 不按照约定支付租金达7日的。2. 欠缴各项费用达500元的。3. 擅自改变房屋用途的。4. 擅自拆改变动或损坏房屋主体结构的。5. 保管不当或不合理使用导致附属物品、设备设施损坏并拒不赔偿的。6. 利用房屋从事违法活动、损害公共利益或者妨碍他人正常工作、生活的。7. 擅自将房屋转租给第三人的。第十条违约责任：（二）租赁期内，甲方需提前收回房屋的，或乙方需提前退租的，应提前30日通知对方，并按月租金的200%支付违约金，甲方还应退还相应的租金。合同还约定了其他内容。合同签订后，朱××按约定将涉案房屋交付给李×，李×交纳房屋押金5000元，交纳房租至2018年12月4日。一审庭审中，李×称在2018年11月25日搬离涉案房屋，在2018年12月3日左右通知了朱××，朱××称其在2018年12月5日到涉案房屋查看，李×已经搬离涉案房屋，钥匙挂在墙面上。

【诉讼请求】

判令李×支付违约金10 000元。

【裁判结果】

一审：驳回朱××的诉讼请求。

二审：驳回上诉，维持原判。

【裁判理由】

一审法院认为：依法成立的合同对当事人具有法律约束力。当事人一方不履行合同义务或者履行合同义务不符合约定的，应当承担继续履行、采取补救措施或者赔偿损失等违约责任。当事人可以约定一方违约时应当根据违约情况向对方支付一定数额的违约金，也可以约定因违约产生的损失赔偿额的计算方法。约定的违约金低于造成的损失的，当事人可以请求人民法院或者仲裁机构予以增加，约定的违约金过分高于造成的损失的，当事人可以请求人民法院或者仲裁机构予以适当的减少。当事人对自己提出的主张有责任提供证据。朱××与李×之间签订的房屋租赁合同系双方真实的意思表示，未违反法律的强制性规定，合法有效，双方均应恪守合同义务。现李×提前解除合同，构成违约，应当向朱××支付违约金。关于违约金数额，李×认为朱××主张的违约金过高，5000元押金足以弥补朱爱兰的损失。该院综合租赁合同履行情况，酌定违约金为一个月的房租即5000元。李×同意用押金5000元折抵违约金，该院对此不持异议，故李×不需另行向朱××支付违约金，故对朱××的诉讼请求，依据不足，一审法院不予支持。对朱××关于李×未提前30天通知解除合同，应将5000元押金充作30天租金的主张，该院不予采信。

二审法院认为：朱××与李×签订的《北京市房屋租赁合同》，系双方的真实意思表示，且其内容未违反法律、法规的强制性规定，属合法有效，双方当事人均应按照合同约定，履行各自的权利义务。现李×提前解除合同，却未按约定提前30天通知朱××，构成违约，应当承担相应的违约责任。根据《中华人民共和国合同法》第一百一十四条的规定，"当事人可以约定一方违约时应当根据违约情况向对方支付一定数额的违约金，也可以约定因违约产生的损失赔偿额的计算方法。约定的违约金低于造成的损失的，当事人可以请求人民法院或者仲裁机构予以增加；约定的违约金过分高于造成的损失的，当事人可以请求人民法院或者仲裁机构予以适当减少"。本案中，李×认为朱××主张的违约金过高，请求法院予以调整。考虑到双方已实际于2019年1月4日交接房屋，李×的违约行为导致朱××在2018年12月4日至2019年1月4日期间无法出租涉案房屋，造成的损失相当于一个月的房屋租金，故一审法院酌定违约金为一个月的房租，即5000元，并无不当，本院予以确认。因李×同意用押金5000元折抵违约金，一审法院不持异议，本院对此亦不持异议，故李×不需另行向朱××支付违约金，一审法院判决驳回朱××的诉讼请求，亦无不当，本院予以维持。对于朱××上诉称李×未交接水电卡、私人物品一直未搬出，导致朱××无法继续出租涉案房屋，造成重大损失一节，因李×在二审中提交了新证据，可以证实双方当事人已于 2019 年 1 月 4 日对涉案房屋的交接事宜达成一致，且赔偿损失并非朱××在本案中的诉讼请求范围，故本院对于朱××的上诉理由不予采信。

综上所述，朱××的上诉请求不能成立，应予驳回。

【法条链接】

《中华人民共和国合同法》

第一百一十四条　当事人可以约定一方违约时应当根据违约情况向对方支付一定数额的违约金，也可以约定因违约产生的损失赔偿额的计算方法。

约定的违约金低于造成的损失的，当事人可以请求人民法院或者仲裁机构予以增加；约定的违约金过分高于造成的损失的，当事人可以请求人民法院或者仲裁机构予以适当减少。

当事人就迟延履行约定违约金的，违约方支付违约金后，还应当履行债务。

【案例来源】

北京市第三中级人民法院民事判决书（2019）京 03 民终 6728。

066. 因出租方违约导致合同目的不能实现而解除合同的，承租人可享有的权利问题

（××房地产经纪有限公司与李××房屋租赁合同纠纷）

【裁判要旨】

依法成立的合同，双方均应依约履行。一方迟延履行债务或者有其他违约行为致使不能实现合同目的，当事人可以解除合同，并可以要求违约方承担违约责任。

【当事人信息】

上诉人：××房地产经纪有限公司（原审被告）

被上诉人：李××（原审原告）

【基本案情】

2018年9月17日，李××（承租人、乙方）与××房地产经纪有限公司（以下简称××公司）签订《北京市房屋租赁合同》（以下简称合同），约定：承租房屋位于北京市昌平区××区×号楼×门×××号，租赁用途为居住；租期自2018年9月18日至2019年3月1日；租金标准为每月1800元，支付方式为押一付一。合同第九条第三款约定：甲方有下列情形之一的，乙方有权单方解除合同：1.延迟交付房屋达5日的；2.交付的房屋严重不符合合同约定的。合同第十一款约定：甲方有第九条第三款约定的情形之一的，应按年租金的20%向乙方支付违约金。签订合同当日，李××向××公司交纳了房屋租金1800元、押金1800元、管理费400元、手续费90元。之后，李××于2018年10月6日、11月6日、12月5日向××公司交纳三个月租金共计5400元。

后，××公司和房东之间发生纠纷尚未解决，房东不让李××继续租住涉案房屋。2018年12月14日，涉案房屋房东告知李××因××公司延期交纳房租构成违约，要求提前收回房屋，并向其出具《违约证明》，李××于12月17日搬离涉案房屋并告知××公司。

【诉讼请求】

1.××公司退还押金1800元；

2.××公司退还房租1800元；

3.××公司给付违约金4320元。

【裁判结果】

一审：1.××公司于判决生效之日起三日内退还李××押金1800元；

2.××公司于判决生效之日起三日内退还李××剩余房租1800元；

3.××公司于判决生效之日起三日内给付李××违约金4320元。

二审：驳回上诉，维持原判。

【裁判理由】

一审法院认为：李××、××公司签订的房屋租赁合同系双方真实意思表示，不违反法律法规的强制性规定，合法、有效，双方均应依约履行。××公司作为出租方，负有保障涉案房屋可供正常居住使用之义务，现××公司未按照合同约定保障李××正常使用房屋，其行为构成违约。一方迟延履行债务或者有其他违约行为致使不能实现合同目的，当事人可以解除合同，李××已实际搬离涉案房屋，房屋租赁合同目的已不能实现，故李××主张合同解除的诉讼请求，该院予以支持，合同解除时间以2018年12月17日李××实际搬离房屋为准。合同解除后，××公司应退还剩余房租和押金，故李××相应诉讼请求该院予以支持。当事人可以约定一方违约时应当根据违约情况向对方支付一定数额的违约金，也可以约定因违约产生的损失赔偿额的计算方法。李××主张××公司支付违约金的诉讼请求，有事实和法律依据，该院予以支持。××公司称李××存在违约行为，但未在本案中提出反诉诉讼请求，该院不予审查，双方可另行协商或通过诉讼解决。

二审法院认为：李××、××公司签订的房屋租赁合同系双方真实意思表示，其内容不违反法律、行政法规的强制性规定，应属有效。××公司作为出租方，负有保障涉案房屋可供正常居住使用的义务，现××公司未按照合同约定保障李××正常使用房屋，其行为构成违约，李××已实际搬离涉案房屋，房屋租赁合同目的已不能实现。因此，一审法院判决××公司退还押金及剩余房租并支付违约金并无不当，本院予以确认。××公司的上诉理由并无有效证据证明，本院不予采信。

综上，××公司的上诉理由均不能成立，本院对其上诉请求不予支持。一审法院认定事实清楚，适用法律正确，处理结果并无不当，应予维持。

【法条链接】

《中华人民共和国合同法》

第一百一十四条　当事人可以约定一方违约时应当根据违约情况向对方支付一定数额的违约金，也可以约定因违约产生的损失赔偿额的计算方法。

约定的违约金低于造成的损失的，当事人可以请求人民法院或者仲裁机构予以增加；约定的违约金过分高于造成的损失的，当事人可以请求人民法院或者仲裁机构予以适当减少。

当事人就迟延履行约定违约金的，违约方支付违约金后，还应当履行债务。

【案例来源】

北京市第一中级人民法院民事判决书（2019）京01民终7709号。

067. 当事人所提供的证据不足以证明其主张的，应该承担举证不利的后果

（孙×与裴×租赁合同纠纷）

【裁判要旨】

当事人对自己提出的诉讼请求所依据的事实或者反驳对方诉讼请求所依据的事实，应当提供证据加以证明，但法律另有规定的除外。当事人未能提供证据或者证据不足以证明其事实主张的，由负有举证证明责任的当事人承担不利的后果。

【当事人信息】

上诉人：孙×（原审被告）
被上诉人：裴×（原审原告）

【基本案情】

2018年1月13日，孙×（出租人、甲方）与裴×（承租人、乙方）签订了《北京市房屋租赁合同》，约定："第一条房屋基本情况：甲方将自有的坐落在北京市丰台区××桥北×××号的房屋（以下简称16号房屋）1套，建筑面积120平方米。第二条房屋用途：该房屋用途为租赁住房，居住人数为4人。……第三条租赁期限自2018年1月26日至2019年1月25日止。甲方应于2018年1月14日前将房屋按约定条件交付给乙方。……第四条租金：租金标准人民币5500元，租金支付方式押一付六，租金支付期间：2018年1月15日至2018年7月15日，押金5500元，租赁期满或合同解除后，房屋租赁保证金

除抵扣应由乙方承担的费用、租金以及乙方应承担的违约赔偿责任外，剩余部分应如数返还乙方。第五条关于房屋租赁期间的有关费用：在房屋租赁期间，以下费用由乙方支付：1. 水、电费；2. 煤气费；3. 物业管理费。……第九条违约责任：（二）租赁期内，甲方需提前收回房屋的，或乙方需提前退租的，应提前 30 日内通知对方，并按月租金的 100% 向对方支付违约金；甲方还应退还相应的租金。"

2018 年 9 月 10 日孙×通知裴×于 1 个月内搬离 16 号房屋，2018 年 11 月 28 日裴×要求交还 16 号房屋。双方均认可 11 月 28 日，裴×一家四口已经从 16 号房屋搬离，裴×不欠付费用、家具家电无损坏。

孙×称 11 月 28 日其委托邻居收房，裴×称未见到其邻居且其邻居亦没有委托书，其无法将钥匙交给邻居。后双方于 2019 年 1 月 14 日约定在房屋内交接，但因为矛盾未交房成功。2019 年 1 月 15 日，裴×到孙×单位处要求交房，孙×不同意交接。

裴×称孙×提前收回房屋属于违约，应依租赁合同约定退还其 2018 年 11 月 28 日至 2019 年 1 月 28 日的房租及押金共计 16500 元、违约金 5500 元。孙×认为租赁合同到期后裴×拒不交房，亦属违约。

【诉讼请求】

1. 孙×退还租金（2018 年 11 月 28 日至 2019 年 1 月 28 日）及押金 16 500 元；

2. 孙×赔偿违约金 5500 元；

3. 孙×赔偿装修损失 3000 元；

4. 诉讼费由孙×承担。

【裁判结果】

一审：1. 孙×于判决生效之日起 7 日内退还裴×房屋租金 10 290 元、押金 5500 元；

2. 孙×于判决生效之日起 7 日内支付裴×违约金 5500 元；

3. 驳回裴×其他的诉讼请求。

二审：驳回上诉，维持原判。

【裁判理由】

一审法院认为：当事人对自己提出的诉讼请求所依据的事实或者反驳对方诉讼请求所依据的事实，应当提供证据加以证明，但法律另有规定的除外。在作出判决前，当事人未能提供证据或者证据不足以证明其事实主张的，由负有举证证明责任的当事人承担不利的后果。裴×、孙×双方签订的房屋租赁合同，系双方真实意思表示，对双方具有法律约束力，双方均应依约履行。根据双方合同约定，租赁期内，甲方需提前收回房屋的，应提前 30 日通知对方，并按月租金的 100% 向乙方支付违约金，甲方应退还相应的租金。现孙×在租赁合同尚未到期时，要求裴×搬离 16 号房屋，已构成违约。双方均认可裴×已于 2018 年 11 月 28 日搬离 16 号房屋，且裴×不欠付其他费用，故孙×应当退还裴×剩余租金、押金，并支付违约金。故对裴×要求孙×退还剩余租金、押金并支付违约金的诉讼请求，法院予以支持。孙×称裴×未向其交纳房屋钥匙及水、电、燃气卡，根据现有证据显示，裴×于 2018 年 11 月 28 日要求与孙×办理交接手续，系因孙×方原因未办理交接，且双方就交接发生争议后裴×及时诉至法院，表明其要求交接房屋的主张，故未交接钥匙和卡，非因裴×方原因，故对孙×的抗辩意见，法院不予采信。孙×称其一直向裴×主张交房，系裴×不交房，但现有证据不足以证明其主张，法院对此不予采信。裴×要求孙×赔偿装修损失，但未提交相应证据，法院对此不予支持。孙×称主卧门被裴×损坏，但就此未提交相应证据，法院对此不予采信。孙×所述拆除装修损失和租房损失，未在本案提出明确诉请，法院对此不予处理。

二审法院认为：依法成立的合同对当事人具有法律约束力，当事人应当依约履行，不得擅自变更和解除。当事人一方不履行合同义务或者履行合同义务不符合约定的，应当承担继续履行、采取补救措施或者赔偿损失等违约责任。

本案中，裴×与孙×于 2018 年 1 月 13 日签订的《北京市房屋租赁合同》系双方当事人真实意思表示，内容未违反法律、行政法规的强制性规定，应认定为合法有效，双方均应依约履行。合同履行过程中，孙×提前要求裴×搬离涉案房屋，违反合同约定，应当按照合同约定的标准向裴×支付违约金并退还押金以及剩余租期的租金。关于退还的租金数额，虽然双方于 2019 年 3 月 5 日开庭当日才交接完毕水、电、燃气卡及房屋钥匙，但双方均认可裴×已于

2018 年 11 月 28 日搬离涉案房屋，且根据本案在案证据，裴×于 2018 年 11 月 28 日明确要求与孙×办理交接手续，但孙×及家人因其个人原因未能办理交接，故孙×应当承担因其原因未能办理交接造成的损失，一审法院判决孙×退还之后的租金，并无不当，本院予以支持。

孙×上诉要求裴×支付房屋占有使用费，但其在一审中未就此提出诉讼请求，双方在二审中亦未达成调解意见，本院对此不予处理。

【法条链接】

《中华人民共和国合同法》

第一百零七条 当事人一方不履行合同义务或者履行合同义务不符合约定的，应当承担继续履行、采取补救措施或者赔偿损失等违约责任。

《最高人民法院关于民事诉讼证据的若干规定》(2008 年版)

第二条 当事人对自己提出的诉讼请求所依据的事实或者反驳对方诉讼请求所依据的事实有责任提供证据加以证明。

没有证据或者证据不足以证明当事人的事实主张的，由负有举证责任的当事人承担不利后果。

【案例来源】

北京市第二中级人民法院民事判决书（2019）京 02 民终 10348 号。

068. 约定的违约金过分高于造成的损失的，
当事人可以请求人民法院予以适当减少

（北京××房地产经纪有限公司与郝×房屋租赁合同纠纷）

【裁判要旨】

对方迟延履行合同，符合约定的解除条件时，守约方可以单方要求解除合同。约定的违约金过分高于造成的损失的，当事人可以请求人民法院予以适当减少。本案中双方合同约定违约金数额为两个月租金标准，但考虑合同履行情况等因素，酌情确定违约金数额为一个月租金。

【当事人信息】

再审申请人：北京××房地产经纪有限公司（一审被告、二审上诉人）

被申请人：郝×（一审原告、二审被上诉人）

【基本案情】

2017年8月31日，郝×作为委托人（甲方），北京××房地产经纪有限公司（以下简称××公司）作为租赁代理机构（乙方），双方签订了《北京市房屋出租委托代理合同》，约定甲方将坐落于北京市西城区××一区甲××号楼×单元××号房屋（以下简称涉案房屋）委托乙方进行出租，出租代理期自2017年9月1日至2020年2月28日。房屋代理期中开始的前30天为免租期，乙方免费使用，无需向甲方支付租金，第二年20天为免租期。甲方应于2017年9月1日前将房屋交付给乙方。出租委托代理期限届满或本合同终止后，乙方应将房屋交回。双方约定每月房屋租金为6200元。乙方将各期租金划入甲方账户的日期：第一次2017年9月1日，第二次2017年11月25日，第三次2018年2月25日，第四次2018年5月25日，以此类推。乙方未按规定划付租金达5天以上的，甲方有权单方解除合同，且如乙方存在该种情形的，应按照月租金的200%向甲方支付违约金。合同签订后，郝×向××公司交付了涉案房屋。2017年11月9日，郝×取得了涉案房屋的不动产权证书。

××公司自2018年11月25日起未按时支付租金，双方就逾期付款违约金未能协商一致，××公司于2019年1月27日自行向郝×转账支付了500元，郝×提起本案诉讼后，2019年3月10日，××公司分两笔先后向郝×支付了18 100元和18 600元。庭审中，双方均表示上述款项500元抵作租金处理。郝×表示2019年5月24日之前的租金已付清。

合同中"第二年20天为免租期"是指2018年9月1日至2019年8月31日期间的免租期为20天。郝×主张上述免租期应分摊在四个季度，××公司将20天免租期在一次性扣除，于2018年8月24日仅支付了租金14 467元，违反合同约定。××公司认为于租赁期开始作为免租期是行业惯例，不同意支付免租期租金。

郝×主张××公司逾期支付租金违反合同约定，应按月租金的200%支付违约金，××公司认为违约金约定标准过高。

【诉讼请求】

1. 判令××公司向郝×支付逾期付款违约金 12 400 元；

2. 判令××公司支付逾期付款利息，第一笔以 18 600 元为基数，按照年百分之四的标准，自 2018 年 11 月 25 日计算至 2019 年 3 月 10 日；第二笔以 18 600元为基数，按照年百分之四的标准，自 2019 年 2 月 25 日计算至 2019 年 3 月 10 日；

3. 判令××公司向郝×支付已经扣除的第二年免租期的租金 3099.75 元；

4. 请求法院判令解除郝×与××公司于 2017 年 8 月 31 日签订的《北京市房屋出租委托代理合同》。

【裁判结果】

一审：1. 解除郝×与××公司于 2017 年 8 月 31 日签订的《北京市房屋出租委托代理合同》；

2. 判决生效之日起七日内，××公司支付郝×违约金 6200 元；

3. 驳回郝×的其他诉讼请求。

二审：驳回上诉，维持原判。

再审：驳回××公司的再审申请。

【裁判理由】

一审法院认为：郝×与××公司签订的《北京市房屋出租委托代理合同》系双方真实意思表示，不违反法律、行政法规的强制性规定，合法有效，双方均应依约履行。合同赋予了郝×在××公司逾期支付租金达 5 天以上的单方解除权，××公司两次逾期支付租金，郝×有权解除合同。根据合同约定，××公司逾期支付租金导致合同解除，还应支付相当于两个月租金的违约金。××公司提出违约金标准过高的抗辩意见，在双方均未就损失问题举证情况下，法院综合考虑合同履行情况、违约情形、双方举证情况，依法调整违约金并酌情确定具体数额为一个月房租。对于郝×主张××公司支付逾期付款利息的诉讼请求，因双方在合同中未有关于逾期付款利息之约定，且双方对于迟延履行已约定了相应的违约责任，故郝×的该项诉讼请求缺乏事实和法律依据，法院不予支持。对于郝×主张××公司补足免租期间租金的诉讼请求，郝×虽主张免租期 20 天应分摊在第二年租赁期的四个季度，但郝×并未提交证据证明双方就此达成合意，根据合同约定"房屋代理期中开始的前 30 天为免租期，第二年 20 天为免租期"，合同中虽未对第二年免租期的起算时间作出明确约定，但综合郝×后续足额收取季度租金情况及交易习惯，法院对郝×的该项诉讼请求不予支持。

二审法院认为：郝×与××公司签订的《北京市房屋出租委托代理合同》系双方当事人的真实意思表示，不违反法律、行政法规的强制性规定，合同有效，对当事人具有法律约束力，双方当事人均应按照合同约定履行自己的义务。本案中，××公司逾期支付租金已达 5 天以上，郝×依据上述租赁合同约定享有单方合同解除权，同时××公司应承担合同约定的相应违约责任，一审法院依据郝×诉请判决解除双方于 2017 年 8 月 31 日签订的《北京市房屋出租委托代理合同》并判决××公司支付违约金，合同依据充分，并无不当。关于违约金数额，双方合同约定违约金数额为两个月租金标准，但一审法院考虑合同履行情况等因素，酌情确定违约金数额为一个月租金标准即 6200 元，亦无不当。××公司不同意解除合同及支付违约金的上诉抗辩理由，没有合同和法律依据，本院均不予支持。

再审法院认为：当事人对自己提出的主张，有责任提供证据。没有证据或证据不足以证明当事人的事实主张的，由负有举证责任的当事人承担不利后果。再审期间，××公司未提供新证据。××公司未按合同约定逾期支付租金构成违约。郝×有权行使合同解除权。原审法院判决解除合同，××公司支付违约金并无不当。××公司的再审申请不符合《中华人民共和国民事诉讼法》第二百条规定的情形。

【法条链接】

《中华人民共和国合同法》

第六十一条　合同生效后，当事人就质量、价款或者报酬、履行地点等内容没有约定或者约定不明确的，可以协议补充；不能达成补充协议的，按照合同有关条款或者交易习惯确定。

第一百一十四条　当事人可以约定一方违约时应当根据违约情况向对方支付一定数额的违约金，也可以约定因违约产生的损失赔偿额的计算方法。

约定的违约金低于造成的损失的，当事人可以请求人民法院或者仲裁机构予以增加；约定的违约金过分高于造成的损失的，当事人可以请求人民法院或者仲裁机构予以适当减少。

当事人就迟延履行约定违约金的，违约方支付违约金后，还应当履行债务。

【案例来源】

北京市高级人民法院民事裁定书（2019）京民申 5084 号。

069. 一方当事人违约后，对方应当采取适当措施防止损失扩大

（高××等房屋租赁合同纠纷）

【裁判要旨】

当事人一方违约后，对方应当采取适当措施防止损失的扩大；没有采取适当措施致使损失扩大的，不得就扩大的损失要求赔偿。本案中，在高××通知孔××领取家具时，孔××怠于履行相应义务，造成损失进一步扩大，孔××对此亦负有一定责任。故法院在确定高××赔偿金额时，综合考虑各自责任，予以酌定。

【当事人信息】

再审申请人：孔××（一审原告、二审上诉人）
被申请人：高××（一审被告、二审上诉人）

【基本案情】

2014 年 10 月 18 日，高××（出租人、甲方）与孔××（承租人、乙方）签订《北京市房屋租赁合同》（以下简称租赁合同），双方约定：租赁房屋坐落于北京市朝阳区×室（以下简称案涉房屋），建筑面积 184.7 平方米，租赁用途为居住，租赁期限自 2015 年 1 月 1 日至 2024 年 3 月 1 日，2015 年 1 月 1 日至 2018 年 3 月 1 日期间的月租金为 12 500 元，押金为 12 500 元；租赁期内，甲方需提前收回该房屋的，或乙方需提前退租的，应提前 30 日通知对方，并按照月租金 100%支付违约金，甲方还应退还相应租金；乙方在使用本房期间

装修所产生的费用完全由乙方承担，可以自行装修加卫生间等，乙方可以分租其他客户，客户人身安全完全由乙方承担，甲方不承担法律责任，中途双方不得违约，违约金额为 200 000 元。合同签订后，孔××支付高××房屋押金 12 500 元，支付房屋租金至 2016 年 9 月 30 日。

2018 年 9 月 27 日，孔××与高××因案涉房屋租赁合同纠纷诉至北京市朝阳区人民法院，经（2016）京 0105 民初 45999 号民事判决，因在合同履行过程中，高××以孔××将案涉房屋厨房改为卫生间，严重破坏房屋结构和使用功能为由，向孔××发出解除合同通知，因双方在合同中约定孔××可以自行装修，增加卫生间，将房屋分租他人，再结合高××在物业公司复验时曾到装修现场，在装修验收表中签字确认之情节，认为孔××系经高××同意对案涉房屋进行装饰装修，高××对孔××改变房屋结构应当知情，孔××不属于擅自变动房屋结构，且高××无证据证明孔××的装修损坏了案涉房屋的主体结构，高××不享有合同解除权，但考虑到孔××及其租户已搬离案涉房屋，且高××主张将案涉房屋过户至案外人名下，双方之间的租赁合同实际已无法继续履行，再结合双方关于高××提前 30 日通知孔××可收回房屋的约定，确认孔××、高××双方之间的租赁合同于 2016 年 9 月 2 日解除，高××赔偿孔××经济损失 26 820 元。

孔××主张装修案涉房屋共花费 200 000 元，并提交有《北京市家庭居室装饰装修工程施工合同》及盖有北京××装饰设计有限公司公章的收款收据。高××认可孔××确实对案涉房屋进行了装修，但是对孔××主张的装修费数额不予认可。

【诉讼请求】

1. 判令高××退还孔××房屋押金 12 500 元，退还房屋租金 12 500 元；

2. 判令高××赔偿孔××装修损失 200 000 元，违约金 200 000 元，家居及门锁损失 57 600 元，预期可得利益损失 650 000 元；

3. 本案诉讼费由高××承担。

【裁判结果】

一审：1. 高××于判决生效之日起七日内支付孔××房屋押金一万二千五百元、剩余的房屋租金一万二千五百元；

2. 高××于判决生效之日起七日内支付孔××违约金十万元；

3. 高××于判决生效之日起七日内支付孔××装修残值赔偿金六万元；

4. 高××于判决生效之日起七日内支付孔××家具及门锁损失二万元；

5. 驳回孔××的其他诉讼请求。

二审：驳回上诉，维持原判。

再审：驳回孔××的再审申请。

【裁判理由】

一审法院认为：当事人应当按照约定全面履行自己的义务。当事人一方不履行合同义务或者履行合同义务不符合约定的，应当承担继续履行、采取补救措施或者赔偿损失等违约责任。本案中，孔××与高××签订案涉合同，高××将案涉房屋出租给孔××，并依约向孔××交付了房屋，双方应当按照合同约定履行各自的义务。根据一审法院查明的事实，孔××在足额支付高××案涉房屋租金后，高××在合同未到期的情况下，提前通知孔××将案涉房屋收回，违反了合同约定。高××同意退还孔××房屋押金 12 500 元和剩余的房屋租金 12 500元，一审法院不持异议。

根据双方提交的租赁合同约定，双方将违约金数额调整为 200 000 元，高××虽主张系提前 30 日通知孔××后合法解除租赁合同，但是高××并不享有单方解除权，故高××仍须承担违约责任，关于违约金数额，一审法院将根据高××违约情况及孔××遭受的损失予以酌定。孔××经高××同意，对案涉房屋进行了装修。在租赁期未到期的情况下，高××提前收回案涉房屋，导致孔××不能继续使用，高××应当就孔××对案涉房屋的装修残值予以赔偿，具体赔偿金额一审法院根据孔××装修支出、合同履行情况等予以酌定。

孔××主张高××将其购置的案涉房屋内家具损坏，要求高××予以赔偿，高××认可孔××主张的部分家具，但是根据一审法院查明事实，在高××通知孔××领取家具时，孔××怠于履行相应义务，造成损失进一步扩大，孔××对此亦负有一定责任。一审法院在确定高××赔偿金额时，综合考虑孔、高各自责任，予以酌定。孔××主张的门锁损失，提交有购买发票，一审法院予以支持。

二审法院认为：本案二审争议焦点为因高××提前收房而导致违约金及损失的认定。

高××上诉主张应当适用《北京市房屋租赁合同》第十条第二款，违约金按月租金 100% 计算。对此本院认为，《北京市房屋租赁合同》第十二条在"其他约定事项"中，双方当事人手写部分对于违约金做了补充和变更，即约定"中途双方不得违约，违约金额为贰拾万元整"，该补充约定系双方真实意思表示，高××违反约定的租赁期间提前收房构成违约，孔××有权以《北京市房屋租赁合同》第十二条的补充约定为基础主张违约金。

关于违约金及损失金额的认定，高××与孔××均对于一审确认的金额存在异议。对此本院认为，违约金的设立功能在于当事人通过协商预先确定的独立于履行行为的一种定额赔偿损失的计算方式，避免损害赔偿计算困难及举证困难，但违约金的主要功能仍在于弥补损失。故人民法院判定违约金具体金额时，不仅要根据当事人的约定，亦要结合违约金赔偿性的基本属性，以实际损失作为根据。一审法院根据高××违约的情况及孔××损失的情况酌定违约金 10 万元，并以此为基础，根据装修支出、租赁合同履行的时间因素等情况，确定装修残值赔偿金 6 万元，结合双方过错因素确定家具及门锁损失 2 万元并无不当。一审法院认定的违约金及相应的损失的总金额可以弥补孔××实际损失，处理结果正确，本院予以维持。

综上所述，孔××和高××的上诉请求均不能成立，应予驳回；一审判决认定事实清楚，适用法律正确，应予维持。

再审法院认为：关于违约金及装修损失的认定问题，违约金的主要功能在于弥补损失，有限度的体现惩罚性。原审判决根据高××违约的情况，以孔××实际损失为基础，酌定违约金为 10 万元，并无不当。在此基础上，结合孔××的装修支出、房屋租赁合同的履行时间，确定装修残值赔偿金 6 万元，并无不当。关于家具及门锁损失问题，根据本案查明事实，双方对租赁事宜产生纠纷后，申请人怠于履行相应义务，未能及时避免损失进一步扩大，存在一定的过错。原审判决综合考虑双方的责任酌定家具及门锁损失 2 万元，并无不当。孔××的再审申请不符合《中华人民共和国民事诉讼法》第二百条规定，其再审理由不能成立。

【法条链接】

《中华人民共和国合同法》

第一百一十四条　当事人可以约定一方违约时应当根据违约情况向对方支付一定数额的违约金，也可以约定因违约产生的损失赔偿额的计算方法。

约定的违约金低于造成的损失的，当事人可以请求人民法院或者仲裁机构予以增加；约定的违约金过分高于造成的损失的，当事人可以请求人民法院或者仲裁机构予以适当减少。

当事人就迟延履行约定违约金的，违约方支付违约金后，还应当履行债务。

第一百一十九条　当事人一方违约后，对方应当采取适当措施防止损失的扩大；没有采取适当措施致使损失扩大的，不得就扩大的损失要求赔偿。

当事人因防止损失扩大而支出的合理费用，由违约方承担。

【案例来源】

北京市高级人民法院民事裁定书（2020）京民申 400 号。

070. 当事人应当按照约定履行自己的义务，不得擅自变更或者解除合同

（北京××房地产经纪有限公司与张×房屋租赁合同纠纷）

【裁判要旨】

当事人一方要求解除合同的，如果法院认为根据目前合同履行情况，并未达成合同目的无法实现的程度，从维护市场交易稳定的角度考虑，对于当事人行使法定解除权的请求，法院不予支持。

【当事人信息】

上诉人：北京××房地产经纪有限公司（原审被告）
被上诉人：张×（原审原告）

【基本案情】

2017 年 4 月 13 日，张×（委托人、甲方）与北京××房地产经纪有限公司（以下简称××公司）（代理方、乙方）签订《北京市房屋出租代理合同》，约定：房屋坐落于北京市海淀区×××室。出租代理期自 2017 年 9 月 18 日至 2019 年 9 月 17 日。租金标准每月 8700 元。付款方式季付。2017 年 9 月 8 日付、2017 年 12 月 8 日付、2018 年 3 月 8 日付、2018 年 6 月 8 日付、2018

年 9 月 8 日付、2018 年 12 月 8 日付、2019 年 3 月 8 日付、2019 年 6 月 8 日付。

张×提交中国银行流水明细清单证明××公司于 2017 年 9 月 18 日付 26 100 元，于 2017 年 12 月 8 日付 26 100 元，于 2018 年 3 月 8 日付 26 100 元，于 2018 年 6 月 13 日付 26 100 元，且每次汇款附言中均注明为×××室房租，之后公司未再按期支付过租金，××公司对明细清单真实性认可，对证明目的不认可，××公司表示在 2018 年 5 月 23 日向张×汇款 70 000 元，于 2019 年 5 月 7 日汇款 8300 元，也是房租，故目前不存在欠付租金的情况。张×认可收到两笔汇款，但其表示 2018 年 5 月 23 日的汇款并非房租。2019 年 5 月 7 日汇款是在诉讼过程中，××公司紧急补汇的。张×进一步提供与××公司员工黄某的微信记录，证明此 70 000 元是黄某交纳的小学名额占用费。××公司对此不予认可。

【诉讼请求】

1. ××公司向张×支付房屋租金 26 100 元（自 2018 年 9 月 8 日起，暂至 2018 年 12 月 7 日止，以××公司实际交还房屋时间为准）；

2. 依法解除张×、××公司的房屋租赁合同，判令××公司交还房屋钥匙。

【裁判结果】

一审：1. ××公司于本判决生效后七日内向张×支付租金 70 000 元；

2. 驳回张×其它诉讼请求。

二审：驳回上诉，维持原判。

【裁判理由】

一审法院认为：依法成立的合同，对当事人具有法律约束力，当事人应当按照约定履行自己的义务。本案中，××公司虽主张于 2018 年 5 月 23 日汇款 70 000 元也是合同约定的租金，但该说法明显与常理不符，该笔汇款汇出的时间并非合同中约定的付款日，数额也与任何一期租金的数额均不相符，且该笔汇款的附言为空，上述情形均与张×与××公司的交易习惯不相吻合。且××公司在 2018 年 5 月 23 日汇出该大笔款项后，紧接着又于同年 6 月 13 日如常地支付了下一季的租金 26 100 元，××公司对此并未作出合理解释。同时结合张×提供的与黄某的微信记录，也印证了上述70 000元并非租金，实为黄某支付的学籍占用费。故法院认为××公司理应按照合同约定向张×补齐欠付租金70 000元。就张×要求解除合同一节，法院认为根据目前合同履行情况，并未达成合同目的无法实现的程度，从维护市场交易稳定的角度考虑，张×要求行使法定解除权，法院不予支持。

二审法院认为：依法成立的合同，对当事人具有法律约束力。当事人应当按照约定履行自己的义务，不得擅自变更或者解除合同。张×与××公司签订的《北京市房屋出租代理合同》系双方当事人的真实意思表示，不违反法律、行政法规的强制性规定，合法有效，双方均应依约履行合同。

结合当事人的诉辩主张，本案二审争议焦点为××公司于2018年5月23日汇款70 000元是否系支付合同期内的租金。

人民法院应当按照法定程序，全面、客观地审核证据，依照法律规定，运用逻辑推理和日常生活经验法则，对证据有无证明力和证明力大小进行判断，并公开判断的理由和结果。基于如下理由，本院运用逻辑推理和日常经验法则认定××公司于2018年5月23日汇款70 000元应为名额占用费。1. ××公司于2018年5月23日汇款70 000元，但并未按照此前的交易习惯在汇款附言备注用于支付房租，该金额亦不符合双方关于租金付款方式的约定，且其于2018年6月13日支付下一季度的租金26 100元，亦不合常理。2. 结合张×与案外人黄某微信聊天记录中关于小学名额占用费的约定，可以认定上述70 000元系案外人支付的其他费用，而非本案房屋租金。由此，该70 000元并非履行本案双方房屋租赁合同，与××公司无关。需要说明的是，欠付的该70 000元对应的租金交纳期限系2018年9月8日至2019年6月7日。

综上所述，××公司欠付张×租金，张×要求××公司支付欠付租金于法有据，应予支持。

【法条链接】

《中华人民共和国合同法》

第九十四条 有下列情形之一的，当事人可以解除合同：

（一）因不可抗力致使不能实现合同目的；

（二）在履行期限届满之前，当事人一方明确表示或者以自己的行为表明不履行主要债务；

（三）当事人一方迟延履行主要债务，经催告后在合理期限内仍未履行；

（四）当事人一方迟延履行债务或者有其他违约行为致使不能实现合同目的；

（五）法律规定的其他情形。

【案例来源】

北京市第一中级人民法院民事判决书（2019）京01民终6030号。

071. 公平诚信原则在房屋租赁合同中的运用

（李××与于×房屋租赁合同纠纷）

【裁判要旨】

当事人未能提供证据或者证据不足以证明其事实主张的，由负有举证证明责任的当事人承担不利的后果。本案中，根据合同双方的沟通情况，双方在签订租赁合同时，李××已经对于×可能提前退房有一定的预期，且在于× 2018年4月7日提出退房至李×× 2018年4月25日收到钥匙门禁前，李××并未明确表示异议，故根据公平诚信原则，于×提前通知退房的情形不应认定为违约。同时，租赁合同纠纷非人格权纠纷，一方主张赔礼道歉的，无相应法律依据，法院不予支持。

【当事人信息】

上诉人：李××（原审被告、反诉原告）
被上诉人：于×（原审原告、反诉被告）

【基本案情】

2018年2月25日，于×（乙方）与李××（甲方）签订房屋租赁合同，由于×租赁涉案房屋，租金4200元/月，租赁期限自2018年2月22日至2019年2月21日；保证金3200元，除合同另有约定外，甲方应于租赁关系消除且乙方迁空、点清并付清所有应付费用后3天内将保证金退还乙方；乙方租赁期间，水、电、燃气、电话以及其他由乙方居住而产生的费用由乙方负担，租赁结束时，乙方须交清欠费；租赁期间，未经甲方同意，乙方无权转租或转借该房屋；房屋租赁期间任何一方违反本合同的约定，依据事实轻重，按年度须向对方交纳年度租金的 10% 作为违约金，乙方逾期未交付租金的，每逾期一日，甲方有权按月租金的 2% 向乙方加收滞纳金。

合同签订后，于××如约支付保证金 3200 元，最后一笔房租支付至 2018 年 5 月 21 日。双方认可，史××作为李××的儿媳，在租赁过程中全权代表李××与于×沟通处理租赁事宜。

于×称，2018 年 2 月 25 日签订最后一份租赁合同之前，其曾与史××沟通，其在外买房，如果交房的话，可能租赁期限不到一年。根据于×提供的微信语音记录显示，史××答复："那就是再续一年，然后你也许做不到一年。是这个意思吧，然后到了那个日子的时候呢，你就提前跟我说，然后准备办，是这意思吧，要是这个意思，那我就你还你一年的，然后到时候你到了日期提前跟我说，我不算那什么随时可以解决好吧。"2018 年 4 月 22 日，于×微信联系史××："我们明天搬家"，史××回复："收到，哪天搬完？我好跟单位提前换班，你们搬完了我过去"，于×答复"明天就能搬完，找了搬家公司"。2018 年 4 月 23 日，于×搬离 402 号房屋。当日于×并未在家，其父母在家配合收房。

【诉讼请求】

原告起诉请求：

1. 判令李××退还剩余租金 4200 元；

2. 判令李××退还押金 3200 元；

3. 诉讼费由李××承担。

被告反诉请求：

1. 请求判令于×支付租赁合同违约金 5040 元、燃气费 670.32 元、水费 10 元、网费 300 元、维修费 50 元、四天房租 560 元、迟交房租滞纳金 1205 元、打印刻录费 25 元、部分交通费 25 元，共计人民币 7885.32 元；

2. 请求判令于×就侵犯李××人格尊严书面赔礼道歉；

3. 反诉诉讼费用由于×承担。

【裁判结果】

一审：1. 李××于本判决生效之日起七日内返还于×剩余租金3920元、押金3200元；

2. 于×于本判决生效之日起七日内支付李××燃气费、水费、网费、维修费共计1030.32元；

3. 驳回于×的其他诉讼请求；

4. 驳回李××的其他反诉请求。

二审：驳回上诉，维持原判。

【裁判理由】

一审法院认为：合同解除后，尚未履行的，终止履行；已经履行的，根据履行情况和合同性质，当事人可以要求恢复原状、采取其他补救措施，并有权要求赔偿损失。本案中，李××与于×签订的《租赁合同》系双方真实意思表示，应属合法有效。

关于于×提前通知退房是否构成违约的问题，根据合同双方的沟通情况，双方在签订最后一份租赁合同时，李××已经对于×可能提前退房有一定的预期，且在于×2018年4月7日提出退房至李××2018年4月25日收到钥匙门禁前，李××并未明确表示异议，法院认为，根据公平诚信原则，于×提前通知退房的情形不应认定为违约。根据本案的证据及当事人陈述，于×于2018年4月23日搬离涉案房屋，虽然李××主张因对方违约而致使合同未履行至合同期满，但未提供足够证据证明，故法院认定于×搬离涉案房屋之日，即2018年4月23日，系双方通过履行行为达成解除涉案房屋租赁合同的一致意思之日。合同解除后，李××收取的押金应退还于×，押金金额根据合同中约定的金额予以认定。此外，李××称于×存在擅自定价转租房屋、未经其同意粉刷墙壁的情形，但李××未能举证证明于×确将该房屋以明显不合理的价格转租或者对房屋有明显处理不当的情形，故对于李××要求以上述情形为由要求于×支付违约金的反诉请求，法院不予支持。于×认可尚欠李××燃气费670.32元、水费10元，法院对此不持异议，予以确认，对于李××关于燃气费、水费的反诉请求予以支持。关于维修费，李××提交于×父亲认可的录音，法院认为该确认系当事人真实意思表示，于×未提交证据证明该确认存在受胁迫等情形，故法院对李××要求于×支付维修费 50 元的反诉请求予以支持。关于宽带费用，于×未举证证明其已经将欠付的 2016 年 5 月 22 日至 2016 年 11 月 23 日的宽带费用支付给李××，故对于李××要求于×支付宽带费用 300 元的反诉请求予以支持。关于 2018 年 4 月 22 日至 2018 年 4 月 25 日 4 天的房租，鉴于双方认可 2018 年 4 月 23 日系于×搬离涉案房屋并进行结算的日期，故于×应当支付 2018 年 4 月 22 日至 4 月 23 日 2 天的房租，对于李××要求于×扣除 4 天房租的反诉请求部分予以支持。关于迟交房租滞纳金，虽然于×未按照双方书面约定的期限支付房租，但李××在收到房租后，并未向于×提出过异议，双方签订过三次合同，且前两份合同已经期满履行完毕，因此双方已通过实际履行行为变更了房租支付期限的约定，故法院对李××要求支付迟交房租滞纳金的反诉请求不予支持。关于李××主张的打印刻录费、交通费，无相应法律依据，法院不予支持。关于李××主张的赔礼道歉，因本案系租赁合同纠纷，非人格权纠纷，故其该项反诉请求亦无相应法律依据，法院不予支持。

二审法院认为：当事人对自己提出的诉讼请求所依据的事实或者反驳对方诉讼请求所依据的事实，应当提供证据加以证明，但法律另有规定的除外。在作出判决前，当事人未能提供证据或者证据不足以证明其事实主张的，由负有举证证明责任的当事人承担不利的后果。本案中，就李××上诉主张于×擅自转租，提前解除合同造成损失应当支付违约金一节，于×抗辩称不存在违约行为，转租系经过李××之代理人史××同意且转租租金价格合理，并未造成李××损失，向法院提交与史××的微信记录证明。本院认为，根据本案查明的事实，李××与于×在签署最后一份租赁合同前，双方已就于×可能提前退租及处理问题进行了沟通洽商，李××之代理人史××表示租期定一年，但可随时提前退租，后于×准备将房屋转租及提前退租的时间亦已通过微信告知了李××之代理人史××，双方沟通过程中对于×可能提前退租及于×代为转租房屋及房屋租金价格，李××之代理人史××均知晓，双方对提前退租及转租事宜达成了一致意见。故李××主张于×存在违约行为缺乏事实及法律依据，本院不予支持。就李××主张于×在搬家当日未将门禁卡和钥匙交回，造成无法使用房屋应当支付两天的房屋租金一节。因双方认可于×于 2018 年 4 月 23 日搬离涉案房屋并办理结算，李××未提出异议，且李××在收回房屋后亦有其他方式使用涉案房屋，故该项上诉理由缺乏事实依据，本院不予支持。

【法条链接】

《中华人民共合同合同法》

第五条　当事人应当遵循公平原则确定各方的权利和义务。

第六条　当事人行使权利、履行义务应当遵循诚实信用原则。

【案例来源】

北京市第一中级人民法院民事判决书（2019）京 01 民终 5717 号。

第七章
廉租住房租赁纠纷

072. 廉租房管理部门在承租人不具备享受
廉租住房资格时有权收回房屋

（北京市丰台区房屋经营管理中心与韩×房屋租赁合同纠纷）

【裁判要旨】

双方在合同期满后未再续约，故双方租赁合同已终止，且承租人不具有享受廉租住房的资格，北京市丰台区房屋经营管理中心要求其腾退房屋，理由正当。

【当事人信息】

原告：北京市丰台区房屋经营管理中心

被告：韩×

【基本案情】

2008年10月27日，甲方（出租方）北京市丰台区房屋经营管理中心、北京市丰台区建设委员会与乙方（承租方）韩×签订《丰台区城市廉租住房实物配租合同》，约定乙方租用坐落于北京市丰台区×××小区××号楼×单元××××号廉租房；住房配租期限自2009年1月1日至2009年12月31日，每月租金46元；配租合同期满后，甲方根据本市廉租住房管理规定审核乙方配租资格，符合的可继续签订配租合同；不符合的，乙方应在6个月内将住房退还甲方。该合同续约至2017年12月31日。

北京市丰台区住房保障事务中心出具《关于腾退张××等13户家庭廉租房的函》及《关于北京市廉租住房、经济适用住房和限价商品住房申请审核有关问题的通知》。《关于腾退张××等 13 户家庭廉租住房的函》载明："区房屋经营管理中心：按照北京市住房保障办公室《关于北京市廉租住房、经济适用住房和限价商品住房申请审核有关问题的通知》（京住综字［2008］35号）文件规定，已享受廉租住房实物配租的家庭，购买经济适用住房或限价商品房后应退回廉租住房。现我区张××等 13 户廉租住房实物配租家庭，已配售我区经济适用住房（详细信息见附件）。请你中心结合各经适房项目入住时间做好房屋腾退等后续工作。"附件中载明韩×配租地址为北京市丰台区×××小区××号楼×单元×××号，已购经适房项目为丰泽家园，入住时间为 2016 年 6 月 30 日。《关于北京市廉租住房、经济适用住房和限价商品住房申请审核有关问题的通知》第十四条载明：已享受廉租住房补贴或实物配租家庭，可申请购买经济适用住房或限价商品住房。家庭购房后，住房保障管理部门应停发租房补贴或由家庭按约定退回廉租住房。

【诉讼请求】

1. 判令被告韩×立即腾退现租用的北京市丰台区×××小区××号楼×单元×××号房屋；

2. 判令被告韩×支付 2018 年 1 月 1 日至实际腾退之日的房屋使用费（租金标准为每月 46 元）。

【裁判结果】

1. 韩×于本判决生效之日起三十日内将位于北京市丰台区×××小区××号楼×单元×××号房屋腾空交还北京市丰台区房屋经营管理中心；

2. 韩×于本判决生效之日起七日内向北京市丰台区房屋经营管理中心支付自二〇一八年一月一日至实际腾退之日的房屋使用费（按每月 46 元的标准计算）。

【裁判理由】

法院认为：依法成立的合同对双方当事人具有法律约束力。本案中，原、被告于 2008 年 10 月 24 日签订的《丰台区城市廉租住房实物配租合同》系双方的真实意思表示，且不违反法律法规的强制性规定，合法有效。根据续约记录，双方在合同期满后，数次续约，合同期限于 2017 年 12 月 31 日届满，之后双方未再续约，故双方的租赁合同于 2017 年 12 月 31 日终止。因双方租赁合同已终止，且韩×现不具有享受廉租住房的资格，北京市丰台区房屋经营管理中心要求其腾退房屋，理由正当，本院予以支持。对于韩×认为其困难不同意腾退房屋的辩称意见，缺乏事实和法律依据，本院不予采纳。双方租赁合同终止后，韩×继续使用涉诉房屋，应当支付房屋使用费，北京市丰台区房屋经营管理中心要求韩×按照每月 46 元标准支付 2018 年 1 月 1 日至实际腾退之日的房屋使用费，本院予以支持。

【法条链接】

1.《中华人民共和国合同法》

第八条 依法成立的合同，对当事人具有法律约束力。当事人应当按照约定履行自己的义务，不得擅自变更或者解除合同。

依法成立的合同，受法律保护。

第二百三十五条 租赁期间届满，承租人应当返还租赁物。返还的租赁物应当符合按照约定或者租赁物的性质使用后的状态。

2.《北京市建设委员会关于北京市廉租住房、经济适用住房和限价商品住房申请审核有关问题的通知》(京住综字〔2008〕35 号)

十四、已享受廉租住房租房补贴或实物配租家庭，可申请购买经济适用住房或限价商品住房。家庭购房后，住房保障管理部门应停发租房补贴或由家庭按约定退回廉租住房。

【案例来源】

北京市东城区人民法院民事判决书（2018）京 0106 民初 38119 号。

073. 廉租房承租人不能以不当得利为由要求出租人返还已收取的廉租房补贴款

（刘××与何××不当得利纠纷）

【裁判要旨】

承租人承租未满一年即提出解除该合同，其搬离该房屋时就不再符合

《廉租住房租金补贴协议》规定的领取补贴的条件，即承租人再取得相关补贴就不再具备合法依据。廉租房补贴属于国家针对特定困难群体给予的帮扶救助措施，承租人不符合领取条件就不应再享受该项福利，故其并未受有损失。

【当事人信息】

上诉人：刘××（原审原告）
被上诉人：何××（原审被告）

【基本案情】

2011年3月8日，刘××（甲方）与何××（乙方）签订房屋租赁合同，合同约定：乙方将位于北京市×××28号房屋，使用面积14.4平方米出租给甲方作为居住使用，租期为2011年3月8日至2012年3月8日，甲乙双方议定租金为每月1200元，甲方取得租金补贴金额为每月627元，超出部分572元由甲方自行支付……租赁期内，甲方需提前退租的，应提前30日通知乙方。同日，刘××（廉租住房租金补贴家庭，甲方）、何××（房屋出租人，乙方）、北京市西城区住房保障服务中心（廉租住房管理部门，丙方）三方签订《廉租住房租金补贴协议》，协议约定：甲方承租乙方位于北京市×××28号的平房，使用面积14.4平方米，甲乙双方约定房屋租金为每月1200元，丙方按《北京市城镇廉租住房租金补贴配租通知单》确定的最高限额每月为乙方支付租金补贴628元，其余572元由甲方自行承担。合同签订后，刘××开始使用租赁房屋，何××收到了刘××支付的上述合同租期内由刘××自行支付的租金5000元。2011年11月1日，双方解除了房屋租赁合同，同日，何××将该房屋租予案外人周××，租期为2011年11月1日至2014年10月31日。

2012年3月15日，刘××与案外人齐××签订房屋租赁合同，另承租北京市×××11号房屋1间作为居住使用，租期为2012年3月15日至2013年3月15日。

2013年6月，刘××起诉何××，提出要求何××返还多收房租3284元等诉讼请求。2013年12月6日，法院作出（2013）西民初字第14168号民事判决："一、本判决生效后七日内，被告何××返还原告刘××房屋租金五百九十六元。二、驳回原告刘××的其他诉讼请求。三、驳回被告何××的反诉请求。"刘××不服判决提出上诉，后申请撤回上诉。

【诉讼请求】

判令何××返还多收的房租 2700 元。

【裁判结果】

一审：判决驳回刘××的诉讼请求。
二审：驳回上诉，维持原判。

【裁判理由】

一审法院认为：已为人民法院发生法律效力的裁判所确认的事实，当事人无须举证证明。不当得利是指没有法律依据取得不当利益并造成他人损失的行为。刘××在本案主张返还的款项是政府保障部门应负担的租金，系国家针对特定困难群体给予的帮扶救助措施，并非由刘××实际负担，亦不能属于刘××的经济收入。在当事人订立的《廉租住房租金补贴协议》第二条明确约定丙方即廉租住房管理部门按《北京市城镇廉租住房租金补贴配租通知单》确定的最高限额每月为乙方即何××支付租金补贴 628 元，从此约定能够认定何××收取租金补贴存在依据，不属刘××主张的不当利益。综上所述，刘××以不当得利为由要求何××返还款项的诉讼请求，没有依据，法院不予支持。

二审法院认为：本案的争议焦点是何××应否返还刘××2700 元房租问题。依据《中华人民共和国民法总则》第一百二十二条"因他人没有法律根据，取得不当利益，受损失的人有权请求其返还不当利益"的规定，就本案而言，刘××主张何××收取的 2700 元属于不当得利，其应当证明何××收取该款项无法律根据且自己受有损失。具体分析如下：第一，租赁合同约定每月房租为 1200 元，因刘××家庭经济困难，符合政府住房保障部门予以帮扶救助的相关条件，由政府保障部门即廉租办每月补贴 627 元，刘××每月实际支付 572 元。在合同签订并实际履行的前期，符合法律规定，何××每月直接取得由廉租办支付的补贴。但刘××承租未满一年即提出解除该合同，其搬离该房屋时就不再符合《廉租住房租金补贴协议》规定的领取补贴的条件，即刘××再取得相关补贴就不再具备合法依据。第二，廉租房补贴属于国家针对特定困难群体给予的帮扶救助措施，刘××不符合领取条件就不应再享受该项福利，故其并未受有损失，其自然无权要求何××返还相关住房补贴款。此外，关于刘××自行负担的租金及其损失的计算问题，在签订租赁合同后，刘××一次性向何××交付租金 5000 元，而其实际租住时间为 7 个月 21 天，按《廉租住房租金补贴协议》中约定的其每月应负担房租为 572 元计算，刘××应交房租为 4404 元，故何××应将其多收的 596 元房租返还给刘××，该事实已被北京市西城区人民法院（2013）西民初字第 14168 号判决确认。综上，刘××以不当得利为由请求何××返还 2700 元房租无法律依据，本院不予支持。

【法条链接】

《中华人民共和国民法总则》

第一百二十二条　因他人没有法律根据，取得不当利益，受损失的人有权请求其返还不当利益。

【案例来源】

北京市第二中级人民法院民事判决书（2017）京 02 民终 9743 号。

074. 廉租房承租人无权自行判断自身是否符合免交租金的条件；租赁合同是否应予解除应综合考虑承租人的实际情况、公共租赁住房的目的等因素进行综合判断

（北京市西城区住房保障事务中心与瑞××房屋租赁合同纠纷）

【裁判要旨】

1. 承租人如认为自身符合免交条件可以按规定提出申请，而不应直接自行不支付租金。

2. 虽然承租人确存在违约行为，但考虑到涉案房屋本身系公共租赁住房，而公共租赁住房的目的是为了优化住房供应结构，加快解决本市中低收入家庭住房困难，实现住有所居目标。根据承租人的实际情况，如解除双方签订的合同则与公共租赁住房的目的相悖。承租人未能如约交付房屋租金主要系其对相关减免政策的理解有误，而非恶意拖欠。因此酌情考量双方之间的租赁合同关系暂不宜解除。

【当事人信息】

原告：北京市西城区住房保障事务中心

被告：瑞××

【基本案情】

2015 年 6 月 29 日，原告西城住房保障中心（出租人，甲方）与被告瑞××（承租人，乙方）签订《北京市西城区廉租实物住房租赁合同》，约定：甲方将位于北京市昌平区建材城西路××家园××号楼××号房屋租赁给乙方居住使用，建筑面积 35.55 平方米；租赁期限自 2015 年 7 月 1 日起至 2016 年 6 月 30 日止；房屋租金标准为 26 元/月/平方米（建筑面积），合计房屋租金 924.3 元/月，按照北京市廉租住房补贴标准计算后，乙方实缴租金为 46 元/月，乙方于每月 10 日前向甲方缴纳当月房屋租金；配租期间，如遇到国家和本市有关政策调整，甲方应及时按新政策规定调整租金标准和乙方实缴租金数额并及时通知乙方，乙方收到甲方通知后应按调整后的实缴租金数额交纳房屋租金；租赁合同期满前 3 个月（90 天），乙方须向其户籍所在区住房保障管理部门提出继续承租住房申请，对于乙方继续承租的申请，经审核符合条件的，重新核定房屋租金和租金补贴金额后，甲、乙双方续签租赁合同，经审核不符合条件的，合同终止；乙方在合同期内连续三个月或累计超过六个月未交纳房租的，甲方有权单方解除合同。

前述合同签订后，瑞××于 2015 年 6 月 29 日向西城住房保障中心交纳了 12 月的租金共计 552 元，之后涉案房屋由瑞××居住至今。该合同到期后，西城住房保障中心与瑞××未签订新的租赁合同。瑞××自 2016 年 7 月开始，亦未向西城住房保障中心支付任何租金。

瑞××已离异，于 2015 年以一人家庭申请了位于北京市昌平区建材城西路××家园××号楼××号的房屋，该房屋系其唯一住房。

【诉讼请求】

1. 解除原、被告于 2015 年 6 月 29 日签订的《北京市西城区廉租实物住房租赁合同》；

2. 判令被告立即腾退位于北京市昌平区建材城西路××家园××号楼××号的

房屋，并按原状向原告返还涉案房屋及设施设备；

3. 判令被告向原告支付自 2016 年 7 月 1 日起至合同解除之日（暂计算至起诉之日 2018 年 9 月 20 日）期间拖欠的房屋租金 1196 元。

【裁判结果】

1. 瑞××于本判决生效后七日内给付北京市西城区住房保障事务中心 2016 年 7 月 1 日至 2018 年 9 月 20 日期间的房屋租金 1196 元；

2. 驳回北京市西城区住房保障事务中心的其他诉讼请求。

【裁判理由】

法院认为，原告西城住房保障中心与被告瑞××之间签订的租房协议系双方当事人的真实意思表示，且不违反法律、行政法规的强制性规定，合法、有效。依法成立的合同，对当事人具有法律约束力。双方均应按照合同约定履行各自的义务。瑞××作为承租人，有义务交纳房屋租金及相关费用。故对于西城住房保障中心要求瑞××支付自 2016 年 7 月 1 日起至 2018 年 9 月 20 日的租金 1196 元的诉讼请求，于法有据，本院予以支持。

瑞××基于自身理解，认为按照政策规定其符合免交租金的条件，未再支付涉案房屋的租金，系其对相关政策规定认识不到位、在适用程序上的误解。瑞××如认为自身符合免交条件可以按规定提出申请，而不应直接自行不支付租金。西城住房保障中心在双方租赁合同期满及后续租金催缴的处理上，除张贴租金催缴通知、邮寄律师函外，还可考虑承租人的具体情况就合同约定、政策规定加以阐明、确定。虽然瑞××确存在违约行为，但考虑到涉案房屋本身系公共租赁住房，而公共租赁住房的目的是为了优化住房供应结构，加快解决本市中低收入家庭住房困难，实现住有所居目标。瑞××已年逾古稀，以一人家庭通过廉租实物住房申请并入住至今，如解除双方签订的合同则与公共租赁住房的目的相悖，且该房屋系瑞××的唯一住房，腾退房屋势必造成其居无定所，生活愈加困难。更重要的是，瑞××未能如约交付房屋租金主要系其对相关减免政策的理解有误，而非恶意拖欠。综上，本院酌情考量认为双方之间的租赁合同关系暂不宜解除，故对原告西城住房保障中心要求解除双方租赁合同以及要求被告瑞××腾退房屋及返还设施设备的诉讼请求，本院不予支持。

【法条链接】

《北京城镇公有住房租金减免暂行办法》（京政发〔2000〕7号）

第二条　下列人员家庭承租北京城镇公有住房，在规定住房面积标准以内部分可申请租金减免：

（一）离休干部家庭（以下简称离休干部）和按照《劳动人事部关于建国前参加工作的老工人退休待遇的通知》（劳人险（1983）3号）规定享受原标准工资100%退休费和退休工人家庭（以下简称老退休工人），新增租金超过其本人及配偶增发补贴的部分免交。

新增租金是指2000年4月1日提租后新增加的租金（下同）。

（二）享受国家定期抚恤补助待遇的优抚户和享受城市居民最低生活保障待遇的家庭，其新增租金免交。

（三）家庭人均月收入高于273元、低于400元（含）的居民家庭，房租超过其家庭月总收入10%的部分免交。

（四）其他家庭，房租超过其家庭月总收入15%的部分免交。

第六条　租金减免的申请和审批程序：

（一）离休干部和老退休工人凭老干部离休荣誉证或退休证、户口簿、本人及其配偶所在单位出具的住房情况和增发补贴发放情况证明向房屋产权单位提出申请，经房屋产权单位核定后按规定减免租金。

（二）享受国家定期抚恤补助待遇的优抚户和享受城市居民最低生活保障待遇的家庭，凭民政部门颁发的有效证件向房屋产权单位提出申请，经房屋产权单位核定后按规定减免租金。

（三）其他家庭，租金减免按以下程序办理：

1. 承租人持户口簿、居民身份证和租赁契约，向房屋产权单位申领并填写《北京城镇居民家庭公有住房租金减免申请审批表》（以下简称《申请审批表》）。

2. 由承租人及其家庭同住成员所在单位核定收入和增发补贴并签署意见、盖章后（无工作单位的，由居家委会核定收入），由居家委会进行核实并张榜公布，无异议的，居家委会在《申请审批表》签署初审意见，经街道办事处或乡镇政府审核后（承租人住房所在地没有成立居家委会的，直接由街道办事处或乡镇政府审核），由承租人持《申请审批表》向房屋产权单位提出申请。

3. 房屋产权单位对《申请审批表》进行核定后，按规定减免租金。

【案例来源】

北京市昌平区人民法院民事判决书（2018）京 0114 民初 18693 号。

075. 廉租住房出租人是否对小区负有治安防卫义务要以租赁合同约定为准

（段×与北京市东城区住房保障服务中心房屋租赁合同纠纷）

【裁判要旨】

原告依据与被告签订的《北京市东城区廉租住房租赁合同》要求被告承担车辆丢失的赔偿责任，但《北京市东城区廉租住房租赁合同》中并没有关于被告进行小区治安防卫或为原告保管、看护物品的约定。原告以被告违约为由要求被告承担赔偿责任，缺乏依据。

【当事人信息】

原告：段×
被告：北京市东城区住房保障服务中心

【基本案情】

2011 年 10 月 18 日，被告（出租人，甲方）与原告（承租人，乙方）签订《北京市东城区廉租住房租赁合同》，由原告承租北京市丰台区宋家庄路××号房屋，租赁期限自 2011 年 11 月 1 日至 2012 年 10 月 31 日。2012 年 11 月 18 日，双方进行续签，租赁期限自 2012 年 11 月 1 日至 2013 年 10 月 31 日。《北京市东城区廉租住房租赁合同》中，没有关于被告负有小区治安防卫、物品保管义务的相关约定。原告有白洋淀残疾人专用车一辆，2013 年 8 月 12 日早上，原告发现该车辆于当日凌晨被人经小区保安登记放出小区后丢失。经原告报案，当日北京市公安局丰台分局将原告被盗窃立为刑事案件，目前，尚未破案。

【诉讼请求】

被告赔偿原告人民币 1 万元。

【裁判结果】

判决驳回原告的诉讼请求。

【裁判理由】

法院认为：当事人对自己提出的诉讼请求所依据的事实或者反驳对方诉讼请求所依据的事实有责任提供证据加以证明。没有证据或者证据不足以证明当事人的事实主张的，由负有举证责任的当事人承担不利后果。本案中，原告依据与被告签订的《北京市东城区廉租住房租赁合同》要求被告承担车辆丢失的赔偿责任，但《北京市东城区廉租住房租赁合同》中并没有关于被告进行小区治安防卫或为原告保管、看护物品的约定。原告以被告违约为由要求被告承担赔偿责任，缺乏依据，本院不予支持。

【法条链接】

1. 《中华人民共和国民事诉讼法》
第六十四条第一款　当事人对自己提出的主张，有责任提供证据。
2. 《最高人民法院关于适用〈中华人民共和国民事诉讼法〉的解释》
第九十条　当事人对自己提出的诉讼请求所依据的事实或者反驳对方诉讼请求所依据的事实，应当提供证据加以证明，但法律另有规定的除外。

在作出判决前，当事人未能提供证据或者证据不足以证明其事实主张的，由负有举证证明责任的当事人承担不利的后果。

【案例来源】

北京市东城区人民法院民事判决书（2014）东民初字第 00423 号。

076. 乡（镇）人民政府、街道办事处应在自己职权
范围内行使廉租房配租管理职责

（宋×诉北京市东城区人民政府天坛街道办事处行政答复案)

【裁判要旨】

天坛街道办事处收到原告家庭交报的材料后，决定受理，并完成了初审、提出了初步配租方案（廉租房租金补贴方案），并在规定期限内上报区住房保障管理部门。区住房保障管理部门在街道办事处上报材料及初审意见的基础上进行审批，对符合条件的予以审批同意，对不符合条件的，亦应由区住房保障部门书面通知申请人并说明理由。街道办事处针对申请人要求获得廉租房补贴的申请，作出直接告知其是否符合享受条件及停发廉租房补贴并说明相应理由的答复意见构成超越职权。

【当事人信息】

原告：宋×
被告：北京市东城区人民政府天坛街道办事处

【基本案情】

2015 年 4 月 28 日，原告宋×向被告北京市东城区人民政府天坛街道办事处（以下简称天坛街道办事处）邮寄《履责申请书》，要求天坛街道办事处履行以下职责：确认 2008 年 1 月至 2014 年 4 月期间的北京市城镇廉租房住房补助；确认 2013 年 7 月至 2013 年 12 月期间的北京市城镇廉租住房补助；确认 2013 年 12 月廉租住房补助；确认 2014 年 4 月至今北京市城镇廉租住房补助。被告于 2015 年 11 月 15 日作出《回复》并送达原告。原告不服《回复》，曾于 2015 年 12 月 23 日向本院提起行政诉讼。本院以（2015）东行初字第 1259 号案件立案受理。在该案件审理过程中，经法官释明，原告同意仅就《回复》中涉及的最低生活保障待遇问题的回复提起诉讼，就《回复》中涉及廉租住房补助问题另案起诉。2016 年 8 月 12 日原告提起本案诉讼。

【诉讼请求】

1. 撤销被告作出的《回复》第二、三、四、五项；

2. 责令被告就原告廉租房申请作出重新处理决定。

【裁判结果】

1. 撤销被告北京市东城区人民政府天坛街道办事处于二〇一五年十一月五日对原告宋×作出的《关于宋×申请一事的回复》第三、四、五项的回复；

2. 被告北京市东城区人民政府天坛街道办事处于本判决生效之日起两个月内针对原告宋×关于要求确认 2013 年 7 月至 2013 年 12 月期间的北京市城镇廉租住房补助；确认 2013 年 12 月廉租住房补助；确认 2014 年 4 月至今北京市城镇廉租住房补助的申请在其职权范围内依法重新作出处理；

【裁判理由】

法院认为：《北京市城市廉租住房申请、审核及配租管理办法》（京建住〔2007〕1176 号）第三条规定，市住房保障管理部门负责本市廉租住房管理的指导、监督、检查以及申请家庭的备案工作。区（县）、街道办事处（乡镇人民政府）住房保障管理部门按照各自职责负责受理本地区廉租住房的申请、审核、认定、配租、补贴发放及后期管理工作。第十条规定，符合本办法规定条件的家庭，向户口所在地的街道（乡镇）领取《北京市城市居民申请廉租住房情况核定表》一式三份，按要求填写相关内容。第十一条规定，申请家庭推举一名具有完全民事行为能力的家庭成员作为申请人，向户口所在地街道办事处或乡镇人民政府提出申请。第十三条规定，街道（乡镇）住房保障管理部门收到申请家庭交报的材料后，应当及时做出是否受理的决定。第十四条规定，接受申请人的受理后，由街道（乡镇）住房保障管理部门对申请家庭收入、资产、人口和住房情况进行初审。初审包括审核材料、入户调查、组织评议、公示。第十五条规定，经公示无异议或者异议不成立的，街道（乡镇）住房保障管理部门在申请家庭的《核定表》中签署初审意见、提出初步的配租方案，将申请家庭的资料录入申请审核管理系统，并在 2 个工作日内将申请家庭的书面申请材料上报区（县）住房保障管理部门。第二十七条规定，享受廉租住房保障的城市低收入家庭每年应按期向街道（乡镇）

住房保障管理部门如实申报家庭收入、人口、住房、资产等变动情况。区（县）、街道（乡镇）住房保障管理部门应当定期会同同级民政等相关部门对享受廉租住房保障家庭的收入、人口、住房、资产等变动情况进行复核，并根据复核结果对享受廉租住房保障的资格、方式、租房补贴发放额度、实物住房租金等进行及时调整并书面通知当事人。第二十九条规定，享受廉租住房保障的家庭有下列情况之一的，由区（县）住房保障管理部门做出取消保障资格的决定，收回承租的廉租住房，或者停发租房补贴：（一）未如实申请家庭收入、家庭人口、住房、资产等状况的。

关于原告提出其自2008年即向被告提交廉租住房申请，被告未向区住房保障管理部门提交的问题。原告就此向本院提交了申请家庭成员收入情况证明、家庭成员住房情况、申请家庭承租（拥有）原住房处置意见为证，经本院向天坛街道办事处社会保障事务所调查，该所称上述材料不能证明为原告申请廉租住房补贴而出具，故原告此点意见，没有证据予以证明，被告对原告作出的第二项答复意见并无不当。

本案中，根据查明的事实，天坛街道办事处收到原告家庭交报的材料后，决定受理，并完成了初审、提出了初步配租方案（廉租房租金补贴方案），并在规定期限内上报区住房保障管理部门。被告对于原告所作第三、四、五项答复意见，均应由区住房保障管理部门在街道办事处上报材料及初审意见的基础上进行审批，对符合条件予以审批同意，对不符合条件的，亦应由区住房保障部门书面通知申请人并说明理由。被告针对原告要求获得廉租房补贴的申请，作出的第三、四、五项答复意见，直接告知原告其是否符合享受条件及停发廉租房补贴并说明相应理由的答复意见构成超越职权，本院应予撤销。被告天坛街道办事处应针对原告要求确认2013年7月至2013年12月期间的北京市城镇廉租住房补助；确认2013年12月廉租住房补贴；确认2014年4月至今北京市城镇廉租住房补助的申请在其职权范围内重新作出处理。

【法条链接】

《北京市城市廉租住房申请、审核及配租管理办法》（京建住［2007］1176号）

第十一条　申请家庭推举一名具有完全民事行为能力的家庭成员作为申请人，向户口所在地街道办事处或乡镇人民政府提出申请……

第十五条第一款 ……街道（乡镇）住房保障管理部门在申请家庭的《核定表》中签署初审意见、提出初步的配租方案，将申请家庭的资料录入申请审核管理系统，并在 2 个工作日内将申请家庭的书面申请材料上报区（县）住房保障管理部门。

第十六条 ……

复审及公示无异议的，由区（县）住房保障管理部门对申请家庭的资格进行认定，并在申请家庭《核定表》上签署意见、盖章后，在 2 个工作日内上报市住房保障管理部门备案。

复审及公示有异议的，由街道（乡镇）住房保障管理部门会同有关单位在 10 日内进行复查，并对不符合申请条件的家庭书面告知原因；符合条件的，按前款规定办理。

【案例来源】

北京市东城区人民法院行政判决书（2016）京 0101 行初 810 号。

077. 申请人应当向具有相关法定职责的行政机关提出廉租房配租申请

（王××诉北京市住房和城乡建设委员会履行法定职责案）

【裁判要旨】

当事人要求行政机关履行法定职责，应当以行政机关具备该项职责为前提。本市公共租赁住房资格申请、审核按照本市现行的保障性住房"三级审核、两级公示"制度执行，初审由街道办事处或乡镇政府进行，复审由区县住房保障管理部门组织实施，备案由住房和城乡建设委员会（以下简称市住建委）进行，公共租赁住房摇号分配工作由区县住房保障部门组织实施。根据上述规定，市住建委不具备廉租房分配的相关职责，王××起诉市住建委不履行法定职责，缺乏事实根据，不符合法定起诉条件。

【当事人信息】

再审申请人：王××（一审原告，二审上诉人）

再审被申请人：北京市住房和城乡建设委员会（一审被告，二审被上诉人）

【基本案情】

略。

【诉讼请求】

判令北京市住房和城乡建设委员会为原告分配廉租房。

【裁判结果】

一审：裁定驳回王××的起诉。

二审：驳回上诉，维持一审裁定。

再审：驳回王××的再审申请。

【裁判理由】

一审法院认为：公民、法人或者其他组织向人民法院提起行政诉讼，应当符合法定起诉条件。根据《中华人民共和国行政诉讼法》第四十九条第三项规定，公民、法人或者其他组织提起诉讼，应当具有事实根据。起诉要求行政机关履行法定职责的，应当以行政机关具备相应法定职责作为起诉的前提条件。该案中，王××要求市住建委为其分配廉租房。根据《北京市公共租赁住房申请、审核及配租管理办法》第三条、第七条、第十三条以及《北京市经济适用住房管理办法（试行）》第十七条之规定，本市公共租赁住房资格初审由街道办事处或乡镇政府进行，复审由区县住房保障管理部门组织实施，备案由市住建委进行，公共租赁住房摇号分配工作由区县住房保障部门组织实施。此外，自2014年起公共租赁住房与廉租住房并轨运行。根据上述规定，市住建委不具有向王××分配廉租房的工作职责。因此，王××提起的诉讼没有事实根据，不符合法定起诉条件，对其起诉应予驳回。

二审法院认为：根据《中华人民共和国行政诉讼法》第四十九条第三项的规定，公民、法人或者其他组织提起行政诉讼，应当具有事实根据。当事人要求行政机关履行法定职责，应当以行政机关具备该项职责为前提。本案中，王××要求市住建委为其分配廉租房。根据《北京市住房和城乡建设委员会、北京市发展和改革委员会、北京市财政局关于进一步加强廉租住房与公共租赁住房并轨分配及运营管理有关问题的通知》（京建法〔2014〕6号）的规定，自2014年起廉租住房与公共租赁住房并轨运行。根据《北京市公共租赁住房申请、审核及配租管理办法》第三条、第七条、第十三条以及《北京市经济适用住房管理办法（试行）》第十七条的规定，本市公共租赁住房资格申请、审核按照本市现行的保障性住房"三级审核、两级公示"制度执行，初审由街道办事处或乡镇政府进行，复审由区县住房保障管理部门组织实施，备案由市住建委进行，公共租赁住房摇号分配工作由区县住房保障部门组织实施。根据上述规定，市住建委不具备廉租房分配的相关职责，王××起诉市住建委不履行法定职责，缺乏事实根据，不符合法定起诉条件。一审据此裁定驳回王××的起诉正确，本院予以维持。

再审法院认为，《中华人民共和国行政诉讼法》第四十九条第三项规定，提起诉讼应当有事实根据。《最高人民法院关于适用〈中华人民共和国行政诉讼法〉的解释》第九十三条第二款规定，人民法院经审理认为原告所请求履行的法定职责或者给付义务明显不属于行政机关权限范围的，可以裁定驳回起诉。本案中，根据《北京市住房和城乡建设委员会、北京市发展和改革委员会、北京市财政局关于进一步加强廉租住房与公共租赁住房并轨分配及运营管理有关问题的通知》（京建法〔2014〕6号）的规定，自2014年起廉租住房与公共租赁住房并轨运行。根据《北京市公共租赁住房申请、审核及配租管理办法》第三条、第七条、第十三条以及《北京市经济适用住房管理办法（试行）》第十七条的规定，本市公共租赁住房资格申请、审核按照本市现行的保障性住房"三级审核、两级公示"制度执行，初审由街道办事处或乡镇政府进行，复审由区县住房保障管理部门组织实施，备案由市住建委进行，公共租赁住房摇号分配工作由区县住房保障部门组织实施。根据上述规定，市住建委不具备廉租房分配的相关职责，王××诉请市住建委履行为其分配廉租房的职责，不符合法定起诉条件，对其起诉，依法应予驳回。原审裁定驳回王××起诉正确。

【法条链接】

1. 《中华人民共和国行政诉讼法》

第四十九条 提起诉讼应当符合下列条件：

……

（三）有具体的诉讼请求和事实根据；

……

2.《北京市住房和城乡建设委员会、北京市发展和改革委员会、北京市财政局关于进一步加强廉租住房与公共租赁住房并轨分配及运营管理有关问题的通知》（京建法〔2014〕6号）

本市加快推进廉租住房与公共租赁住房并轨运行，实现了廉租住房与公共租赁住房并轨建设、统一申请审核、资金统筹使用，部分廉租住房已并入公共租赁住房分配管理。

3.《北京市公共租赁住房申请、审核及配租管理办法》（京建法〔2011〕25号）

第三条　市住房保障管理部门负责本市公共租赁住房的指导、监督和备案工作。区县、街道办事处（乡镇人民政府）住房保障管理部门按照各自职责负责本地区公共租赁住房的申请受理、审核、公示、轮候、复核及配租管理工作。

第七条　公共租赁住房资格申请、审核按照本市现行的保障性住房"三级审核、两级公示"制度执行。申请家庭住房、收入等情况的审核按照本市现行保障性住房相关政策执行。审核及公示时限按现行廉租住房审核及公示时限执行。

第十三条　市、区县人民政府所属机构以及投资机构、房地产开发企业持有的公共租赁住房配租采用公开摇号、顺序选房方式进行，由区县住房保障管理部门组织摇号配租。程序如下：

（一）公共租赁住房产权单位应当在区县住房保障管理部门监督指导下，在房屋具备入住条件60天前编制配租和运营管理方案，经批准后，由区县住房保障管理部门在区县政府网站上公布配租公告，公告内容包括房源位置、套数、户型面积、工期、租金标准、租赁管理、供应对象范围、登记时限、登记地点等。家庭应在规定时限内到指定地点进行意向登记。

区县住房保障管理部门应在公共租赁住房配租房源中，选择符合廉租住房建设标准的房屋面向廉租家庭配租。

（二）区县住房保障管理部门根据意向登记家庭备案时间顺序，按房源与家庭数量比不超过1∶1.2确定参加摇号入围家庭名单。

区县住房保障管理部门组织相关部门对入围家庭的收入、人口、住房等情况进行复核，经复核，仍符合公共租赁住房申请条件的家庭名单，在区县政府网站上予以公布。

（三）廉租住房、经济适用住房和限价商品住房轮候家庭优先配租；申请家庭成员中有60周岁（含）以上老人、患大病或做过大手术人员、重度残疾人员、优抚对象及退役军人、省部级以上劳动模范、成年孤儿优先配租。

（四）区县住房保障管理部门遵循公平、公开、公正原则，结合本区县实际选择下列一种方式组织公开摇号配租。

1. 区县住房保障管理部门确定配租家庭范围后，按照优先家庭在前、普通家庭在后的顺序摇出家庭选房顺序号，家庭依据摇出的顺序号选房。选房工作在区县住房保障管理部门监督下，由公共租赁住房产权单位负责组织实施。

2. 区县住房保障管理部门确定配租家庭范围后，可结合配租住房套型，按照优先家庭在前、普通家庭在后的顺序分组对应不同套型的房屋，直接摇出家庭顺序号及所对应的房号。

家庭退出公共租赁住房后房屋空置的，公共租赁住房产权单位可根据最近一次摇号顺序号依次递补。

（五）申请家庭选房确认后，区县住房保障管理部门向申请家庭发放《北京市公共租赁住房配租通知单》，申请家庭凭配租通知单、身份证明与公共租赁住房产权单位签订《北京市公共租赁住房租赁合同》，其中需腾退原住房的家庭应先办理完原住房腾退手续。

4.《北京市经济适用住房管理办法（试行）》（京政发〔2007〕27号）

第十七条 对申请购买经济适用住房的家庭实行三级审核、两级公示制度。

（一）申请：申请家庭向户口所在地街道办事处或乡镇政府提出申请。

（二）初审：街道办事处或乡镇政府通过审核材料、入户调查、组织评议、公示等方式对申请家庭的收入、住房、资产等情况进行初审，提出初审意见，并将符合条件的申请家庭报区县住房保障管理部门。人户分离家庭在户口所在地和实际居住地同时进行公示。

（三）复审：区县住房保障管理部门对申请家庭进行复审，符合条件的，将申请家庭的情况进行公示，无异议的，报市建委。

（四）备案：市建委对区县住房保障管理部门上报的申请家庭材料进行复

核，符合条件的，市建委予以备案。区县住房保障管理部门为经过备案的申请家庭建立市、区县共享的住房需求档案。

【案例来源】

1. 北京市第一中级人民法院行政裁定书（2019）京 01 行终 3 号。
2. 北京市高级人民法院行政裁定书（2019）京行申 351 号。

078. 承租人要求与其共同居住的亲属腾退该承租房屋时要根据 该亲属的实际情况进行考量是否支持承租人之要求

（宗×玉与宗×平排除妨害纠纷）

【裁判要旨】

承租人享有承租房屋的居住权，随其共同居住且户口登记在该房屋内的亲属无其他住房，暂不具备腾房条件的，不宜判决该亲属腾退该租赁房屋。

【当事人信息】

上诉人：宗×玉（原审原告）

被上诉人：宗×平（原审被告）

【基本案情】

宗×玉、宗×平系父子关系。坐落于本市东城区×××9 号、10-1 号房屋由宗×玉承租，宗×平自 20 世纪 70 年代随宗×玉搬入诉争房屋并居住至今。宗×平与案外人贾××于 2010 年 11 月 15 日登记离婚。宗×平户籍地址为北京市×××13 号。

经原审法院现场勘验，宗×玉承租的诉争房屋为北房一间半，其中东侧半间为卧室，宗×平称该东侧半间房由宗×平与案外人贾××居住，西侧一间为客厅。诉争房屋南侧有自建房两间，西侧自建房为厨房，东侧自建房为卧室，宗×平称该东侧自建房由宗×平之子宗×天居住。

另，宗×平享有北京市城镇廉租住房租金补贴，金额为每月 550 元，宗×平名下没有承租的廉租住房。

【诉讼请求】

判令宗×平腾退位于北京市×××9 号、10-1 号房屋。

【裁判结果】

一审：驳回原告的诉讼请求。
二审：驳回上诉，维持原判。

【裁判理由】

一审法院认为：妨害物权或者可能妨害物权的，权利人可以请求排除妨害或者消除危险。根据查明的事实，宗×玉作为诉争房屋的承租人，享有该房屋的居住权。本案中，考虑宗×平基于历史原因在涉诉房屋内长期居住，且在本市没有其他住房，宗×玉也未向法院提供宗×平另有住房的证据，宗×平暂不具备腾房条件，待宗×平具备腾房条件后，宗×玉可再行解决腾房问题，故宗×玉坚持要求宗×平腾房的诉讼请求，法院不予支持。应当指出，宗×平作为宗×玉之子，应认真反省自己言行，宗×玉、宗×平双方应本着相互体谅的原则，加强沟通，创建和谐的家庭氛围。

二审法院认为：本案诉争的北京市×××9 号、10-1 号房屋由宗×玉承租，宗×玉作为该房屋的承租人，享有房屋的居住权。宗×平自 20 世纪 70 年代随宗×玉搬入诉争房屋并居住至今，其户口登记在该房屋，与承租人宗×玉已形成共居关系，且宗×平无其他住房，暂不具备腾房条件。鉴于宗×平的居住现状，可待其具备腾房条件时再予以腾退。现宗×玉要求宗×平腾退房屋，依据不足，本院对其上诉请求不予支持。应当指出，双方当事人作为父子，应本着相互体谅的原则，加强沟通理解，创建和谐的家庭氛围。综上，原审法院判决并无不当，应予维持。

【法条链接】

《中华人民共和国物权法》
第三十五条　妨害物权或者可能妨害物权的，权利人可以请求排除妨害或者消除危险。

【案例来源】

北京市第二中级人民法院民事判决书（2014）二中民终字第 05601 号。

079. 为了便于行政给付主体及时掌握给付对象的真实情况，申请人应当及时履行申报义务

（蔡×诉天津市河东区房地产管理局履行法定职责案）

【裁判要旨】

除了一次性、临时性的行政给付外，大多数行政给付行为都是定期发放，带有延续性、稳定性的特点。因此，在给付申请人首次申请取得受领给付的资格条件后，行政给付应当持续提供，除非申请人的客观情况发生了变化或者给付的基准发生调整，原则上不得无故中断给付，以便保护申请人基于持续受领而产生的信赖利益。当然，信赖保护和持续给付是以申请人所提供的真实、全面的相关信息为基础的，为了便于给付主体及时掌握给付对象的真实情况，申请人也应当履行相应的申报义务。

廉租住房租房补贴的审核发放属于政策性较强的行政管理活动，应当允许有权机关根据《天津市基本住房保障管理办法》第四十六条第三款的授权以规范性文件的形式制定对于住房保障对象申报信息的核实及处理的实施细则。结合《天津市基本住房保障管理办法》第五十七条："违反本办法规定，应当申报而拒不申报或者不如实申报的，按照下列规定处理：……（三）对未按照规定进行年度申报的家庭，自该家庭准予享受住房租赁补贴满 1 年的次月起停发补贴。"从该条款的立法本义看，停发补贴的目的是为了督促申请人及时、客观地履行申报义务，前提是申请人应当申报而拒绝申报或不如实申报。申请人逾期申报的，应当向审核机关说明正当理由。因此，应当从最大限度保护行政给付受领人的权利角度对《天津市国土房管局、市民政局关于印发天津市经济租赁房租房补贴年度申报审核程序的通知》（津国土房发〔2016〕6 号）第三条第二项条款的含义进行解释。

【当事人信息】

原告：蔡×

被告：天津市河东区房地产管理局

第三人：天津市河东区人民政府大王庄街道办事处

【基本案情】

蔡×于 2013 年 3 月通过第三人天津市河东区人民政府大王庄街道办事处（以下简称大王庄街道办）向被告天津市河东区房地产管理局（以下简称河东房管局）申请天津市廉租住房租房补贴。经第三人初审及被告调查核定，原告家庭符合廉租住房补贴资格，每月享受的租房补贴核定标准为 540 元。被告河东房管局分别于 2013 年 4 月 8 日、4 月 23 日向原告出具《天津市廉租住房租房补贴资格证明》（以下简称《资格证明》）和《天津市房屋租赁登记备案证明》（以下简称《备案证明》），原告持上述证明材料按月领取廉租住房补贴 540 元。原告自 2013 年 4 月起，在享受廉租住房租房补贴待遇期间，按年度向被告申领廉租住房租房补贴资格证明、办理房屋租赁登记备案，至原告起诉前，被告最后一次向原告出具《资格证明》和《备案证明》的时间分别为 2017 年 4 月 7 日和 4 月 26 日。2017 年 4 月，第三人大王庄街道办发现原告需要到第三人处进行年度审核申报，但未能与原告取得联系，之后被告以原告逾期申报为由停发原告 2017 年 4 月廉租住房租房补贴。原告得知 2017 年 4 月廉租住房租房补贴被停发后，于 2017 年 5 月 15 日向第三人进行年度申报并提交证明材料，被告经审核继续发放 2017 年 5 月廉租住房租房补贴，但对停发的 2017 年 4 月廉租住房租房补贴不予补发。原告不服，向本院提起行政诉讼。

【诉讼请求】

判令被告补发原告 2017 年 4 月份的廉租住房租房补贴 540 元。

【裁判结果】

责令被告天津市河东区房地产管理局于本判决生效之日起十日内一次性给付原告蔡×2017 年 4 月廉租住房租房补贴 540 元。

【裁判理由】

法院认为：根据《廉租住房保障办法》第五条的规定，廉租住房租房补贴是政府向申请廉租住房保障的城市低收入住房困难家庭发放租赁住房货币补助形式，在实质上属于国家保障人民获得物质帮助权利的行政给付行为。《中华人民共和国行政诉讼法》第十二条第一款第十项规定，公民、法人或其他组织认为行政机关没有依法支付抚恤金、最低生活保障待遇或者社会保险待遇的，可以向人民法院提起行政诉讼。随着国家社会的发展，政府给付行政的具体方式和类型日趋多样化，行政给付行为种类并不仅仅局限于上述条款规定的支付抚恤金、最低生活保障待遇或者社会保险待遇。本案中，原告蔡×认为被告河东房管局没有为其补发 2017 年 4 月的廉租住房租房补贴，导致原告获取国家物质帮助权利受到了实际影响，因此原告有权向本院起诉请求被告履行行政给付义务。

本案的争议焦点在于，被告河东房管局是否负有为原告补发 2017 年 4 月廉租住房租房补贴的行政给付义务。

首先，履行给付义务的前提之一是被告是否具备与给付行为相对应的行政管理职责。根据《廉租住房保障办法》第四条、《天津市基本住房保障管理办法》第四条第二款规定，区县房屋行政主管部门是本行政区域内住房保障工作的主管部门，具有本行政区域内廉租住房租房补贴工作的组织实施和监督管理的法定职责，本案被告主体适格。

其次，原告要求被告补发廉租住房租房补贴是否具备相应的理由。除了一次性、临时性的行政给付外，大多数行政给付行为都是定期发放，带有延续性、稳定性的特点。因此，在给付申请人首次申请取得受领给付的资格条件后，行政给付应当持续提供，除非申请人的客观情况发生了变化或者给付的基准发生调整，原则上不得无故中断给付，以便保护申请人基于持续受领而产生的信赖利益。当然，信赖保护和持续给付是以申请人所提供的真实、全面的相关信息为基础的，为了便于给付主体及时掌握给付对象的真实情况，申请人也应当履行相应的申报义务。《廉租住房保障办法》第二十四条规定："已领取租赁住房补贴或者配租廉租住房的城市低收入住房困难家庭，应当按年度向所在地街道办事处或者镇人民政府如实申报家庭人口、收入及住房等变动情况。"具体到本案，原告提供了 2013 年至 2017 年的《天津市廉租住租房补贴资格证明》和《天津市房屋租赁登记备案证明》，用以证实原告每年都向被告履行年度申报义务。而被告辩称，原告应当向所在街道申请年度审核，但原告未能及时履行审核申报义务，被告提供《天津市基本住房保障管理办法》第四十五条作为依据。该条第一款规定，在享受住房保障期间，领取住房租赁补贴的家庭住房、人口、收入（财产）状况未发生变化的，应当自准予享受住房保障满 1 年前 30 日内向街道（乡镇）住房保障机构申报。由此可见，原告应当在享受廉租住房保障期限届满前依照上述规定向所在街道履行申报义务。但需要指出的是，原告未能及时向正确的审核主体履行申报义务，并不必然导致原告丧失行政给付的受领权利。经本院询问第三人大王庄街道办，自 2013 年 4 月至 2017 年 4 月期间，原告从未向第三人提交年度审核材料，但被告也从未因原告未向第三人申请年度审核而停发原告的廉租住房租房补贴。原告按年度向被告处申领《资格证明》和《备案证明》，在被告每年向原告出具的《资格证明》中均明确载明原告的收入、住房以及经核定的补贴标准等情况，这足以向原告表明，其住房保障资格已经通过了审核，给付受领权利获得了续展。原告在连续多年凭借上述证明领取到租房补贴的事实，使得原告有理由相信被告已经对于原告的申报义务做出了回应，并对此产生了合理的信赖。原告在 2017 年 5 月得知 2017 年 4 月申报逾期的情况下，及时向第三人提交了相应申请和证明材料，并再次顺利通过了审核。结合上述情形，原告要求补发 2017 年 4 月廉租住房租房补贴，具备合理的理由。

再次，被告停发原告 2017 年 4 月廉租住房租房补贴并不予补发的法律依据是否充分。在被告提交的津国土房发〔2016〕6 号《天津市国土房管局、市民政局关于印发天津市经济租赁房租房补贴年度申报审核程序的通知》（以下简称《通知》）第三条第二项中规定："应申报家庭在第 13 个月底前未打印《年度申报审核表》的视为逾期""逾期申报的家庭自第 13 个月起停发补贴，之后审核符合条件的，自受理之月起按新标准按月补发补贴，停发月份补贴不予补发"。被告据此认为原告未在 2017 年 4 月底前打印《年度申报审核表》，构成逾期申报，被告根据《天津市基本住房保障管理办法》第五十七条第一款第三项的规定及上述通知规定停发原告 2017 年 4 月的廉租住房租房补贴。原告认为被告所依据的《通知》在效力上属于行政规范性文件，不能作为被告停发补贴行为的法律依据。对此，本院认为，廉租住房租房补贴的审核发放属于政策性较强的行政管理活动，应当允许有权机关根据《天津市基本住房保障管理办法》第四十六条第三款的授权以规范性文件的形式制定对于住房保障对象申报信息的核实及处理的实施细则。问题的关键在于，对于具体的条款应当如何进行解释，结合《天津市基本住房保障办法》第五十七条："违反本办法规定，应当申报而拒不申报或者不如实申报的，按照下列规定处理：……（三）对未按照规定进行年度申报的家庭，自该家庭准予享受住房租赁补贴满 1 年的次月起停发补贴。"从该条款的立法本义看，停发补贴的目的是为了督促申请人及时、客观地履行申报义务，前提是申请人应当申报而拒绝申报或不如实申报。申请人逾期申报的，应当向审核机关说明正当理由。因此，应当从最大限度保护行政给付受领人的权利角度对《通知》第三条第二项条款的含义进行解释，即：应当申报的家庭在第 13 个月底前未打印《年度申报审核表》视为逾期，但有正当理由的除外。由于《通知》系 2016 年 5 月 9 日作出，此时原告已按照以往的惯例进行了多年申报，对于原告而言，"在第 13 个月底前打印《年度申报审核表》"应当属于申报方式的调整变化，被告或第三人应当及时通知原告，原告在不知情的情况下未在 2017 年 4 月底前在第三人处打印《年度申报审核表》，存在正当理由，并非拒不申报或不如实申报，故被告停发原告 2017 年 4 月廉租住房租房补贴并不予补发的法律依据不充分。

最后还需要说明的是，廉租住房保障工作是多方行政主体参与的行政公务活动，被告和第三人在工作中应当要保持信息的共享和沟通，在工作流程上应注意相应的衔接，避免保障对象出现权利保护的空窗期。本案原告在 2017 年 4 月向被告处领取《资格证明》和《备案证明》时，被告如果发现原告尚未向第三人进行年度申报，应当及时向原告进行告知，即便被告当时无法发现原告未进行年审，在对原告作出停发补贴的不利行政行为前也要根据正当程序原则，及时履行告知和说明理由义务，听取原告的陈述和申辩，进而保障原告的合法权益。

综上所述，原告请求被告补发 2017 年 4 月廉租住房租房补贴的理由成立。

【法条链接】

1.《天津市基本住房保障管理办法》（天津市人民政府令第 54 号）

第四十六条第三款　住房保障对象申报信息的核实及处理等实施细则，可以由市国土房屋行政主管部门会同有关部门研究制定。

第五十七条第一款　违反本办法规定，应当申报而拒不申申报的，按照下列规定处理：

......

（三）对未按照规定进行年度申报的家庭，自该家庭准予享受住房租赁补贴满 1 年的次月起停发补贴。

2.《天津市国土房管局、市民政局关于印发天津市租房补贴年度申报审核程序的通知》（津国土房发［2016］6 号）

三、租房补贴的调整、停发

......

（二）应申报家庭在第 13 个月底前未打印《年度申报审核表》的视为逾期

逾期申报的家庭自第 13 个月起停发补贴，之后审核符合条件的，自受理之月起按新标准按月补发补贴，停发月份补贴不予补发......

【案例来源】

天津市河东区人民法院行政判决书（2018）津 0102 行初 3 号。

080. 承租人家庭成员发生变更，其是否符合继续承租廉租房的条件由行政部门重新审定

（王×水与王×忠、丁×兰排除妨害纠纷）

【裁判要旨】

本市（天津市）相关廉租房政策规定，如承租人家庭成员发生变更，原承租人是否符合继续承租廉租房的条件将面临相关行政部门的重新审定。

【当事人信息】

原告：王×水

被告：王×忠

被告：丁×兰

【基本案情】

二被告系夫妻关系，原告系二被告之子。二被告曾将自己居住使用的一

套偏单房屋交付原告一家居住使用，2001年原告因故将该偏单房屋出售。2001年3月7日被告王×忠父亲王×生经天津市河北区公证处公证，将其名下坐落天津市××区××里××号（后地址变更为××里××号）平房一间赠与被告王×忠，但未办理过户手续。同年3月29日被告王×忠就上述房屋与天津市河北区城市房屋拆迁中心签订《天津市房屋拆迁货币安置协议书》一份，被告王×忠取得一次性购房款40 235元，此后二被告一直在外租房居住。

2007年2月1日原告经审批取得天津市居民最低生活保障金。因二被告不符合申请本市廉租房条件，而原告一家享受最低生活保障，结合二被告的房屋拆迁政策，可以原告名义申请本市廉租房。就此征得原告同意后，二被告交付廉租房存储金40 235元，由案外人王×河持原告和二被告相关材料于2009年7月10日以原告名义申请办理了坐落天津市××区××家园××号廉租房一处，2010年二被告装修入住，居住使用至今并承担该廉租房租金。

2011年10月19日，原告与其配偶陈×在河北区民政局协议离婚，约定双方自行解决住房，婚生女王×由原告王×水抚养，原告女儿王×现已成年。原告现居住于坐落天津市××区××村××号违章房屋内，2014年9月至2015年3月二被告曾给付原告房屋补偿款共3000元。

【诉讼请求】

判令二被告腾交坐落天津市××区××家园××号廉租房并赔偿原告经济损失35 000元。

【裁判结果】

驳回原告王×水的诉讼请求。

【裁判理由】

法院认为：依据本市廉租房申请条件，原告申请廉租房时既利用了家庭成员享受低保的条件，也附加了二被告的房屋拆迁政策并由二被告支付相应存储金后，原告方取得廉租房承租权，此两个条件缺一不可，故二被告对该承租权的取得并非不享有相应权利。同时，本市相关廉租房政策还规定，如承租人家庭成员发生变更，原承租人是否符合继续承租廉租房的条件将面临相关行政部门的重新审定。原告与其配偶于2011年协议离婚，婚生女现亦成年，此家庭成员情况发生变更后，原告的续租条件尚未经相关行政部门审核，承租权能否延续亦尚未确定。鉴于以上因素，原告的腾房请求，本院不予支持。关于原告主张的经济损失，庭审中原告认可该廉租房租赁合同，故原告自 2009 年 7 月申办廉租房后，即不再享受房屋补贴且二被告就此还自行给付过原告 3000 元经济补偿费，原告就其经济损失又未能提交充分证据予以证实，故原告的该项主张，本院亦不予支持。至于原告主张并不知晓以其名义申请办理廉租房一节，从二被告、证人证言的表述以及相应书证来看，二被告的陈述符合逻辑及常理，与原告所述其曾经和现在的居住状况亦相吻合，故二被告及证人证言应予采信。即使如原告所述，其 2013 年即已经知晓名下承租了廉租房，但就此亦并未予以否认，故原告提出不知情的意见本院不予采信。

【法条链接】

《天津市廉租住房管理办法》（津政发〔2008〕38 号）

第十六条　调整和退出管理：

（一）租房补贴：

1. 申请人家庭享受租房补贴人口、住房、租房情况发生变化的，须在 1 个月内到街道办事处（乡镇人民政府）申报变化情况；收入变化的，需按年度申报。经街道办事处（乡镇人民政府）核实，区县房管局审核并提出调整意见，市国土房管局复核审批，对需调整月租房补贴额的，自复核同意次月起调整月租房补贴额。对不再符合租房补贴条件的，自不再符合租房补贴条件之日起第 13 个月停止向该家庭发放租房补贴。

2. 对享受租房补贴家庭人口、住房、租房情况变化的，申请人户籍所在街道办事处（乡镇人民政府）应于当月报区县房管局，经区县房管局核实，市国土房管局复核后，按前款规定调整或停止向该家庭发放租房补贴。

3. 区县房管、民政部门会同街道办事处（乡镇人民政府）对享受租房补贴家庭的人口、收入、住房及租房情况进行抽查或定期检查，发现不如实或不及时申报家庭人口、收入、住房及租房情况骗取租房补贴的，应立即停止对其发放租房补贴，并责令其退还已领取的租房补贴。

（二）实物配租。申请人家庭人口、住房、收入等基本情况变化时或不再享受低保或优抚待遇的，须定期到市住保办或物业管理单位申报变化情况。市住保办应会同区（县）民政、公安、房管部门和街道办事处、物业管理单位，对申请人家庭人口、住房、收入等基本情况进行复核，建立跟踪审查机制，实行动态管理。

1. 在申请人家庭人口变动等情况下，市住保办视实际情况，可以对申请人家庭住房进行调换，并重新签订配租协议。

2. 对不再符合实物配租条件的，给予5年腾退住房的过渡期，过渡期内维持其原租金标准不变；5年过渡期满后，如家庭人均月收入低于当年全市低收入家庭认定标准的，可继续承租廉租住房，租金标准不变。

3. 对过渡期满后，收入超过当年全市低收入家庭认定标准，有能力自行改善住房条件的家庭，应腾退住房。对拒不腾退的，按照届时市场租金标准续租或由住房保障管理部门向人民法院提起诉讼。上述家庭在腾退住房时，所欠缴的房租和物业管理费等有关费用，应予以补缴，拒不补缴的，住房保障管理部门可向人民法院提起诉讼，经司法程序后，从其拆迁补偿安置费本金中扣除。

【案例来源】

天津市河北区人民法院民事判决书（2015）北民初字第1927号。

第八章
城镇公有住宅租赁纠纷

081. 公房租赁合同履行纠纷应提起民事诉讼，但法律适用不同于一般房屋租赁纠纷

（杨××与北京市东城区房屋土地经营管理
一中心建国门分中心房屋租赁合同纠纷）

【裁判要旨】

1. 公房租赁合同虽然具有社会保障功能，在合同签订程序、承租人资格要求等方面具有较强的政策性，但租赁合同一旦成立，仍为民事合同性质，因合同履行发生的纠纷属于人民法院受理民事诉讼的范围，应适用合同法的规定。

2. 依照国家福利政策租赁公有住房、廉租住房、经济适用住房产生的纠纷案件，不适用《最高人民法院关于审理城镇房屋租赁合同纠纷案件具体应用法律若干问题的解释》的规定。

【当事人信息】

上诉人：杨××（原审被告）

被上诉人：北京市东城区房屋土地经营管理一中心建国门分中心（原审原告）

【基本案情】

涉案房屋系北京市东城区房屋土地经营管理一中心建国门分中心（以下简称建国门分中心）的直管公房，该房屋面积18.8平方米。2009年8月31日，建国门分中心与杨××就涉案房屋签订《北京市公有住宅租赁合同》，约定租

金每月 37.79 元；杨××擅自将承租的房屋转租、转让、转借、私自交换使用的，建国门分中心有权终止合同，收回房屋。

2013 年 1 月 16 日，建国门分中心（甲方）、杨××（乙方）、案外人赵××（丙方）签订《房屋租赁协议书》约定：乙方将东城区××胡同××号院的房屋出租给丙方使用，租赁期限为 2013 年 1 月 1 日至 2013 年 12 月 31 日，乙方每月向甲方交纳房屋收益金 200 元；租赁期间，丙方不得将房屋转租转借，不得进行违法的活动；此协议期满后，乙方必须征得甲方同意后方可继续出租，否则如发现有以上行为的，甲方有权解除本协议并追究乙丙方的违约责任……。合同期满后，杨××继续将房屋出租给案外人使用。杨××认可自 2014 年下半年起，建国门分中心不再收取其收益金。

2017 年 8 月，建国门分中心口头告知杨××需及时停止转租行为，杨××通知租户搬离，但租户未能及时清退。

2017 年 10 月 11 日 18 时 20 分许，涉案房屋发生火灾。2017 年 10 月 31 日，北京市东城区公安消防支队出具东公消火认字（2017）第 0012 号火灾事故认定书，认定火灾事故基本情况为，"2017 年 10 月 11 日 18 时 31 分，北京市东城区××胡同××号院×号房屋发生火灾，造成该房屋及周边房屋、室内装修物品不同程度受损，无人员伤亡；经调查对起火原因认定如下：推断起火时间为 2017 年 10 月 11 日 18 时 20 分许，认定此起火灾起火部位为北京市东城区××胡同××号院×号房屋西北侧，起火点为该房屋西北侧掉落于上铺的电线处，火灾原因系电气线路故障引燃周边可燃物所致"。

经原审法院现场勘验，杨××承租的涉案房屋为空置状态，其中，北边房屋顶棚已烧毁、檩条等发黑，屋内有烟熏痕迹。涉案房屋东侧有案外人房屋。杨××称其已对 2 户邻居的损失予以赔偿。勘验现场时，原审法院向院内住户武××进行调查，武××称火灾发生时涉案房屋内居住有餐馆工作人员，杨××曾在火灾前要求租户搬离，但租户未及时搬走。原审法院向涉案房屋所属北京市东城区建国门街道金宝街北社区调查，该社区主任下户安全检查时，敲涉案房屋房门，总是无人开门，所以在火灾事故发生之前，社区不了解房屋的居住情况和是否转租情况，火灾发生后杨××向社区反映其曾在火灾前清退租户。关于杨××所称知情的王姓人员并非社区工作人员，只知道该人员原来为流动人口协管员，不清楚其身份。

【诉讼请求】

1. 解除双方的《北京市公有住宅租赁合同》；

2. 杨××将北京市东城区××胡同××号院×号、×号房屋腾空交还建国门分中心。

【裁判结果】

一审：1. 解除北京市东城区房屋土地经营管理一中心建国门分中心与杨××的《北京市公有住宅租赁合同》；

2. 杨××于判决生效后十日内腾退坐落于北京市东城区××胡同××号院×号、×号房屋。

二审：驳回上诉，维持原判。

【裁判理由】

一审法院认为：建国门分中心与杨××签订的公有住宅租赁合同系双方当事人真实的意思表示，合同内容及形式未违反国家法律、行政法规的强制性规定，双方均应当按照约定履行合同。双方合同明确约定不得擅自转租，且三方协议亦约定合同到期后继续转租需要得到建国门分中心的同意。根据查明的事实，杨××自认2014年下半年建国门分中心已不再收取收益金，且2017年8月建国门分中心通知杨××及时清退租户。杨××未能及时清退租户，导致2017年10月发生严重火灾，对涉案房屋造成毁损，属于严重违约行为，故对建国门分中心要求解除合同、杨××腾退房屋的诉讼请求，法院予以支持。

二审法院认为：公房租赁合同虽然具有社会保障功能，在合同签订程序、承租人资格要求等方面具有较强的政策性，但租赁合同一旦成立，仍为民事合同性质，因合同履行发生的纠纷属于人民法院受理民事诉讼的范围，应适用合同法的规定。根据合同法的相关规定，当事人可以约定一方解除合同的条件，条件成就时解除权人可以解除合同。

建国门分中心与杨××签订的《北京市公有住宅租赁合同》系双方当事人的真实意思表示，不违反国家法律、行政法规的强制性规定，应属于合法有效。杨××上诉称根据《最高人民法院关于审理城镇房屋租赁合同纠纷案件具体应用法律若干问题的解释》的规定，建国门分中心在应当知道其转租的6

个月内未提出异议，应视为建国门分中心同意其转租；但前述司法解释第一条明确规定了当事人依照国家福利政策租赁公有住房、廉租住房、经济适用住房产生的纠纷案件，不适用该解释，故本院对杨××的该项上诉意见不予采纳。

《北京市公有住宅租赁合同》明确约定杨××擅自将承租的房屋转租、转让、转借、私自交换使用的，建国门分中心有权终止合同，收回房屋，且建国门分中心、杨××与赵××签订的租赁协议约定期满后，杨××必须征得建国门分中心同意后方可继续出租，现杨××未征得建国门分中心同意违法转租，构成违约，建国门分中心依约提出解除《北京市公有住宅租赁合同》，于法有据，本院予以支持。

【法条链接】

《最高人民法院关于审理城镇房屋租赁合同纠纷案件具体应用法律若干问题的解释》

第一条第三款　当事人依照国家福利政策租赁公有住房、廉租住房、经济适用住房产生的纠纷案件，不适用本解释。

第十六条第一款　出租人知道或者应当知道承租人转租，但在六个月内未提出异议，其以承租人未经同意为由请求解除合同或者认定转租合同无效的，人民法院不予支持。

【案例来源】

北京市第二中级人民法院民事判决书（2018）京 02 民终 3441 号。

082. 带有国家福利政策性质的公有住房
未经管理部门允许不得转租、转借

（陈××与王××房屋租赁合同纠纷）

【裁判要旨】

涉案租赁标的包括公有住房及自建房。公有住房带有国家福利政策，未经允许不得擅自转租、转借等。本案原告未经公房管理部门同意即将所承租的公房转租给被告，双方针对公房所签订的《房屋租赁合同》应属无效。

【当事人信息】

原告：陈××
被告：王××

【基本案情】

原告陈××与被告王××系母子关系。东城区×胡同×号东房两间（7、8号，总使用面积 17.7 平方米）为原告（乙方）承租的由北京市东城区房屋土地经营管理一中心景山分中心（甲方）管理的公房，双方签有《公有住宅租赁合同》。《公有住宅租赁合同》明确约定，乙方不得擅自将承租的房屋转租、转让、转借、私自交换使用、出卖或变相出卖使用权。

2013 年 8 月 1 日，原告（甲方）与被告（乙方）签订《房屋租赁合同》，约定"甲方将道湾胡同一处建筑面积 17 平方米的平房租赁给乙方王××"。《房屋租赁合同》中"建筑面积 17 平方米的平房"包括原告承租的公有住房东房两间中的南侧一间及自建房。

原告将其承租的公有住房出租给被告，未取得公房管理部门的同意。

【诉讼请求】

解除原、被告签订的《房屋租赁合同》，并要求被告支付拖欠的租金。

【裁判结果】

1. 确认原告陈××与被告王××于二〇一三年八月一日所签的《房屋租赁合同》无效；
2. 驳回原告陈××的诉讼请求。

【裁判理由】

法院认为：涉案租赁标的包括公有住房及自建房。公有住房带有国家福利政策，未经允许不得擅自转租、转借等。本案原告未经公房管理部门同意即将所承租的公房转租给被告，双方针对公房所签订的《房屋租赁合同》应属无效。关于自建房部分，因未取得建设工程规划许可证，故双方就该部分房屋的约定亦属无效。因原、被告之间的《房屋租赁合同》无效，原告要求解除《房屋租赁合同》并要求被告支付拖欠租金的请求，缺乏依据，本院不予支持。

【法条链接】

1.《中华人民共和国合同法》

第五十二条　有下列情形之一的，合同无效：

（一）一方以欺诈、胁迫的手段订立合同，损害国家利益；

（二）恶意串通，损害国家、集体或者第三人利益；

（三）以合法形式掩盖非法目的；

（四）损害社会公共利益；

（五）违反法律、行政法规的强制性规定。

2.《最高人民法院关于审理城镇房屋租赁合同纠纷案件具体应用法律若干问题的解释》

第二条　出租人就未取得建设工程规划许可证或者未按照建设工程规划许可证的规定建设的房屋，与承租人订立的租赁合同无效。但在一审法庭辩论终结前取得建设工程规划许可证或者经主管部门批准建设的，人民法院应当认定有效。

【案例来源】

北京市东城区人民法院民事判决书（2014）东民初字第02210号。

083. 公房管理机关在确定承租条件时应结合诚信原则进行综合衡量

（蒋××诉北京市东城区人民政府行政答复案）

【裁判要旨】

根据公房管理的原则和精神，具备申请人承租资格的家庭成员是指与承租人同一户籍共同居住两年以上又无其他住房的家庭成员，这一要求既是对申请人是否具备承租资格进行审查的条件，也是保护具备承租资格的家庭成员承租权的具体体现。公房管理机关在确定申请人是否具备承租条件时，在按照公房管理规定进行审查的同时，还应结合诚信为本的社会主义核心价值观，对申请人的条件进行综合衡量。如申请人客观上不具备承租条件，但这一结果并非申请人自身原因造成，以此不予变更承租人则有显失公平之嫌。反之，申请人违反诚信原则、采取刻意规避公房管理规定的方法，即便客观上达到具备承租条件的目的，亦应坚决不予变更。

【当事人信息】

原告：蒋××
被告：北京市东城区人民政府

【基本案情】

宋××原承租北京市东城区泡子河东巷×号房屋 4 间，宋×1 系宋××之子，蒋××系宋××之儿媳。1995 年 9 月，宋××、宋×1、蒋××与北京××房地产开发有限公司签订《北京市城市住宅房屋拆迁安置补助协议书》，拆除北京市东城区泡子河东巷×号房屋 4 间，直接安置南湖渠住宅小区×××号楼×单元×××号、×××号房屋 4 间。1995 年，宋××、宋×1 分别与北京××物业管理中心签订《托管住宅租赁合同》，宋××承租涉案房屋，2003 年 1 月 30 日死亡。宋×1 承租北京市朝阳区花家地西里×××号楼×单元×××号房屋。《托管住宅租赁合同》中第七条为："乙方对承租的房屋及室内装修、设备须爱护使用，并负责保管，因使用不当或照管不周造成损坏时，由乙方负责修复或赔偿。楼梯间、门道、走廊、电梯、电视共用天线等公用部位和设施，乙方应爱护使用，注意照管，防止损坏。要爱护庭院、保护环境、严禁在院内、住宅小区内、楼道及屋顶等处私搭乱建"，并无《北京市公有住宅租赁合同》第七条议定的内容。宋×1、蒋××2017 年 1 月 5 日离婚，约定涉案房屋归原告所有，北京市朝阳区花家地西里×××号楼×单元×××号房屋归宋×1 所有。

2018 年 1 月，蒋××向北京市东城区房屋土地经营管理－中心景山分中心（以下简称景山分中心）邮寄申请，要求将涉案房屋承租人变更成蒋××，景山分中心于 2018 年 1 月 15 日收到该申请。2018 年 1 月 22 日，景山分中心对蒋××作出《答复函》，蒋××于 2018 年 1 月 24 日收到后不服诉至法院。

【诉讼请求】

请求撤销景山分中心于 2018 年 1 月 22 日作出的不予办理公房承租人更名手续的《答复函》。

【裁判结果】

1. 撤销被告北京市东城区人民政府下属的北京市东城区房屋土地经营管理一中心景山分中心 2018 年 1 月 22 日对蒋××作出的《答复函》；

2. 判令被告北京市东城区人民政府下属的北京市东城区房屋土地经营管理一中心景山分中心于本判决生效之日起的法定期限内，针对蒋××的变更公房承租人申请重新作出答复。

【裁判理由】

法院认为：景山分中心是被授权经营、管理直管公房的事业单位所属房屋管理分部，因其不具备行政诉讼被告的主体资格，对事业单位所属房屋管理分部的行为不服，人民法院作为行政案件受理的，应由设立该机构的东城区政府为被告。

《北京市公有住宅租赁合同》第七条规定，租赁期限内，乙方外迁或死亡，乙方同一户籍共同居住两年以上又无其他住房的家庭成员愿意继续履行原合同，其他家庭成员又无异议的，可以办理更名手续。上述规定为目前政府公房管理部门行使房管职权，审查申请人承租资格、办理变更承租人手续所遵循的依据。根据公房管理的原则和精神，具备申请人承租资格的家庭成员是指与承租人同一户籍共同居住两年以上又无其他住房的家庭成员，这一要求既是对申请人是否具备承租资格进行审查的条件，也是保护具备承租资格的家庭成员承租权的具体体现。公房管理机关在确定申请人是否具备承租条件时，在按照公房管理规定进行审查的同时，还应结合诚信为本的社会主义核心价值观，对申请人的条件进行综合衡量。如申请人客观上不具备承租条件，但这一结果并非申请人自身原因造成，以此不予变更承租人则有显失公平之嫌，没有发挥出社会主义核心价值观正确的价值引领作用，也不利于在源头化解矛盾纠纷。反之，申请人违反诚信原则、采取刻意规避公房管理规定的方法，即便客观上达到具备承租条件的目的，亦应坚决不予变更，以彰显行政执法明辨是非、崇尚和追求社会公平正义的价值导向，进而促进社会全体成员诚信友善、遵纪守法。

本案中，蒋××是否属于具备申请人承租资格的家庭成员是争议的焦点。根据本案查明的事实，涉案房屋系由 1995 年宋××承租的北京市东城区泡子河东巷×号房屋 4 间拆迁安置而来，衡量蒋××是否属于具备申请人承租条件，应将其在 1995 年北京市东城区泡子河东巷×号房屋 4 间拆迁时的情况作为一个整体进行考查，并根据上述事实情况作出综合判断。本案中，被告未提供已经审查了 1995 年北京市东城区泡子河东巷×号房屋拆迁时，原承租人家庭成员的户籍情况、居住情况、有无住房的情况以及安置为涉案房屋后原承租人家庭成员的上述状况是否发生变化的证据；亦未提供发生的变化是否属于申请人违反诚信原则、刻意规避公房管理规定造成，以及如发生的变化非申请人造成则是否影响其居住权益、是否存在显失公平等方面的证据。对上述情况被告应如何认定亦未形成明确意见。

被告在《答复函》中认为原承租人宋××2003 年 1 月 30 日去世时，蒋××与宋×1 婚姻关系存续，且有共同居住房屋，不符合无其他住房的更名条件，但被告在诉讼中只提交了一份空白《北京市公有住宅租赁合同》范本，不能证明被告已经充分考量上述情况。同时，涉案房屋系由 1995 年宋××承租的北京市东城区泡子河东巷×号房屋 4 间拆迁安置而来，宋××、宋×1 分别与北京××物业管理中心签订《托管住宅租赁合同》。《托管住宅租赁合同》中并无《北京市公有住宅租赁合同》第七条议定的内容，且未直接写明应适用《北京市公有住宅租赁合同》第七条。故被告能否依据《北京市公有住宅租赁合同》第七条内容作出本案《答复函》，尚缺乏有效证据。

【法条链接】

《北京市公有住宅租赁合同》（2000 年版）

第七条 租赁期限内，乙方外迁或死亡，乙方同一户籍共同居住两年以上又无其他住房的家庭成员愿意继续履行原合同，其他家庭成员又无异议的，可以办理更名手续。

【案例来源】

北京市第四中级人民法院行政判决书（2018）京 04 行初 922 号。

084. 政府公房管理部门应对申请承租人及其同一户籍家庭成员的住房情况、居住状况是否符合承租条件进行全面调查

（刘×平不服北京市东城区人民政府作出的不予变更公房承租人的行政答复案）

【裁判要旨】

租赁期限内，承租人外迁或死亡，承租人同一户籍共同居住两年以上又无其他住房的家庭成员愿意继续履行原合同，其他家庭成员又无异议的，可以办理更名手续。这里的"其他家庭成员"系指与原承租人同一户籍共同居住两年以上又无其他住房的共居人。向政府公房管理部门申请办理承租人更名的，政府公房管理部门应对申请承租人及其同一户籍家庭成员的住房情况、居住状况是否符合承租条件进行全面调查，并在调查核实的基础上作出答复。

【当事人信息】

原告：刘×平
被告：北京市东城区人民政府
第三人：刘×荣
第三人：李×

【基本案情】

涉案公房系北京市东城区房屋土地经营管理-中心永外分中心（以下简称永外分中心）管理的直管公房，使用面积 12.8 平方米，该址户口簿有桑××、刘×平、刘×荣、李×四人户籍。桑××1995 年 5 月 1 日与永外分中心签订了《北京市公有住宅租赁合同》承租涉案公房，2008 年 10 月 31 日去世。桑××系原告与第三人刘×荣之母，原告系第三人刘×荣之兄，第三人李×系第三人刘×荣之女。原告及妻子孙××与桑××在涉案公房共同居住。第三人刘×荣 1995 年结婚后居住在北京市西城区（原宣武区）×××小区×号楼×门×××号至今，该房屋现为北京宣房房屋经营公司三分部直管公房，承租人为第三人刘×荣之夫李××。李×与刘×荣共同居住。2017 年 9 月 19 日原告刘×平向永外分中心提出变更承租人书面申请及相关材料，请求将涉案公房承租人变更为原告。

2017 年 9 月 26 日，被告下属的永外分中心对原告作出《答复》，主要内

容为：因您只提交了有关您的书面证明材料，未提供您及孙××名下无房证明，以及同一户籍人刘×荣、李×的相关资料，并且所有户籍人也未到我分中心签字确认同意变更承租人为刘×平。因此，您的承租人变更申请不予支持。

【诉讼请求】

依法撤销《答复》并判令被告重新作出答复。

【裁判结果】

1. 撤销被告北京市东城区人民政府下属的北京市东城区房屋土地经营管理二中心永外分中心 2017 年 9 月 26 日对原告刘×平作出的《答复》；

2. 被告北京市东城区人民政府下属的北京市东城区房屋土地经营管理二中心永外分中心于本判决生效之日起的法定期限内，针对刘×平的变更公房承租人申请重新作出答复。

【裁判理由】

法院认为：永外分中心是被授权经营、管理直管公房的事业单位所属房屋管理分部，因其不具备行政诉讼被告的主体资格，对事业单位所属房屋管理分部的行为不服，人民法院作为行政案件受理的，应由设立该机构的东城区政府为被告。

《北京市公有住宅租赁合同》第七条规定，租赁期限内，乙方外迁或死亡，乙方同一户籍共同居住两年以上又无其他住房的家庭成员愿意继续履行原合同，其他家庭成员又无异议的，可以办理更名手续。原北京市国土资源和房屋管理局出具的京国土房管法函（2004）42 号《关于公有住宅租赁合同相关条款解释的复函》，向原北京市崇文区人民法院复函如下：2000 年原北京市房屋土地管理局印制的《北京市公有住宅租赁合同》双方议定事项第七条中"其他家庭成员"系指：与原承租人同一户籍共同居住两年以上又无其他住房的共居人。上述规定为目前政府公房管理部门行使房管职权，审查申请人承租资格、办理变更承租人手续所遵循的依据。本案中，原告于 2017 年 9 月 19 日向永外分中心提出变更承租人书面申请及相关材料，请求将涉案公房承租人变更为原告。被告应对申请承租人及其同一户籍家庭成员的住房情况、居住状况是否符合承租条件进行全面调查，并在调查核实的基础上作出答复。

但被告在作出《答复》之前，未向原承租人同一户籍的家庭成员刘×荣、李×进行调查核实。根据本案查明的事实，第三人刘×荣 1995 年结婚后居住在北京市西城区（原宣武区）×××小区×号楼×门×××号至今，李×与刘×荣共同居住，二人均不满足《关于公有住宅租赁合同相关条款解释的复函》中对"其他家庭成员"的界定条件，不属于《北京市公有住宅租赁合同》第七条中可以提出异议的"其他家庭成员"范畴。同时，因第三人刘×荣之夫李××承租北京市西城区（原宣武区）×××小区×号楼×门×××号内 2-3 房屋，故第三人刘×荣亦不属于《北京市公有住宅租赁合同》第七条中"乙方同一户籍共同居住两年以上又无其他住房的家庭成员"范畴。故，原告请求承租涉案公房，无需第三人刘×荣、李×签字确认同意，被告以"所有户籍人也未到我分中心签字确认同意变更承租人为刘×平"为由，对原告的承租人变更申请不予支持事实不清，主要证据不足，应予撤销并重新作出答复。

【法条链接】

1. 《北京市公有住宅租赁合同》（2000 年版）

第七条　租赁期限内，乙方外迁或死亡，乙方同一户籍共同居住两年以上又无其他住房的家庭成员愿意继续履行原合同，其他家庭成员又无异议的，可以办理更名手续。

2. 原北京市国土资源和房屋管理局向原北京市崇文区人民法院出具的京国土房管法函（2004）42 号《关于公有住宅租赁合同相关条款解释的复函》，复函内容如下：

2000 年原北京市房屋土地管理局印制的《北京市公有住宅租赁合同》双方议定事项第七条中"其他家庭成员"系指：与原承租人同一户籍共同居住两年以上又无其他住房的共居人。

【案例来源】

北京市第四中级人民法院行政判决书（2017）京 04 行初 1058 号。

085. 申请公房承租人变更时满足同一户籍、与原承租人共同居住满两年又无其他住房的人员均有资格列入被征求意见的家庭成员范畴

（高×不服北京市西城区人民政府公房承租人变更答复案）

【裁判要旨】

在租赁期限内，承租人外迁或死亡，与承租人同一户籍共同居住两年以上又无其他住房的家庭成员愿意继续履行原合同，其他家庭成员又无异议的，可以办理更名手续。上述规定是公房管理部门审核办理公房承租人变更的依据。对于应征询意见的家庭成员范畴，因公房承租人变更事项影响到所有具有承租资格人员的权利，故应适用同一审查标准，即满足同一户籍、与原承租人共同居住满两年又无其他住房的人员均有资格列入被征求意见的家庭成员范畴。

【当事人信息】

上诉人：高×（一审原告）
被上诉人：北京市西城区人民政府（一审被告）
一审第三人：李×

【基本案情】

诉争公房位于北京市西城区××胡同××号西栋一层，系新街口管理所管理的公房，使用面积26.3平方米。原承租人宗××为高×之外祖母，一审第三人李×之祖母，2015年11月6日死亡。原承租人死亡前诉争公房地址有三个户口簿共十一人户籍，高×及一审第三人李×的户籍在诉争公房内，二人均在此居住。2016年2月3日，高×向西城区政府提出变更公房承租人申请，申请变更成为诉争公房承租人。2016年4月1日，新街口管理所针对高×的更名申请作出《关于高×申请变更承租人一事的答复》，主要内容为："经我所核实，您提供的材料中没有与原承租人宗××同一户籍其他家庭成员的书面意见书及居住情况、他处无住房的有效证明材料，故无法办理变更手续。"高×不服该答复，起诉至一审法院。一审法院于2016年11月29日作出（2016）京04行初528号行政判决书，以西城区政府未能提供其已对原承租人家庭成员是

否符合承租条件进行了调查核实等证据，现有证据不足以证明其答复高×的理由具有充分的事实根据为由，撤销了该答复并要求新街口管理所重新作出答复，双方当事人均未上诉。

2016年12月1日，一审第三人李×向新街口管理所提出承租诉争公房的申请，并提交了申请书、残疾人证、《情况说明》等申请材料。2017年1月23日，新街口管理所工作人员分别对刘×、王××进行调查询问，并制作谈话笔录。刘×在笔录中陈述，其一直居住××胡同××号，与李×是街坊，李×与其父一直在诉争公房居住；王××在笔录中陈述其居住地与××胡同××号近邻，其对李×家非常熟悉，李×与其父一直在诉争公房处居住。刘×、王××均分别在谈话笔录上签字确认。

2017年2月4日，新街口管理所作出《关于李×申请变更承租人一事的答复》，告知李×由于同一户籍人员高×之前已提出更名申请，因此需要两个申请人达成一致意见，方可办理更名手续。

2017年1月26日，新街口管理所针对高×的变更公房承租人申请作出《关于高×申请变更承租人一事的答复》，主要内容为：依据《北京市公有住房租赁合同》第七条"租赁期限内，乙方外迁或死亡，与乙方同一户籍共同居住两年以上又无其他住房的家庭成员愿意继续履行原租赁合同，其他家庭成员又无异议的，可以办理更名手续的规定"。因您户籍其他人员也提出更名申请，但申请人之间未达成一致意见，故无法办理更名手续。

【诉讼请求】

依法撤销西城区政府作出的《关于高×申请变更承租人一事的答复》。

【裁判结果】

一审：驳回高×的诉讼请求。
二审：驳回上诉，维持一审判决。

【裁判理由】

一审法院认为：《北京市公有住宅租赁合同》第七条约定，租赁期限内，乙方外迁或死亡，乙方同一户籍共同居住两年以上又无其他住房的家庭成员愿意继续履行原合同，其他家庭成员又无异议的，可以办理更名手续。上述约定为目前政府公房管理部门行使房管职权，审查申请人承租资格、办理变更承租人手续所遵循的依据。北京市国土资源和房屋管理局《关于公有住宅租赁合同相关条款解释的复函》中明确，《北京市公有住宅租赁合同》第七条中"其他家庭成员"系指：与原承租人同一户籍共同居住两年以上又无其他住房的共居人。本案中，根据查明的事实，一审第三人李×已于2016年12月1日向新街口管理所提出了承租北京市西城区××胡同××号一层直管公房的申请，新街口管理所应当按照《北京市公有住宅租赁合同》第七条规定，对李×是否符合公有住宅承租人的条件进行审核。新街口管理所经审核认为，高×与李×均提出更名申请，但申请人之间未达成一致意见，故无法办理更名手续。根据本案有效证据，综合考虑西城区政府提供的北京市西城区新街口街道北顺社区居委会（以下简称北顺居委会）向北京××器材厂及天鸿集团出具的证明、北京市西城区新街口街道社会保障事务所出具的低保证明、北京市西城区新街口街道住保科出具的情况说明，与一审第三人李×提供的证人刘×的证言相互印证，能够证明李×与原承租人共同居住且无正式住房的事实，故李×符合《北京市公有住宅租赁合同》第七条中"其他家庭成员"的条件，高×提供的证据亦不能证明李×在原承租人死亡前未与其共同居住。故，西城区政府据此作出的被诉答复具有事实根据和法律依据，一审法院应予支持。高×要求撤销被诉答复，并责令西城区政府重新作出答复的诉讼请求没有事实根据和法律依据，一审法院不予支持。

二审法院认为：根据《北京市公有住宅租赁合同》（2000年版）第七条的规定，租赁期限内，乙方外迁或死亡，乙方同一户籍共同居住两年以上又无其他住房的家庭成员愿意继续履行原合同，其他家庭成员又无异议的，可以办理更名手续。上述规定是公房管理部门审核办理公房承租人变更的依据。对于应征询意见的家庭成员范畴，因公房承租人变更事项影响到所有具有承租资格人员的权利，故应适用同一审查标准，即满足同一户籍、与原承租人共同居住满两年又无其他住房的人员均有资格列入被征求意见的家庭成员范畴。本案中，一审法院判决新街口管理所重新作出答复后，一审第三人李×向新街口管理所提出诉争公房的承租人变更申请。新街口管理所对李×提交的申请材料进行了审查，并对其是否在诉争公房处居住进行了调查核实，制作了谈话笔录。新街口管理所已尽到审核义务，其结合李×提交的申请材料及所进行调查核实的情况，综合认定李×满足与原公房承租人宗××同一户籍，共同居住两年以上又无其他住房的条件，属于应征求意见的家庭成员，故据此作出被诉答复，告知高×由于申请人之间未达成一致意见，故无法办理更名手续并无不当。高×虽坚持主张李×不符合公房承租人条件，不在诉争公房处居住，但现有证据不足以证明李×不符合应征求意见的家庭成员范畴，故对其主张本院不予支持。综上，一审法院判决驳回高×的诉讼请求正确，本院应予支持。高×关于一审法院认定事实错误、适用法律错误的主张不能成立，本院不予支持。

【法条链接】

《北京市公有住宅租赁合同》(2000 年版)

第七条　租赁期限内，乙方外迁或死亡，乙方同一户籍共同居住两年以上又无其他住房的家庭成员愿意继续履行原合同，其他家庭成员又无异议的，可以办理更名手续。

【案例来源】

北京市高级人民法院行政判决书（2017）京行终 5016 号。

086. 公房承租申请人应满足同一户籍、与原承租人共同居住满两年又无其他住房的条件

（刘×伟与北京市东城区人民政府公房行政答复案）

【裁判要旨】

公房承租权的变更系为了解决原承租人的家庭成员的居住问题而非房屋所有权继承问题，故申请人应满足同一户籍、与原承租人共同居住满两年又无其他住房的条件。从本案的案件类型来看，本案为给付诉讼，刘×伟虽请求撤销被诉《回复》，但实质系要求房管一中心将其变更为涉案公房的承租人，故刘×伟是否符合前述变更条件为本案审查的重点。

【当事人信息】

上诉人：刘×伟（一审原告）

被上诉人：北京市东城区人民政府（一审被告）

【基本案情】

涉案公房位于东城区×××胡同××号 10-13 号，系东华门分中心管理的公房，原承租人为刘×伟之祖母李××，2009 年 5 月 3 日李××去世。

涉案公房处户籍登记包括刘×、刘×伟、刘×之姐刘×平、郭×及其女。

刘×伟自 2011 年多次向东华门分中心提出变更公房承租人申请，要求将上述公房的承租人变更为刘×伟，东华门分中心未对是否予以变更作出过书面答复。

2016 年 6 月，刘×伟以东城区政府为被告提起行政诉讼，诉讼期间，原被告双方自愿达成和解，刘×伟撤回起诉。同年 8 月 11 日，刘×伟提交了更名申请书及户口登记簿、死亡医学证明书、未分配住房证明、居住证明等相关材料，其中有南池子居委会 2012 年 3 月 13 日 000308 号证明信（以下简称 2012 年证明），证明内容为"刘×伟居住在东城区×××胡同××号"。东华门分中心收到申请后，就刘×伟居住情况到南池子居委会进行调查核实，10 月 19 日南池子居委会出具《情况说明》，否认 2012 年所出具证明的内容属实，称当时开具该证明信时的具体情况不详。

2016 年 11 月 10 日东华门分中心作出《答复》，主要内容为：您提交的涉案公房变更承租人申请，东华门分中心已收悉。依据《北京市公有住房租赁合同》第七条之规定，经我单位工作人员对您所提交更名申请材料审验复核，您所提交的南池子居委会出具的居住证明仅能证实您居住在该公房内，无法证实您在原承租人去世时点前两年就一直与原承租人共同居住在此公房内。请您补充提交第三方合法有效证明您在李××去世时点前两年以上与承租人共同居住在涉案公房内的相关证明材料，请您于收到本"告知函"后 15 个工作日内交由东华门分中心管理员处，以便我们尽快对您所提交的更名申请进行下一步审核工作。

2016 年 12 月 20 日，刘×伟不服该《答复》起诉至一审法院。一审法院经审理认为东城区政府作为公房管理部门应当依据相关规定对公房承租人变更申请事项进行审查和处理。东城区政府作出的《答复》仅是东华门分中心行使审查承租人资格事项中要求补充材料的过程性行为，且未明确逾期未补充材料的后果，故在刘×伟逾期未补充材料的情况下，该《答复》不能转化为对公房变更承租人申请的终局处理行为。一审法院于 2017 年 3 月 29 日作出

2876 号判决，判决东城区政府在判决生效后六十日内针对刘×伟提出的公房承租人变更申请作出处理决定。双方接收到法院判决后，均未上诉。

2017 年 5 月 22 日，房屋一中心作出《刘×伟同志提交更名申请的回复》，主要内容为：根据 2876 号判决回复如下，经我单位工作人员对您提交更名申请材料审验复核，您提交南池子居委会出具的居住证明仅能证明您居住在该公房内，无法证实您在原承租人去世时点前两年就一直与原承租人共同居住在此公房内。且南池子居委会于 2016 年 10 月给我中心开具了《情况说明》，证明 2012 年证明内容情况不属实。综上，请您补充提交第三方合法有效证明，证明您在李××去世时点前两年以上与承租人共同居住在涉案房屋内的相关证明材料，请您于收到本"回复"后 15 个工作日内交由房屋一中心东华门分中心管理员处，以便我们尽快对您所提交的更名申请进行下一步审核工作。如逾期未能提交材料，我分中心将视为您放弃此次更名申请。刘×伟收到该回复后，于 2017 年 6 月 1 日向房屋一中心作出书面回复，主要内容为：刘×伟在 2012 年就向房屋一中心提交了合法的居住证明，即户籍簿复印件、南池子居委会 2012 年证明。南池子居委会的证明加盖有居委会公章，具有公定力。居委会开具的居住证明属于北京市政府清理的非行政许可审批范围，居委会已经拒绝向我开具。请房屋一中心按照 2876 号判决对我的申请作出处理决定。此后，刘×伟向一审法院申请强制执行 2876 号判决内容。强制执行过程中，房屋一中心对刘×伟作出被诉《回复》。

另，刘×伟 2009 年之前名下无房，后刘×伟之母李×华购买房屋，取得产权证书后经加名，刘×伟成为该房屋共同所有权人。

【诉讼请求】

依法撤销被诉《回复》，并责令东城区人民政府重新答复。

【裁判结果】

一审：驳回刘×伟的诉讼请求。
二审：驳回上诉，维持一审判决。

【裁判理由】

一审法院认为：刘×伟向东城区政府申请变更涉案公房的承租人，并提交了南池子社区出具的 2012 年证明，证明其居住情况。东城区政府向南池子社区调查刘×伟的居住情况，南池子社区向东城区政府出具了《情况说明》，说明南池子居委会 2012 年证明中刘×伟居住情况不属实。东华门分中心于 2016 年 11 月 10 日作出《答复》，主要内容为告知刘×伟 2012 年证明仅能证明其居住在该公房内，无法证实其在原承租人去世时点前两年就一直与原承租人共同居住在涉案公房内，并要求其继续提交相关证明。一审法院作出 2876 号判决后，房屋一中心于 2017 年 5 月 22 日作出的《关于刘×伟同志提交更名申请的回复》，除告知刘×伟提交相关证据证明其居住情况，还告知其如逾期视为放弃更名申请。但刘×伟在本案开庭前未向东城区政府提供相关证明。东城区政府根据上述材料认定刘×伟提交的证据不能证明其居住情况，不符合变更承租人条件的要求，未予办理更名手续的行为并无不妥。刘×伟要求法院依法撤销被诉《回复》，并责令东城区政府重新答复的请求无事实及法律依据，本院不予支持。

需要指出的是，东城区政府作为公房管理机构应当全面履行对刘×伟变更申请事项进行全面审查并作出处理的职责。刘×伟自 2011 年多次向东华门分中心提出变更公房承租人申请，东华门分中心也对变更事宜进行了协调工作。本案审理过程中，东城区政府称就刘×伟的居住情况证明提供者范围不限于社区，也包括邻居等。刘×伟可以在办理公房承租人变更过程中向东城区政府提交相关证明，供其审核。

二审法院认为：根据《北京市公有住宅租赁合同》（2000 年版）第七条的规定，租赁期限内，乙方外迁或死亡，乙方同一户籍共同居住两年以上又无其他住房的家庭成员愿意继续履行原合同，其他家庭成员又无异议的，可以办理更名手续。从上述规定可以看出，公房承租人变更需满足上述条件，系为了解决原承租人的家庭成员的居住问题而非房屋所有权继承问题，故申请人应满足同一户籍、与原承租人共同居住满两年又无其他住房的条件。从本案的案件类型来看，本案为给付诉讼，刘×伟虽请求撤销被诉《回复》，但实质系要求房管一中心将其变更为涉案公房的承租人，故刘×伟是否符合前述变更条件为本案审查的重点。刘×伟向房管一中心提交的申请材料中没有充分的材料证明其在原承租人死亡前两年与其共同居住，且房管一中心要求刘×伟补充提交相关材料后，刘×伟亦未在规定时间内提交相关证据材料，房管一中心据此作出被诉《回复》并无不当。并且，根据二审中所查明的事实，刘×伟名下已有住房，亦不符合提出公房承租变更申请的条件。故一审法院判决驳回刘×伟的诉讼请求正确，本院应予支持。刘×伟关于房屋来源不同于一般公房，故其具有正当权利的主张，本院认为，在案证据能够证明涉案公房属于公有住宅房屋，法律属性并不具有特殊性，刘×伟的上述主张没有法律依据与充分的事实根据，本院不予支持。

【法条链接】

《北京市公有住宅租赁合同》（2000 年版）

第七条　租赁期限内，乙方外迁或死亡，乙方同一户籍共同居住两年以上又无其他住房的家庭成员愿意继续履行原合同，其他家庭成员又无异议的，可以办理更名手续。

【案例来源】

北京市高级人民法院行政判决书（2018）京行终 1935 号。

087. 在申请公房承租权变更时，已分户但户籍仍在长期居住的公房内的家庭成员属于应当征求意见的家庭成员

（陈×诉北京市西城区人民政府变更公有住宅承租人行政答复案）

【裁判要旨】

西城区政府根据陈×国的常住人口登记卡、证人证言等现有证据，认为陈×国符合上述规定中"其他家庭成员"的情形，该认定具有相应事实依据，故西城区政府基于陈×国不同意将涉案房屋承租人变更为陈×，继而不同意陈×所提涉案变更申请，并据此作出《告知书》并无错误；陈×国的户籍虽于 1991 年独立分户，但户籍地仍为北京市西城区××巷×号，且现有证据证明陈×国长期在涉案房屋居住，亦没有证据证明陈×国有其他住房，故陈×上诉所称陈×国与王××不是同一户籍、陈×国在王××去世前不在涉案房屋长期居住，变更涉案公房承租人不必征求陈×国的意见等主张，本院难予采信，对陈×要求撤销《告知书》的诉讼请求，本院不予支持。

【当事人信息】

上诉人：陈×（一审原告）

被上诉人：北京市西城区人民政府（一审被告）

被上诉人：陈×国（一审第三人）

【基本案情】

本市西城区××巷×号10-13号两间直管公房的原承租人王××于2004年去世。陈×系王××之孙，陈×国系王××之子（陈×之二叔）。2012年12月26日，陈×向西城区政府提交变更承租人申请，要求将上述公房的承租人变更为自己。西城区政府对陈×及陈×国提交的材料予以审查，于2013年1月17日作出《告知书》，并将《告知书》送达给陈×。

《告知书》的主要内容为："您向我单位提交的关于变更王××承租的西城区××巷×号公房承租人之申请书，我单位已经收悉。我单位对上述公房居住等相关情况进行了调查，调查结果如下：1. 您本人现未在上述房屋居住。2. 现在上述房屋居住的王××之二子陈×国不同意变更王××承租的西城区××巷×号公房承租人。基于以上原因，我单位不能为您办理变更王××承租的西城区××巷×号公房承租人之相关手续。"

【诉讼请求】

撤销西城区政府于2013年1月17日作出的《告知书》。

【裁判结果】

一审：驳回陈×的诉讼请求。

二审：驳回上诉，维持一审判决。

【裁判理由】

一审法院认为：现有证据能够证明陈×国系涉案公房原承租人王××之子，其户籍在王××去世前在本案诉争房屋处，且其在王××去世前在诉争房屋处长期居住。陈×国坚称自己在王××去世前在外无其他住房，现有在案证据亦不能对此予以推翻。因此，西城区政府依据陈×国不同意陈×继续承租涉案公房的意思表示，对陈×所提变更承租人申请作出不予变更的告知合法有据。虽然西城区政府还以"您本人现未在上述房屋居住"作为对陈×申请不予变更的理由缺乏法律依据，但不足以导致《告知书》被依法撤销。因陈×所提请求缺乏事实和法律依据，故对陈×请求的事项不予支持。

二审法院认为：西城区政府作为城市公有房屋行政管理机关，负责本行政区域内公有房屋承租人变更等管理工作，其受理陈×所提公有房屋承租人变更申请，并根据具体情况作出是否同意该申请的行为，是西城区政府的法定职责；《北京市公有住宅租赁合同》第七条规定："租赁期限内，乙方外迁或死亡，乙方同一户籍共同居住两年以上又无其他住房的家庭成员愿意继续履行原合同，其他家庭成员又无异议的，可以办理更名手续。"上述规定中的"其他家庭成员"亦应符合与"乙方同一户籍共同居住两年以上又无其他住房"的情形。本案中，涉案房屋原承租人王××死亡后，陈×提出将该房承租人变更为本人的申请。

西城区政府根据陈×国的常住人口登记卡、证人证言等现有证据，认为陈×国符合上述规定中"其他家庭成员"的情形，该认定具有相应事实依据，故西城区政府基于陈×国不同意将涉案房屋承租人变更为陈×，继而不同意陈×所提涉案变更申请，并据此作出《告知书》并无错误；陈×国的户籍虽于1991年独立分户，但户籍地仍为北京市西城区××巷×号，且现有证据证明陈×国长期在涉案房屋居住，亦没有证据证明陈×国有其他住房，故陈×上诉所称陈×国与王××不是同一户籍、陈×国在王××去世前不在涉案房屋长期居住，变更涉案公房承租人不必征求陈×国的意见等主张，本院难予采信，对陈×要求撤销《告知书》的诉讼请求，本院不予支持；此外，本案是对陈×所提撤销《告知书》的诉讼请求进行审理，陈×上诉所提其他诉讼请求，不属本案审理范围；综上，一审法院判决认定事实清楚，适用法律正确，审判程序合法，应予维持。

【法条链接】

《北京市公有住宅租赁合同》（2000年版）

第七条　租赁期限内，乙方外迁或死亡，乙方同一户籍共同居住两年以上又无其他住房的家庭成员愿意继续履行原合同，其他家庭成员又无异议的，可以办理更名手续。

【案例来源】

北京市第二中级人民法院行政判决书（2014）二中行终字第 669 号。

088. 公房承租人变更的前提条件是原承租人外迁或死亡

（王××诉西城区人民政府不履行公房承租人变更职责案）

【裁判要旨】

变更公房承租人应满足乙方外迁或死亡的前提条件。对于"外迁"条件的适用，结合本市公有住宅来源、现状及政策等考量因素，西城区政府作为公房承租行政管理部门，作出"外迁"系指承租公房的乙方将户籍迁出本市的认定并无不当，亦符合本市公房承租现状。

【当事人信息】

上诉人：王××（一审原告）
被上诉人：北京市西城区人民政府（一审被告）

【基本案情】

坐落于本市西城区（原宣武区）广安门外×××小区×号楼×门×××号房屋（以下简称涉案公房）系宣房公司直管公房。北京市西城区（原宣武区）广安门外房管所与刘××就上述房屋签订有《公有住宅租赁合同》。王××系刘××之子。2005 年 10 月 15 日，刘××的户籍从上述地址迁至北京市丰台区×××小区××楼×单元××号。

2016 年 9 月 27 日，王××曾向宣房公司提出《变更承租人申请书》，请求将涉案公房的承租人变更为王××。10 月 9 日，宣房公司出具《答复》，载明"因王××无法提供同户籍家庭成员无异议的书面意见，故北京宣房房屋经营公司四分部无法为其办理变更承租人手续"。王××不服该答复，向一审法院起诉要求依法撤销该《答复》，并重新作出答复。该案经北京市高级人民法院于2017 年 12 月 12 日作出（2017）京行终 2145 号行政判决认定"针对王××变更承租人的申请，宣房公司在其答复中，并未依据《北京市公有住宅租赁合同》第七条中关于'租赁期限内，乙方外迁或死亡'这一变更承租人的前提条件予以审查和回复。鉴此，该答复确属事实不清"，判决驳回上诉，维持一审判决。一审判决即一审法院于 2017 年 2 月 10 日作出的（2016）京 04 行初 2755 号行政判决书，判决：一、撤销北京市西城区人民政府于 2016 年 10 月 9日作出的《答复》；二、责令北京市西城区人民政府在本判决生效之日起六十日内针对王××向北京宣房房屋经营公司四分部提出《变更承租人申请书》重新答复。2017 年 12 月 27 日，宣房公司作出被诉答复并送达王××。

重新《答复》内容为"北京市西城区（原宣武区）广安门外×××小区×号楼×门×××室现承租人刘××。关于王××（系刘××之长子）申请变更承租人一事，答复如下：依据《北京市公有住宅租赁合同》第七条规定，'租赁期限内，乙方外迁或死亡，乙方同一户籍共同居住两年以上又无其他住房的家庭成员愿意继续履行原合同，其他家庭成员又无异议的，可以办理更名手续'，王××申请变更承租人，因现承租人不满足外迁标准，外迁是指迁出本市，故北京宣房房屋经营公司四分部无法为其办理变更承租人手续"。王××不服被诉答复，向北京市第四中级人民法院提起诉讼。

【诉讼请求】

撤销被诉答复，并责令北京市西城区人民政府重新作出答复。

【裁判结果】

一审：驳回王××的诉讼请求。
二审：驳回上诉，维持一审判决。

【裁判理由】

一审法院认为：《北京市公有住宅租赁合同》第七条载明：租赁期限内，乙方外迁或死亡，乙方同一户籍共同居住两年以上又无其他住房的家庭成员愿意继续履行原合同，其他家庭成员又无异议的，可以办理更名手续。则变更承租人的前提条件是原承租人外迁或死亡。本案中，根据查明的事实，原承租人刘××的户籍并未迁出本市，不符合上述规定中的"外迁"条件，故西城区政府所作答复并无不妥。王××要求撤销答复无事实及法律依据，一审法院不予支持。关于王××主张西城区政府第一次向其作出答复时是认可在满足外迁前提的情况下，认为其不满足变更条件，且该事实已有法院生效判决加以证明一节。因另案生效的二审判决并未就王××主张的事实予以认定或判决；一审判决的判理部分亦表述为"就原承租人是否外迁的事实，在案无充分证据予以证明"。故王××的上述主张，一审法院不予采信。

二审法院认为：根据《北京市公有住宅租赁合同》（2000年版）第七条的规定，租赁期限内，乙方外迁或死亡，乙方同一户籍共同居住两年以上又无其他住房的家庭成员愿意继续履行原合同，其他家庭成员又无异议的，可以办理更名手续。故变更公房承租人应满足乙方外迁或死亡的前提条件。对于"外迁"条件的适用，本院认为，涉案公房为北京市公有住宅，公房承租人具有本市户籍为承租公房条件的应有之义，结合本市公有住宅来源、现状及政策等考量因素，西城区政府作为公房承租行政管理部门，作出"外迁"系指承租公房的乙方将户籍迁出本市的认定并无不当，亦符合本市公房承租现状。王××关于原承租人将户籍迁出涉案公房地址即符合"外迁"条件的主张没有法律依据，本院不予支持。此外，北京市住房和城乡建设委员会作出的京建发〔2017〕206号《关于加强直管公房承租人变更管理有关问题的通知》（以下简称206号文）关于"原承租人迁出本市或死亡"的规定系对原有合同条款内容的进一步明确和确认，并非是对外迁条件的重新解释或定义，王××对206号文所持异议不能成立，本院不予支持。

【法条链接】

1. 《北京市公有住宅租赁合同》（2000年版）

第七条 租赁期限内，乙方外迁或死亡，乙方同一户籍共同居住两年以上又无其他住房的家庭成员愿意继续履行原合同，其他家庭成员又无异议的，可以办理更名手续。

2. 《北京市住房和城乡建设委员关于加强直管公房承租人变更管理有关问题的通知》（京建发〔2017〕206号）

一、我市直管公房变更承租人必须符合以下条件：原承租迁出本市或死亡，与原承租人同一户籍并共同居住两年以上且无其他住房的家庭成员愿意继续履行合同，符合承租条件的其他家庭成员无异议的，可按原承租面积继续承租。

【案例来源】

北京市高级人民法院行政判决书（2018）京行终 2941 号。

089. 公房承租人变更行为应适用最长二十年的起诉期限

（刘×香、黄×潇、黄×海诉北京市东城区人民政府公房承租人变更行为案）

【裁判要旨】

《北京市人民政府关于城市公有房屋管理的若干规定》第十六条规定："本规定执行中的具体问题，由市房屋土地管理局负责解释。"北京市房地产管理局根据该规定，统一制定了《北京市公有住宅租赁合同》。该合同虽属示范性的合同文本，但实践中北京市各区县房地产管理局、自管房单位、房产经营单位均依据该合同中的相关条款进行公有住宅的管理，已经成为一种惯例。《北京市公有住宅租赁合同》第七条规定："租赁期限内，乙方外迁或死亡，乙方同一户籍共同居住两年以上又无其他住房的家庭成员愿意继续履行原合同，其他家庭成员又无异议的，可以办理更名手续。"从该条规定的适用情况以及公有房屋承租实践看，公有房屋承租人变更行为涉及原承租人家庭成员的重大居住权益，其实际效果与导致不动产物权变动的行政行为性质类似。

【当事人信息】

再审申请人：刘×香（一审原告、二审上诉人）
再审申请人：黄×潇（一审原告、二审上诉人）
再审申请人：黄×海（一审原告、二审上诉人）
再审被申请人：北京市东城区人民政府（一审被告、二审被上诉人）

【基本案情】

1972 年刘×香姐弟五人随父母搬到现址（东城区×××小区东区×号楼×单元×××号）居住，房屋承租人是刘×香之父刘×会。2002 年父母先后去世，只剩其一家居住至今。居住的楼房搬迁改造后，在办理拆迁手续时得知此房承租人已经变成了王×。

【诉讼请求】

撤销东城区政府职能部门给王×订立的东城区×××小区东区×号楼×单元××
×号的《北京市公有住宅租赁合同》。

【裁判结果】

一审：驳回刘×香等三人的起诉。

二审：裁定驳回上诉，维持一审裁定。

再审：本案指令北京市高级人民法院再审。

【裁判理由】

一审法院认为：公民、法人或其他组织向人民法院提起行政诉讼，应当
在法定期限内提出。起诉不符合法定条件，已经立案的，应当裁定驳回起诉。
《中华人民共和国行政诉讼法》第四十六条第二款规定："因不动产提起诉讼
的案件自行政行为作出之日起超过二十年，其他案件自行政行为作出之日起
超过五年提起诉讼的，人民法院不予受理。"本案中，原北京市崇文区房屋土
地管理局天坛管理所将北京市东城区×××小区东区×号楼×单元×××号公有住房
承租人变更为王×，系对公有房屋依职权进行管理的行为，不属于涉及不动产
案件范围。该行为发生在 2002 年 4 月 23 日，自作出之日起至刘×香等三人起
诉时已超过五年，故刘×香等三人的起诉不符合法定条件，应予驳回。

二审法院认为：公民、法人或其他组织提起诉讼应当符合法定起诉条件。
根据《中华人民共和国行政诉讼法》第四十六条第二款的规定，因不动产提
起诉讼的案件自行政行为作出之日起超过二十年，其他案件自行政行为作出
之日起超过五年提起诉讼的，人民法院不予受理。《最高人民法院关于适用
〈中华人民共和国行政诉讼法〉若干问题的解释》第三条第一款第二项规定，
当事人起诉超过法定起诉期限且无正当理由，已经立案的，应当裁定驳回起
诉。本案中，涉案公有房屋原承租人为刘×会，原北京市崇文区房屋土地管理
局天坛管理所于 2002 年 4 月 23 日将承租人变更为王×。该行政行为系公有房
屋管理机关依职权对公有房屋承租人变更进行审核确认的行为，因该行为提
起的诉讼，不属于涉及不动产案件范围。该行为自作出之日起至刘×香等三人

起诉时已超过五年，故一审法院裁定驳回刘×香等三人的起诉并无不当。

再审法院认为：本案的核心争议是再审申请人刘×香等三人提起本案诉讼是否符合法定起诉期限。产生本案争议的背景是北京市的城市公有房屋管理制度。《北京市人民政府关于城市公有房屋管理的若干规定》第十六条规定："本规定执行中的具体问题，由市房屋土地管理局负责解释。"北京市房地产管理局根据该规定，统一制定了《北京市公有住宅租赁合同》。该合同虽属示范性的合同文本，但实践中北京市各区县房地产管理局、自管房单位、房产经营单位均依据该合同中的相关条款进行公有住宅的管理，已经成为一种惯例。《北京市公有住宅租赁合同》第七条规定："租赁期限内，乙方外迁或死亡，乙方同一户籍共同居住两年以上又无其他住房的家庭成员愿意继续履行原合同，其他家庭成员又无异议的，可以办理更名手续。"从该条规定的适用情况以及公有房屋承租实践看，公有房屋承租人变更行为涉及原承租人家庭成员的重大居住权益，其实际效果与导致不动产物权变动的行政行为性质类似。案涉公有房屋原承租人为刘×会。原北京市崇文区房屋土地管理局天坛管理所于 2002 年 4 月 23 日将案涉公有房屋承租人变更为王×。再审申请人对该变更行为不服提起行政诉讼，故应适用《中华人民共和国行政诉讼法》第四十六条第二款规定的二十年的起诉期限。一、二审裁定适用该款规定的五年的起诉期限确有错误，应予纠正。

【法条链接】

1. 《北京市人民政府关于城市公有房屋管理的若干规定》（北京市人民政府第 12 号令修改）

第十六条　本规定执行中的具体问题，由市房屋土地管理局负责解释。

2. 《北京市公有住宅租赁合同》（2000 年版）

第七条　租赁期限内，乙方外迁或死亡，乙方同一户籍共同居住两年以上又无其他住房的家庭成员愿意继续履行原合同，其他家庭成员又无异议的，可以办理更名手续。

3. 《中华人民共和国行政诉讼法》

第四十六条第二款　因不动产提起诉讼的案件自行政行为作出之日起超过二十年，其他案件自行政行为作出之日起超过五年提起诉讼的，人民法院不予受理。

【案例来源】

最高人民法院行政裁定书（2017）最高法行申 2591 号。

090. 确认公有住宅房屋承租人资格纠纷不属于人民法院民事主管范畴

（杨×新与杨×慧等物权保护纠纷）

【裁判要旨】

以物权保护纠纷为案由，提出的有关确认公有住宅房屋承租人资格等诉讼请求，不属于人民法院民事主管工作范畴。

【当事人信息】

上诉人：杨×新（一审起诉人）

【基本案情】

略。

【诉讼请求】

1. 确认被起诉人杨×慧不具有《北京市公有住宅租赁合同》的承租人资格；

2. 确认起诉人为《北京市公有住宅租赁合同》的承租人；

3. 判令三被起诉人及第三人协助将《北京市公有住宅租赁合同》中承租人变更为起诉人。

【裁判结果】

一审：裁定不予受理。
二审：驳回上诉，维持原裁定。

【裁判理由】

一审法院认为：该起诉不属于人民法院受理民事案件范围。

二审法院认为：杨×新以物权保护纠纷为案由，提出的有关确认公有住宅房屋承租人资格等诉讼请求，不属于人民法院民事主管工作范畴，一审法院裁定不予受理正确，应予维持。杨×新上诉要求改判的理由，不能成立，本院不予支持。

【法条链接】

《中华人民共和国民法通则》

第二条　中华人民共和国民法调整平等主体的公民之间、法人之间、公民和法人之间的财产关系和人身关系。

【案例来源】

北京市第二中级人民法院民事裁定书（2016）京 02 民终 9546 号。

091. 确认《北京市公有住宅租赁合同》无效之诉的原告应当与签订合同的行为具有利害关系

（张×达诉北京市丰台区人民政府公有住宅租赁合同案）

【裁判要旨】

张×达要求确认北京市丰台区房屋经营管理中心长辛店分中心（以下简称长辛店分中心）于 2010 年 9 月 1 日与张×签订的《北京市公有住宅租赁合同》无效，应当与该行为具有利害关系。长辛店分中心与张×签订《北京市公有住宅租赁合同》时，张×达户籍已迁出北京市丰台区××××胡同×号西 3-4 号 2 间公有住房，且不在涉案房屋长期居住，张×达不属于《北京市公有住宅租赁合同》第七条规定的具备承租公有住房资格的家庭成员，与长辛店分中心和张×签订《北京市公有住宅租赁合同》的行为没有利害关系。

【当事人信息】

上诉人：张×达（一审原告）

被上诉人：北京市丰台区人民政府（一审被告）

【基本案情】

略。

【诉讼请求】

确认北京市丰台区房屋经营管理中心长辛店分中心于 2010 年 9 月 1 日与张×签订的《北京市公有住宅租赁合同》无效。

【裁判结果】

一审：裁定驳回原告的起诉。
二审：驳回上诉，维持一审裁定。

【裁判理由】

二审法院认为：根据《中华人民共和国行政诉讼法》第二十五条第一款规定，行政行为的相对人以及其他与行政行为有利害关系的公民、法人或者其他组织，有权提起诉讼。该法第四十九条第一项规定，提起诉讼应当符合下列条件：（一）原告是符合本法第二十五条规定的公民、法人或者其他组织。《北京市公有住宅租赁合同》第七条规定，租赁期限内，承租人外迁或死亡，承租人同一户籍共同居住两年以上又无其他住房的家庭成员愿意继续履行原合同，其他家庭成员又无异议的，可以办理更名手续。

本案中，张×达要求确认长辛店分中心于 2010 年 9 月 1 日与张×签订的《北京市公有住宅租赁合同》无效，应当与该行为具有利害关系。长辛店分中心与张×签订《北京市公有住宅租赁合同》时，张×达户籍已迁出北京市丰台区××××胡同×号西 3-4 号 2 间公有住房（以下简称涉案房屋），且不在涉案房屋长期居住，张×达不属于《北京市公有住宅租赁合同》第七条规定的具备承租公有住房资格的家庭成员，与长辛店分中心和张×签订《北京市公有住宅租赁合同》的行为没有利害关系。故张×达的起诉不符合法定条件，一审法院裁定予以驳回并无不当，本院应予维持。张×达提出撤销一审裁定的上诉请求，缺乏事实和法律依据，本院不予支持。

【法条链接】

《中华人民共和国行政诉讼法》

第二十五条第一款　行政行为的相对人以及其他与行政行为有利害关系的公民、法人或者其他组织，有权提起诉讼。

第四十九条第一项　提起诉讼应当符合下列条件：

（一）原告是符合本法第二十五条规定的公民、法人或者其他组织；

【案例来源】

北京市高级人民法院行政裁定书（2018）京行终 419 号。

092. 承租人将公有住宅给予他人无偿借住的行为不属于转租行为

（北京宣房房屋经营公司与李××房屋租赁合同纠纷）

【裁判要旨】

李××确有将涉案房屋出借他人使用的行为，李××表示没有向借住人收取租金，宣房经营公司亦未提供李××转租房屋的有效证据，故宣房经营公司主张李××转租房屋的事实不能认定。

【当事人信息】

上诉人：北京宣房房屋经营公司（原审原告）

被上诉人：李××（原审被告）

【基本案情】

2000 年 12 月 26 日，北京市原宣武区房屋土地管理局出具《关于成立宣房房屋经营公司需协调前置审批事项的请示》，载明："……决定区房地局九个房管所合并组建北京市宣房房屋经营公司。……该公司是由北京市宣房投资管理公司投资组建的国有独资公司，……"2001 年 2 月 12 日，北京市国土资源和房屋管理局出具《关于宣房房屋经营公司经营项目有关问题的批复》，载明："……一、北京宣房投资管理公司及其投资组建的北京宣房房屋经营公司在授权范围内对直管公房拥有经营管理权……" 2006 年 9 月 12 日，李××通过转让方式承租北京市西城区（原宣武区）×××号房屋，房屋使用面积14.10 平方米。北京宣房经营公司（以下简称宣房经营公司）作为甲方，李××作为乙方，双方签订《北京市公有住宅租赁合同》，其中载明："……十二、乙方有下列情况之一时，甲方有权终止合同，收回房屋。1、擅自将承租的房屋转租、转让、转借、私自交换使用、出卖或变相出卖使用权的……" 李××按时缴纳了房租。

租赁期间李××将涉案房屋借给他人使用，但没有收取过租金。

【诉讼请求】

1. 判令解除李××与我公司（指北京宣房房屋经营公司）关于北京市西城区×××号房屋的租赁关系；

2. 判令李××将北京市西城区×××号房屋腾空，交我公司（指北京宣房房屋经营公司）收回。

【裁判结果】

一审：判决驳回北京宣房房屋经营公司的全部诉讼请求。

二审：驳回上诉，维持原判。

【裁判理由】

一审法院认为：当事人应当按照约定履行自己的义务。依法成立的合同，受法律保护。当事人未能提供证据或者证据不足以证明其事实主张的，由负有举证证明责任的当事人承担不利后果。本案中，李××通过转让方式取得涉案房屋承租权，双方应当按照所签订的《北京市公有住宅租赁合同》行使权利并履行义务。现北京宣房经营公司以李××将涉案房屋转租、转借为由，要求解除双方之间的租赁关系，并要求李××腾空房屋。庭审中，宣房经营公司所提交的证据不足以证明李××将涉案房屋进行转租；李××将涉案房屋借用他人亦属事出有因，结合涉案房屋为李××唯一住房之情形，宣房经营公司要求解除双方房屋租赁关系并要求李××腾退房屋的请求，依据不充分，法院不予支持。对于李××答辩意见中，认为其与宣房经营公司之间不存在租赁关系的意见，因北京市宣武区大栅栏房管所已改制并组建为宣房经营公司，权利义务应当由宣房经营公司承继，故对李××此项答辩意见不予采纳。

二审法院认为：宣房经营公司与李××签订的《北京市公有住宅租赁合同》系双方真实意思表示，合法有效。双方均应依合同享有权利、履行义务。合同签订后，李××依约履行了交纳房租的义务。根据本案查明的事实，李××确有将涉案房屋出借他人使用的行为，李××表示没有向借住人收取租金，宣房经营公司亦未提供李××转租房屋的有效证据，故宣房经营公司主张李××转租房屋的事实不能认定。另外，李××虽然曾将涉案房屋出借他人使用，但现已将房屋收回自用。宣房经营公司要求解除《北京市公有住宅租赁合同》并收回房屋的主张，依据不充分，本院不予支持。

【法条链接】

1. 《中华人民共和国民事诉讼法》

第六十四条第一款　当事人对自己提出的主张，有责任提供证据。

2. 《最高人民法院关于适用〈中华人民共和国民事诉讼法〉的解释》

第九十条　当事人对自己提出的诉讼请求所依据的事实或者反驳对方诉讼请求所依据的事实，应当提供证据加以证明，但法律另有规定的除外。

在作出判决前，当事人未能提供证据或者证据不足以证明其事实主张的，由负有举证证明责任的当事人承担不利的后果。

【案例来源】

北京市第二中级人民法院民事判决书（2015）二中民终字第 07813 号。

093. 公房承租人去世后其继承人无权处分该公有住宅

（王××诉陈×确认合同无效纠纷）

【裁判要旨】

无权处分人处分他人财产，经权利人追认或者无权处分人订立合同后取得处分权的，该合同有效。涉诉房屋是北京市东城区房屋土地经营管理二中心永外分中心管理的公租房，原承租人去世后，未变更承租人。原承租人之继承人将该公有住宅出租给他人使用的行为未得到北京市东城区房屋土地经营管理二中心永外分中心的认可，故继承人之出租行为无效。

【当事人信息】

原告：王××
被告：陈×

【基本案情】

张××于 2005 年 2 月 6 日去世，并于 2014 年 9 月 16 日被注销户口。原告王××系张××之子。

2016 年 1 月 13 日，原、被告签订《租赁合同》。该合同内容为："甲方王××将位于本市东城区×××号平房（以下简称涉诉房屋），在双方自愿的基础上达成共识，同意出租给乙方陈×使用，定于起租日期为 2016 年 1 月 13 日至 2026 年 1 月 12 日止，房租每月 1200 元，房租金一次性付清房款，合同期为 10 年，特此为证。"

经法院向北京市东城区房屋土地经营管理二中心永外分中心调查，涉诉房屋为公有住宅房屋，承租人为张××，张××于 2000 年应与永外分中心重新签订租赁合同，但未重新签订；永外分中心认为公租房不允许转租，对《租赁合同》不予认可。

【诉讼请求】

1. 确认被告与原告于 2016 年 1 月 13 日签订的《租赁合同》无效；
2. 被告返还原告承租人为张××的《北京市公有住宅租赁合同》。

【裁判结果】

1. 确认原告王××与被告陈×于二〇一六年一月十三日签订《租赁合同》无效；
2. 驳回原告王××的其他诉讼请求。

【裁判理由】

法院认为：无权处分人处分他人财产，经权利人追认或者无权处分人订立合同后取得处分权的，该合同有效。本案中，根据查明事实，涉诉房屋是北京市东城区房屋土地经营管理二中心永外分中心管理的公租房，原承租人为张××，张××去世后，未变更承租人。张××之子即原告王××与被告陈×签订《租赁合同》，将涉诉房屋出租给被告陈×使用。原告王××不是涉诉房屋的承租人，且其将涉诉房屋出租给被告陈×的行为，北京市东城区房屋土地经营管理二中心永外分中心也不予认可，所以原告王××要求确认《租赁合同》无效的诉讼请求，于法有据，本院予以支持。关于被告辩称原告王××系涉诉房屋的户主、其有权处分涉诉房屋的辩称，于法无据，本院不予采信。关于原告王××要求被告返还承租人为张××的《北京市公有住宅租赁合同》的诉讼请求，被告不认可持有该租赁合同，原告亦未向法院提供该租赁合同在被告处的证据，故对该项诉讼请求，本院不予支持。

【法条链接】

《中华人民共和国合同法》

第五十一条 无处分权的人处分他人财产，经权利人追认或者无处分权的人订立合同后取得处分权的，该合同有效。

【案例来源】

北京市东城区人民法院民事判决书（2016）京 0101 民初 4564 号。

094. 公房承租人的变更不能损害无民事行为能力的其他家庭成员的合法权益

（杨×学诉北京市海淀区人民政府不履行法定职责案）

【裁判要旨】

变更公房承租人除需满足"承租人同一户籍共同居住两年以上又无其他住房的家庭成员"的主体要件外还需符合"其他家庭成员又无异议"的条件。其他家庭成员虽被法院生效判决宣告为无民事行为能力人，但其合法权益仍应受到法律保护。故申请变更公房承租人时仍需取得该无民事行为能力人的同意。

【当事人信息】

申请再审人：杨×学（一审原告、二审上诉人）

被申请人：北京市海淀区人民政府（一审被告、二审被上诉人）

【基本案情】

略。

【诉讼请求】

确认海淀区政府不履行法定职责行为违法，判决其履行公租房承租人变更之法定职责，将涉案公房承租人变更为原告。

【裁判结果】

一审：判决驳回杨×学的诉讼请求。

二审：驳回上诉，维持一审判决。

再审：对杨×学的再审申请予以驳回。

【裁判理由】

再审法院认为：根据《北京市人民政府关于城市公有房屋管理的若干规定》第十二条第（五）项之规定，公房原承租人死亡后，其家庭成员如欲继续承租公房，需经出租单位同意并新订租赁合同。依据出租单位与承租人签订的、由原北京市房屋土地管理局制定的《北京市公有住宅租赁合同》第七条，变更公房承租人除需满足"承租人同一户籍共同居住两年以上又无其他住房的家庭成员"的主体要件外还需符合"其他家庭成员又无异议"的条件。本案中，赵××系与涉案公房原承租人杨×死亡前同一户籍共同居住两年以上又无其他住房的家庭成员，赵××虽被法院生效判决宣告为无民事行为能力人，但其合法权益仍应受到法律保护。故杨×学向海淀区政府申请变更其本人为涉案公房承租人，仍需提交赵××同意的相关证据。在杨×学未提供上述证据的情形下，海淀区政府未将涉案公房承租人变更为杨×学，并无不当。一、二审法院据此判决驳回杨×学关于责令海淀区政府将涉案公房承租人变更为其本人的诉讼请求正确。杨×学的申诉理由缺乏事实及法律依据，其申诉请求本院不予支持。

【法条链接】

1.《北京市人民政府关于城市公有房屋管理的若干规定》(97 修正)

第十二条　公房租赁，必须遵守房管机关的各项规定。

……

(五) 承租者外迁或死亡，原同住者要求继续承租的，须经出租单位同意，并新订租赁合同。

2.《北京市公有住宅租赁合同》(2000 年版)

第七条　租赁期限内，乙方外迁或死亡，乙方同一户籍共同居住两年以上又无其他住房的家庭成员愿意继续履行原合同，其他家庭成员又无异议的，可以办理更名手续。

【案例来源】

北京市第一中级人民法院驳回再审申请通知书（2015）一中行监字第40号。

095. 当事人为自己的利益不正当地阻止条件成就的，视为条件已成就

（永××公司等与万××公司房屋租赁合同纠纷）

【裁判要旨】

当事人对合同的效力可以约定附条件。附生效条件的合同，自条件成就时生效。附解除条件的合同，自条件成就时失效。当事人为自己的利益不正当地阻止条件成就的，视为条件已成就；不正当地促成条件成就的，视为条件不成就。

【当事人信息】

上诉人：永××公司（原审原告）

被上诉人：万××公司（原审被告）

原审被告：扬××公司

【基本案情】

2014年1月1日，扬××公司（甲方、委托方）与万××公司（乙方、受托方）签订《房屋委托管理协议》，约定：甲方将其所有的位于北京市朝阳区东三环中路××号楼×座××层×××1、×××2、×××3、×××5、×××6房屋委托给乙方进行日常管理，管理期限自2014年1月1日起至2021年12月31日止，乙方可以以自己的名义对该房产对外签订合同，并获取相应收益。

2015年8月31日，万××公司（出租方）与永××公司（承租方）签订《租赁合同》，约定：出租方同意出租、承租方同意承租位于北京市朝阳区东三环中路××号楼×座×××2、×××3房间（以下简称涉案房屋）和其内部设施

作为办公用房，租赁面积 700 平方米；租赁用途为办公；租期五年，自 2015 年 9 月 16 日至 2020 年 12 月 15 日，其中 2015 年 9 月 16 日至 2015 年 12 月 15 日止为免租期，2015 年 12 月 16 日至 2018 年 12 月 15 日期间租金标准为 7.2 元/天·m^2，月租金为 153 300 元，2018 年 12 月 16 日至 2020 年 12 月 15 日期间租金标准为 7.78 元/天·m^2，月租金为 165 649.17 元；承租方在签订本合同时应向出租方交付涉案房屋 2 个月的租赁押金，合计 331 298.34 元，作为承租方遵守及履行本合同约定及条款的保证金，押金不计利息；租金及物业管理费按二个月支付，付款日期为每第 2 个月的 20 号支付下 2 个月租金及物业管理费……《租赁合同》签订后，万××公司按照约定将涉案房屋交付永××公司使用，双方均认可交付时涉案房屋为毛坯房。

永××公司于 2015 年 10 月 21 日向万××公司支付 100 000 元，于 2016 年 3 月 11 日分两笔向万××公司共计支付 306 600 元。对此永××公司称其支付的系租金，万××公司则称永××公司一直未支付押金，该部分款项应先作为押金，多余部分为租金。

审理中，永××公司为证明因万××公司原因致使涉案房屋于 2015 年 12 月 15 日至 2016 年 3 月 28 日期间停电，其无法正常办公，提交了通知函、物业缴费通知单、电费统计表等证据。万××公司、扬××公司对此不予认可，认为涉案房屋未曾停电，涉案房屋有正规的物业管理公司，如果停电正常报修，物业公司也会尽到维修义务，永××公司既未报修亦未告知万××公司这一情况，因此停电 103 天不属实。

庭审中，万××公司、扬××公司提交《恒富物业服务受理单》，内容显示涉案房屋于 2016 年 3 月 25 日发生过停电，经报修物业公司，于当日即更换电表，业户验收意见为满意。永××公司对该证据不予认可，表示受理单完成情况不代表物业维修达到了效果，不能证明当时就维修好了。

诉讼过程中，经永××公司申请，法院出具调查令，由永××公司向涉案房屋之物业单位北京××物业服务有限公司调取停电的证据，北京××物业服务有限公司于 2018 年 8 月 17 日函复法院，表示关于 2015 年 12 月 15 日至 2016 年 3 月 28 日期间或许因正常设备检修出现过停电情况，但由于时间久远已无法核查，故无法提供相关材料。

【诉讼请求】

1. 判令万××公司赔偿永××公司经济损失 611 413 元（包括装修折旧损失 56 439 元、103 天的房屋租金损失 526 330 元、网络设施损失 5644 元、永××公司场所变更咨询代办费 8000 元以及维修恢复费用 15 000 元），并支付永××公司违约金 306 600 元；

2. 扬××公司就上述款项承担连带赔偿责任。

【裁判结果】

一审：驳回永××公司的全部诉讼请求。
二审：驳回上诉，维持原判。

【裁判理由】

一审法院认为：当事人对合同的效力可以约定附条件。附生效条件的合同，自条件成就时生效。附解除条件的合同，自条件成就时失效。当事人为自己的利益不正当地阻止条件成就的，视为条件已成就；不正当地促成条件成就的，视为条件不成就。

本案中，《租赁合同》约定的生效条件为"双方法定代表人或法定代表人的委托人签字盖章和首期款到达出租方指定账户之日"，而永××公司至今仍未全额支付首期款，故永××公司存在违约之处，永××公司拒不支付首期款，应视为合同生效条件已成就，《租赁合同》已发生法律效力，双方当事人均应当遵守合同的约定。

当事人对自己提出的诉讼请求所依据的事实或者反驳对方诉讼请求所依据的事实，应当提供证据加以证明，但法律另有规定的除外。在作出判决前，当事人未能提供证据或者证据不足以证明其事实主张的，由负有举证证明责任的当事人承担不利的后果。

本案中，万××公司已依约将涉案房屋交付给永××公司使用，永××公司应该按照合同约定支付房屋租金。永××公司现主张万××公司、扬××公司承担赔偿责任的事实理由为涉案房屋因万××公司的原因自 2015 年 12 月 15 日至 2016 年 3 月 28 日停电致使永××公司无法正常办公，但就此节永××公司并未提交充分证据予以证明，因此其基于 103 天停电所主张的各项损失亦无相应的事实和合同依据。故对于永××公司要求万××公司赔偿各项经济损失、违约金的诉讼请求，法院均不予支持。

另万××公司接受扬××公司委托对外出租涉案房屋，并以自己的名义签订《租赁合同》和收取租金，扬××公司并非《租赁合同》之签订方，故就《租赁合同》履行过程中发生的争议及产生的责任均应由万××公司自行承担。

二审法院认为：依法成立的合同合法有效，双方均应依约履行。万××公司与永××公司签订的《租赁合同》系双方真实意思表示，不违反法律法规的强制性规定，应为有效，双方均应按照合同约定履行各自的义务。本案中，永××公司上诉认为万××公司存在各种违约行为。首先，永××公司认为涉案房屋在 2015 年 12 月 15 日至 2016 年 3 月 28 日期间停电致使永××公司无法正常办公，但并未提交相关证据予以证明，更未说明系因万××公司的原因导致停电，故其据此停电行为主张的损失本院无法支持。此外，永××公司主张因万××公司没有按约提供产权登记信息等证明材料，导致永××公司不得不另在他处设立公司，并提交相关的合同证明其损失。但是该合同的签约主体并非永××公司，故无法达到证明目的。综上，永××公司并未提交充分证据证明万××公司存在违约行为，故其依此主张的装修折旧损失、网络设施损失、场所变更咨询代办费以及维修恢复费用等均无相关依据，本院无法支持。另经本院审查，一审程序并无不当之处。

综上所述，永××公司的上诉请求不能成立，应予驳回。

【法条链接】

《中华人民共和国合同法》

第四十五条 当事人对合同的效力可以约定附条件。附生效条件的合同，自条件成就时生效。附解除条件的合同，自条件成就时失效。

当事人为自己的利益不正当地阻止条件成就的，视为条件已成就；不正当地促成条件成就的，视为条件不成就。

【案例来源】

北京市第三中级人民法院民事判决书（2019）京 03 民终 8373 号。

096. 涉案房屋的按份共有权人在其享有涉案房屋的按份共有份额 范围内对其他共有人的债务承担连带责任

（××市××房管分局与××市××分公司、××公司房屋租赁合同纠纷）

【裁判要旨】

2003 年 5 月 10 日，涉案房屋的按份共有权人已由××市××分公司变更为××公司，故××市××房管分局主张要求××公司在其享有涉案房屋的按份共有份额范围内对××市××分公司的上述债务承担连带责任，理据充分。

【当事人信息】

原告：××市××房管分局
被告：××市××分公司、××公司

【基本案情】

1991 年 7 月，××市××房管分局××房地产管理所（出租人、甲方）与××县××公司××分公司（承租人、乙方）签订四份《××县非住宅房屋租赁合约》，四份合约共同载明，甲方同意将××路房屋的全间部位，租给乙方作为办公仓库使用；上述房屋按增府［1991］28 号文标准计算月租金分别为 994.04 元、135.25 元、142.82 元、77.84 元，乙方应按议定月租金额于每月 15 日前付给甲方；租赁期限均为从 1991 年 4 月 1 日至 1994 年 3 月 31 日止共计 36 个月；租期终止后，乙方如需继续租用，甲方在同等条件下应优先安排，但是双方应重新签订合约；乙方逾期交租，除补交租金外，还需向甲方缴交逾期每天按月租金百分之二的滞纳金等。

2012 年 11 月 12 日，赖×光在××市××房管分局出具的《通知存根》上签名，该通知载明"××分公司：贵公司租用我分局××路 47 号的房屋。累计欠租 230 030.4 元。请贵公司接到本通知 10 天内，派人前来我分局协商欠租的还款计划。若逾期协商不成，我分局将通过法律途径追收欠租。特此通知"。

2014 年 9 月 15 日，赖×光在××市××房管分局出具的《通知》上签名，该通知载明"××分公司：兹因贵公司租用我××房管分局××镇××路 47 号的房屋，到 2014 年 9 月止累计欠租 138 420 元。请贵公司接通知后联系我分局，共同协商欠租的缴款计划。若逾期未能协商一致，我分局将通过法律途径追收所欠的租金。特此通知（附：欠费表一份）"。

2015年7月9日，赖×光在××市××房管分局出具的《通知》上签名，该通知载明"××分公司：贵公司租用我××房管分局××镇××路47号的房屋。到2015年6月止累计欠租146 833.2元。请贵公司接通知后联系我分局，共同协商欠租的缴款计划。若逾期未能协商一致，我分局将通过法律途径追收所欠租金。特此通知（附：欠费表一份）"。

2015年9月9日，原××区国土资源和房屋管理局出具一份《证明》，载明"××区××房管分局为我局下属公益一类事业单位。该局名称变更情况如下：1992年4月前名称为××县房地产管理局××房地产管理所，1992年4月后名称变更为××县房地产管理局××分局（××市房地产管理局××分局），之后，该局与国土局合并，名称变更为××市国土资源和房屋管理局××房管分局，2012年11月后名称变更为××市××房管分局，2015年6月××市改区后名称变更为××区××房管分局，是属于同一单位。特此证明"。同日，××区国土资源和房屋管理局出具一份《证明》，载明"兹有××区××镇××路68号、××路47号、××路2号、××路5号（××路3号）、××路10号共5幢房屋属于国有公房，现归属××区××房管分局管理。特此证明"。

另查明以下事实，一、××市××分公司于1986年10月4日成立，商事主体类型为全民所有制，法定代表人为张某，股东为××市××公司；××市××公司于1972年8月1日成立，商事主体类型为全民所有制，法定代表人为钟××，股东为××市商业企业集团有限公司；××公司于2002年6月10日成立，商事主体类型为有限责任公司（自然人投资或控股），法定代表人为邹××，股东之一为××市××商业集团有限公司工会工作委员会。二、关于涉案房屋的权属情况，（一）2000年5月24日由××市人民政府填发的地址为××市××镇××路47号、47号之一的粤房地共证第××号房地产权共有（用）证显示，共有权人为××市××分公司（占有房屋份额为1590.1平方米），土地来源为行政划拨，土地所涉的房屋权属来源为接管、改建；持房地产权证人为××市房产管理局（占有房屋份额为405.5平方米、粤房地证字第1920786号）；该证已被收回存档。（二）2003年5月10日由原××市人民政府填发的地址为××市××镇××路47号、47号之一的粤房地共证字第××号房地产权共有（用）证显示，共有权人为××公司，土地来源为行政划拨，土地所涉的房屋权属来源为接管、改建；占有房屋份额为按份额共有，建筑面积为190.1平方米；持房地产权证人为××市国土资源和房屋管理局（占有房屋份额为按份额共有，建筑面积为405.5平方米，房地产权证号10××56号）；该证附记载明"机制改革更正名称，原证号1920786、0241352"。三、（一）2002年6月23日，××市商业企业集团公司出具一份增商改〔2002〕1号《关于××市商业企业集团公司转制为××市××商业集团有限公司的通知》，该通知载明，"……经工商行政管理机关登记注册，××市商业企业集团公司转制为××市××商业企业有限公司后，于2002年6月11日变更为××市××商业集团有限公司，从即日起依法承继原××市商业企业集团公司的企业法人财产权、民事权利与民事责任。××市××商业集团有限公司下设××公司、××食品有限公司……"。（二）2003年1月10日，原××市公有资产管理委员会办公室向原××市国土资源和房屋管理局出具一份证明，内容为"因××市××商业集团有限公司上报产权单位用了简称，……有关原产权单位名称不规范，现更正如下：……二、原产权单位名称'××公司'更正为'××市××分公司'，其房屋坐落地址'××镇××路47号'更正为'××市××镇××路47号、47号之一'……"。（三）2003年5月10日，××公司填写一份《企业机制改革房地产名称变更》，内容为"房屋座落××市××镇××路47号、47号之一原产权单位××市××分公司变更单位××公司……"。（四）2004年3月3日，××公司向原××市国土资源和房屋管理局出具一份报告，内容为"我单位是一个已经进行了改制的企业……1.××市××镇××路47号、47号之一，粤房地共证字第××号……以上九宗变更的房产中、房地证中'房屋所有权性质'一栏都填写了'全民'，为此，现恳请贵局按我企业已改制的名称进行填写，即在'房屋所有权性质'一栏中更正为'有限公司'"。

【诉讼请求】

1. 确认××市××房管分局与××市××分公司的租赁合同关系于2015年7月1日解除；

2. ××市××分公司立即支付拖欠房租146 833.20元（截至2015年6月30日）；

3. ××市××分公司按照中国人民银行同期逾期贷款利率承担上述欠款自拖欠之日至付清之日止的利息；

4. ××市××公司对××市××分公司的上述债务承担连带责任；

5. ××公司在其接收××市××分公司的房屋范围内承担连带责任。

【裁判结果】

1. 被告××市××分公司在本判决发生法律效力之日起十日内向原告××市××房管分局支付租金 10 719.04 元及利息（以 10 719.04 元为本金，自 2015 年 7 月 16 日起按照中国人民银行同期同类贷款利率计算至付清之日止）；

2. 被告××公司在其享有位于××区××镇××路 47 号、47 号之一房屋［粤房地共证字第××号房地产权共有（用）证］的按份共有份额范围内对被告××市××分公司的上述债务承担连带责任；

3. 驳回原告××市××房管分局的其他诉讼请求。

【裁判理由】

法院认为：涉案房屋系国有公房，××市××房管分局基于国家授权获得该房屋的管理权限。××市××房管分局与××市××分公司签署的四份《××县非住宅房屋租赁合约》系双方当事人的真实意思表示，没有违反法律法规的强制性效力性规定，合法有效，双方当事人均应恪守履行。

××市××分公司未能提供证据其已经将承租涉案房屋属于××市××房管分局按份共有的部分交还给××市××房管分局，依照《中华人民共和国合同法》第二百三十六条"租赁期间届满，承租人继续使用租赁物，出租人没有提出异议的，原租赁合同继续有效，但租赁期限为不定期"的规定，本院认定××市××分公司在涉案合同约定的租赁期限届满后仍继续使用涉案房屋，双方之间形成事实上的租赁合同关系。依照《中华人民共和国合同法》第二百三十二条"当事人对租赁期限没有约定或者约定不明确，依照本法第六十一条的规定仍不能确定的，视为不定期租赁。当事人可以随时解除合同，但出租人解除合同应当在合理期限之前通知承租人"的规定，××市××房管分局主张双方租赁合同关系于 2015 年 7 月 1 日解除，缺乏依据，本院不予支持。

关于××市××房管分局的诉讼请求是否超过诉讼时效的问题。××市××房管分局未能提供证据证明赖×光在催租通知上的签名是代表××市××分公司履行职务行为，也未能举证证明其在本案起诉之前有向××市××分公司提起诉讼或提出要求履行缴租的义务，依照《中华人民共和国民法通则》第一百三十六条"下列的诉讼时效期间为一年：……（三）延付或者拒付租金的；……"

的规定，××市××房管分局于2015年7月16日诉至本院主张要求计至2015年6月30日止的租金，因此××市××房管分局主张的2014年7月17日至2015年6月30日期间的租金10 719.04元〔934.8元/月×11个月+（934.8元/月÷30天×14天）〕的诉讼请求，并未超过一年的诉讼时效，对此本院予以支持。××市××房管分局主张的要求支付上述期间之前的租金的诉讼请求，因并未构成诉讼时效的中断，已经超过一年的诉讼时效，本院不予支持。至于租金的利息，应以租金10 719.04元为本金，自本案立案之日即2015年7月16日起按照中国人民银行同期同类贷款利率计至付清之日止。

对于××市××公司、××公司是否承担连带责任问题。根据《中华人民共和国民法通则》第四十一条第一款"全民所有制企业、集体所有制企业有符合国家规定的资金数额，有组织章程、组织机构和场所，能够独立承担民事责任，经主管机关核准登记，取得法人资格"之规定，××市××分公司经工商行政部门核准登记，颁发了《企业法人营业执照》，取得了法人资格，其已能够独立承担民事责任。因此，××市××房管分局要求××市××公司对××市××分公司的债务承担连带责任，于法无据，本院不予支持。2003年5月10日，涉案房屋的按份共有权人已由××市××分公司变更为××公司，故××市××房管分局主张要求××公司在其享有涉案房屋的按份共有份额范围内对××市××分公司的上述债务承担连带责任，理据充分，本院予以支持。

【法条链接】

1. 《中华人民共和国合同法》

第二百三十二条　当事人对租赁期限没有约定或者约定不明确，依照本法第六十一条的规定仍不能确定的，视为不定期租赁。当事人可以随时解除合同，但出租人解除合同应当在合理期限之前通知承租人。

第二百三十六条　租赁期间届满，承租人继续使用租赁物，出租人没有提出异议的，原租赁合同继续有效，但租赁期限为不定期。

2. 《中华人民共和国民法通则》

第四十一条第一款　全民所有制企业、集体所有制企业有符合国家规定的资金数额，有组织章程、组织机构和场所，能够独立承担民事责任，经主管机关核准登记，取得法人资格。

第一百三十六条　下列的诉讼时效期间为一年：

（一）身体受到伤害要求赔偿的；

（二）出售质量不合格的商品未声明的；

（三）延付或者拒付租金的；

（四）寄存财物被丢失或者损毁的。

【案例来源】

广东省广州市增城市区人民法院民事判决书（2015）穗增法民三初字第1208号。

097. 出租人基于承租人新建、改建行为获益时应当给予承租人适当补偿

（梁×娥与任×湖房屋租赁合同纠纷）

【裁判要旨】

《房屋租赁合同》中约定"如因国家建设、乡或村集体征用或其他不可抗力等因素，本合同自行终止，甲方有权无条件收回房屋，乙方的一切经济损失自负"，但考虑到该约定是在合同签订时的房屋现状条件下形成的，现任×湖在原房屋现状基础上实施了相当程度的新建、改建行为，且梁×娥基于该新建、改建行为获益，故根据公平原则，应当给予任×湖适当补偿。

【当事人信息】

上诉人：梁×娥（原审被告）

被上诉人：任×湖（原审原告）

【基本案情】

2001年9月1日，于某与××市××区××乡××村第一生产队（以下简称一生产队）签订《出租土地协议书》，约定生产队提供废地一块，面积1.8亩，由于某自筹资金，自建房屋，租赁期限为50年。

2012年12月17日，出租方（甲方）梁×娥与承租方（乙方）任×湖签订了《房屋租赁合同》，约定，甲方将其所有的位于××市××区××乡××村村西许某北侧的房屋（以下简称案涉房屋）租给任×湖作为生产办公使用，面积约

500 平方米；租赁期限 15 年，自 2012 年 10 月 20 日至 2027 年 10 月 19 日止；租金前五年为每年 10 万元，此后每五年递增 10%；乙方爱护甲方财产，如有人为损坏负责赔偿，乙方改变建筑结构应征得甲方书面同意，并报有关部门审批；租赁期满或其它造成合同终止事项时，甲方享有房屋的所有权；如因国家建设、乡或村集体征用或其他不可抗力等因素，本合同自行终止，甲方有权无条件收回房屋，乙方的一切经济损失自负；遇政策性变化，国家规划用地（包括国家批准乡、村用地、绿化用地等）双方无条件服从，如合同期未满的情况下，甲方退还乙方剩余租金；乙方对甲方房屋的修缮等一切费用乙方自理，如遇合同终止事项，甲乙双方无条件终止合同，乙方的一切经济损失自负。合同签订后，梁×娥向任×湖交付了案涉房屋，任×湖亦向梁×娥支付了租金。2017 年 10 月初案涉房屋拆除。

2016 年 12 月 10 日，××市××区××乡××村经济合作社（以下简称××村经济合作社）与于某签订了《〈租赁合同〉终止协议书》。同日，××村经济合作社与于某签订《拆除腾退补偿协议》，对土地面积约为 1.8 亩，房屋建筑面积 1654.72 平方米的房屋进行拆除腾退，××村经济合作社支付于某房屋补偿款 1 886 381 元、搬家费 82 736 元、综合补助费 496 416 元，总计 2 465 533 元。

就案涉房屋以梁×娥名义对外一节，梁×娥提供了于某 2019 年 2 月 26 日书写的情况说明，内容为："本人于某在年庄村西租赁土地的所有权归梁×娥所有，与本人无任何利害关系，一切权利义务由梁×娥承担。"梁×娥认可该情况说明，并愿意承担相应的责任。任×湖对此亦予以认可。梁×娥提供××村经济合作社盖章的明细，证明于某已收到拆迁款 99 万元，任×湖对此予以认可。

另，双方确认平面位置示意图中的房屋系诉争房屋。根据平面位置示意图，编号为 1 的房屋长 40.9 米，宽 13.2 米，建筑面积 1 619.64 平方米；编号为 2 的房屋长 3 米，宽 2.4 米，建筑面积 7.2 平方米；编号为 3 的房屋长 6.8 米，宽 4.1 米，建筑面积 27.88 平方米；共计 1 654.72 平方米。审理中，任×湖主张编号为 1 的房屋系三层，任×湖承租时仅有 1 层，面积大约 500 平方米，与租赁合同约定房屋面积一致，剩余两层均系任×湖新建，编号为 3 的房屋系锅炉房，为任×湖新建。梁×娥主张编号为 1 的房屋系三层，但第一层、第二层为梁×娥所建，任×湖仅加盖了一层，对于与租赁合同面积约为 500 平方米不一致的问题，梁×娥解释为签订合同时仅标注的是一层面积，实际约为 1000 平方米。梁×娥认可编号 3 的房屋系任×湖所建，但称因该锅炉房占地导致梁×娥无法建房。另根据北京市非住宅房屋评估结果通知单，编号为1的房屋单价1141元/平方米，编号为3的房屋单价989元/平方米。

就任×湖主张其新建、改建房屋一节，任×湖申请证人张某出庭作证，张某称："2012年我给任×湖盖房，老房一层是库房，后来改成一层公寓，在上面盖了二层、三层、还有一个楼梯间90多平方米的两层小房，东南角建了锅炉房，施工从2012年12月到2013年5月，装修材料由我购买，任×湖给钱，一层每平米450元，二层、三层650元每平方米，工程款94万多，有施工合同，但没有施工图纸、施工许可和规划许可。"任×湖还提交暖气安装费的收据、锅炉、水泵及安装费的收据，据此证明任×湖对案涉房屋的新建、改建。梁×娥对证人证言不予认可，对收据亦不予认可。

【诉讼请求】

判令梁×娥向任×湖支付房屋补偿款1 650 383元。

【裁判结果】

一审：1. 梁×娥于判决生效之日起十日内支付任×湖房屋补偿款504 900元；2. 驳回任×湖的其他诉讼请求。

二审：驳回上诉，维持原判。

【裁判理由】

一审法院认为：公民、法人的合法权益应受法律保护。本案中，任×湖与梁×娥就案涉房屋存在租赁关系。双方均认可案涉房屋拆迁时为三层建筑。本案的争议焦点为：梁×娥在2012年向任×湖出租案涉房屋时是一层建筑还是二层建筑。一审法院认为，根据平面位置示意图，编号为1的房屋拆迁时的建筑面积每层为539.88平方米，与任×湖、梁×娥签订的《房屋租赁合同》中约定的房屋面积大约500平方米相符。而梁×娥所称案涉房屋出租时为两层建筑仅是在《房屋租赁合同》中写明一层面积500平方米，实际出租面积1000平方米的意见不仅与任×湖、梁×娥签订的《房屋租赁合同》中约定的房屋面积不符而且该解释有悖常理。另，双方确认编号为3的房屋系任×湖所建，一审法院不持异议。故任×湖主张其新建房屋1107.64平方米，一审法院予以采信。对于梁×娥所称任×湖改建、新建房屋未经过其书面同意，房屋租赁合同约定一切损失任×湖自负的抗辩意见，一审法院认为任×湖自租赁房屋后对房屋进行了改建、新建，梁×娥在合同履行期间并未提出异议，视为梁×娥默示了该新建、改建行为，另双方并未对新建房屋因拆迁获得的利益进行约定，故一审法院对梁×娥的抗辩意见不予支持。因该新增的面积已计算在《拆除腾退补偿协议》中，于某亦因任×湖新建房屋取得收益，根据公平原则，任×湖理应获得因其新建房屋产生的补偿款，但任×湖主张的计算标准有误，一审法院根据《北京市非住宅房屋评估结果通知单》的房屋单价予以调整，经计算任×湖应获得因新建房屋的补偿款为 1 259 576 元。截止到一审法院出具判决前，于某仅收到补偿款 99 万元，剩余补偿款于某并未收到，故一审法院按于某已收补偿款占总补偿款的比例计算应支付给任×湖的补偿款金额，待于某取得剩余补偿款后，任×湖可另行主张。任×湖、梁×娥均同意由梁×娥向任×湖支付该补偿款，一审法院不持异议。

二审法院认为：本案的争议焦点是任×湖是否有权取得相应的房屋补偿款。首先，参照双方签订的《房屋租赁合同》，双方确认租赁标的物的面积约 500 平方米；但根据《北京市非住宅房屋评估结果通知单》的记载，所在区域 1 号房的面积在评估时已达 1619.64 平方米，结合双方当事人认可案涉房屋为三层楼房的陈述，且每层平均面积与双方合同约定中的房屋面积基本一致，故本院有理由相信该房屋之二、三层为任×湖租赁该房屋后所新建。

其次，虽然《房屋租赁合同》中双方约定"乙方改变建筑建构应征得甲方书面同意，并报有关部门批准"，但在合同履行期间，梁×娥针对任×湖的新建、改建行为并未提出异议，应当视为梁×娥默示同意了上述行为。

最后，《房屋租赁合同》中约定"如因国家建设、乡或村集体征用或其他不可抗力等因素，本合同自行终止，甲方有权无条件收回房屋，乙方的一切经济损失自负"，但考虑到该约定是在合同签订时的房屋现状条件下形成的，现任×湖在原房屋现状基础上实施了相当程度的新建、改建行为，且梁×娥基于该新建、改建行为获益，故根据公平原则，应当给予任×湖适当补偿。在此基础上，一审法院根据任×湖应得的房屋补偿金额占全部补偿金额的比例，并结合梁×娥已经取得的补偿金额确定任×湖在本案中应得的补偿金额并无不当。梁×娥主张案涉房屋不同楼层价格不同，但并未提供充分证据予以佐证，故对其相关主张，本院不予支持。

【法条链接】

《中华人民共和国合同法》

第五条　当事人应当遵循公平原则确定各方的权利和义务。

第六十条　当事人应当按照约定全面履行自己的义务。

当事人应当遵循诚实信用原则，根据合同的性质、目的和交易习惯履行通知、协助、保密等义务。

【案例来源】

北京市第三中级人民法院民事判决书（2019）京 03 民终 7277 号。

098. 享有解除权的人发出解除通知到达相对人之日产生合同解除的后果

（范×法与叶×茂房屋租赁合同纠纷）

【裁判要旨】

合同解除需要具备约定或法定的条件，解除权性质属于形成权。只有享有解除权的人发出的解除通知才能产生合同解除的后果，合同从发出解除通知到达之日起解除。本案中，承租人未能提交证据证明其在租赁期内因涉案租赁物被征收而无法经营的事实，也未能向本院提交证据证明出租人不适当履行合同、存在根本性违约的事实，故涉案租赁合同不具备约定解除和法定解除的事由。

【当事人信息】

原告：范×法（反诉被告）

被告：叶×茂（反诉原告）

【基本案情】

2016 年 11 月 12 日，范×法与叶×茂签订《店面及场地租赁合同》一份，约定范×法将其位于××省××县店面占地面积 262.5 平方米及楼上两间房屋及卫生间一间出租给叶×茂。租金为 90 000 元，租期自 2016 年 12 月 1 日至 2017

年 11 月 30 日止。合同还约定，叶×茂在租赁期间不愿续租应提前一个月告知范×法，如遇拆迁范×法应提前三个月通知叶×茂，拆迁房屋补偿归范×法所有，经营补偿归叶×茂所有，范×法应退回未租月份房租费用。合同签订后，叶×茂在涉案租赁房屋从事"德清武康小叶建材商行"的个体经营活动。

2017 年 8 月份，涉案房屋因政府旧城改造被列入征用范围，"拆迁征收指挥部"对范×法出租给叶×茂的涉案房屋、土地进行先期测量、预评估。为考虑征用的顺利进行"拆迁征收指挥部"与范×法洽谈征用收购事宜的同时，与承租人叶×茂也进行洽谈搬迁事宜，但就叶×茂搬迁、补偿费用问题未能达成一致意见。为此，范×法向"拆迁征收指挥部"提交了《店面及场地租赁合同》、叶×茂经营的营业执照，提出涉案 2 号、4 号、6 号店面、楼上二间房屋及卫生间、店面前面场地出租给叶×茂，租赁到期日为 2017 年 11 月 30 日，请求被征用的涉案房屋、土地的腾空时间延长至《店面及场地租赁合同》到期后，拆迁征用组指挥部予以同意。

2017 年 9 月 30 日，范×法、苏×晓（与范×法系夫妻关系）与"建设投资公司"签订《国有土地上非住宅房屋收购协议》即《2 号房屋收购协议》一份，"建设投资公司"对范×法、苏×晓所属的坐落于××镇××路 2 号的房屋和土地进行收购，由"建设投资公司"支付范×法、苏×晓房屋收购款 1 429 154 元、停产停业损失及过渡费补助款 85 749 元、自行购房补贴款 285 831 元。范×法、苏×晓承诺在 2017 年 12 月 10 日前腾空被收购房屋交由"建设投资公司"，"建设投资公司"按方案规定支付范×法、苏×晓被收购合法房屋市场评估价总额 1 429 154 元×1% 的奖励，计 14 292 元。如范×法、苏×晓未在承诺的时间内腾空被收购房屋的，取消上述奖励。同日，范×法、苏×晓再次与"建设投资公司"签订《国有土地上非住宅房屋收购协议》即《4 号、6 号房屋收购协议》一份，"建设投资公司"对范×法、苏×晓所属的坐落于××镇××路 4 号、6 号的房屋和土地进行收购，由"建设投资公司"支付范×法、苏×晓房屋收购款 848 458 元、停产停业损失及过渡费补助款 50 908 元、自行购房补贴款 169 692 元、营业执照补助 1000 元、原材料搬迁费 490 吨×30 元/吨＝14 700 元。范×法、苏×晓承诺在 2017 年 12 月 10 日前腾空被收购房屋交由"建设投资公司"，"建设投资公司"按方案规定支付范×法、苏×晓被收购合法房屋市场评估价总额 848 458 元×1% 的奖励，计 8484.6 元。如范×法、苏×晓未在承诺的时间内腾空被收购房屋的，取消上述奖励。

在《2 号房屋收购协议》《4 号、6 号房屋收购协议》签订前，范×法于 2017 年 9 月告知叶×茂涉案房屋征迁的相关事宜并通知叶×茂涉案房屋不再续租。因涉案租赁房屋即将届满且被征用，叶×茂也于 2017 年 10 月 13 日与案外人董×荣签订《店面租赁合同》租赁了××县××镇××路××号、××号店面，用于经营场所。

2017 年 11 月 30 日，范×法与叶×茂签订的《店面及场地租赁合同》租期届满，范×法要求叶×茂腾空租赁房屋，但叶×茂以赔偿事宜未解决为由拒不搬出，仍以其仓库物资等占用租赁的房屋。"拆迁征收指挥部"就涉案房屋的搬迁事宜也对叶×茂进行疏导工作，但叶×茂仍不搬出。

诉讼中，叶×茂于 2018 年 6 月 6 日腾空了涉案租赁的房屋，"拆迁征收指挥部"对涉案房屋张贴封条，并拍照封存。

又查明，范×法被征用收购的房屋、土地系一栋四层楼房（证载 1 层商业用房面积 262.7 平方米，2-4 层办公用房面积为 1900.7 平方米）及土地。叶×茂承租 2 号、4 号、6 号一楼店面证载面积 262.7 平方米（租赁合同记载面积为 262.5 平方米，用途为商业）、楼上二间房屋及卫生间一间和店前场地所有面积。范×法该栋房屋除了出租给叶×茂部分房屋、土地，其他房屋均空置，且无其他承租户。

还查明，"建设投资公司"对范×法、苏×晓所有的位于××县土地的收购征用工作于 2018 年 2 月 13 日完成并已将该房屋、土地权属证书予以注销。

另查明，××县建设投资有限公司系政府征收《××城西国有土地上房屋》的委托征收单位，××县中心城区城西片旧城改造房屋拆迁征用工作组指挥部系政府实施拆迁征收的工作部门。

【诉讼请求】

原告起诉请求：

判令叶×茂立即腾空房屋及场地，并从 2017 年 12 月 1 日起每月赔偿范×法租金损失 7500 元至房屋及场地腾空时止（按《店面及场地租赁合同》约定的标准计算）。

被告反诉请求：

1. 确认《店面及场地租赁合同》已于 2017 年 9 月 30 日解除；
2. 范×法向叶×茂支付××镇××路 2 号、4 号、6 号房屋（土地）收购款项中的经营补偿 180 000 元；

3. 范×法退还叶×茂未租月份（2017 年 10 月－11 月）房租 15 000 元。

【裁判结果】

1. 本诉被告叶×茂于本判决生效后十日内支付原告范×法房屋及场地占有使用费 25 500 元；

2. 反诉被告范×法于本判决生效后十日内返还反诉原告叶×茂停业停产损失费 40 997 元、营业执照补助费 1000 元，合计 41 997 元；

3. 驳回本诉原告范×法的其余诉讼请求；

4. 驳回反诉原告叶×茂的其余诉讼请求。

【裁判理由】

法院认为：双方的主要争议焦点为：一、《店面及场地租赁合同》是否已于 2017 年 9 月 30 日解除；二、案涉租赁房屋实际腾退时间；三、涉案租赁房屋及场地因政府拆迁征收的经营补偿款的归属。

争议焦点一，涉案《店面及场地租赁合同》是否已于 2017 年 9 月 30 日解除。

根据《合同法》第九十三条、第九十四条、第九十六条和《合同法司法解释（二）》第二十四条的规定，合同解除需要具备约定或法定的条件，解除权性质属于形成权。只有享受解除权的人发出的解除通知才能产生合同解除的后果，合同从发出解除通知到达之日起解除，法院判决是在对方对合同是否解除有争议的情况下，对合同是否解除进行确认。本案中，《店面及场地租赁合同》未约定合同解除的条件，在合同履行过程中，叶×茂也未向范×法发出解除通知。涉案房屋、场地的征收时间发生在租赁期内，但范×法与"建设投资公司"已充分考虑到涉案房屋、土地的租赁期限而将拆迁房屋、土地的腾空时间约定在租赁合同期满后，且叶×茂既未能提交证据证明其在租赁期内因涉案租赁物被征收而无法经营的事实，也未能向本院提交证据证明范×法不适当履行合同、存在根本性违约的事实，故涉案租赁合同中不具备约定解除和法定解除的事由成立。

争议焦点二，案涉租赁房屋、场地腾空的实际时间。

范×法依据《2 号房屋收购协议》《4 号、6 号房屋收购协议》《8.13 情况说明》和《11.29 情况说明》，主张涉案房屋、土地的腾空时间在 2017 年 12 月 10 日前即可，叶×茂实际腾空房屋的时间为 2018 年 6 月 6 日。叶×茂依据《2 号房屋收购协议》《4 号、6 号房屋收购协议》中的二份房屋腾空移交单落款时间为 2017 年 10 月 12 日和其与案外人签订的《店面租赁合同》，主张涉案房屋及场地已于 2017 年 10 月 12 日腾空并另租房屋经营。经审查，根据《8.13 情况说明》《11.29 情况说明》显示，涉案征收房屋、土地的腾空时间为 2017 年 12 月 10 日前，叶×茂实际腾空房屋的时间为 2018 年 6 月 6 日，且范×法在 2018 年 4 月 25 日起诉时诉请叶×茂立即腾空房屋及场地的主张也印证了《8.13 情况说明》《11.29 情况说明》的证言内容。为进一步查明涉案房屋及场地的腾空时间，本院依职权进行调查取证，"拆迁征收指挥部"向本院出具《12.28 情况说明》一份，对房屋腾空单和评估单日期问题作出说明："1. 房屋所有人 2017 年 9 月 30 日签订收购协议，考虑到房屋所有人的房屋产权银行抵押，为了尽快注销该房屋产权证，拆迁（收购）工作组人员 2017 年 10 月 12 日开具房屋腾空单，先支付该房屋产权银行抵押贷款，便于后续工作进行，故房屋腾空单开具日期与实际腾空日不一致；2. 签订协议前出具的评估单供拆迁工作组计算补偿金额及被拆迁人核对，待拆迁工作组及被拆迁人计算或核对无误后，即可签订协议，所以正式评估报告出具较晚，故签订协议的日期与正式评估报告日期不一致。"

综上，范×法提出房屋腾空时间为 2018 年 6 月 6 日主张的证据链完整，也符合本案的实际情况，叶×茂虽提交其与案外人签订的《店面租赁合同》及另租房屋经营的证据，但未能证明其已于 2017 年 10 月 12 日腾空涉案房屋及场地的事实，且叶×茂另租房屋经营的事实，并不必然发生其已腾空涉案房屋及场地的事实，故本院确认涉案房屋及场地的腾空时间为 2018 年 6 月 6 日，对叶×茂主张涉案房屋已于 2017 年 10 月 12 日腾空的主张，不予采信；对叶×茂主张范×法应退还未租月份（2017 年 10 月 11 日至 11 月）房租 15 000 元的诉讼请求，于法无据，不予支持。

争议焦点三，涉案租赁房屋及场地拆迁征收经营补偿款的归属。

本案中，涉案《店面及场地租赁合同》因租赁期限届满而终止，且范×法也已提前通知叶×茂涉案租赁物不再出租，叶×茂在租赁期限届满后占用、使用涉案房屋及场地也未支付过相应的租金，故双方之间未形成不定期租赁关系。合同终止后，合同条款也相应地失去其效力，合同的权利义务除结算和清理条款外也相应终止不再履行，原《店面及场地租赁合同》中约定"如遇拆迁范×法应提前 3 个月通知叶×茂，拆迁房屋补偿归范×法所有，经营补偿归叶×茂所有"的条款也失去效力。故叶×茂依据原《店面及场地租赁合同》的约定再主张拆迁房屋的经营补偿归叶×茂所有已无合法根据。

根据《国有土地上房屋征收与补偿条例》第二条、第十七条的规定，拆迁征收的停产停业损失属于征收单位对房屋所有人的补偿项目，在出租人与承租人未有约定的情况下，承租人是否取得停产停业损失未予明确规定。本案中，范×法系房屋所有权人，其将店面房屋及场地对外出租获取长期稳定的租金收入亦属于经营行为，该房屋被征收后范×法将永久丧失出租房屋获取租金收益的权利，该损失属于长期损失。但涉案房屋、场地在被征收过程中范×法借用了叶×茂经营的营业执照向拆迁征收部门进行申报，范×法由此也获取了一定的利益。根据公平原则，本院认定涉案拆迁征收的停产停业损失可在范×法与叶×茂之间进行分配，本院综合考量涉案《店面房屋及场地租赁合同》届满终止且合同终止后也未形成不定期租赁关系的事实、涉案房屋及场地被征收时双方的实际行为和双方当事人的损失情况，酌情认定范×法享有 70% 的停产停业损失费，叶×茂享有 30% 的停产停业损失费。现因拆迁征收的停产停业损失 136 657（叶×茂的反诉诉讼请求中停产停业损失为 135 657 元，属于计算错误）元已全部由范×法领取，其依法应将其中的 40 997 元（136 657 元×30%）向叶×茂返还；对范×法已领取的营业执照补助费 1000 元，范×法同意支付，也一并予以返还。

对范×法主张自 2017 年 12 月 1 日起每月赔偿租金损失 7500 元（按《店面及场地租赁合同》约定的标准计算）至房屋及场地腾空止的诉讼请求。经审查，房屋租赁合同系继续性的合同，当约定的租期届满时，在双方未续签合同的场合下，原租赁合同因租赁期届满而失效，双方的权利义务关系终止，承租人应当返还租赁物。本案中，涉案《店面及场地租赁合同》租赁届满时间为 2017 年 11 月 30 日，而叶×茂实际腾空房屋及场地的时间为 2018 年 6 月 6 日。叶×茂在合同租赁期届满后继续占用使用原租赁房屋、场地已无合法根据，属于侵权行为，其造成范×法相应的租金损失，应予赔偿。根据法律规定，房屋租赁履行期届满，出租人主张承租人支付逾期腾房占有使用费的，人民法院应予支持，故范×法提出参照合同约定的租金每月 7500 元要求叶×茂支付逾期腾房占用使用费的主张，并无不当，予以采纳。但涉案房屋及场地被"建设投资公司"征收并已于 2018 年 2 月 13 日注销了该房产证、土地证权属证书，故范×法自 2018 年 2 月 13 日起已丧失产权权利，其无权再主张丧失产权后的租金损失，本院依法对计算租金损失的期限予以调整为按每月 7500 元计算自 2017 年 12 月 1 日起至 2018 年 2 月 12 日止，即 7500 元×3 个月+（7500 元÷30 天×12 天）= 25 500 元。本案中，对范×法、叶×茂各自主张的与本院认定不一致的其他意见，均不予采纳。

【法条链接】

1. 《中华人民共和国合同法》

第九十一条　有下列情形之一的，合同的权利义务终止：

（一）债务已经按照约定履行；

（二）合同解除；

（三）债务相互抵销；

（四）债务人依法将标的物提存；

（五）债权人免除债务；

（六）债权债务同归于一人；

（七）法律规定或者当事人约定终止的其他情形。

第九十二条　合同的权利义务终止后，当事人应当遵循诚实信用原则，根据交易习惯履行通知、协助、保密等义务。

2. 《最高人民法院关于审理城镇房屋租赁合同纠纷案件具体应用法律若干问题的解释》

第十八条　房屋租赁合同无效、履行期限届满或者解除，出租人请求负有腾房义务的次承租人支付逾期腾房占有使用费的，人民法院应予支持。

3. 《国有土地上房屋征收与补偿条例》

第二条　为了公共利益的需要，征收国有土地上单位、个人的房屋，应当对被征收房屋所有权人（以下称被征收人）给予公平补偿。

第十七条　作出房屋征收决定的市、县级人民政府对被征收人给予的补偿包括：

（一）被征收房屋价值的补偿；

（二）因征收房屋造成的搬迁、临时安置的补偿；

（三）因征收房屋造成的停产停业损失的补偿。

市、县级人民政府应当制定补助和奖励办法，对被征收人给予补助和奖励。

【案例来源】

浙江省德清县人民法院民事判决书（2018）浙 0521 民初 2341 号。

099. 承租人在《解除合同协议书》中对计租标准变更内容约定不明情况下推定为未变更

（××公司与××国投公司房屋租赁合同纠纷）

【裁判要旨】

双方签订的《房屋租赁合同》《交接协议》《解除合同协议书》均系其真实意思表示，不违反法律法规强制性规定，合法有效，当事人应当按照约定履行自己的义务。在《解除合同协议书》对计租标准变更的内容约定不明确，且双方当事人在自行协商及一审法院调解均不能对欠付租金总金额协商一致的情况下，承租人应按照《房屋租赁合同》约定的租金标准向出租人支付欠付租金。

【当事人信息】

上诉人：××公司（原审被告）
被上诉人：××国投公司（原审原告）

【基本案情】

2007 年 10 月 19 日××国投公司（甲方）与××公司（乙方）签订《房屋租赁合同》，约定甲方将位于天津市的涉诉房屋出租给乙方使用，租赁房产建筑面积共计 13 011.44 平方米，租赁期限为 2007 年 10 月 19 日至 2027 年 11 月 19 日止，租金每月 458 226.84 元，合计每年 5 498 722.08 元，租赁期间乙方负责按时支付租赁房产的水电费（含热水）、燃气费、采暖费及××公司自用的其他费用，合同同时对违约责任及解除、变更合同等事宜进行了约定。

2007 年 11 月 13 日××国投公司（甲方）与××公司（乙方）签订《交接

协议》约定，经甲、乙双方共同勘验，房屋状况符合合同约定的交付标准，水、电、供暖、消防、空调、电梯运转正常，无任何拖欠费用。自乙方进驻之日起，上述系统及设施由乙方维修且承担费用，合同同时对装修免租期、试运行减租期及押金等事宜进行了约定。

××公司在涉诉房屋经营的酒店开业后，由于天津市地铁建设需要酒店前道路因施工断行，影响了××公司的经营。经协商，××国投公司减免××公司部分租金，2009 年至 2012 年××公司均按 200 万/年向××国投公司交纳租金。涉诉房屋前断行道路于 2012 年 10 月 1 日恢复通行。

2016 年 8 月 20 日××国投公司（甲方）与××公司（乙方）签订《解除合同协议书》，约定：甲、乙双方依据法律及合同约定，经协商一致，自愿解除 2007 年 10 月 19 日签订的《房屋租赁合同》，经甲、乙双方共同确认，截至本协议签署日前，乙方尚欠甲方水电费 299 万元、采暖费 52 万元及三年零八个月租金（2013 年 1 月至 2016 年 8 月）。乙方承诺尽快归还上述欠款且向甲方提供切实可行的还款计划，具体内容及欠款总金额由甲乙双方另行协商确定。合同同时对房屋交接等事宜进行了约定。

《解除合同协议书》签订后，双方当事人经多次协商至今未能就欠款总数额达成一致。

涉诉房屋 2012 年非住宅房屋租赁市场指导租金为 42 元/月每建筑平方米。

另查，××国投公司原名称为天津市南开区商业国有资产经营投资有限公司，经核准于 2007 年 11 月 20 日变更为××国投公司。根据天津市南开区人民政府国有资产监督管理委员会 2009 年 8 月 12 日津南国资发〔2009〕13 号《关于南开国投向禄泰城投注资的通知》，涉诉房屋由××国投公司作为注资注入天津市禄泰城市建设投资有限公司，资产划转后其管理权、经营权及收益归××国投公司所有。天津市禄泰城市建设投资有限公司经核准于 2009 年 9 月 29 日变更为天津市南开城市建设投资有限公司。涉诉房产现产权人为天津市南开城市建设投资有限公司。

【诉讼请求】

1. 判令××公司向××国投公司支付所欠的水电费 299 万元、采暖费 52 万元及租金 20 161 980.96 元，共计 23 671 980.96 元；

2. 判令××公司给付××国投公司上述费用所产生的利息，自 2016 年 8 月 21 日起暂计算至 2017 年 12 月 20 日，共计 1 372 974.89 元；

3. 案件诉讼费用由××公司承担。

【裁判结果】

一审：被告深圳市××公司向原告××国投公司支付欠付的水电费 299 万元、采暖费 52 万元、租金 20 161 980.96 元，合计 23 671 980.96 元，且向原告××国投公司支付欠付款 23 671 980.96 元的利息（自 2016 年 8 月 21 日起至 2017 年 12 月 20 日止，按中国人民银行发布的同期贷款利率计算）。

二审：驳回上诉，维持原判。

【裁判理由】

一审法院认为：××国投公司、××公司签订的《房屋租赁合同》《交接协议》《解除合同协议书》均系其真实意思表示，不违反法律法规强制性规定，合法有效，当事人应当按照约定履行自己的义务。

××公司对××国投公司所主张的水电费、采暖费及按中国人民银行同期贷款利率支付 2016 年 8 月 21 日起至 2017 年 12 月 20 日期间欠款利息的诉讼请求当庭予以认可，一审法院不予质疑。

对××国投公司所主张的欠付租金问题，双方当事人在《解除合同协议书》中共同确认××公司欠付××国投公司 2013 年 1 月至 2016 年 8 月期间三年零八个月租金，但就具体欠付租金数额及月租金标准双方当事人未能达成一致。对此××公司主张涉诉房屋存在消防系统不完善及双方当事人协商租金按每年 200 万元计算，但××公司不能就其主张提供充足的证据加以证明，故对其主张一审法院不予采信。

当事人对合同变更的内容约定不明确的，推定为未变更。涉诉房屋前断行道路至 2012 年 10 月 1 日已恢复通行，影响××公司经营的因素已消除。同时，《房屋租赁合同》约定的租金标准亦低于涉诉房屋 2012 年非住宅房屋租赁市场指导租金标准，故在《解除合同协议书》对计租标准变更的内容约定不明确，且双方当事人在自行协商及一审法院调解均不能对欠付租金总金额协商一致的情况下，××公司应按照《房屋租赁合同》约定的租金标准向××国投公司支付 2013 年 1 月至 2016 年 8 月期间的欠付租金。

二审法院认为：本案的争议焦点为：涉案租赁物业 2013 年 1 月至 2016 年 8 月期间年租金标准的数额。

××公司主张××国投公司的涉诉租赁物业存在消防系统不完善和严重的消防隐患，因此租金考虑相应减少。但一审并未提交相应的证据证实消防系统存在不完善和隐患的情况，且在双方当事人签订的《解除合同协议书》中并未提及因此原因减少租金。故，原判决未予支持××公司的该项主张是正确的。××国投公司在向一审法院提交的《解除合同协议书》打印件空白处有计算租金方式和数额（以每年 200 万元为基数）的手写文字。××公司以此为由主张应按每年 200 万元计算租金。××国投公司称此为工作底稿，是双方协商过程中对××公司主张的计算方法的记录，以便向上级汇报。本院认为，双方持有的打印版《解除合同协议书》有双方当事人的盖章，××国投公司工作人员在空白处手写部分并无双方当事人的盖章确认，且××公司一审举证其自己持有的《解除合同协议书》并无手写部分内容。故，××公司主张双方协商将 2013 年 1 月至 2016 年 8 月期间每年租金下调至 200 万元，依据不足，不能支持。

【法条链接】

1.《中华人民共和国合同法》

第五条　当事人应当遵循公平原则确定各方的权利和义务。

第六条　当事人行使权利、履行义务应当遵循诚实信用原则。

第六十条　当事人应当按照约定全面履行自己的义务。

当事人应当遵循诚实信用原则，根据合同的性质、目的和交易习惯履行通知、协助、保密等义务。

第七十八条　当事人对合同变更的内容约定不明确的，推定为未变更。

第一百零七条　当事人一方不履行合同义务或者履行合同义务不符合约定的，应当承担继续履行、采取补救措施或者赔偿损失等违约责任。

2.《最高人民法院关于适用〈中华人民共和国民事诉讼法〉的解释》

第九十条　当事人对自己提出的诉讼请求所依据的事实或者反驳对方诉讼请求所依据的事实，应当提供证据加以证明，但法律另有规定的除外。

在作出判决前，当事人未能提供证据或者证据不足以证明其事实主张的，由负有举证证明责任的当事人承担不利的后果。

【案例来源】

天津市高级人民法院民事判决书（2019）津民终 164 号。

100. 出租方按照合同约定交付商铺后承租方未享有
实际控制权导致违约不承担违约责任

（易×明与东莞广裕公司、东莞嘉星公司租赁合同纠纷）

【裁判要旨】

被告东莞广裕公司已实际交付案涉商铺给原告，该商铺的实际控制权理应由原告所享有，但商铺里面仍有被告东莞广裕公司的工作人员在施工，现被告东莞广裕公司主张其是借用原告的商铺摆放材料，但其肯定对原告正常开业、营业造成一定的影响，被告东莞广裕公司不能以原告逾期未正式开业为由没收租赁保证金。

【当事人信息】

原告：易×明
被告：东莞广裕公司
被告：东莞嘉星公司

【基本案情】

2016 年 11 月 20 日，原告与被告东莞广裕公司签订《非住宅房屋租赁合同》，约定：被告东莞广裕公司将坐落于东莞市石龙镇莞龙路北侧慧芝湖花园项目九栋二层 229、230、231 号的房屋（以下简称 229、230、231 号商铺）出租给原告作为商铺使用；租赁期限自 2017 年 5 月 1 日起至 2020 年 4 月 30 日止；租金为每月 12 993.5 元；合同签订后原告应于当日支付被告东莞广裕公司首期租金；原告应向被告东莞广裕公司交纳 25 987 元作为房屋租赁保证金，租赁保证金由被告东莞广裕公司保管，期间不计利息，在租赁期满或合法解除合同时，原告未发生违约责任的，被告东莞广裕公司将保证金本金退回原告或抵偿租金；被告东莞广裕公司须于 2016 年 12 月 15 日前正式交付房屋给原告使用。同日，原告与被告东莞广裕公司、东莞嘉星公司签订《东莞市非住宅房屋租赁合同》之补充协议，约定：原告、被告东莞广裕公司同意委托被告东莞嘉星公司作为229、230、231号商铺的商业管理方，由被告东莞嘉星公司提供整体商业管理服务，并由原告向被告东莞嘉星公司支付经营管理费等费用；原告有6个月的免租期限，从2017年5月1日起计算；经营管理费从229、230、231号商铺交付日起计付，原告须向被告东莞嘉星公司按月支付经营管理费519.74元/月；原告需在签订补充协议时向被告东莞广裕公司指定的物业公司即港联物业（广州）有限公司缴纳水电保证金1500元；原告或原告所聘装修公司进场装修前须向港联物业（广州）有限公司预交装修保证金1500元；若原告违约导致租赁合同解除的，原告缴交的租赁保证金作为违约金支付给被告东莞广裕公司；原告需保证该商铺在2017年5月1日前开业，对外营业；三方有约定结构、建筑、强点等商铺交铺标准。

2017年1月1日，原告又与被告东莞广裕公司签订《非住宅房屋租赁合同》，约定：被告东莞广裕公司将坐落于东莞市石龙镇莞龙路北侧慧芝湖花园项目九栋二层232号的房屋（以下简称232号商铺）出租给原告作为商铺使用；租赁期限自2017年5月1日起至2020年4月30日止；租金为每月2813.5元；合同签订后原告应于当日支付被告东莞广裕公司首期租金；原告应向被告东莞广裕公司交纳5627元作为房屋租赁保证金，租赁保证金由被告东莞广裕公司保管，期间不计利息，在租赁期满或合法解除合同时，原告未发生违约责任的，被告东莞广裕公司将保证金本金退回原告或抵偿租金；被告东莞广裕公司须于2017年3月20日前正式交付房屋给原告使用。同日，原告与被告东莞广裕公司、东莞嘉星公司签订《东莞市非住宅房屋租赁合同》之补充协议，约定：原告、被告东莞广裕公司同意委托被告东莞嘉星公司作为232号商铺的商业管理方，由被告东莞嘉星公司提供整体商业管理服务，并由原告向被告东莞嘉星公司支付经营管理费等费用；原告有6个月的免租期限，从2017年5月1日起计算；经营管理费从232号商铺交付日起计付，原告须向被告东莞嘉星公司按月支付经营管理费112.54元/月；原告需在签订补充协议时向被告东莞广裕公司指定的物业公司即港联物业（广州）有限公司缴纳水电保证金500元；原告或原告所聘装修公司进场装修前须向港联物业（广州）有限公司预交装修保证金1500元；若原告违约导致租赁合同解除的，原告缴交的租赁保证金作为违约金支付给被告东莞广裕公司；原告需保证该商铺在 2017 年 5 月 1 日前开业，对外营业；三方有约定结构、建筑、强点等商铺交铺标准。

上述合同签订后，原告如约向被告东莞广裕公司支付 229、230、231、232 号商铺合同保证金 25 987 元，232 号商铺合同保证金 5 627 元，229、230、231 号商铺首月租金 12 993.5 元，232 号商铺首月租金 2813.5 元；向被告东莞嘉星公司签订支付 229、230、231 号商铺首月管理费 519.74 元、232 号商铺首月管理费 112.54 元；向案外人港联物业（广州）有限公司支付 229、230、231 号商铺水电保证金 1500 元，232 号商铺水电保证金 500 元，229、230、231 号商铺装修押金 1500 元；以上共计 51 553.28 元。

另查，案涉慧芝湖花园 9 号商业、住宅楼于 2016 年 10 月 13 日经东莞市住房和城乡建设局竣工验收备案，备案证书号为建备证字第 44190020160130005 号。

【诉讼请求】

1. 两被告返还原告 51 553.28 元及利息（利息以同期中国人民银行贷款利率计算从起诉之日计至付清为止）；

2. 确认解除案涉全部商铺的东莞市非住宅房屋租赁合同及补充协议。

【裁判结果】

1. 确认原告易×明与被告东莞广裕公司、东莞嘉星公司签订的 229、230、231、232 号商铺的《东莞市非住宅房屋租赁合同》以及 229、230、231 的《东莞市非住宅房屋租赁合同》之补充协议、232 号商铺的《东莞市非住宅房屋租赁合同》之补充协议（二）于 2017 年 9 月 12 日解除；

2. 限被告东莞广裕公司于本判决发生法律效力之日起七日内退还原告易×明 229、230、231 号商铺的租赁保证金 25 987 元，232 号商铺的租赁保证金 5627 元，上述共计 31 614 元；

3. 限被告东莞广裕公司于本判决发生法律效力之日起七日内退还原告易×明 229、230、231 号商铺首月租金 12 993.5 元，232 号商铺首月租金 2 813.5 元，229、230、231 号商铺水电保证金 1 500 元，232 号商铺水电保证金 500 元，229、230、231 号商铺装修押金 1 500 元，上述款项共计 19 307 元；

4. 被告东莞嘉星公司无需退还原告易×明 229、230、231 号商铺的首月管理费 519.74 元，232 号商铺的首月管理费 112.54 元；

5. 驳回原告易×明的其他诉讼请求。

【裁判理由】

法院认为：本案是租赁合同纠纷，原、被告之间的租赁合同合法有效，双方应依据合同约定履行各自的权利义务。

关于第一个争议焦点。根据原、被告签订的租赁合同以及补充协议，被告东莞广裕公司须于 2016 年 12 月 15 日前、2017 年 3 月 20 日前交付 229、230、231 号商铺以及 232 号商铺给原告使用，而被告已于 2016 年 12 月 3 日、2017 年 1 月 20 日依约向原告交付 229、230、231 号商铺以及 232 号商铺。原告在补充协议（二）上签名确认被告东莞广裕公司已交付 229、230、231、232 号商铺。原告主张当时原告法律意识淡薄，签署补充协议（二）的时候该协议只有打印的字体，并没有书写的内容，是被告东莞广裕公司要求原告签收，否则不允许原告装修，故原告才会签名。本院认为，原告作为完全民事行为能力人，理应非常清楚并预见到其在租赁合同、补充协议上签名可能产生的法律后果，而被告东莞广裕公司作为一家房地产开发公司，其与旗下的商铺签订合同、补充协议时，需要针对不同商铺的情况而书写合同部分内容，符合常理。

根据被告东莞广裕公司提交的商铺交接书、星际汇商铺查验记录表，原告已对 229、230、231 号商铺进行了验收、交接，商铺交接书上原、被告确认 229、230、231 号商铺已符合三方约定的交付、验收条件，建筑物及其附属设施设备、装饰装修物以及公共部分均符合三方签署的租赁合同及其附件《商铺交付标准》的要求，原告主张 229、230、231 号商铺并不符合交铺标准，但仅提交了部分商铺现场的照片、视频予以证明，并不能证明其主张，应承担举证不能的责任。

关于第二个争议焦点。庭审中原、被告均同意解除案涉 229、230、231、232 号商铺的《东莞市非住宅房屋租赁合同》以及补充协议，本院予以确认。被告东莞广裕公司如约向原告交付案涉全部商铺，已履行合同的义务。原告向被告东莞广裕公司发出解除通知函属于单方解除合同，不属于《中华人民共和国合同法》第九十四条中约定的合同解除条件。根据《中华人民共和国合同法》第九十三条第一款的规定："当事人协商一致，可以解除合同。"原、被告均在庭审中同意解除案涉合同及补充协议。

关于第三个争议焦点。原告主张案涉商铺现场仍处于施工封闭状态，楼梯处于未建设状态，且楼梯上都是石块、杂物，也未设置栏杆，商铺门口也摆放着大量的建筑材料，被告的工程尚未完工，其建筑工人仍在建造排风管道，案涉商铺均还在被告的控制之下。被告东莞广裕公司、东莞嘉星公司则主张，原告称的栅栏、装修材料是商场的电影院在自行装修之中，旁边的公交站有一条路是给商铺放装修材料所用的，并不是被告东莞广裕公司的工作人员在装修，外面的楼梯、围栏只是商场的整体改造，并不影响商铺的内部交付、验收条件；因案涉商铺门口旁边有一个厕所，被告东莞广裕公司需要对该厕所进行升级改造，而借用原告的商铺摆放材料。本院认为，被告东莞广裕公司已实际交付案涉商铺给原告，该商铺的实际控制权理应由原告所享有，但商铺里面仍有被告东莞广裕公司的工作人员在施工，现被告东莞广裕公司主张其是借用原告的商铺摆放材料，但其肯定对原告正常开业、营业造成一定的影响，被告东莞广裕公司不能以原告逾期未正式开业为由没收租赁保证金。

【法条链接】

《中华人民共和国合同法》

第八条 依法成立的合同，对当事人具有法律约束力。当事人应当按照约定履行自己的义务，不得擅自变更或者解除合同。

依法成立的合同，受法律保护。

第六十条 当事人应当按照约定全面履行自己的义务。

当事人应当遵循诚实信用原则，根据合同的性质、目的和交易习惯履行通知、协助、保密等义务。

第九十三条 当事人协商一致，可以解除合同。

当事人可以约定一方解除合同的条件。解除合同的条件成就时，解除权人可以解除合同。

第九十四条 有下列情形之一的，当事人可以解除合同：

（一）因不可抗力致使不能实现合同目的；

（二）在履行期限届满之前，当事人一方明确表示或者以自己的行为表明不履行主要债务；

（三）当事人一方迟延履行主要债务，经催告后在合理期限内仍未履行；

（四）当事人一方迟延履行债务或者有其他违约行为致使不能实现合同目的；

（五）法律规定的其他情形。

第一百零七条　当事人一方不履行合同义务或者履行合同义务不符合约定的，应当承担继续履行、采取补救措施或者赔偿损失等违约责任。

第一百一十四条　当事人可以约定一方违约时应当根据违约情况向对方支付一定数额的违约金，也可以约定因违约产生的损失赔偿额的计算方法。

约定的违约金低于造成的损失的，当事人可以请求人民法院或者仲裁机构予以增加；约定的违约金过分高于造成的损失的，当事人可以请求人民法院或者仲裁机构予以适当减少。

当事人就迟延履行约定违约金的，违约方支付违约金后，还应当履行债务。

【案例来源】

东莞市第一人民法院民事判决书（2017）粤 1971 民初 18918 号。

101. 出租人签订征收补偿协议不影响承租
人使用承租房屋及履行合同义务

（王×与被告蔡×祥房屋租赁合同纠纷）

【裁判要旨】

房屋租赁合同，系双方自愿，内容合法，应认定有效。房屋租赁合同未到期，双方均应按约履行。虽然出租人已签订了房屋征收补偿协议书，补偿协议书约定出租人须在公布的搬迁期限内腾空，但从签订协议书至今，未向出租人公布搬迁腾空期限。因此，出租人签订征收补偿协议书不影响承租人使用承租房屋，即使同村有其他地方在搬迁，其影响程度不足以导致承租人经营困难。因此，承租人应当在公布搬迁腾空期限之时提出解除合同。

【当事人信息】

再审申请人：王×（一审原告、反诉被告；二审上诉人）
被申请人：蔡×祥（一审被告、反诉原告；二审被上诉人）

【基本案情】

从 2008 年 7 月 13 日起，原告王×共四次连续向被告蔡×祥承租被告所有的坐落于××××的房屋，原告装修后用于开办口腔诊所。最后一次协议订立于 2017 年 6 月 29 日，双方约定租赁期限为三年，从 2017 年 7 月 13 日起至 2020 年 7 月 12 日，租金每年 33 800 元，在每年的 7 月 23 日前交，若租期内，有一方有特殊情况需解除协议的，必须提前一个月通知对方，违约方需赔偿对方 1 万元，被告允许原告整改房屋结构及重新装修房屋，但原告需确保在租期结束后，被告可将地面恢复现状，等等。

2018 年 11 月间，被告与××市人民政府××街道办事处（以下简称办事处）签订房屋征收补偿协议书一份，约定，被告同意将房屋及附属物全部交办事处拆除。被告须在办事处公布的搬迁期限内腾空并不得擅自将经评估机构评估的屋内外结构及内装饰拆除或转移，等等。现办事处已委托有关部门对包括原告承租的底层在内的被告所有的房屋装修价值做出评估。

另查明，办事处至今没有向被告下达房屋搬迁腾空通知书。

【诉讼请求】

原告起诉请求：

1. 解除与被告签订的房屋租赁协议书，退还四个月租金 11 267 元；
2. 被告给付原告违约赔偿款 1 万元；
3. 被告补偿原告装修、附属物损失 3.1 万元；
4. 被告补偿原告搬迁费损失 2 万元；
5. 被告补偿原告停产、停业损失 10 万元；
6. 被告承担本案诉讼、评估等全部费用。

被告反诉请求：

1. 判令反诉被告给反诉原告违约金 1 万元；
2. 本案诉讼费由反诉被告承担。

【裁判结果】

一审：

1. 驳回原告王×的诉讼请求。

2. 驳回被告蔡×祥的反诉的诉讼请求。

二审：驳回上诉，维持原判。

再审：驳回王×的再审申请。

【裁判理由】

一审法院认为：原告王×与被告蔡×祥于 2017 年 6 月 29 日签订的房屋租赁合同，系双方自愿，内容合法，应认定有效。双方均应按约履行，合同履行期为 2017 年 7 月 13 日至 2020 年 7 月 12 日，现未到期。虽然被告已与办事处签订了房屋征收补偿协议书，补偿协议书约定被告须在办事处公布的搬迁期限内腾空，但从签订协议书至今，办事处还未向被告公布搬迁腾空期限。因此，被告签订征收补偿协议书不影响原告使用承租房屋，即使同村有其他地方在搬迁，其影响程度不足以导致原告经营困难。况且，补偿协议书既然写明由办事处公布搬迁期限，表明办事处在公布时不会要求马上腾空，通常会给予一个合理的期限，可以让原告经营的口腔诊所得以顺利搬迁。因此，原告应当在办事处公布搬迁腾空期限之时提出解除合同。被告如果收到办事处的腾空通知，有责任及时通知原告，并对原告的装修残值等进行妥善处理。原告在庭审中称口腔诊所重新审批要四五个月时间，不能等到公布搬迁期限时搬迁。对于重新审批的时间，原告没有证据证实，如果确需这么长时间，即使提前解除合同，仍然需要这么长的审批时间。综上，原告提供的证据不足以证明本案存在合同法第九十三条规定的单方可以解除合同的情形，应承担不利后果。故现原告要求解除合同，本院不予支持。因此，基于合同解除的损失的诉讼请求，本院也不予支持。被告提出反诉请求的理由在于原告违约解除了合同，现合同不能解除，故对于被告的反诉请求，本院也不予支持。

二审法院认为：涉案房屋租赁合同，系双方自愿，合法有效，双方均应按约履行。虽然被上诉人已与办事处签订了房屋征收补偿协议书，但是办事处至今未向被上诉人通知搬迁腾空，上诉人也实际在使用房屋，故上诉人主张的经营困难，与实际情况不符，租赁合同解除的条件实际尚未成就。上诉人的上诉请求不能成立，一审判决认定事实清楚，适用法律正确。

再审法院认为：虽然蔡×祥就包括案涉房屋在内的房屋与××街道办事处签订了房屋征收补偿协议书，约定蔡×祥须在××街道办事处公布的搬迁期限内腾空房屋，但签订该协议书时尚未明确搬迁期限，截至二审作出判决时，××街道办事处未通知蔡×祥搬迁腾空，而王×也实际在使用房屋，因此原审认定租赁合同解除的条件实际尚未成就，并无不当。现王×申请再审所称《××市全域改造实验区房屋腾空通知》的下发以及"腾空验收封条"的张贴等事实均发生于二审判决作出后，对此，本院认为，王×如认为二审判决作出后新发生的事实导致租赁合同解除条件成就的，其可以另行主张。

【法条链接】

《中华人民共和国合同法》

第六十条　当事人应当按照约定全面履行自己的义务。

当事人应当遵循诚实信用原则，根据合同的性质、目的和交易习惯履行通知、协助、保密等义务。

第九十三条　当事人协商一致，可以解除合同。

当事人可以约定一方解除合同的条件。解除合同的条件成就时，解除权人可以解除合同。

【案例来源】

浙江省高级人民法院民事裁定书（2020）浙民申 118 号。

102. 承租人未取得转租权而转租的，未经出租人明确追认，次承租人可以要求解除合同

（崔××与侯×房屋租赁合同纠纷）

【裁判要旨】

承租人未经出租人同意，将租赁房屋整体或部分转租给他人的，承租人与次承租人签订的租赁合同有效。承租人未经出租人同意擅自转租的，出租人可要求解除租赁合同。一方迟延履行债务或者有其他违约行为致使不能实现合同目的，当事人可以解除合同，合同自通知到达对方时解除。合同解除后，尚未履行的，终止履行；已经履行的，根据履行情况和合同性质，当事人可以要求恢复原状、采取其他补救措施，并有权要求赔偿损失。

本案中承租人与案外人出租人的租赁合同中明确约定不得转租，因此转

租合同处于随时可能无法实现的不安状态，而后承租人转租的行为又未得到出租人的明确追认，因此本案次承租人以此向承租人提出解除合同，于法有据。次承租人明知承租人没有转租权依然承租的，对于该租赁合同亦有一定的过错，需要承担相应的损失。

【当事人信息】

上诉人：崔××（原审被告、反诉原告）

被上诉人：侯×（原审原告、反诉被告）

【基本案情】

崔××（甲方、转让方）与侯×（乙方、承接方）于 2018 年 4 月 6 日签订《××××美甲美睫专业店转让合同》，约定甲方将其合法承租的"××××美甲美睫专业店"转让与乙方经营，地址日坛国际广场×号楼地上一层×号（以下简称×号商铺），建筑面积 41.9 平方米。甲方于 2018 年 3 月 1 日租赁目标店铺，于 2019 年 2 月 28 日到期。期间目标店铺月租金为 5750 元，押金 5000 元，转让前甲方已支付租金至 2018 年 5 月 31 日，目标店铺无水费，电费按 1.3 元/度支付物业，无欠款。目标店铺转让乙方后，目标店铺的使用权及原租赁合同所属权及合同文本完全归乙方所有与甲方无关，原租赁合同中所约定的租金及相关约定责任由乙方承担，目标店铺租赁到期或终止时押金由乙方收取，甲方不再负有支付义务及收取押金权利。目标店铺转让费：金额共计 67 000 元。乙方于 2018 年 4 月 5 日向甲方一次性支付，甲方确定已收到 67 000 元。双方在转让合同中附《转让设置、设备交接清单》，列明清单明细。并约定《××××美甲美睫专业店转让合同》项下的转让费包含店铺转让费 50 500 元、2018 年 4 月 6 日至 2018 年 5 月 31 日期间租金 11 500 元、押金 5000 元。侯×于 2018 年 4 月 7 日预交×号商铺电费 990 元。

另，崔××（乙方）与案外人刘×（甲方）于 2018 年 1 月 15 日签订《租赁合同》，约定由乙方承租位于日坛国际广场×号楼地上一层×号商铺，建筑面积 41.9 平方米，乙方承租该商铺仅作经营之用，租赁期间未经甲方书面同意，乙方不得改变该商铺用途。租赁期自 2018 年 3 月 1 日至 2019 年 2 月 28 日。租赁期满或合同解除后，甲方有权收回房屋。乙方不得擅自更改经营项目及经营时间，不得将该商铺等全部或部分转租、转借他人。否则甲方有权终止本合同，并由乙方赔偿相应损失。

侯×于2018年4月19日以崔××没有取得×号商铺转租权为由口头向崔××提出解除双方签订的《××××美甲美睫专业店转让合同》。崔××主张因其不存在违约行为，所以未同意侯×于2018年4月19日提出的解除合同的要求，但侯×未依约于2018年6月1日支付租金，故其认为双方签订的《××××美甲美睫专业店转让合同》应于2018年6月1日解除。

【诉讼请求】

原告起诉请求：

1. 确认侯×与崔××于2018年4月6日签订的《××××美甲美睫专业店转让合同》于2018年4月19日解除；

2. 判令崔××返还侯×已支付的目标店铺转让费67 000元；

3. 判令崔××赔偿侯×预存的目标店铺购电费990元。

被告反诉诉请：

判令侯×赔偿崔××损失76700元（包括提前解除原《租赁合同》的违约金20 700元、会员卡退费28 000元、原《租赁合同》项下押金5000元、2018年6月1日至2018年10月1日的租金23 000元）。

【裁判结果】

一审：1. 确认侯×与崔××于二〇一八年四月六日签订的《××××美甲美睫专业店转让合同》于二〇一八年四月十九日解除；

2. 崔××于判决生效之日起七日内返还侯×转让费五万五千五百五十元；

3. 崔××于判决生效之日起七日内支付侯×电费九百九十元；

4. 驳回侯×的其他诉讼请求；

5. 驳回崔××的反诉请求。如果未按判决指定的期间履行给付金钱义务，应当依照《中华人民共和国民事诉讼法》第二百五十三条之规定，加倍支付延迟履行期间的债务利息。

二审：1. 维持北京市朝阳区人民法院（2018）京0105民初80151号民事判决第一、三项；

2. 撤销北京市朝阳区人民法院（2018）京0105民初80151号民事判决第二、四、五项；

3. 崔××于本判决生效之日起七日内返还侯×转让费三百八千八百五十元;

4. 驳回侯×的其他诉讼请求;

5. 驳回崔××的其他上诉请求。

【裁判理由】

一审法院认为:承租人未经出租人同意,将租赁房屋整体或部分转租给他人的,承租人与次承租人签订的租赁合同有效。承租人未经出租人同意擅自转租的,出租人可要求解除租赁合同。一方迟延履行债务或者有其他违约行为致使不能实现合同目的,当事人可以解除合同,合同自通知到达对方时解除。侯×与崔××签订的《××××美甲美睫专业店转让合同》系双方当事人真实意思表示,内容不违反法律、行政法规的强制性规定,应属合法有效。双方当事人均应依约履行各自合同义务。崔××与刘×签订的《租赁合同》中明确约定承租人不得就承租商铺进行转租,崔××未取得×号商铺的转租权,从而导致侯×签订《××××美甲美睫专业店转让合同》的合同目的处于随时可能无法实现的不安状态,侯×作为次承租人以此为由向崔××提出解除合同,于法有据,法院予以确认。关于合同解除时间,崔××认可侯×于2018年4月19日向其提出了解除合同的要求,故侯×的解除通知于2018年4月19日向崔××送达,法院确认双方签订的《××××美甲美睫专业店转让合同》解除时间为2018年4月19日。

合同解除后,尚未履行的,终止履行;已经履行的,根据履行情况和合同性质,当事人可以要求恢复原状、采取其他补救措施,并有权要求赔偿损失。本案中,合同解除后,崔××应向侯×返还《××××美甲美睫专业店转让合同》项下的转让费以及侯×预付的电费。2018年4月6日至2018年5月31日期间,因侯×未向崔××交付×号商铺,故此期间的租金及占用费,侯×应当支付,该部分金额法院于侯×主张的转让费中予以抵扣。另,侯×应向崔××返还合同项下的设置、设备,现双方均认可相关设置、设备均留置在×号商铺内,故法院视为侯×已经履行了向崔××返还《××××美甲美睫专业店转让合同》项下设置、设备的义务。

崔××关于违约金、会员卡退费、押金及租金的诉请,缺乏事实和法律依据,法院不予支持。

二审法院认为：承租人未经出租人同意，将租赁房屋整体或部分转租给他人的，承租人与次承租人签订的租赁合同有效。承租人未经出租人同意擅自转租的，出租人可要求解除租赁合同。一方迟延履行债务或者有其他违约行为致使不能实现合同目的，当事人可以解除合同，合同自通知到达对方时解除。

本案中，侯×与崔××签订的《××××美甲美睫专业店转让合同》系双方当事人真实意思表示，内容不违反法律、行政法规的强制性规定，应属合法有效。双方当事人均应依约履行各自合同义务。崔××与刘×签订的《租赁合同》中明确约定承租人不得就承租商铺进行转租，崔××未取得×号商铺的转租权，从而导致侯×签订《××××美甲美睫专业店转让合同》的合同目的处于随时可能无法实现的不安状态，且截止到一审辩论终结，亦未得到刘×明确追认，因此，侯×作为次承租人以此为由向崔××提出解除合同，于法有据，一审法院确认解除双方合同，于法有据，本院予以维持。崔××所提合同解除是由于侯×的拒绝履行所致，因此，应承担相应赔偿责任的上诉主张，缺乏事实和法律依据，本院不予支持。

关于合同解除时间，一审中，崔××认可侯×于2018年4月19日向其提出了解除合同的要求，故侯×的解除通知于2018年4月19日向崔××送达，本院亦确认双方签订的《××××美甲美睫专业店转让合同》解除时间为2018年4月19日。签订合同后，崔××始终未取得转租权，涉案转租合同亦未取得出租方的追认，因此，崔××所提本案中并未出现和发生出租人阻却诉争合同的履行、不存在导致合同目的无法实现的情形等上诉理由，缺乏法律依据，本院不予采信。

合同解除后，尚未履行的，终止履行；已经履行的，根据履行情况和合同性质，当事人可以要求恢复原状、采取其他补救措施，并有权要求赔偿损失。本案中，双方交接清单中包括刘×与崔××之间的租赁协议，据此，应认定侯×在明知崔××对涉案房屋不具有转租权的情形下，与之签订涉案合同，因此，对于合同的解除，侯×一方亦存在一定的过错。现本院结合签订合同时侯×明知崔××对涉案房屋不具有转租权，合同履行中崔××积极协调转租权事宜等情形，酌情确定崔××返还转让费的数额，一审法院相关处理不当，本院予以纠正。侯×所提签订合同当时不知晓崔××不享有转租权的主张，缺乏依据，本院不予采信。

一审法院关于 2018 年 4 月 6 日至 2018 年 5 月 31 日期间的租金及占用费、合同项下有关设置、设备等认定，符合法律规定，本院亦维持。崔××关于违约金、会员卡退费、押金及租金的诉请，缺乏事实和法律依据，一审法院不予支持，并无不当。

【法条链接】

《中华人民共和国合同法》

第九十六条 当事人一方依照本法第九十三条第二款、第九十四条的规定主张解除合同的，应当通知对方。合同自通知到达对方时解除。对方有异议的，可以请求人民法院或者仲裁机构确认解除合同的效力。

法律、行政法规规定解除合同应当办理批准、登记等手续的，依照其规定。

第九十七条 合同解除后，尚未履行的，终止履行；已经履行的，根据履行情况和合同性质，当事人可以要求恢复原状、采取其他补救措施，并有权要求赔偿损失。

第二百二十四条 承租人经出租人同意，可以将租赁物转租给第三人。承租人转租的，承租人与出租人之间的租赁合同继续有效，第三人对租赁物造成损失的，承租人应当赔偿损失。

承租人未经出租人同意转租的，出租人可以解除合同。

【案例来源】

北京市第三中级人民法院民事判决书（2019）京 03 民终 2171 号。

103. 次承租人与出租人之间关于租金的减免约定，不影响承租人收取其应当收取的部分

（刘××与王×房屋租赁合同纠纷）

【裁判要旨】

本案涉及的《腾退房屋协议》，虽然协议上记载的承租人系王×，且有他人在承租方代表签字处签字，但该签字人是次承租人的合作人之一，在没有

充分证据证明承租人授权其签字的情况下，已有的证据不足以认定其签字能代表承租人，故该协议不能约束承租人。次承租人交纳的租金一部分交给出租方，一部分交给承租人，而该协议约定的免除租金，仅仅是出租人免除了次承租人需要交给其的部分租金，次承租人需要交给承租人的租金并未免除，依然需要交纳。

【当事人信息】

上诉人：刘××（原审被告）
被上诉人：王×（原审原告）

【基本案情】

王×承租位于北京市丰台区××宾馆北侧一层、二层及附属建筑物后，又将上述房屋转租给刘××。2011 年 5 月 30 日，刘××又以刘×1（承租方、乙方）的名义与王×（出租方、甲方）签订《房屋租赁合同补充条款》，双方在该补充条款中约定：北京××宾馆北侧一、二层附属建筑物出租给乙方作为俱乐部使用，租赁期自 2011 年 6 月 1 日至 2016 年 6 月 1 日。庭审中双方均认可年承包费为 900 000 元，刘××每月应当给××宾馆 43 500 元，实际上刘××每年应当给付王×的租金应当是 900 000−43 500（每月）×12（个月）= 378 000 元。2016 年 6 月 28 日魏××代表刘××与××宾馆签订《腾退房屋协议》，现刘×1 已经将案涉房屋交回××宾馆。

一审庭审中，刘××出示了一份××宾馆出具的说明，其认为根据××宾馆的说明，三方已经达成协议，免除了刘××2015 年 11 月 1 日至 2016 年 6 月 30 日的房租。王×认为所谓免除仅是指免除了刘××应当交给××宾馆的那部分租金，其应交给王×的租金并没有免除。现刘××在法院指定的期限内未提交证据证明其已经交纳了全部租金。根据王×提供的租金明细，其在起诉时认可已收到的租金金额为 249 000+401 000+250 000+279 500+278 500 = 1 458 000 元，通过比对银行流水，王×还认可除上述金额外，刘××还支付过 50 000 元。综上，王×认可已经收到的房租金额为 1 508 000 元。2017 年 1 月 4 日，法院正式受理了王×诉刘××房屋租赁合同纠纷一案，因王×未按规定时限交纳诉讼费，该案按王×自动撤回起诉处理。2018 年 11 月 2 日法院再次立案受理了王×与刘××房屋租赁合同纠纷一案。

【诉讼请求】

1. 向王×支付拖欠的房屋租金 443 000 元及利息；
2. 承担王×为本案支付的合理费用。

【裁判结果】

一审：1. 刘××于判决生效之日起十日内给付王×剩余租金 382 000 元；

2. 驳回王×其他诉讼请求。如果未按判决指定的期间履行给付金钱义务，应当按照《中华人民共和国民事诉讼法》第二百五十三条之规定，加倍支付延迟履行期间的债务利息。

二审：驳回上诉，维持原判。

【裁判理由】

一审法院认为：依法订立的合同对当事人均有约束力，王×与刘××之间签订的《房屋租赁合同补充条款》系双方真实的意思表示，其内容不违反相关法律规定，应属有效。根据当事人认可的事实计算，扣除刘××每月应当支付给××宾馆的 43 500 元，刘××每年应当支付给王×的租金金额实际为 378 000 元。刘××主张其曾与××宾馆及王×达成三方协议，免除了其在 2015 年 11 月 1 日至 2016 年 6 月 30 日期间的房租。因刘××提供的证明并无王×的签字，故对其相关答辩意见法院不予采信。刘××辩称其已经交纳了全部租金，但其提供的相关银行流水仅能证明刘××交纳了部分租金，故对刘××称已交纳全部租金的答辩意见法院不予采信。根据当事人的陈述及现有证据，法院认定刘××尚未支付的租金金额为 378 000（每年应付租金）×5（总租赁期限 5 年）−1 508 000（刘××实付租金）= 382 000 元。王×曾在诉讼时效范围内就本纠纷提起民事诉讼，故诉讼时效发生中断，其并未怠于行使权利，故对刘××所述王×起诉已超诉讼时效的答辩意见法院不予采信。王×诉讼请求中超过法院确认的租金部分及利息的请求证据不足，对相关诉讼请求法院不予支持。

二审法院认为：王×与刘××约定租期从 2011 年 6 月 1 日至 2016 年 6 月 1 日，虽然《腾退房屋协议》记载王×与××宾馆的租赁期间至 2016 年 4 月 30 日届满，但此系王×与××宾馆之间的法律关系，在刘××实际使用涉案房屋至 2016 年 6 月底的情况下，王×向刘××主张 2016 年 6 月 1 日之前的房屋租金，具有合同及法律依据，刘××上诉关于王×无权收取2016年5月房屋租金的意见，依据不足，本院不予采纳。关于刘××上诉主张××宾馆已作出免收2015年11月1日至2016年6月30日期间房租一节，从刘××给付房租的实际情况看，部分房租由其直接向××宾馆支付，部分房租由其支付给王×，××宾馆免除刘××租金的意思表示对于王×没有法律约束力，据此不足以认定王×同意免除刘××应向其支付的相应房租。此外，根据刘××提交的录音等证据，亦不足以证明王×同意免除刘××租金，故刘××根据××宾馆免除租金等情节不同意给付王×租金，依据不足，本院不予采纳。

关于诉讼时效，双方约定分期支付租金，现刘××未按期支付租金，诉讼时效期间应从最后一期租金约定支付期间届满之日起计算，且根据《最高人民法院关于审理民事案件适用诉讼时效制度若干问题的规定》第十一条的规定，权利人对同一债权中的部分债权主张权利，诉讼时效中断的效力及于剩余债权，但权利人明确表示放弃剩余债权的情形除外。根据查明的事实，2017年1月4日王×起诉刘××支付拖欠租金，并在此后2017年5月刘××与之的通话中要求刘××把房租交了，主张了权利，故本案所涉租金的诉讼时效发生中断，且截至本案起诉，并未超出诉讼时效期间，刘××就此提出的上诉意见，不能成立，本院不予采纳。

【法条链接】

《中华人民共和国合同法》

第四十八条　行为人没有代理权、超越代理权或者代理权终止后以被代理人名义订立的合同，未经被代理人追认，对被代理人不发生效力，由行为人承担责任。

相对人可以催告被代理人在一个月内予以追认。被代理人未作表示的，视为拒绝追认。合同被追认之前，善意相对人有撤销的权利。撤销应当以通知的方式作出。

【案例来源】

北京市第二中级人民法院民事判决书（2019）京02民终2375号。

104. 租赁协议明确约定可以转租的，转租时不需要出具授权委托书，除非证明必要性，否则承租人不得以此为抗辩理由

（张×与彭×房屋租赁合同纠纷）

【裁判要旨】

租赁协议中已明确约定了承租人有转租的权利，那么在承租人转租的时候，出租人是否出具授权委托书，并不影响转租行为。在租赁协议中，双方未将《授权委托书》模版作为附件的，出租人可以拒绝签订承租人提供的授权书样本。同时，在承租人转租时，承租人除非证明该转租需要出租人出具授权书的必要性，否则不得以此为由主张未交纳租金的抗辩事由。

【当事人信息】

再审申请人：彭×（一审原告、二审被上诉人）

被申请人：张×（一审被告、二审上诉人）

【基本案情】

2017 年 9 月 29 日，张×作为出租方（甲方）与彭×作为承租方（乙方）签署《租赁资产管理合同》，约定：房屋坐落于北京市朝阳区××1102，承租区域建筑面积 222.18 平方米；房屋权属情况，甲方持有房屋所有权证书；租赁用途办公，甲方应当协助乙方办理营业执照；甲方承诺在租赁合同期限内给予乙方 3 个月的免租期，自 2017 年 4 月 5 日至 2017 年 7 月 4 日，免租期内乙方不支付租金……；本合同房屋租赁期限为四年，自 2017 年 7 月 6 日至 2021 年 7 月 4 日；乙方按照下列标准向甲方支付租金，2017 年 7 月 5 日至 2019 年 7 月 4 日，租金为 52 712 元/月，2019 年 7 月 5 日至 2021 年 7 月 4 日，租金为每月 54 293 元/月；租金支付方式为第一年租金支付方式押二付六；第二年开始租金支付方式押二付三，房屋押金 105 420 元，支付时间为 2017 年 4 月 2 日；押金是乙方向甲方交付的合法履约的保证金，租赁期满后 5 日内甲方退还乙方……在承租期内……乙方有下列情形之一的甲方有权单方解除合同：1、无故延迟支付租金的达 10 日的……；乙方有上述违约情形之一的，应按 2 个月租金为标准向甲方支付违约金，甲方应退还乙方剩余押金及未使

用租期租金；本合同生效后，各方对合同内容的变更或补充应采取书面形式，作为本合同的附件。甲方应签署附件《不动产授权委托书》，该委托书与本合同具有同等的法律效力。

彭×以张×未能按照合同约定签署《不动产授权委托书》为由，自 2018 年 1 月 4 日起未交纳房租，张×于 2018 年 1 月 12 日向彭×以微信的方式发出了解除通知，并已经收回了房屋。

【诉讼请求】

1. 张×返还房屋租赁押金 105 424 元；
2. 张×支付违约金 105 424 元；
3. 张×赔偿 2017 年 11 月 24 日至 2017 年 12 月 26 日期间的房屋空置损失 57 189 元。

【裁判结果】

一审：1. 张×于判决生效之日起十日内返还彭×押金十万零五千四百二十四元；
2. 驳回彭×的其他诉讼请求。
二审：1. 撤销北京市朝阳区人民法院（2018）京 0105 民初 88806 号民事判决；
2. 驳回彭×的全部诉讼请求。
再审：裁定驳回彭×的再审申请。

【裁判理由】

一审法院认为：彭×与张×之间签署的《租赁资产管理合同》系双方真实意思的表示，且不违反国家法律、行政法规的强制性规定，故上述协议合法有效，双方当事人均应按照协议履行各自义务。

上述合同在履行过程中，双方在《不动产授权委托书》的书写问题上产生了争议。法院认为，由于双方在合同中并未将不动产授权委托书的空白样式作为附件附在合同之后，在对于委托书内容的协商过程中，亦没有达成一致意见，致使双方的《租赁资产管理合同》没有能够继续履行下去。此情况属于双方约定不明的情形，不能认定出租方或者承租方构成违约。由于委托书的争议，导致彭×没有继续按期交纳房租，张×据此发出了解除通知并收回了房屋，双方的租赁合同事实上已经终止。法院认为，彭×不存在违约的故意，张×应退还其租赁押金。张×亦不构成违约，因此彭×无权向其主张违约金。针对彭×主张的房屋空置损失，没有相应的证据佐证，法院不予支持。

二审法院认为：彭×、张×签署的《租赁资产管理合同》系双方真实意思表示，不违反法律、行政法规的强制性规定，应属合法有效，双方均应依合同约定履行各自义务。

本案中，彭×主张未按时交纳租金的原因系由于张×未能按照合同约定签署《不动产授权委托书》，导致彭×未能将房屋再次出租。对此本院认为，租赁合同是出租人将租赁物交付承租人使用、收益，承租人支付租金的合同。本案中，张×作为出租人已经履行了向承租人彭×交付租赁物的义务，彭×应当依约履行租金交付义务。彭×上诉主张未按时交纳租金的原因系由于张×未能按照合同约定签署《不动产授权委托书》所致，本院认为，第一，根据本案查明的事实，双方所签《租赁资产管理合同》已明确约定彭×享有转租权，故张×是否另行向彭×出具《不动产授权委托书》，并不影响彭×转租行为；第二，双方签订的《租赁资产管理合同》并未将彭×要求张×签署的《不动产授权委托书》的空白样式作为合同附件附在合同文本之后，故彭×主张张×拒签其提供样本的《授权委托书》构成违约，依据不足；第三，彭×自承租涉案房屋后，已将涉案房屋出租给案外人，其称案外人提前解约故需要张×再次出具《授权委托书》，但并未就此必要性进行举证。综上，彭×以张×未按期提供模板向其出具《授权委托书》，故其未能依约交纳租金的抗辩理由，本院不予采纳。本案中，双方约定第二期租金的支付时间为 2018 年 1 月 2 日，彭×未按期交纳房屋租金，构成违约。根据合同约定，应当按 2 个月租金为标准支付违约金，张×有关租赁押金不予返还的上诉主张，本院予以支持。

再审法院认为：彭×、张×签署的《租赁资产管理合同》系双方真实意思表示，不违反法律、行政法规的强制性规定，应属合法有效，双方均应依合同约定履行各自义务。本案中，彭×主张未按时交纳租金的原因系由于张×未能按照合同约定签署《不动产授权委托书》，导致彭×未能将房屋再次出租。根据本案查明的事实，双方所签《租赁资产管理合同》已明确约定彭×享有转租权，故张×是否另行向彭×出具《不动产授权委托书》，并不影响彭×转租行为。因双方签订的《租赁资产管理合同》并未将彭×要求张×签署的《不动产授权委托书》的空白样式作为合同附件附在合同文本之后，故彭×主张张×拒签其提供样本的《授权委托书》构成违约，依据不足。彭×自承租涉案房屋后，已将涉案房屋出租给案外人，其称案外人提前解约故需要张×再次出具《授权委托书》，但并未就此必要性进行举证。综上，彭×以张×未按其提供模板向其出具《授权委托书》，故其未能依约交纳租金的理由，不能成立。据此，二审法院根据查明的事实依法对本案所作认定和判决，并无不当。彭×申请再审未提交足以推翻二审判决的证据，其再审申请不符合《中华人民共和国民事诉讼法》第二百条的规定，本院不予支持。

【法条链接】

《中华人民共和国合同法》

第二百二十四条 承租人经出租人同意，可以将租赁物转租给第三人。承租人转租的，承租人与出租人之间的租赁合同继续有效，第三人对租赁物造成损失的，承租人应当赔偿损失。

承租人未经出租人同意转租的，出租人可以解除合同。

【案例来源】

北京市高级人民法院民事裁定书（2020）京民申 612 号。

105. 房屋租赁合同无效的，出租人可按照承租人实际使用涉案房屋的时间向其主张支付房屋占有使用费

（张××与刘××房屋租赁合同纠纷）

【裁判要旨】

涉案的租赁房屋未取得建设工程规划许可证，亦未办理产权登记，违反法律、行政法规的强制性规定，故双方签订的《房屋租赁合同》应属无效。房屋租赁合同无效的，出租人可按照承租人已实际使用涉案房屋的时间，向承租人主张房屋占有使用费。

【当事人信息】

上诉人：张××（原审被告、反诉原告）

被上诉人：刘××（原审原告、反诉被告）

【基本案情】

2018 年 5 月 1 日，张××（出租人，甲方）与刘××（承租人，乙方）签订《房屋租赁合同》，甲方将坐落在昌平区南口镇××路××号院西院东南侧房屋一、二层及本院北侧一层（现状）（以下简称涉案房屋）出租给乙方使用，租期 6 年，自 2018 年 5 月 1 日至 2024 年 4 月 30 日，租赁期间，按政府相关政策双方相互协助完善营业执照、独立经营，遵纪守法。租金标准为：1. 年租金 50 万元。第一年：即 2018 年 5 月 2 日-2019 年 4 月 30 日，第一次付款交押金 10 万元整，交 5、6、7 三个月的租金，合计 125 000 元；下 3 个月租金 125 000 元，提前一个月交（即 7 月 1 日），以此类推 10 月 1 日交，2019 年 1 月 1 日。乙方缴纳 10 万元作为房屋设施、设备、水电保证金，合同终止时，在乙方保证房屋设施、设备完好，不欠任何费用的情况下，在与甲方解除合同终止后 10 日内将 10 万元押金如数退还给乙方，不计利息。房间 76 间从 2018 年 5 月 1 日之前水、电费归甲方缴纳，5 月 1 日以后归乙方缴纳，电费根据使用多少，交主管会计。合同亦约定了其他内容。合同签订后，张××依照合同约定向刘××交付了涉案房屋，刘××向张××交纳了 2018 年 5、6、7 三个月的租金 125 000 元和押金 10 万元。后双方在履行合同的过程中发生争议。

刘××在租赁的房屋经营宾馆业务，但是无特行许可证或旅游委民宿许可，被公安机关查获并处罚。后 2018 年 7 月 6 日其与张××通过电话沟通进行协商要求解除合同、退还租金，张××表示不能正常经营期间不收租金，自己也想继续办理许可证，但是没有办成。

【诉讼请求】

原告起诉请求：

1. 判令解除双方于 2018 年 5 月 1 日签订的房屋租赁合同；

2. 判令张××返还押金 10 万元人民币；

3. 判令张××返还 12.5 万元承租费；

4. 诉讼费由张××承担。

被告反诉诉请：

1. 依法判决刘××立即支付 2018 年 8、9、10 月份房屋租金 125 000 元；

2. 依法判决刘××立即支付 2018 年 7、8、9 月电费 17 824 元；

3. 依法判决刘××立即支付违约金 35 万元；

4. 刘××承担本案的反诉费用。

【裁判结果】

一审：1. 确认刘××与张××于 2018 年 5 月 1 日签订的《房屋租赁合同》无效；

2. 张××于本判决生效后十日内返还刘××押金 100 000 元；

3. 张××于本判决生效后十日内退还刘××租金 34 728 元；

4. 驳回刘××的其他诉讼请求；

5. 驳回张××的反诉请求。

二审：驳回上诉，维持原判。

【裁判理由】

一审法院认为：违反法律、行政法规的强制性规定的合同无效。出租人就未取得建设工程规划许可证或者未按照建设工程规划许可证的规定建设的房屋，与承租人订立的租赁合同无效。但在一审法庭辩论终结前取得建设工程规划许可证或者经主管部门批准建设的，人民法院应当认定有效。本案中，张××出租给刘××的涉案房屋未取得建设工程规划许可证，亦未办理产权登记，故双方签订的《房屋租赁合同》应属无效，刘××要求确认其与张××之间签订的合同无效的诉求，法院予以支持。

《最高人民法院关于审理城镇房屋租赁合同纠纷案件具体应用法律若干问题的解释》第五条第一款规定"房屋租赁合同无效，当事人请求参照合同约定的租金标准支付房屋占有使用费的，人民法院一般应予支持"，刘××实际使用了涉案房屋，故应向张××支付房屋占有使用费。刘××在实际使用涉案房屋的过程中因无法办理相关证照手续导致租赁合同目的无法实现，法院根据公安机关的相关处罚可知，刘××于 2018 年 6 月 9 日因非法经营需公安机关许可的宾馆被行政处罚，后双方于 2018 年 7 月 6 日协商房屋租赁以及办理相关证照的相关事宜，张××向刘××明确表示在证照手续办下来之前不再收取之后的房屋租金，故法院认定刘××实际占有使用涉案房屋的时间为 2018 年 5 月 1 日至 2018 年 7 月 6 日，刘××应向张××支付房屋占有使用费 90 272 元，因刘××

已向张××交纳 5、6、7 三个月的租金 125 000 元，故张××还应退还刘××租金 34 728 元，同时，法院对于张××的第一项反诉请求不予支持；关于刘××要求张××退还押金 10 万元一节，庭审中张××表示同意退还，法院对此不持异议；关于张××反诉要求刘××支付 2018 年 7、8、9 月电费 17 824 元一节，张××仅向法院提交了手写的收据，未能向法院提交其他有力证据证明刘××在受到公安机关行政处罚后又继续经营使用了涉案房屋，同时也不能证明该部分电费系刘××使用涉案房屋而产生，故法院对于张××的该项反诉请求不予支持。

二审法院认为：第二审人民法院应当围绕当事人的上诉请求进行审理。当事人没有提出请求的，不予审理，但一审判决违反法律禁止性规定，或者损害国家利益、社会公共利益、他人合法权益的除外。现张××仅针对租金以及电费的判项提出上诉，对一审判决的其他的判项均表示认可，本院予以确认。关于租金问题，刘××在租赁合同签订后一个月时即因未取得相关证照被行政机关处罚，后双方在协商过程中张××表示在证照办理之前不再收取租金，张××二审中对此解释为如果刘××自己能够办理证照且继续经营同意免除办理期间的租金，但该主张与合同约定的双方对于办理证照均负有义务不符，本院不予采信。故一审法院认定 2018 年 7 月 6 日作为刘××应当负担使用费的截止时间并无不当，且该时间与张××自认的刘××实际经营的时间基本一致，张××应当返还在此之后的租金。关于电费，张××仅提交了收据，按照其自认的事实，刘××实际经营到 2018 年 6 月底，其提交的收据大部分为此时间之后产生的费用，明显不符合常理，本院不予采信。

【法条链接】

《最高人民法院关于审理城镇房屋租赁合同纠纷案件具体应用法律若干问题的解释》

第五条　房屋租赁合同无效，当事人请求参照合同约定的租金标准支付房屋占有使用费的，人民法院一般应予支持。

当事人请求赔偿因合同无效受到的损失，人民法院依照合同法的有关规定和本司法解释第九条、第十三条、第十四条的规定处理。

【案例来源】

北京市第一中级人民法院民事判决书（2019）京 01 民终 4733 号。

106. 有证据证明一方当事人持有对己不利的证据无正当理由拒不提供，可以确定该主张成立

(信××公司与×××火锅店房屋租赁合同纠纷)

【裁判要旨】

书证在对方当事人控制之下的，承担举证证明责任的当事人可以在举证期限届满前书面申请人民法院责令对方当事人提交；申请理由成立的，人民法院应当责令对方当事人提交，对方当事人无正当理由拒不提交的，人民法院可以认定申请人所主张的书证内容为真实。

【当事人信息】

上诉人：信××公司（原审原告）

被上诉人：×××火锅店（原审被告）

【基本案情】

诉争房屋的实际产权人为卓×制衣，高×1 系卓×制衣延庆厂区的负责人，于 2016 年元旦之后离职；×××火锅店是经营火锅的个体工商户，郭×× 为×××火锅店的负责人。

2005 年 6 月 6 日，信××公司与郭××签订《××美大厦租赁合同》，约定信××公司受卓×制衣的委托，将"××美大厦"的第一层、第二层东厅（面积约 604 平方米）毛坯房租给×××火锅店用于经营火锅店，自 2005 年 9 月 25 日起至 2010 年 9 月 24 日止；租金自第三年起至第五年每年 18 万元。2010 年 9 月 25 日，双方重新签订《××美大厦租赁合同》，约定信××公司将诉争房屋租给×××火锅店用于经营火锅店，自 2010 年 9 月 25 日起至 2015 年 9 月 24 日止。前三年年租金为 30 万元，后两年年租金为 32 万元。2011 年 3 月 5 日，双方签订《××美大厦租赁合同》，约定信××公司将"××美大厦"地下一层的东侧部分（面积约 270 平方米）租给×××火锅店用于办公、职工宿舍等，租期至 2015 年 9 月 24 日，每年租金 3.6 万元。

合同到期后，×××火锅店继续在诉争房屋处经营，并向信××公司交纳水

电费至 2015 年 10 月份。2016 年 1 月 3 日，信××公司称其明确表示不再续租并已通知×××火锅店搬离，×××火锅店迟迟没有搬离，信××公司对×××火锅店实施了断电行为。但×××火锅店称，合同到期后，经过与信××公司的高×1 和高×2 两位经理的多次沟通，双方又达成了两年的续租协议，且均已签字盖章，合同文本均由信××公司控制，×××火锅店是正常经营，但信××公司突然实施了断水断电的行为。

【诉讼请求】

1. ×××火锅店腾退所占用信××公司的房屋；

2. ×××火锅店向信××公司支付房屋使用费 100 601 元（截至 2016 年 1 月 7 日）；

3. ×××火锅店向信××公司支付拖欠的水电费 8500 元（截至 2016 年 1 月 7 日）。

【裁判结果】

一审：驳回信××公司的全部诉讼请求。
二审：驳回上诉，维持原判。

【审判理由】

一审法院认为：有证据证明一方当事人持有证据无正当理由拒不提供，如果对方当事人主张该证据的内容不利于证据持有人的，可以确定该主张成立。通过法庭审理，本案的争议焦点可以概括为：双方之间在合同到期后是否续签有一份为期两年的租赁合同。综合本案证据情况，法院能够认定双方在合同到期后续签一份为期两年的租赁合同，原因如下：1. 2015 年 9 月 24 日，双方签订的第二份《租赁合同》到期，但此后×××火锅店一直正常经营，并向信××公司交纳水电费至同年 10 月份，与×××火锅店所述的双方产生分歧时间吻合。2. 根据×××火锅店提交的录音资料，信××公司实施断电行为后，×××火锅店的负责人郭××与高×1、高×2 商谈诉争房屋的解决事宜，谈话中数次提到经过双方签名和盖章的为期两年的续租合同，上述合同均由信××公司控制，高×1 和高×2 均未对该合同的真实性予以否认。3. 根据×××火锅店提交的录音资料，×××火锅店的负责人郭××与高×1、高×2 商谈过程中提到了信××公司向×××火锅店补偿损失事宜。如果合同因正常到期而终止，双方一般不会涉及补偿损失事宜，对此信××公司并未做出合理解释。4. 信××公司亦认可信××公司和卓×制衣虽系独立法人，但两个公司的老板实为一人，故双方之间的合同到期后，高×1作为代表与×××火锅店的负责人商谈相关事宜符合情理。综上，根据×××火锅店提供的证据，能够证明双方于合同到期后续签了新的租赁合同，该合同现由信××公司实际控制。经法院依法向信××公司释明，信××公司未能于规定的时间内提交该份合同，因该份合同的内容不利于信××公司，法院认定×××火锅店的主张成立，即双方之间的合同到期后，又签订了一份两年的续租合同，该合同于2017年9月24日到期。对信××公司主张的三项诉讼请求，法院分别认定如下：1. 请求×××火锅店腾退所占用信××公司的房屋。法院认为，因为诉争房屋仍在租赁期之内，信××公司要求×××火锅店腾房的诉讼请求于法无据，法院不予支持。2. 请求×××火锅店向信××公司支付房屋使用费100 601元（截至2016年1月7日）。法院认为，根据2005年和2010年的两份合同，租金均是按照年度履行，在信××公司不能提供证据的情况下，其按照天数主张房屋使用费的诉讼请求没有事实和法律依据，法院不予支持。3. 请求×××火锅店向信××公司支付拖欠的水电费8500元（截至2016年1月7日）。法院认为，信××公司对自己的主张并未提交证据予以证明，故对其此项诉讼请求，法院不予支持。

二审法院认为：根据《中华人民共和国合同法》第三十二条之规定，当事人采用合同书形式订立合同的，自双方当事人签字或者盖章时合同成立。根据《最高人民法院关于适用〈中华人民共和国民事诉讼法〉的解释》第一百一十二条之规定，书证在对方当事人控制之下的，承担举证证明责任的当事人可以在举证期限届满前书面申请人民法院责令对方当事人提交；申请理由成立的，人民法院应当责令对方当事人提交，因提交书证所产生的费用，由申请人负担。对方当事人无正当理由拒不提交的，人民法院可以认定申请人所主张的书证内容为真实。

根据×××火锅店提供的录音，可以认定×××火锅店将签字盖章的合同文本交予了信××公司，该文本应在信××公司控制之下，但经原审法院释明，信××公司无正当理由拒不提交该合同文本，因此，法院可以认定×××火锅店所主张的合同内容为真实且该合同上有信××公司签字或盖章。据此，原审法院认定该续租合同成立于法有据，本院予以确认。

综上所述，信××公司上诉理由不能成立，本院不予支持。

【法条链接】

《最高人民法院关于适用〈中华人民共和国民事诉讼法〉的解释》

第一百一十二条　书证在对方当事人控制之下的，承担举证证明责任的当事人可以在举证期限届满前书面申请人民法院责令对方当事人提交。

申请理由成立的，人民法院应当责令对方当事人提交，因提交书证所产生的费用，由申请人负担。对方当事人无正当理由拒不提交的，人民法院可以认定申请人所主张的书证内容为真实。

【案例来源】

北京市第一中级人民法院民事判决书（2016）京01民终4196号。

107. 当事人提交的证据无法形成有效的证据链来证明其主张，将承担举证不利的后果

（郝××与廉×房屋租赁合同纠纷）

【裁判要旨】

当事人未能提供证据或者证据不足以证明其事实主张的，由负有举证证明责任的当事人承担不利的后果。依法成立的合同，对当事人具有法律约束力。当事人应当按照约定履行自己的义务，不得擅自变更或者解除合同。当事人一方迟延履行债务或者有其他违约行为致使不能实现合同目的，当事人可以解除合同。

【当事人信息】

上诉人：郝××（原审原告、反诉被告）
上诉人：廉×（原审被告、反诉原告）

【基本案情】

2017年1月7日，廉×作为甲方（出租方）、郝××作为乙方（承租方），双方签订《商铺租赁合同》，约定甲方将位于北京市朝阳区×路×号楼3-83、

3-85 房屋（以下简称案涉房屋）出租给乙方，建筑面积 105.42 平方米，租赁用途为商业，租期自 2017 年 3 月 15 日至 2022 年 3 月 14 日；每月租金 12 200 元，押金为 12 200 元；租赁期间的水电费、装修及租赁期间的清洁费由乙方每月自行向有关部门交纳。郝××支付案涉房屋租金至 2019 年 2 月 28 日。2018 年 12 月 12 日，廉×向郝××发送《合同终止确认书》，记载因郝××擅自将案涉房屋转租他人，违反合同约定，要求郝××于 2018 年 12 月 31 日之前搬离案涉房屋，并恢复原状。

郝××主张因委托第三方公司办理案涉房屋营业执照等材料花费 12 000 元，装修案涉房屋花费 26 000 元，设备损失 28 018 元。为证明其主张，郝×× 提交有授权书、委托协议及营业执照、视频资料等。廉×对郝××的上述主张不予认可。郝××主张其于 2019 年 1 月 21 日搬离 3-83 号商铺、2019 年 2 月 20 日搬离 3-85 号商铺。廉×不认可郝××搬离案涉房屋时间，称郝××于 2019 年 3 月 10 日才搬离案涉房屋。

廉×主张因郝××使用案涉房屋期间，故意毁坏承重墙，造成案涉房屋毁损，郝××应当支付其房屋折旧费 80 000 元及维修费 19 800 元。廉×主张，郝××在租赁案涉房屋期间，未经其同意，即将案涉房屋转租给他人，已经违反了双方签订的租赁合同的约定，故解除了与郝××之间的租赁合同。

【诉讼请求】

原告起诉请求：

1. 判令廉×向郝××退付房屋押金 12 200 元；

2. 判令廉×赔偿郝××装修损失费 26 000 元、工商代办损失费 12 000 元、设备及安装损失费 28 018 元；

3. 判令廉×退还郝××3-85 号商铺 2019 年 2 月 20 日至 2019 年 2 月 28 日期间的房屋租金 2200 元、3-83 号商铺 2019 年 1 月 21 日至 2019 年 2 月 28 日期间的房屋租金 8800 元；

4. 本案诉讼费由廉×承担。

被告反诉请求：

1. 判令郝××支付廉×恶意损毁两商铺折旧费 80 000 元，维修费 19 800 元；

2. 判令郝××支付廉×占用商铺期间拖欠的燃气费 1458.33 元；

3. 本案诉讼费由郝××承担。

【裁判结果】

一审：1. 廉×于判决生效之日起七日内退还郝××房屋押金一万二千二百元；

2. 廉×于判决生效之日起七日内支付郝××房屋装修损失八千元、设备安装损失五千元；

3. 廉×于判决生效之日起七日内支付郝××剩余的房屋租金一万一千元；

4. 郝××于判决生效之日起七日内支付廉×燃气费一千四百五十八元三角三分；

5. 驳回郝××的其他诉讼请求；

6. 驳回廉×的其他诉讼请求。

二审：驳回上诉，维持原判。

【裁判理由】

一审法院认为：依法成立的合同，对当事人具有法律约束力。当事人应当按照约定履行自己的义务，不得擅自变更或者解除合同。当事人一方迟延履行债务或者有其他违约行为致使不能实现合同目的，当事人可以解除合同。郝××与廉×签订房屋租赁合同后，双方应当按照合同约定行使各自的权利，履行各自的义务。郝××应当按照合同约定合理使用租赁房屋，并按期足额交纳房屋租金等费用。廉×应当提供符合合同约定的房屋，并保障承租人合理使用。本案中，郝××与廉×在正常履行合同的过程中，廉×向一审法院提出因郝××未经其同意，擅自将案涉房屋转租给他人使用，在合同未到期的情况下将案涉房屋收回，则廉×应当提供相应证据予以证明郝××存在转租的行为。庭审过程中，廉×就该证明事项，提交有证人证言、视频录像、短信记录和拍摄的照片，上述证据均未得到郝××认可，郝××亦否认存在转租行为。经一审法院审查廉×提供的上述证据，以及调取案涉房屋的工商注册信息，无法形成有效的证据链来证明郝××将案涉房屋转租他人，廉×在庭审期间未再提交其他证据予以佐证，故一审法院对廉×关于郝××将案涉房屋转租的主张难以采信。

廉×在合同未到期的情况下要求郝××搬离案涉房屋，违反了合同约定。郝××要求廉×返还房屋押金12 200元，有事实依据，一审法院予以支持。郝××为经营使用，将案涉房屋进行装修并花费相应装修费用，廉×提前解除合同，应当赔偿郝××装修损失，具体损失金额一审法院根据装修价值及合同履行情况予以酌定。郝××主张的营业执照代办费用，不符合相关法律规定，亦无事实依据，一审法院不予支持。郝××主张的设备及安装损失，根据双方提交的视频资料，并不能证明廉×占有相关设备未予返还，故一审法院根据郝××提交的设备清单，综合考虑设备拆装情况，酌定廉×支付郝××相应的设备安装费。郝××主张其于 2019 年 1 月 21 日搬离 3-83 号房屋、于 2019 年 2 月 20 日搬离 3-85 号房屋，廉×则称 3-83 号房屋于 2019 年 1 月 21 日清退、3-85 房屋于 2019 年 3 月 10 日清退，双方就案涉房屋清退时间分别提交有视频资料予以佐证，但廉×提交的视频资料显示的日期与其所述日期并不完全吻合，故一审法院采信郝××所述案涉房屋清退日期，廉×应当返还剩余的房屋租金共计 11 000 元。

廉×主张郝××在使用期间恶意毁坏案涉房屋，并提交照片予以佐证，郝××不认可廉×主张，且根据廉×提交的照片均无法证明详细的时间节点、毁坏行为的发生等，故一审法院对其主张不予采信。廉×主张郝××拖欠燃气费 1458.33 元，郝××虽不认可具体金额，但其对拖欠的事实予以认可，故一审法院支持廉×要求郝××支付燃气费 1458.33 元的诉讼请求。

二审法院认为：郝××于二审期间申请撤回上诉，本院对此不持异议。综合当事人的诉辩主张和查明的事实，本案二审的主要争议焦点为：郝××是否应支付廉×恶意损毁两商铺维修费用以及廉×是否应返还郝××房屋装修损失、设备安装损失、剩余房屋租金。

当事人对自己提出的诉讼请求所依据的事实或者反驳对方诉讼请求所依据的事实，应当提供证据加以证明，但法律另有规定的除外。在作出判决前，当事人未能提供证据或者证据不足以证明其事实主张的，由负有举证证明责任的当事人承担不利的后果。依法成立的合同，对当事人具有法律约束力。当事人应当按照约定履行自己的义务，不得擅自变更或者解除合同。当事人一方迟延履行债务或者有其他违约行为致使不能实现合同目的，当事人可以解除合同。本案中，郝××与廉×签订的《商铺租赁合同》系双方当事人真实意思表示，不违反法律法规的强制性规定，应属合法有效，郝××应当按照合同约定合理使用租赁房屋，并按期足额交纳房屋租金等费用，廉×应当提供符合合同约定的房屋，并保障承租人合理使用。

关于维修费一项，廉×虽主张郝××在使用期间恶意损坏案涉房屋，应当支付维修费用，但其并未就其该项主张提供充足的证据予以证明，一审法院对此未予支持，并无不当。关于房屋装修损失及设备安装损失一项，因廉×系提前解除合同，现有证据亦不足以证明郝××存在擅自转租案涉房屋的情形，故一审法院根据装修价值及合同履行情况并综合考虑设备拆装情况，酌定判令廉×支付郝××相应的房屋装修损失及设备安装损失，亦无不当。廉×上诉主张郝××蓄意提交虚假装修证据，未就此提供相应的证据加以佐证，且一审法院系根据本案实际情况综合判断，并未支持郝××主张的全部装修损失，故本院对廉×该项上诉主张不予采信。关于剩余房屋租金一项，因双方就案涉房屋清退时间分别提交视频资料予以佐证，但廉×提交的视频资料显示的日期与其所述日期并不完全吻合，故一审法院以郝××所述房屋清退日期为依据，判令廉×返还剩余的房屋租金是适当的。廉×认可一审判决第一项，本院对此不持异议。综上所述，廉×的上诉请求不能成立，应予驳回；一审判决认定事实清楚，适用法律正确，应予维持。

【法条链接】

《中华人民共和国民事诉讼法》

第六十四条　当事人对自己提出的主张，有责任提供证据。

当事人及其诉讼代理人因客观原因不能自行收集的证据，或者人民法院认为审理案件需要的证据，人民法院应当调查收集。

人民法院应当按照法定程序，全面地、客观地审查核实证据。

第六十五条　当事人对自己提出的主张应当及时提供证据。

人民法院根据当事人的主张和案件审理情况，确定当事人应当提供的证据及其期限。当事人在该期限内提供证据确有困难的，可以向人民法院申请延长期限，人民法院根据当事人的申请适当延长。当事人逾期提供证据的，人民法院应当责令其说明理由；拒不说明理由或者理由不成立的，人民法院根据不同情形可以不予采纳该证据，或者采纳该证据但予以训诫、罚款。

【案例来源】

北京市第三中级人民法院民事判决书（2019）京03民终9721号。

108. 以签订租赁合同的形式进行民间借贷，该借贷不存在无效情形的，该租赁合同有效

（华××公司与纳××公司房屋租赁合同纠纷）

【裁判要旨】

民间借贷，是指自然人、法人、其他组织之间及其相互之间进行资金融通的行为。法人可以作为民间借贷的主体，从事资金融通的行为。虽然合同双方以签订租赁合同的形式进行民间借贷，但并无证据证明双方之间的借贷存在无效之情形，故在本案中并不影响合同的效力。

【当事人信息】

上诉人：华××公司（原审被告）

被上诉人：纳××公司（原审原告）

【基本案情】

2012 年 11 月 21 日，纳××公司与华××公司签订《房屋租赁合同》，合同约定纳××公司（甲方，出租方）将位于北京市通州区××12 号房屋租赁给华××公司（乙方，承租方）。租赁房屋情况：1 号厂房，建筑面积约 15 842 平方米；6 号科技楼及 5 栋小别墅；8 号宿舍楼，建筑面积约 4518 平方米；9 号宿舍楼，建筑面积约 4184 平方米；办公楼地下二层至地上十二层，建筑面积 34 500 平方米。租赁期限共 20 年，自 2012 年 11 月 21 日起至 2032 年 11 月 20 日止。其中自 2012 年 11 月 21 日起至 2013 年 5 月 20 日为免租期，免租期内不计租金。同时，鉴于房屋具体设施情况，免租期内乙方不予支付任何费用，由甲方负责免租期内全部费用，包括但不限于水、电、暖、燃气等费用。租金：90 万元/年，房屋租金支付方式为 5 年一付，每期 450 万元。首期房屋租金于甲方按本协议约定正式交付房屋且开具合法有效票据后支付。甲乙双方一致同意，租赁房屋用途为：商业、办公、酒店、宾馆、公寓、农贸市场、工厂、仓库等法律、法规所允许的经营活动。乙方享有转租权。

合同签订后，华××公司向纳××公司交纳了首期租金 450 万元。华××公司称根据双方合同第十条约定，纳××公司如在 2013 年 5 月 11 日前向华××公司

退还 450 万元并支付 20% 的违约金，则纳××公司享有解除合同的权利；如纳××公司未能在 2013 年 5 月 11 日前退还租金并支付违约金，则纳××公司不再享有解除合同的权利，该条款性质上系附解除条件的租赁合同条款，因纳××公司未能按照约定于 2013 年 5 月 11 日前退还租金及支付违约金，因此纳××公司不再享有解除合同的权利。纳××公司的合同解除权丧失后，华××公司进驻涉案租赁场地及房屋；进驻后，华××公司发现涉案场地及房屋被北京市第二中级人民法院查封且在拍卖过程中的事实。因涉案场地及房屋的水、电等未通，不具备转租经营的条件，因此华××公司对涉案场地及房屋进行了投资，使涉案场地及房屋具备转租经营的条件，并将部分房屋进行了转租。

关于涉案租赁合同签订的背景及过程，纳××公司称该公司因涉案厂区的建设对外有负债，因资金紧张无力偿还外债，2012 年 11 月 21 日，纳××公司向华××公司借款 450 万元，借款期限为 6 个月，借款利率为月息 3.5%。2012 年 11 月 22 日，华××公司向纳××公司提供了借款 450 万元。因企业间的高息资金拆借是法律明令禁止的，因此双方之间未签订书面借款协议，而是签订了涉案租赁合同，通过租赁合同第十条特别约定的内容（退还租金及支付 20% 的违约金，20% 的违约金实际上就是 6 个月的借款利息）来看，也能证明双方之间实际上系借款关系。

华××公司对纳××公司所称双方之间系借款关系的事实不予认可，称双方之间系租赁关系，并不存在借款关系，涉案租赁合同系附解除条件的租赁合同，合同第十条特别约定中对解除条件作出了明确约定，解除条件是纳××公司在 2013 年 5 月 11 日前，退还租金 450 万元并支付 20% 的违约金，如果纳××公司未能在上述期限前退还租金并支付违约金，纳××公司的合同解除权即归于消灭。纳××公司所称双方以租赁合同的形式掩盖双方之间企业间高息拆借资金的非法目的的说法无事实及法律依据，不应得到支持。因涉案租赁合同并无法律规定的无效情形，因此双方之间的租赁合同合法有效。

【诉讼请求】

判令双方于 2012 年 11 月 21 日签署的《房屋租赁合同》无效，并要求华××公司负担本案诉讼费用。

【裁判结果】

一审：纳×××公司与华××公司于二〇一二年十一月二十一日签订的《房屋租赁合同》无效。

二审：1. 撤销北京市通州区人民法院（2014）通民初字第10581号判决；2. 驳回纳××公司的诉讼请求。

【裁判理由】

一审法院认为：以合法形式掩盖非法目的的合同无效。本案中纳××公司认为双方之间系以签订租赁合同的形式掩盖企业间高息拆借资金的非法目的，因此租赁合同应为无效合同。华××公司否认双方之间存在借款关系，认为双方之间的租赁合同是附解除条件的合同，纳××公司未按照合同第十条约定，在规定期限内退还租金和支付违约金，因此纳××公司的合同解除权消灭和丧失，由于双方之间的租赁合同并不存在无效情形，故双方之间的租赁合同合法有效，纳××公司应当继续履行双方签订的租赁合同。通过上述可以看出，本案中双方之间争议的焦点问题是双方是否存在以租赁合同的形式掩盖企业间高息拆借资金的行为。

本案中纳××公司陈述双方之间系借款关系，并提供了支付华××公司借款利息清单、手机短信记录及企业询证函予以证实双方之间借款关系的存在，同时纳××公司申请法院前往交通银行调取案外人王×1的开户信息，用以佐证纳××公司向华××公司支付450万元利息的事实。另，纳××公司认为王×2系涉案租赁合同中华××公司的签约代表，王×2发送给余×的指示汇款的短信，系职务行为，因此法律后果应由华××公司承担，并认为该指示付款短信能证明双方之间存在450万元借款关系及该公司向华××公司支付借款利息的事实。华××公司申请王×1作为证人到庭，并向法庭出具了余×向丁×出具的300万元欠条，予以证实余×、张×以个人名义向王×1个人账户支付的款项，系支付的余×个人向丁×个人的300万元借款利息。纳××公司对上述300万元欠条的真实性不持异议，但称该笔款项系余×、丁×与案外人共同进行股票经营，在丁×的要求下，余×替案外人向丁×出具的欠条，该300万元款项尚未偿还。

法院认为根据本案租赁合同约定的解除条件、解除期限、租金数额、华××公司的签约代表王×2发送的指示付款的信息、纳××公司向华××公司借款利息的事实、华××公司向纳××公司发送的企业询证函等，可以认定本案中纳××公司与华××公司虽然形式上签订的是租赁合同，但双方之间实际上成立的是借款关系，纳××公司向华××公司借款 450 万元，借款期限为 2012 年 11 月 21 日起至 2013 年 5 月 11 日止，其后纳××公司按月向华××公司支付了几笔借款利息，因双方企业间资金拆借的行为系法律法规所禁止的，因此双方以签订租赁合同的合法形式掩盖双方之间企业间资金拆借的非法目的，根据合同法第五十二条的规定，双方之间的租赁合同应属无效。

关于华××公司所称纳××公司支付的几笔利息系支付的余×个人向丁×个人的 300 万元借款利息的辩解意见，虽然华××公司申请证人王×1 到庭作证，但因证人王×1 系丁×的妻子，丁×系华××公司的控制人，因此王×1 系与本案具有利害关系的证人，其证人证言与法院根据上述相关证据及调查认定的事实有所出入，故法院对其证人证言不予采信，进而对华××公司该项辩解意见亦不予采信。

二审法院认为：2012 年 11 月，纳××公司与华××公司签订《房屋租赁合同》，双方对合同的真实性均不存异议，但从租赁合同的特别约定条款所附的解除条件、解除期限、华××公司向纳××公司发送的企业询证函以及免租期内华××公司未实际使用涉案房屋、其系在实际进驻涉案房屋后才发现房屋未通水、电，以及部分房屋处于毛坯状态，且涉案场地及房屋被北京市第二中级人民法院查封并处于拍卖过程中等事实，可以看出双方间签订租赁合同的情形均有悖于正常房屋租赁合同的缔结、履行等过程，华××公司作为承租人及专业的物业管理企业，其整个缔约行为亦与正常情况下承租人的行为不符。故综合本院查明事实，可以认定双方存在借贷关系，纳××公司作为借款人向华××公司借款 450 万元。对于双方间借贷行为的效力问题，本院认为，依据《最高人民法院关于审理民间借贷案件适用法律若干问题的规定》第一条规定："本规定所称的民间借贷，是指自然人、法人和非法人组织之间进行资金融通的行为。"由上述规定可见，法人可以作为民间借贷的主体，从事资金融通的行为。而纳××公司与华××公司均系企业法人，可以作为民间借贷的主体。同时，该规定亦列举了借贷合同无效之情形，本案中，现并无证据证明双方之间的借贷存在上述规定无效之情形。纳××公司就其主张的租赁合同系以合法形式掩盖企业间高息资金拆借的非法目的应属无效，并无法律依据。

综上，原审法院认定双方企业间资金拆借的行为系法律法规所禁止的，因此双方以签订租赁合同的合法形式掩盖双方之间企业间资金拆借的非法目的，并根据合同法第五十二条的规定，判决双方之间的租赁合同无效，属适用法律错误，本院予以纠正。

【法条链接】

1.《最高人民法院关于审理民间借贷案件适用法律若干问题的规定》

第一条　本规定所称的民间借贷，是指自然人、法人、其他组织之间及其相互之间进行资金融通的行为。

经金融监管部门批准设立的从事贷款业务的金融机构及其分支机构，因发放贷款等相关金融业务引发的纠纷，不适用本规定。

2.《中华人民共和国合同法》

第五十二条　有下列情形之一的，合同无效：

（一）一方以欺诈、胁迫的手段订立合同，损害国家利益；

（二）恶意串通，损害国家、集体或者第三人利益；

（三）以合法形式掩盖非法目的；

（四）损害社会公共利益；

（五）违反法律、行政法规的强制性规定。

【案例来源】

北京市第三中级人民法院民事判决书（2016）京 03 民终 3343 号。

第十章
农村房屋租赁纠纷

109. 承租人以租赁房屋进行营业的目的无法实现 为由要求解除租赁合同应予支持

（程×玲与杜×山房屋租赁合同纠纷）

【裁判要旨】

出租人、承租人之间的房屋租赁合同关系合法有效，但由于无法取得房屋权属证明，承租人不能办理营业执照，承租人以租赁房屋进行营业的目的无法实现。故双方之间的租赁合同在事实上已无法继续履行，承租人要求解除租赁合同的请求应予支持。

【当事人信息】

原告：程×玲

被告：杜×山

【基本案情】

坐落海宁市道新桥社区沙泾桥东区 12 号的房屋系案外人张×清户的农村房屋。被告向张×清承租了部分房屋。2017 年 8 月 3 日，被告以张×清的名字与原告签订《房屋租赁协议》，约定将坐落于新桥社区沙泾桥东区 12 号东边套底楼房屋出租给原告，承租用途为营业。租赁期限至 2018 年 4 月 24 日，租金 41 500 元，押金 5000 元，该合同在备注中约定，房屋结构不动，经营无油烟无明火食品。双方确认，原告在协议签订日之前，已经向被告支付了 46 500 元。2017 年 8 月 9 日，原告以海宁市米旺小吃店的名义与浙江绿洲环保能源有限公司签订了隔油池清理服务合同并支付了污水管道疏通清理服务费 1000

元。因原告办理营业执照需要房产权属证明，而农村房屋并无产权证，故需要房屋所在地海宁市道新桥社区居民委员会（以下简称新桥社区）出具权属证明，但经原告及张×清向新桥社区多次请求，新桥社区一直未能同意出具权属证明，原告因此无法办理营业执照在租赁房屋营业，遂酿成本案纠纷。

【诉讼请求】

1. 解除原、被告之间的房屋租赁关系；

2. 判令被告返还原告房租 46 500 元（含押金）、清理服务费 1000 元并赔偿原告损失 30 000 元。

【裁判结果】

1. 解除原告程×玲与被告杜×山于 2017 年 8 月 3 日签订的《房屋租赁协议》；

2. 被告杜×山于本判决生效之日起十日内返还原告程×玲租金 10 000 元、押金 5000 元；

3. 驳回原告程×玲的其余诉讼请求。

【裁判理由】

法院认为：原、被告之间的房屋租赁合同关系合法有效，但由于无法取得新桥社区出具的房屋权属证明，原告不能办理营业执照，原告以租赁房屋进行营业的目的无法实现，故双方之间的租赁合同在事实上已无法继续履行，为避免双方的损失进一步扩大，减少财产浪费，本院对原告程×玲要求解除租赁合同的诉讼请求予以支持。因合同无法继续履行而解除，被告杜×山收取的合同押金 5000 元应当返还；原告要求被告返还租金 41 500 元的请求，本院根据以上情节酌定返还 10 000 元。

【法条链接】

《中华人民共和国合同法》
第九十四条　有下列情形之一的，当事人可以解除合同：
（一）因不可抗力致使不能实现合同目的；
（二）在履行期限届满之前，当事人一方明确表示或者以自己的行为表明不履行主要债务；

（三）当事人一方迟延履行主要债务，经催告后在合理期限内仍未履行；

（四）当事人一方迟延履行债务或者有其他违约行为致使不能实现合同目的；

（五）法律规定的其他情形。

第九十七条 合同解除后，尚未履行的，终止履行；已经履行的，根据履行情况和合同性质，当事人可以要求恢复原状、采取其他补救措施，并有权要求赔偿损失。

第一百一十条 当事人一方不履行非金钱债务或者履行非金钱债务不符合约定的，对方可以要求履行，但有下列情形之一的除外：

（一）法律上或者事实上不能履行；

（二）债务的标的不适于强制履行或者履行费用过高；

（三）债权人在合理期限内未要求履行。

【案例来源】

浙江省海宁市人民法院民事判决书（2017）浙 0481 民初 8119 号。

110. 非本村村民签订的以"租赁之名"行"买卖之实"合同应为无效

（宗×生与赵×平、宋×和房屋租赁合同纠纷）

【裁判要旨】

以"租赁之名"行"买卖之实"，本案名为房屋租赁合同纠纷，实为农村房屋买卖合同纠纷。根据有关法律、政策规定，农村的宅基地禁止买卖。因农村宅基地的所有权属于农民集体所有，宅基地使用权是农村集体经济组织成员享有的权利，与享有者特定的身份相联系，非本集体经济组织成员无权取得或变相取得，故农村宅基地仅限于同一经济组织成员之间交易。本案签订的农村房屋买卖合同，买卖的标的物不仅是房屋，还包含相应的宅基地使用权。买受人并非本村村民，故其无权取得上述宅基地的使用权，本案双方签订的农村房屋买卖合同应为无效。

【当事人信息】

上诉人：宗×生（原审原告）

被上诉人：赵×平（原审被告）

被上诉人：宋×和（原审被告）

【基本案情】

宗×生与宗×系父子关系，赵×平与宋×和系夫妻关系。2014 年 12 月 12 日，乙方赵×平与宋×和经中介介绍，与甲方宗×生、宗×签订《房屋转让合同》，合同约定：经甲乙双方友好协商，为了本着公平公正，双方都受法律保护的原则特签订以下合同：一、被转让的房屋位置、坐落及购买价格。1. 被转让的房屋位于北京市延庆县张山营镇某村。房子四至：北至大街、南至磨面房、东至大道、西至大街。2. 房屋总价 17 万元，大写壹拾柒万元整，付款方式：甲乙双方签合同时交甲方定金贰万元整，剩余房款在 2014 年 12 月 23 日一次结清。3. 甲乙双方商定，乙方交定金后，甲方不卖此房须双倍赔偿乙方，乙方不买此房，甲方不退定金，全款付清后，不管过多少年，甲方反悔按房价的 20 倍赔偿乙方。4. 乙方付齐全款后，不论以后拆迁，新农村改造，国家征用这块土地或政府对这块房产有利益的时候都与甲方无关，甲方必须配合乙方变更一切和房子有关的手续。双方签字后此合同生效。签约方：郭×荣；见证人：杜×银、马×；甲方：宗×生、宗×；乙方：宋×和、赵×平。2014 年 12 月 17 日，双方再次签订一份《永久租赁合同》，约定：一、租赁的房屋位置、坐落及租金。1. 被租赁的房屋位于北京市延庆县张山营镇某村。房子四至：北至大街、南至磨面房、东至大道、西至大街。2. 房屋租赁总价 17 万元，大写壹拾柒万元整。3. 付款方式：甲乙双方签合同时交甲方定金贰万元整，剩余租金在 2014 年 12 月 23 日之前付清。4. 甲乙双方商定，乙方交定金后，甲方不租此房，必须双倍赔偿乙方。乙方交完定金后，不租，甲方不退定金，乙方付清全部租金后，甲方如果反悔按全部租金的 20 倍赔偿给乙方，才能解除合同。5. 乙方全部租金付清后，不管过多少年，房子拆迁，新农村改造，国家征地或其他一切对这块房产有利益的时候都与甲方无关。甲方必须无偿配合乙方变更一切和房子有关的手续，双方签字后此合同生效。甲方：宗×生、宗×；乙方：赵×平、宋×和；见证人：杜×银、马×。当日，宋×和按照合同约定向宗×生及宗×支付买房款 170 000 元，并出具收条：今收到宋×和交来买房款人民币壹拾柒万元整（170 000 元），收款人宗×生、宗×，落款 2014 年 12 月 17 日。宋×和于 2015 年 3 月将该处房屋翻建。2017 年 8 月 27 日，北京市延庆区张山营镇某村委会出具证明一份，证明位于北京市延庆县张山营镇某村东南宗×生房屋，已于 2014 年 12 月 12 日转让给宋×和和赵×平，并附有房屋转让合同及集体土地建设用地使用证。

【诉讼请求】

1. 请求解除合同；
2. 请求判决赵×平、宋×和对原宅基地恢复原状；
3. 请求判决赵×平、宋×和赔偿经济损失 3 万元。

【裁判结果】

一审：驳回宗×生的全部诉讼请求。
二审：驳回上诉，维持原判。

【裁判理由】

一审法院认为：本案双方的争议焦点为：本案当事人之间达成的合同关系究竟是房屋租赁合同关系还是房屋买卖合同关系。房屋买卖的实质是卖方将房屋所有权永久转让与买方，本案双方在永久租赁合同中明确约定，甲方将房屋永久租赁给乙方，全部租金付清后，不管过多少年，该房产的利益均与甲方无关。该合同与房屋转让合同中对于房屋位置、价款以及其他内容基本一致。从约定内容可以看出，当事人之间的达成的真实合意是转移农村房屋所有权，而并非在租赁期限内单纯转移农村房屋占有、使用权。且上述永久租赁合同约定明显违反了《中华人民共和国合同法》第二百一十四条关于租赁合同的规定，属于买卖行为，应按照农村房屋买卖规则认定所谓的租赁合同是否有效。故法院认为，本案当事人是以"租赁之名"行"买卖之实"，本案名为房屋租赁合同纠纷，实为农村房屋买卖合同纠纷。根据有关法律、政策规定，农村的宅基地禁止买卖。因农村宅基地的所有权属于农民集体所有，宅基地使用权是农村集体经济组织成员享有的权利，与享有者特定的身份相联系，非本集体经济组织成员无权取得或变相取得，故农村宅基地仅限于同一经济组织成员之间交易。宗×生、宗×与赵×平、宋×和签订的农村房屋买卖合同，买卖的标的物不仅是房屋，还包含相应的宅基地使用权。赵×平与宋×和夫妻并非延庆区张山营镇某村村民，故其无权取得上述宅基地的使用权，本案双方签订的农村房屋买卖合同应为无效。另外，法院需要说明的是，双方因该无效合同所取得的房屋、房款应相互返还，但因合同无效后还涉及损失赔偿问题，需根据房屋状况等确定赔偿数额，房屋的返还宜与损失赔偿一并解决，在宗×生不变更案由及诉讼请求的情况下，本案暂不予处理，双方可另行解决。

二审法院认为：本案双方当事人就诉争院落先后签订了《转让合同》及《永久租赁合同》，现宗×生依据租赁合同法律关系提起诉讼。但通过对《永久租赁合同》内容的审查，实质上与之前签订的《转让合同》内容基本一致，且宗×生认可在签订上述合同之后，亦将土地使用权证书交与了赵×平、宋×和，明显不符合租赁合同的履行方式，赵×平、宋×和主张签订《永久租赁合同》仅是为了规避法律，结合两份合同的内容以及双方履行情况，本院对此予以采信。一审法院认定《永久租赁合同》名为房屋租赁合同纠纷，实为农村房屋买卖合同纠纷正确，本院予以确认。因农村宅基地的所有权属于农民集体所有，宅基地使用权是农村集体经济组织成员享有的权利，与享有者特定的身份相联系，非本集体经济组织成员无权取得或变相取得。

【法条链接】

1. 《中华人民共和国合同法》

第五十二条　有下列情形之一的，合同无效：

（一）一方以欺诈、胁迫的手段订立合同，损害国家利益；

（二）恶意串通，损害国家、集体或者第三人利益；

（三）以合法形式掩盖非法目的；

（四）损害社会公共利益；

（五）违反法律、行政法规的强制性规定。

2. 《中华人民共和国土地管理法》（2004）

第六十三条　农民集体所有的土地的使用权不得出让、转让或者出租用于非农业建设；但是，符合土地利用总体规划并依法取得建设用地的企业，因破产、兼并等情形致使土地使用权依法发生转移的除外。

【案例来源】

北京市第一中级人民法院民事判决书（2018）京 01 民终 6123 号。

111. 承包协议约定改变了涉案土地的规划性质和使用用途，且作为地上物也没有取得合法的审批手续，该承包协议无效

（巩×国与唐×蓉、唐×华土地承包经营权转包合同纠纷）

【裁判要旨】

《中华人民共和国土地管理法》第四条规定："国家实行土地用途管制制度……使用土地的单位和个人必须严格按照土地利用总体规划确定的用途使用土地。"本案中，双方签订的承包协议中约定二被告承包涉案土地及其上房屋开办养殖场进行犬类养殖，该约定改变了涉案土地的规划性质和使用用途，且作为发包标的的涉案地上物也没有取得合法的审批手续，该承包协议应属无效。

【当事人信息】

上诉人：唐×蓉（原审被告）

被上诉人：巩×国（原审原告）

原审被告：唐×华

【基本案情】

2000 年 7 月 1 日，昌平区兴寿镇上西市村经济合作社（甲方）与本社社员巩×庭（乙方）签订《老砖厂承租合同》，合同约定：乙方承租位于上西市村东的涉案老窑厂；承租用途为畜牧养殖业；承租期限为自 2000 年 7 月 7 日起至 2015 年 7 月 7 日止，承租期 15 年；乙方承租后，拥有场地及承租资产的使用权，甲方拥有所有权；乙方承租后，自己经营，自负盈亏，合法经营，甲方不予干涉；乙方在经营承租期内，改造甲方提供的房屋，经甲方同意后方可施工，但改造的资产归甲方所有，乙方自行建设的养殖设施归乙方所有。

另查，巩×庭系原告巩×国之父，巩×庭曾书面授权其子巩×国对涉案土地

全权行使权利。

2012年8月27日，原告（甲方）与被告（乙方）签订《××养殖场承包协议》，协议约定：乙方承包甲方养殖地养殖名犬，甲方向乙方提供房屋场地，乙方每年向甲方交纳承包经营费，在甲方承包上西市村土地承包期内乙方长期经营，此次甲方承包土地到期时，甲方若取得继续承包权，乙方继续经营。若甲方没有取得继续承包权，甲方另行提供经营场地；乙方向甲方交承包经营费每年一万元整，交款日期为每年的八月一日；当甲方离开此承包地不再经营时乙方随甲方退出；乙方若有违反国家法规时，甲方有权终止合同；甲方发包范围为其承包地由西部第二排房到承包地北墙，后院东起新建院墙到承包地西墙，乙方使用甲方承包地中间通道。

2012年9月7日，原告出具收条，收条写明：今收到名犬犬舍2012年8月15日~2013年8月15日承包费一万元整。

2013年8月5日，原告出具收条，收条写明：今收到名犬犬舍2013年8月15日~2014年8月15日承包费一万元整。

2014年8月7日，原告出具收条，收条写明：今收到名犬犬舍2014年8月15日~2015年8月15日承包费一万元整。

2016年12月26日，被告唐×蓉向昌平区法院交纳（2016）京0114民初14210号案件的案款2万元，后发放给了原告。

2015年11月6日，上西市村股份经济合作社（甲方）与巩×庭（乙方）又签订《××区农村集体出租土地合同书》，合同中约定：乙方租赁甲方位于上西市村老砖厂地块土地，总面积19.63亩，土地类型为农业用地，承租土地用途为种植；租赁期限共20年，自2015年7月8日起至2035年7月7日止（合同承租期限最长为20年）。甲方依法出租本村集体所有或国家所有依法由本村集体使用的农村集体土地，依照合同约定按期收取租金；监督乙方依照合同约定的用途合理利用和保护土地；制止乙方损害承租地和农业资源的行为，维护乙方的土地经营权，不得非法变更、解除租赁合同；尊重乙方的农业生产经营自主权，不得干涉乙方依法进行的正常生产经营活动。乙方依法享有承租地使用、收益的权利，有权自主组织农业生产经营和处置产品，依照合同约定按期交纳租金；维护土地的农业用途，不得用于非农建设，不得建设永久性建筑物，依法保护和合理利用土地，不得破坏耕作层给土地造成永久性损害。如出现违法建设、违法占地及非法经营等违法违规行为，须在政府要求期限内自行整改到位，如逾期未按要求整改到位的，同意由镇政府或其他相关部门进行整改，由此产生的一切费用及后果由当事人自行承担。合同还约定了其他条款。

案件审理过程中：1. 2018 年 3 月 5 日，本院对涉案土地和房屋进行了现场勘验，勘验结果为：现场四周有围墙，内有砖房 9 间，以上为巩×国发包时即有。狗舍围栏都为之后唐×蓉自建。现有各种犬类 19 只。2. 本院依职权向北京市规划和国土资源管理委员会昌平分局调取涉案土地的性质、地类、规划性质及地上物审批情况，北京市规划和国土资源管理委员会昌平分局对此回函称：经核对 2016 年昌平区土地利用变更调查成果，涉案地块的土地性质为：集体土地；现状地类为：建制镇、水浇地、其它果园；另经核对《昌平区土地利用总体规划（2006 年–2020 年）》，该地块的土地规划性质为林业用地区、基本农田保护区；在《昌平新城规划（2005 年–2020 年）》，该地块规划性质为林业用地（E22）（新京标）；另经查，我分局未受理审批涉案地块地上建筑物申请，未核发相关行政许可文件。

【诉讼请求】

1. 确认原、被告于 2012 年 8 月 27 日签订的《××养殖场承包协议》于 2017 年 11 月 1 日解除；

2. 二被告支付截止到 2017 年 10 月 1 日的承包费 1667 元。

【裁判结果】

一审：1. 确认 2012 年 8 月 27 日原告巩×国与被告唐×蓉、唐×华签订的《××养殖场承包协议》无效；

2. 被告唐×蓉支付原告巩×国款项 1667 元，于本判决生效之日起十日内付清；

3. 驳回原告巩×国的其他诉讼请求。

二审：驳回上诉，维持原判。

【裁判理由】

一审法院认为：违反法律、行政法规强制性规定的合同，应属无效。《中华人民共和国土地管理法》第四条规定："国家实行土地用途管制制度，使用土地的单位和个人必须严格按照土地利用总体规划确定的用途使用土地。"本案中，双方签订的承包协议中约定二被告承包涉案土地及其上房屋开办养殖场进行犬类养殖，该约定改变了涉案土地的规划性质和使用用途，且作为发包标的的涉案地上物也没有取得合法的审批手续，该承包协议应属无效。

二审法院认为：对合同效力的确认，不属当事人处分民事权利的范围，而是法律赋予人民法院的职权，人民法院审理合同纠纷案件，首先应审查并确认合同效力，故唐×蓉关于一审法院审查《××养殖场承包协议》效力超出巩×国诉讼请求范围的上诉理由缺乏依据，本院不予采信。

唐×蓉虽称涉案土地为林业用地，在涉案土地上养犬未改变土地用途，但《××区农村集体出租土地合同书》明确约定涉案土地用途为种植，且作为发包标的的涉案地上物没有取得合法的审批手续，并结合涉案土地为林业用地区、基本农田保护区的事实，涉案《××养殖场承包协议》约定的唐×蓉、唐×华承包涉案土地及其上房屋开办养殖场进行犬类养殖，违反了土地管理法关于"国家实行土地用途管制制度，使用土地的单位和个人必须严格按照土地利用总体规划确定的用途使用土地"的规定，应属无效，故唐×蓉该抗辩主张缺乏依据，本院不予采信。

依据 14210 号民事判决书，巩某某未提供充分证据证明《××养殖场承包协议》存在合同无效的法定情形，但本案中，根据一审法院现场勘验及依职权调取的结果，唐×蓉、唐×华在涉案土地上养殖犬类改变了涉案土地用途，一审法院据此认定涉案《××养殖场承包协议》无效并无不当，本院对此不持异议。

【法条链接】

1.《中华人民共和国合同法》

第五十二条 有下列情形之一的，合同无效：

（一）一方以欺诈、胁迫的手段订立合同，损害国家利益；

（二）恶意串通，损害国家、集体或者第三人利益；

（三）以合法形式掩盖非法目的；

（四）损害社会公共利益；

（五）违反法律、行政法规的强制性规定。

2. 《中华人民共和国土地管理法》

第四条　国家实行土地用途管制制度。

国家编制土地利用总体规划，规定土地用途，将土地分为农用地、建设用地和未利用地。严格限制农用地转为建设用地，控制建设用地总量，对耕地实行特殊保护。

前款所称农用地是指直接用于农业生产的土地，包括耕地、林地、草地、农田水利用地、养殖水面等；建设用地是指建造建筑物、构筑物的土地，包括城乡住宅和公共设施用地、工矿用地、交通水利设施用地、旅游用地、军事设施用地等；未利用地是指农用地和建设用地以外的土地。

使用土地的单位和个人必须严格按照土地利用总体规划确定的用途使用土地。

【案例来源】

北京市第一中级人民法院民事判决书（2019）京民终 4575 号。

112. 形式上为无偿借用合同，但附有借用人承揽该房屋装修为条件应认定双方形成房屋租赁合同法律关系

（杨×与张×海、张×博房屋租赁合同纠纷）

【裁判要旨】

张×海、张×博与杨×、王×光签订的《房屋借用协议》系双方真实意思表示，双方虽未约定房屋租金，形式上为无偿借用合同，但以附有杨×、王×光承揽该房屋的室内装修为条件，且双方明确约定了装修期限、概算投资费用、借用期限事项，实质上为有偿房屋租赁合同，形成房屋租赁合同法律关系。且张×海、张×博于双方签订《房屋借用协议》当日即将涉案房屋交付于杨×、王×光使用，已履行交付义务，现涉案房屋仍为杨×、王×光使用。杨×、王×光未向本院提供证据予以证明其已经实际装修履行了协议约定，视为其自 2013 年 7 月 14 日起无偿使用涉案房屋至今。杨×、王×光在双方约定的期间内未全面履行自己的义务，符合迟延履行主要债务的法定解除合同情形。张×海、张×博作为涉案房屋所有权人有权在杨×、王×光未履行附条件义务或未完

全履行附条件义务时主张其所有权。

【当事人信息】

上诉人：杨×（原审被告）

被上诉人：张×海（原审原告）

被上诉人：张×博（原审原告）

【基本案情】

2006 年 12 月 26 日，张×海以 136 325 元的价格购买了位于白山市浑江区七道江镇鲜明村、面积为 143.5 平方米一栋二层的住宅楼，张×海、张×博为父子关系，系本案诉争房屋共同产权人。2010 年 12 月 10 日，白山市浑区七道江镇鲜明村民委员会出具了一份证明：今证明 2006 年 12 月张×海以七道江镇鲜明村一社村民成×福的名义购买一处鲜明小康村住房，房屋面积为 143.50 平方米，金额为 136 325 元。2013 年 7 月 14 日，张×海、张×博与杨×、王×光签订了一份《房屋借用协议》，约定：甲方（张×海、张×博）位于白山市浑江区七道江镇鲜明村有一栋二层住宅楼，面积为 143.5 平方米，未装修。房屋地址：浑江区法院北侧。甲方为维护、修理房屋，预将此栋住宅楼借给乙方（杨×、王×光）居住和办公使用。经双方共同协商达成如下协议：一、乙方承揽该房屋的室内外装修，房屋逐日设施完美、非主体改建。预计 3 年内分 2 至 3 期完成装修施工，预计概算投资费用：壹拾伍万元（￥150 000.00 元）；二、房屋整体装修、改建施工全部结束后，甲乙双方要共同对施工情况进行验收，并对实际支出金额进行核算认证，立据为凭。根据核算情况，协商变更条款；三、甲、乙双方商定房屋借用期限定为 15 年，乙方将从 2013 年 8 月 30 日开始入住使用该房屋，直至 2028 年 8 月 29 日甲方收回房屋之日止；四、乙方在借用房屋期间，要加强对房屋的管理、维护，不得擅自随意改变房屋结构及使用功能，如有损坏应及时维修；五、乙方在借用房屋期间，因特殊事宜不能继续居住和对房屋进行维护，有权将该房屋转租或者转借他人，但必须执行本协议条款，且不得擅自改变房屋使用性质和影响邻居正常生活；六、乙方居住期限内所产生的取暖费、水电费、卫生费、物业管理费、有线电视初装及服务费、网络宽带等各项费用，均由乙方按时缴纳；七、乙方借用房屋期限内必须严格按照国家法律、法规和当地政府各项规章制度，并做好各项安全防护措施，防止各类事故发生。乙方居住期间发生民事纠纷均自行负责；八、房屋借用期满，乙方归还房屋时要保证房屋主体无损坏，室内各种设备、设施能正常使用，并办理移交手续；九、房屋如遇开发、修路等因素影响动迁，甲方有义务协助与开发方或修建方沟通，并给予乙方装修损失补偿；十、本协议未尽事项，由双方友好协商解决。本协议一式二份，甲乙双方各执一份，自签字盖章之日起生效。张×海、张×博于《房屋借用协议》签订后即将涉案房屋交付给杨×、王×光使用，现涉案房屋仍由杨×、王×光使用。

【诉讼请求】

判令解除双方签订的房屋租用协议，杨×、王×光立即腾出租用的房屋。

【裁判结果】

一审：1. 解除张×海、张×博与杨×、王×光于 2013 年 7 月 14 日签订的《房屋租用协议》；

2. 杨×、王×光于本判决发生法律效力后立即腾出所借用的、位于白山市浑江区七道江镇鲜明村、面积为 143.50 平方米一栋二层的住宅楼。

二审：驳回上诉，维持原判。

【裁判理由】

一审法院认为：张×海、张×博与杨×、王×光签订的《房屋借用协议》系双方真实意思表示，双方虽未约定房屋租金，形式上为无偿借用合同，但以附有杨×、王×光承揽该房屋的室内装修为条件，且双方明确约定了装修期限、概算投资费用、借用期限事项，实质上为有偿房屋租赁合同，形成房屋租赁合同法律关系。且张×海、张×博于双方签订《房屋借用协议》当日即将涉案房屋交付于杨×、王×光使用，已履行交付义务，现涉案房屋仍为杨×、王×光使用。而杨×、王×光辩称其已经实际投入到装修中的费用累计 10.5 万元，已经履行了协议约定，不构成根本违约，但其并未向本院提供证据予以证明，视为其自 2013 年 7 月 14 日起无偿使用涉案房屋至今。杨×、王×光在双方约定的期间内未全面履行自己的义务，符合迟延履行主要债务的法定解除合同情形。张×海、张×博作为涉案房屋所有权人有权在杨×、王×光未履行附条件义务或未完全履行附条件义务时主张其所有权。

二审法院认为：张×海提供的其与成×福签订的房屋买卖转让协议和白山市浑江区七道江镇鲜明村民委员会出具的证明，能够证明张×海系本案房屋的实际所有人，张×海有权就该房屋的纠纷主张权利。至于张×海是否有资格购买该房屋，不属于本案审理范围，本院不予评判。根据《中华人民共和国合同法》第九十四条规定："有下列情形之一的，当事人可以解除合同：……（二）在履行期限届满之前，当事人一方明确表示或者以自己的行为表明不履行主要债务……"本案张×海、张×博与杨×、王×光于 2013 年 7 月 14 日签订房屋借用协议，明确约定杨×、王×光承担该房屋的室内外整体装修，从 2013年 8 月 30 日开始入住起，3 年内分 2 至 3 期完成装修施工，投资费用 15 万元。从该协议看，杨×应当在三年内即至 2016 年 9 月 1 前完成装修义务，且装修费用应达到 15 万元。现杨×主张其已花费了 10.5 万元用于装修，但其提供的证据不足以证明所花费的数额，且即使如其所述花费 10.5 万元，也未达到协议约定的 15 万元装修费用，因此杨×已构成违约。自张×海、张×博于 2017 年 9 月 20 日提起本案之诉，至本院审理期间，杨×仍未按协议约定进行装修，杨×以自己的行为表明不履行合同义务，故张×海、张×博请求解除合同符合法律规定。

【法条链接】

《中华人民共和国合同法》

第六十条 当事人应当按照约定全面履行自己的义务。

当事人应当遵循诚实信用原则，根据合同的性质、目的和交易习惯履行通知、协助、保密等义务。

第九十四条 有下列情形之一的，当事人可以解除合同：

（一）因不可抗力致使不能实现合同目的；

（二）在履行期限届满之前，当事人一方明确表示或者以自己的行为表明不履行主要债务；

（三）当事人一方迟延履行主要债务，经催告后在合理期限内仍未履行；

（四）当事人一方迟延履行债务或者有其他违约行为致使不能实现合同目的；

（五）法律规定的其他情形。

【案例来源】

吉林省白山市中级人民法院民事判决书（2018）吉 06 民终 225 号。

113. 承租人未按照合同约定履行支付租金义务，出租人以登报形式通知承租人并请求确认解除合同应予支持

（歌×村民委员会与莹×公司房屋租赁合同纠纷）

【裁判要旨】

原被告签订的合同系双方当事人的真实意思表示，并不违反法律、行政法规的强制性规定，为有效合同，双方当事人应该按照合同的约定全面履行自己的义务。原告已按约将租赁标的物交付给被告使用，但被告拖欠租金已经达到 20 天以上，原告按照合同约定解除双方签订的合同并以登报的形式通知了被告，因此，对原告要求确认原被告签订的合同解除的请求予以支持。

【当事人信息】

原告：歌×村民委员会
被告：莹×公司

【基本案情】

位于重庆市沙坪坝区某山寨 5644 平方米农村集体土地和房屋分别办理了《集体土地使用证》和《农村房屋所有权证》，其土地使用权人和乡村房屋所有权人为重庆市沙坪坝区歌×牵牛洞山寨饮食店，土地使用权类型为建设用地。2012 年 12 月 4 日，原告歌×村民委员会（以下简称甲方）与重庆莹×企业管理咨询有限公司（该公司于 2014 年 3 月 26 日名称变更为莹×公司，以下简称乙方）签订《歌×山牵牛洞山寨出租合同》，甲方将位于重庆市沙坪坝区某山寨出租给乙方，经营旅游、养老产业，以围墙为界，占地面积约 10 亩，房屋建筑面积约 2600 平方米；租赁期限 10 年，从 2013 年 1 月 1 日起至 2022 年 12 月 31 日止；租金：2013 年 1 月 1 日起至 2015 年 12 月 31 日期间每年租金 130 000 元，2016 年 1 月 1 日起至 2017 年 12 月 31 日期间每年租金 136 500

元，2018 年 1 月 1 日起至 2022 年 12 月 31 日期间每年租金 150 150 元，乙方在每年的 12 月 31 日前向甲方一次性支付次年的租金，若乙方拖欠租金 20 天以上的，甲方有权终止合同，收回乙方租用权。合同签订后，原告于 2012 年 12 月 13 日将位于重庆市沙坪坝区某山寨及山寨内的房屋、建筑、园林、财产等交付给被告，被告支付了 2013 年度、2014 年度的租金。被告从 2015 年 1 月 1 日起未支付租金。原告认为被告拖欠租金达到 20 天以上，按照合同约定原告有权解除合同，原告遂于 2016 年 9 月 23 日在重庆晚报上登载《解除租赁合同告知书》，载明：重庆莹×企业管理咨询有限公司：贵司与我村签订的租赁合同，因贵司违约，我村现依法解除该合同，请贵司见报后 10 日内搬出物品。此后，原告多次要求被告支付租金未果，现起诉至本院，要求判如所请。审理中，原告陈述，被告已于 2016 年 11 月 27 日将其在涉案牵牛洞山寨内的物品拿走，该山寨现由原告占有使用。

【诉讼请求】

1. 请求法院确认原被告签订的《歌×村牵牛洞山寨出租合同》于 2016 年 9 月 30 日解除；

2. 请求法院判令被告向原告支付自 2015 年 1 月 5 日至 2016 年 9 月 30 日期间即解除租赁合同前的租金 232 375 元（130 000 元/年×1 年+136 500 元/年÷12 个月×9 个月）；

【裁判结果】

1. 原告歌×村民委员会与被告莹×公司签订的《歌×村牵牛洞山寨出租合同》于 2016 年 9 月 30 日解除。

2. 被告莹×公司于本判决发生法律效力后三日内给付原告歌×村民委员会租金 232 375 元。

【裁判理由】

法院认为：原被告签订的《歌×山牵牛洞山寨出租合同》系双方当事人的真实意思表示，并不违反法律、行政法规的强制性规定，为有效合同，双方当事人应该按照合同的约定全面履行自己的义务。原告已按约将租赁标的物交付给被告使用，但被告支付了 2013 年度、2014 年度的租金后，从 2015 年 1

月 1 日起未支付租金，其拖欠租金已经达到 20 天以上，原告按照合同约定解除双方签订的《歌×山牵牛洞山寨出租合同》并于 2016 年 9 月 23 日以登报的形式通知了被告，因此，本院对原告要求确认原被告签订的《歌×村牵牛洞山寨出租合同》于 2016 年 9 月 30 日解除的请求予以支持。合同解除后，被告虽然已于 2016 年 11 月 27 日将涉案牵牛洞山寨返还给原告，但仍应支付解除合同前的租金。

【法条链接】

《中华人民共和国合同法》

第六十条　当事人应当按照约定全面履行自己的义务。

当事人应当遵循诚实信用原则，根据合同的性质、目的和交易习惯履行通知、协助、保密等义务。

第九十四条　有下列情形之一的，当事人可以解除合同：

（一）因不可抗力致使不能实现合同目的；

（二）在履行期限届满之前，当事人一方明确表示或者以自己的行为表明不履行主要债务；

（三）当事人一方迟延履行主要债务，经催告后在合理期限内仍未履行；

（四）当事人一方迟延履行债务或者有其他违约行为致使不能实现合同目的；

（五）法律规定的其他情形。

第九十六条　当事人一方依照本法第九十三条第二款、第九十四条的规定主张解除合同的，应当通知对方。合同自通知到达对方时解除。对方有异议的，可以请求人民法院或者仲裁机构确认解除合同的效力。

法律、行政法规规定解除合同应当办理批准、登记等手续的，依照其规定。

【案例来源】

重庆市沙坪坝区人民法院民事判决书（2017）渝 0106 民初 1085 号。

114. 涉案房屋未取得建设工程规划许可证且房屋所在地的土地性质为农用地的租赁合同无效

（李×华与刘×亚确认合同无效纠纷）

【裁判要旨】

出租人就未取得建设工程规划许可证或者未按照建设工程规划许可证的规定建设的房屋，与承租人订立的租赁合同无效。本案中，涉案房屋未取得建设工程规划许可证，且房屋所在地的土地性质为农用地，故刘×亚与李×华于2012年4月6日签订《租赁（租房）协议书》应属无效。租赁合同无效，出租人仍可请求参照合同约定的租金标准要求承租人支付占有使用费。合同无效或者被撤销后，因该合同取得的财产，应当予以返还；不能返还或者没有必要返还的，应当折价补偿。有过错的一方应当赔偿对方因此所受到的损失，双方都有过错的，应当各自承担相应的责任。

【当事人信息】

原告（反诉被告）：李×华

被告（反诉原告）：刘×亚

【基本案情】

2012年4月6日，刘×亚（出租人，甲方）与李×华（承租人，乙方）签订《租赁（租房）协议书》，约定：甲方将坐落于北京市昌平区阳坊镇阳坊村阳坊养殖小区耐磨厂后院（建筑面积：4亩地，地上建筑物东面房屋十四间，南面库房320平方米，北面库房420平方米，西北角房屋二间）出租给乙方使用；租赁期限15年，自2012年5月1日起至2027年5月31日止；租金两年一付租金为18万元；自合同签订之日起，付清两年租金，每两年付一次，每年缴纳租赁费以本合同签订日为准，以此类推；合同期内，如乙方未按合同规定时间交纳租赁费或其他费用时，乙方应向甲方支付20%的违约金，逾期不交，本合同自行终止。双方在该合同第十条约定："在合同期内，乙方经甲方许可，可自建房屋。所有建筑维修等费用归乙方负责；合同期满后，乙方自建房屋归甲方所有。"其中，该条文的"所有建筑维修等费用归乙方负责；合同期满后，乙方自建房屋归甲方所有"的内容被手动修改为"甲乙双方建筑物维修由各自进行，修缮费用各自承担"。双方在该合同第十二条约定："在合同期内，如遇到国家和政府征地、拆迁所有补偿款归甲方所有。乙方租赁费多退少补。乙方自建房屋的补偿款30%归甲方，70%归乙方。"其中该条的"30%"被手动修改为"20%"，"70%"被手动修改为"80%"。经询问，双方均不能说明修改的情况，双方均未在修改处签字。合同签订后，刘×亚交付了涉案场地；李×华交纳了自2012年5月1日起至2016年4月30日止的租金36万元。该院落房屋情况如下：西南角有卫生间三间、南侧为钢结构库房、东侧为二层小楼（第一层为砖瓦结构共十间，第二次为轻体房，上下两层一样大）、东北侧有砖瓦结构的平房五间（用作锅炉房、餐厅和住房）、北侧有钢结构库房一大间、北侧西部为砖瓦结构平房两间、西北角有棚子一间、西侧有钢结构库房一大间。另，该院落大门由刘×亚上锁，未经其同意，其他人无法进出该院落；该院落内西侧库房和北侧库房东部由李×华堆放物品并锁门；该院内空地内堆放的白色护栏为李×华所有。李×华称，其于2012年8月开始在该院内西侧新建钢结构库房一处、在该院落西北角搭棚子一个、对北侧西部两间平房进行了装修改造（内外装修、接通上下水、安装暖气）、在该院落东北侧新建锅炉房一间、餐厅一间、对该院落东北侧原有三间房进行了装修改造（内墙贴砖、吊顶、安装暖气、灯具、厨房上下水、外立面粉刷、安装防盗门）、对该院落东侧原有房屋进行了加固（楼栋更换为预制板顶）并在该部分房屋上加盖二层并对该二层楼进行了整体装修（更换门窗、淋浴间吊顶、新铺地板）、对该院落西南角卫生间进行了改造；该院落地面新铺，并新设了院子里的上下水和污水排放系统。刘×亚称，西北角棚子是原有的，北侧西部两间平房在出租时外观就与现场勘验一致，原为空房，但有水电；东北角的五间房，原有四间，锅炉房是新建的，不认可李×华对该房屋进行了重装；东侧二层小楼的防盗门认可是李×华更换的，认可二层是李×华加盖的，不知道是否更换一层楼顶的楼板；认可李×华对西南角卫生间进行了改造。经询问，刘×亚称其对李×华新建库房和改造该院内原有房屋并不知情；李×华称刘×亚自2016年5月份开始控制该院落，其他人无法进出该院落；刘×亚称其于2016年9月份开始控制该院落。经李×华申请，本院委托中建精诚工程咨询有限公司对该院落内李×华所称其新建和装修改造的房屋工程造价进行了鉴定。中建精诚工程咨询有限公司出具的《工程造价鉴定意见书》载明：工程造价原值（2012年7月-11月）为635 449.17元；工程现值（使用年限15年）为423 632.78元。李×华为此支付鉴定费20 000元。

北京市规划和国土资源管理委员会昌平分局证明该院落所在地的土地性质和规划用途为农用地。另，李×华未向法庭提交其新建库房的审批手续。刘×亚未能提供涉案院落内原有房屋的建设规划和审批手续。

【诉讼请求】

原告起诉请求：

1. 确认原、被告于2012年4月6日签订的《租赁（库房）协议书》无效；

2. 被告向原告支付投资建房款635 449.17元；

3. 被告向原告返还租金36万元；

4. 被告向原告返还原物；

5. 被告承担鉴定费20 000元；

6. 被告承担本案诉讼费用。

被告反诉请求：

1. 判令刘×亚与李×华解除《租赁协议书》，李×华向刘×亚支付拖欠的租金，自2016年4月7日起至租赁物返还之日止，按每年9万元计算；

2. 判令李×华向刘×亚支付违约金1.8万元；

3. 判令李×华将租赁标的物恢复原状，拆除自建部分；

4. 判令李×华承担本案全部诉讼费用。

【裁判结果】

1. 刘×亚与李×华于2012年4月6日签订《租赁（租房）协议书》无效；

2. 李×华于本判决生效后十日内将其堆放在北京市昌平区阳坊镇阳坊村阳坊养殖小区耐磨厂后院西侧库房和北侧库房东部的物品及该院内空地内堆放的白色护栏拉走，并将西侧库房和北侧库房东部的钥匙交还刘×亚；刘×亚对此应予以配合；

3. 刘×亚于本判决生效后十日内支付李×华装修改造和新建库房补偿款296 543元；

4. 李×华于本判决生效后十日内向刘×亚支付房屋占有使用费30 000元；

5. 驳回原告李×华的其他诉讼请求；

6. 驳回反诉原告刘×亚的其他诉讼请求。

【裁判理由】

法院认为：出租人就未取得建设工程规划许可证或者未按照建设工程规划许可证的规定建设的房屋，与承租人订立的租赁合同无效。本案中，涉案房屋未取得建设工程规划许可证，且房屋所在地的土地性质为农用地，故刘×亚与李×华于 2012 年 4 月 6 日签订《租赁（租房）协议书》应属无效。租赁合同无效，出租人仍可请求参照合同约定的租金标准要求承租人支付占有使用费。合同无效或者被撤销后，因该合同取得的财产，应当予以返还；不能返还或者没有必要返还的，应当折价补偿。有过错的一方应当赔偿对方因此所受到的损失，双方都有过错的，应当各自承担相应的责任。李×华在使用涉案院落过程中，对院落内原有房屋进行了一定的装修改造并在院落中新建库房一处，虽刘×亚辩称其对装修改造和新建事宜并不知情，但其并未在合理期限内提出异议，应视为其同意李×华在该院落内进行装修改造和新建。

【法条链接】

1.《中华人民共和国合同法》

第五十八条　合同无效或者被撤销后，因该合同取得的财产，应当予以返还；不能返还或者没有必要返还的，应当折价补偿。有过错的一方应当赔偿对方因此所受到的损失，双方都有过错的，应当各自承担相应的责任。

2.《最高人民法院关于审理城镇房屋租赁合同纠纷案件具体应用法律若干问题的解释》

第二条　出租人就未取得建设工程规划许可证或者未按照建设工程规划许可证的规定建设的房屋，与承租人订立的租赁合同无效。但在一审法庭辩论终结前取得建设工程规划许可证或者经主管部门批准建设的，人民法院应当认定有效。

第五条　房屋租赁合同无效，当事人请求参照合同约定的租金标准支付房屋占有使用费的，人民法院一般应予支持。

当事人请求赔偿因合同无效受到的损失，人民法院依照合同法的有关规定和本司法解释第九条、第十三条、第十四条的规定处理。

第九条　承租人经出租人同意装饰装修，租赁合同无效时，未形成附合的装饰装修物，出租人同意利用的，可折价归出租人所有；不同意利用的，可由承租人拆除。因拆除造成房屋毁损的，承租人应当恢复原状。

已形成附合的装饰装修物，出租人同意利用的，可折价归出租人所有；不同意利用的，由双方各自按照导致合同无效的过错分担现值损失。

第十三条　承租人未经出租人同意装饰装修或者扩建发生的费用，由承租人负担。出租人请求承租人恢复原状或者赔偿损失的，人民法院应予支持。

第十四条　承租人经出租人同意扩建，但双方对扩建费用的处理没有约定的，人民法院按照下列情形分别处理：

（一）办理合法建设手续的，扩建造价费用由出租人负担；

（二）未办理合法建设手续的，扩建造价费用由双方按照过错分担。

【案例来源】

北京市昌平区人民法院民事判决书（2016）京0114民初8077号。

115.《房地产租赁合同》被人民法院认定为无效合同，承租人要求继续履行合同或出租人要求解除合同均不予支持

（王×与梁×乐租赁合同纠纷）

【裁判要旨】

本诉被告（反诉原告）与本诉原告（反诉被告）于2015年11月1日签订的《房地产租赁合同》无效。因此，本诉原告要求判令本诉被告继续履行双方之间的《房地产租赁合同》的请求，法院不予支持；反诉原告要求判决解除双方之间的《房地产租赁合同》的反诉请求，法院不予采纳；反诉原告以反诉被告违反《房地产租赁合同》为由要求判决不予退还租赁保证金的请求，法院不予支持。

【当事人信息】

再审申请人：王×（一审原告、反诉被告，二审上诉人）

被申请人：梁×乐（一审被告、反诉原告，二审被上诉人）

【基本案情】

2006年5月10日，本诉被告（反诉原告）梁×乐与吕×河签订了1份《土地租赁合同》。合同约定：吕×河将其位于惠州市惠阳区秋长镇白石村公陂小组的、面积16 500平方米的土地出租给梁×乐建设厂房使用；租用期限为30年，从2006年5月1日至2036年4月30日止；以及其他条款约定。2015年10月29日，本诉被告（反诉原告）梁×乐出具了1份内容为"本人梁×乐特委托王×全权负责惠州市惠阳区秋长镇白石公陂小组工业厂房经营管理及招商有关事宜。特此委托"的《委托书》给本诉原告（反诉被告）王×。2015年11月1日，本诉被告（反诉原告）与本诉原告（反诉被告）签订了1份《房地产租赁合同》。合同约定：梁×乐将其出资兴建的、位于惠州市惠阳区秋长街道白石村公陂小组的总建筑面积14 300平方米的2栋厂房、1栋办公楼和1栋宿舍楼出租给王×使用；租赁期限自2015年11月1日起至2035年10月31日止，共计20年，从2016年3月1日开始计租；厂房、宿舍、办公楼每月的租金共计141 600元；租赁保证金为4个月厂房租金，共计566 400元，在签订合同之后即支付保证金及预付3个月租金；王×应于每月30日前向梁×乐支付当月租金，王×逾期未交付租金的，每逾期1日，王×须按每月租金的1％向梁×乐支付滞纳金；王×超过30天未支付租金，梁×乐有权解除本合同，所欠的租金及其他费用从押金中抵扣；梁×乐在合同期内，必须派1名负责人（厂长）协助王×办理相关事务，工资每月2000元；本合同有效期内，梁×乐或王×对租赁房地产进行改造、扩建或装修的，双方应另行签订书面协议；本合同有效期内，王×如生产需要对厂房改造或扩建，需经与梁×乐协商同意，并征得当地政府有关部门许可方能进行，否则，由此给双方所造成的损失均由王×负责承担；如出现下列情形之一时，梁×乐可就因此造成的损失，不予退还租赁保证金：…（三）乙方擅自改变租赁房房地产结构或者用途；以及其他合同条款约定。《房地产租赁合同》签订后，本诉原告（反诉被告）按合同约定支付租金和租赁保证金566 400元给本诉被告（反诉原告）。2015年11月10日，本诉原告（反诉被告）与"富佳堡家具有限公司"签订了1份《厂房租赁合同》，将上述涉案厂房及配套设施转包给"富佳堡家具有限公司"。2016年春节前，"富佳堡家具有限公司"在涉案厂房及配套设施的空地加建砖房及钢架临时建筑。由于加建砖房及钢架临时建筑所在地介于惠州市与深圳市交界处，2016 年 1 月 7 日，深圳市坪山新区规划土地监察局作出 No 0300119 的《责令停止（改正）违法行为通知书》，责令：1. 立即停止违法行为；2. 于 2016 年 1 月 8 日前自行拆除。《责令停止（改正）违法行为通知书》发出后，上述违法建筑现已拆除。2016 年 5 月 10 日，本诉被告（反诉原告）通过中国邮政 EMS 特快专递向本诉原告（反诉被告）发出 1 份内容为"王×先生：就你承租位于惠州市惠阳区秋长镇白石村公陂小组的工业厂房及配套设施事宜，我作为上述厂房及配套设施的权利人，现郑重告知你，双方之间的租赁合同关系解除。因你在合同履行期间，违反合同约定，未经通知出租方及取得相关部门的许可，擅自对租赁厂房进行改建扩建。导致 2016 年 1 月 17 日，深圳市坪山新区规划土地监察局作出编号 No 0300119 的《责令停止（改正）违法行为通知书》，通知书认定你在未取得报建手续的情况下，违法施工、建设砖房及钢架临时建筑，占地面积共约 600 平方米，并责令你立即停止违法行为，拆除违法建筑。双方租赁合同关系刚刚开始，你作为承租方就在未经许可的情况下对厂房结构擅自改建，鉴于你无视法律，且你的违法行为已给我造成重大损失，出于对你自身合法权益的保护，我决定解除与你之间的《房地产租赁合同》，双方租赁合同关系自本通知发出之日生效。请你在见本通知之日起 10 日内搬离厂房，将租赁厂房恢复原状后交还与我！特此通知！"的《解除〈房地产租赁合同〉通知书》。2016 年 5 月 19 日，本诉原告（反诉被告）向本诉被告（反诉原告）发出 1 份内容为"梁×乐先生：来函收到，鉴于我方在合同的履行过程中既未给你造成损失，也无任何达到合同约定解除的行为发生，我方不同意解除合同，特此回复：合同已经在履行过程中，受法律保护，任何一方都无权随意解除，履行过程中的非原则性问题更应不忘初心友好协商解决，总观所有租赁纠纷最终都是两败俱伤，律师费法院诉讼费可以忽略，但由于诉讼时间长，可能出现的客户退租和不能出租的损失非常巨大，目前已有在租客户因此产生去意，如若你方一意孤行，我方将无法友好配合，另外果真造成我方损失的我方也将向你主张，还望三思，回到友好轨道上面来！此函"的《不同意解除合同的回复函》。上述厂房及配套设施的租金收至 2016 年 5 月止。2016 年 6 月 25 日，本诉原告（反诉被告）通过中国建设银行转账 143 600 元（含 2016 年 6 月份租金 141 600 元及 2016 年 6 月份厂长工资 2000 元）给本诉被告（反诉原告），本诉被告（反诉原告）于当天通过中国建设银行予以退回。另查，本案涉案厂房及配套设施未取得建设工程规划许可证。

【诉讼请求】

本诉原告诉讼请求：判令被告继续履行双方之间的《房地产租赁合同》。

反诉原告诉讼请求：1. 判决解除双方之间的《房地产租赁合同》；2. 判决不予退还反诉被告租赁保证金；3. 判决反诉被告赔偿损失 500 000 元。

【裁判结果】

一审：1. 本诉原告（反诉被告）王×与本诉被告（反诉原告）梁×乐于 2015 年 11 月 1 日签订的《房地产租赁合同》无效；

2. 驳回本诉原告王×要求判令本诉被告梁×乐继续履行双方之间的《房地产租赁合同》的本诉请求；

3. 驳回反诉原告梁×乐要求判决解除反诉原告梁×乐与反诉被告王×之间的《房地产租赁合同》的反诉请求；

4. 驳回反诉原告梁×乐要求判决反诉被告王×赔偿损失 500 000 元的反诉请求；

5. 驳回反诉原告梁×乐要求判决不予退还反诉被告王×租赁保证金的反诉请求；反诉原告梁×乐在本判决发生法律效力之日起 15 日内退还租赁保证金 566 400 元给反诉被告王×。

二审：驳回上诉，维持原判。

再审：驳回王×的再审申请。

【裁判理由】

一审法院认为：涉案厂房及配套设施没有取得建设工程规划许可证，根据《最高人民法院关于审理城镇房屋租赁合同纠纷案件具体应用法律若干问题的解释》第二条"出租人就未取得建设工程规划许可证或者未按照建设工程规划许可证的规定建设的房屋，与承租人订立的租赁合同无效。但在一审法庭辩论终结前取得建设工程规划许可证或者经主管部门批准建设的，人民法院应当认定有效"的规定，本诉被告（反诉原告）与本诉原告（反诉被告）于 2015 年 11 月 1 日签订的《房地产租赁合同》以及本诉原告（反诉被告）与"富佳堡家具有限公司"于 2015 年 11 月 10 日签订的《厂房租赁合同》无效。因此，本诉原告要求判令本诉被告继续履行双方之间的《房地产租赁合同》的请求，法院不予支持；反诉原告要求判决解除双方之间的《房地产租赁合同》的反诉请求，法院不予采纳；反诉原告以反诉被告违反《房地产租赁合同》为由要求判决不予退还租赁保证金的请求，法院不予支持。反诉原告要求判决反诉被告赔偿损失 500 000 元的请求，没有提交相关证据予以佐证，法院不予支持。

二审法院认为：上诉人与被上诉人于 2015 年 11 月 1 日签订的《房地产租赁合同》是否有效。根据《最高人民法院关于审理城镇房屋租赁合同纠纷案件具体应用法律若干问题的解释》第一条规定："本解释所称城镇房屋，是指城市、镇规划区内的房屋。乡、村庄规划区内的房屋租赁合同纠纷案件，可以参照本解释处理。但法律另有规定的，适用其规定。"本案诉争的租赁厂房位于乡、村庄规划区内，目前，我国尚未出台相关法律专门处理乡、村庄规划区内的房屋租赁合同纠纷，因此，本案可以参照《最高人民法院关于审理城镇房屋租赁合同纠纷案件具体应用法律若干问题的解释》的有关规定处理。根据原审查明的事实，上诉人与被上诉人签订的《房地产租赁合同》的厂房及配套设施未取得建设工程规划许可证，且在一审法庭辩论终结前未取得建设工程规划许可证，也未经主管部门批准建设。根据上述司法解释第二条规定：出租人就未取得建设工程规划许可证或者未按照建设工程规划许可证的规定建设的房屋，与承租人订立的租赁合同无效。但在一审法庭辩论终结前取得建设工程规划许可证或者经主管部门批准建设的，人民法院应当认定有效。原审法院认定上述《房地产租赁合同》为无效合同有事实和法律依据，并根据无效合同的处理原则判令相互返还财产正确。

再审法院认为：本案为租赁合同纠纷。本案审查的主要问题是案涉房地产租赁合同的效力。《最高人民法院关于审理城镇房屋租赁合同纠纷案件具体应用法律若干问题的解释》第一条规定："本解释所称城镇房屋，是指城市、镇规划区内的房屋。乡、村庄规划区内的房屋租赁合同纠纷案件，可以参照本解释处理。但法律另有规定的，适用其规定。"本案中，已经查明案涉租赁厂房用地属于乡村用地，且案涉厂房及配套设施至今未取得建设工程规划许可证，一、二审法院参照最高人民法院上述司法解释规定处理本案，认定双方当事人签订的租赁合同无效，并无不当。

【法条链接】

1.《最高人民法院关于审理城镇房屋租赁合同纠纷案件具体应用法律若干问题的解释》

第一条　本解释所称城镇房屋，是指城市、镇规划区内的房屋。

乡、村庄规划区内的房屋租赁合同纠纷案件，可以参照本解释处理。但法律另有规定的，适用其规定。

当事人依照国家福利政策租赁公有住房、廉租住房、经济适用住房产生的纠纷案件，不适用本解释。

第二条　出租人就未取得建设工程规划许可证或者未按照建设工程规划许可证的规定建设的房屋，与承租人订立的租赁合同无效。但在一审法庭辩论终结前取得建设工程规划许可证或者经主管部门批准建设的，人民法院应当认定有效。

2.《中华人民共和国合同法》

第五十八条　合同无效或者被撤销后，因该合同取得的财产，应当予以返还；不能返还或者没有必要返还的，应当折价补偿。有过错的一方应当赔偿对方因此所受到的损失，双方都有过错的，应当各自承担相应的责任。

【案例来源】

广东省高级人民法院民事裁定书（2018）粤民申 2645 号

116. 涉案房屋卖给第三人后未办理产权变更登记的出租人应继续履行《租赁合同》

（唐×悌、张×红与印×会、罗×琼、印×涛房屋租赁合同纠纷）

【裁判要旨】

承租人按照《租赁合同》约定按时交纳房租，履行《租赁合同》确定的义务，出租人与第三人签订《房屋买卖合同协议书》后，但是没有办理产权变更登记，其房屋所有权还没有转移。因此，出租人与承租人应当继续履行《租赁合同》。

【当事人信息】

原告：唐×悌

原告：张×红

被告：印×会

被告：罗×琼

被告：印×涛

【基本案情】

2010 年被告印×会在取得《湖北省村镇建设项目开工许可证》后，在鹤峰县铁炉乡集镇修建了本案所涉房屋。2015 年 8 月 1 日，刘×丽与唐×悌、张×红就涉案房屋签订《租赁合同》，其主要内容为"第一条、甲方（印×涛、刘×丽）现有一楼门面三间，二层住房，位于铁炉乡小雨天宾馆对面，提供给乙方租赁，租赁期十年；第五条、租赁期限十年，租赁期间租费分两段计价，从租赁之日起五年，每年租费 18 000 元，第五年至第十年租费每年 20 000 元，交纳方式为一年一交方可使用，不得拖延违约；第八条、本合同一式两份……，自 2015 年 10 月 1 日起开始计算房屋租赁费"。印×涛系印×会、罗×琼的儿子，在签订《租赁合同》时，刘×丽与印×涛为夫妻关系，系印×会、罗×琼的儿媳。2015 年签订合同后至 2017 年发生争议前，原告与刘×丽一直按照《租赁合同》履行，原告一直将房租交于刘×丽，被告对该《租赁合同》也一直未提出异议。2017 年 9 月 22 日、10 月 3 日原告联系刘×丽要求交纳房租未果。同年 10 月 18 日、20 日，原告联系印×涛要求交纳房租未果。2017 年 11 月 9 日、15 日，被告印×会、罗×琼分别与第三人姜×平、向×玉、胡×红签订《房屋买卖合同协议书》，分别以 550 000 元、528 000 元的价格购买本案所涉房屋。2017 年 12 月 12 日、2018 年 1 月 4 日，鹤峰县铁炉白族乡人民调解委员会先后两次对双方的矛盾进行调解未果。2018 年 1 月 4 日，被告印×会、罗×琼书写《特此告知》一份送达给原告。其主要内容为"本案所涉房屋已经出卖，原告如果要租或者卖，需与新房主协商"。

【诉讼请求】

确认被告印×会、罗×琼于 2018 年 1 月 12 日送达的解除《租赁合同》的通知无效；要求三被告遵守诚实信用原则，继续履行 2015 年 10 月 1 日与原告签订的租赁合同。

【裁判结果】

1. 被告印×会、罗×琼继续履行与原告签订的《租赁合同》；
2. 驳回原告的其他诉讼请求。

【裁判理由】

法院认为：关于《租赁合同》的效力。原告与刘×丽就本案所涉房屋签订《租赁合同》时，由于刘×丽系印×会儿媳的特殊身份，足以让原告相信是代表被告印×会的行为，符合表见代理的构成要件。在签订《租赁合同》后，双方均按照《租赁合同》履行，足以证明此合同是双方当事人的真实意思表示，且该合同不违反法律的规定。因此，该《租赁合同》合法有效。关于被告送达的《特此告知》是否为要求解除《租赁合同》的意思表示。原告认为该《特此告知》是被告要求解除《租赁合同》的通知，但从《特此告知》的内容分析，其并不包含解除《租赁合同》的明确意思表示。同时，被告当庭否认此《特此告知》是要求解除《租赁合同》。故，原告请求确认印×会、罗×琼送达的《特此告知》无效，没有事实依据，本院不予支持。关于被告印×涛诉讼主体不适格的抗辩意见，本案所涉房屋没有办理房屋产权证，但从《湖北省村镇建设项目开工许可证》所注明的建设单位，该房屋系印×会所修建，该房屋的所有人不是印×涛。因此，对于被告印×涛的该项抗辩意见，本院予以采纳。被告印×涛在本案中不承担责任。关于原告是否违约，《租赁合同》已解除。被告主张原告没有按《租赁合同》约定按时交纳房租，已构成违约，《租赁合同》已无法履行。在 2015 年、2016 年原告都将房租交给刘×丽，2017 年原告按交易习惯在多次联系刘×丽要求交纳房租未果的情况下，又与印×会之子印×涛联系要求交纳房租，其行为是积极履行《租赁合同》确定的义务，并不构成违约，双方应继续按照《租赁合同》所确定的权利义务履行。因此，对被告的该项抗辩意见，本院不予采纳。关于被告与第三人签订《房屋买卖合同协议书》后，对《租赁合同》效力的影响。2017 年 11 月 9 日、15 日，被告印×会、罗×琼与第三人姜×平、向×玉、胡×红签订《房屋买卖合同协议书》，将本案所涉房屋卖给第三人。但是双方没有办理产权变更登记，其房屋所有权还没有转移。因此，被告印×会、罗×琼应当继续履行《租赁合同》。

【法条链接】

1. 《中华人民共和国合同法》

第四十九条 行为人没有代理权、超越代理权或者代理权终止后以被代理人名义订立合同，相对人有理由相信行为人有代理权的，该代理行为有效。

第六十条 当事人应当按照约定全面履行自己的义务。

当事人应当遵循诚实信用原则，根据合同的性质、目的和交易习惯履行通知、协助、保密等义务。

第一百零七条 当事人一方不履行合同义务或者履行合同义务不符合约定的，应当承担继续履行、采取补救措施或者赔偿损失等违约责任。

第一百一十二条 当事人一方不履行合同义务或者履行合同义务不符合约定的，在履行义务或者采取补救措施后，对方还有其他损失的，应当赔偿损失。

2. 《中华人民共和国物权法》

第九条 不动产物权的设立、变更、转让和消灭，经依法登记，发生效力；未经登记，不发生效力，但法律另有规定的除外。

依法属于国家所有的自然资源，所有权可以不登记。

3. **《最高人民法院关于审理城镇房屋租赁合同纠纷案件具体应用法律若干问题的解释》**

第一条 本解释所称城镇房屋，是指城市、镇规划区内的房屋。

乡、村庄规划区内的房屋租赁合同纠纷案件，可以参照本解释处理。但法律另有规定的，适用其规定。

当事人依照国家福利政策租赁公有住房、廉租住房、经济适用住房产生的纠纷案件，不适用本解释。

第二条 出租人就未取得建设工程规划许可证或者未按照建设工程规划许可证的规定建设的房屋，与承租人订立的租赁合同无效。但在一审法庭辩论终结前取得建设工程规划许可证或者经主管部门批准建设的，人民法院应当认定有效。

【案例来源】

湖北省鹤峰县人民法院民事判决书（2018）鄂 2828 民初 103 号。

117. 涉案土地为宅基地用于开设非农建设签订的《协议书》属无效合同

（郑×三与谢×渠、谢×文、蔡×坤、钟×租赁合同纠纷）

【裁判要旨】

农民集体所有的土地的使用权不得出让、转让或者出租用于非农业建设。该案合同违反国家强制性规定，是无效合同。双方存在土地租赁合同关系，《协议书》虽属无效合同，但承租人确实占用涉案土地并获得出租收益，参照《协议书》约定的租金标准给付土地使用费的主张，应予以支持。

【当事人信息】

上诉人：郑×三（原审被告）
被上诉人：谢×渠（原审原告）
被上诉人：谢×文（原审原告）
原审第三人：蔡×坤
原审第三人：钟×

【基本案情】

2000 年 9 月 28 日，宁×玲与谢×渠签订《房地产转让契约》，将该宗土地使用权及地上建筑转让给谢×渠，上述契约有三亚市吉阳镇新村居委会同意的签章。2011 年 1 月 1 日，谢×渠的父亲谢×文与郑×三签订《协议书》，约定：谢×文将上述土地部分租给郑×三使用，租赁期 1 年，租金每年 3.2 万元；租赁期满后，谢×文如建房使用，郑×三应无偿退出，并拆回所建材料、物品；谢×文如不建房使用，继续承租，租金不变。协议签订后，郑×三遂在涉案土地上建了房屋，并将其出租给钟×，钟×承租后与蔡×坤合伙开设了"三亚田独蔡记金江牛煲店"。租期届满后，郑×三仍继续承租，租金不变。2013 年 5 月 16 日，谢×渠取得了三集土房（2013）字第 00492 号《集体土地房屋权证》，确认该宗土地东至：道路；西至：陈剑锋；南至：陈剑锋；北至：水沟；用地总面积为 638.53 平方米。取得土地使用权证后，谢×渠计划在该地块上建房，准备收回涉案土地未果，遂以郑×三、蔡×坤、钟×侵占其土地为由，向原审法院提起侵权之诉，要求排除妨害。案件审理前期，郑×三认为涉案土地不在谢×渠《集体土地房屋权证》范围内。谢×渠申请对"三亚田独蔡记金江牛煲店"使用的土地是否侵占其庭院经济用地进行司法鉴定。经法院委托，三亚合利测绘服务有限公司于 2014 年 7 月 29 日作出三测鉴 20140729 号《测绘鉴定报告》测量结果为：蔡×坤牛煲店的用地范围部分落在谢×渠 [三集土（2013）字第 00492 号] 土地证发证用地范围内，占地面积为 61.63 平方米。其中，混合房占地 42.03 平方米、铁棚房占地 19.60 平方米。具体坐标为，点号 1：X23058.686，Y117786.510；点号 2：X23063.236，Y117790.886；点号 3：X23059.403，Y117796.778；点号 4：X23055.198，Y117792.841；点号 5：X23057.508，Y117788.656；点号 6：X23058.254，Y117786.174。该鉴定结论作出后，郑×三承认涉案土地系从谢×文处租来的，谢×渠也承认涉案土地是其父亲谢×文租给郑×三的，并收取了 2012 年及之前的租金。经原审法院释明后，谢×渠依据租赁合同关系，重新提交了新的起诉状，变更了诉讼请求，增加谢×文作为共同原告、变更蔡×坤、钟×作为第三人提出合同之诉。

【诉讼请求】

1. 确认谢×文与郑×三签订的《协议书》无效；

2. 判令郑×三赔偿谢×渠土地使用费；

3. 判令郑×三拆除《协议书》约定土地范围内建造的房屋及其他附属物，郑×三及蔡×坤、钟×将开设"蔡×坤金江牛煲店"所占用的土地返还谢×渠。

【裁判结果】

一审：1. 谢×文与郑×三签订的《协议书》无效；

2. 郑×三在判决生效之日起三十日内自行拆除位于谢×渠三集土房（2013）字第 00492 号《集体土地房屋权证》范围内建造的房屋及其他附属物；

3. 郑×三和蔡×坤、钟×在判决生效之日起三十日内将开设"三亚田独金江牛煲店"所占用的土地（混合房占地 42.03 平方米、铁棚房占地 19.60 平方米）返还谢×渠（具体四至坐标为：点号 1：X23058.686，Y117786.510；点号 2：X23063.236，Y117790.886；点号 3：X23059.403，Y117796.778；点号 4：X23055.198，Y117792.841；点号 5：X23057.508，Y117788.656；点号 6：X23058.254，Y117786.174）；

4. 郑×三在判决生效之日起十日内向谢×渠支付 2013 年 1 月 1 日至判决生效之日的土地使用费（每日的土地使用费为 87.67 元）。

二审：驳回上诉，维持原判。

【裁判理由】

一审法院认为：本案的争议焦点为：一、谢×文与郑×三签订的《协议书》是否合法有效；二、关于谢×渠是否应撤诉后重新起诉的问题；三、郑×三是否应赔偿谢×渠土地使用费及具体数额；四、谢×渠、谢×文诉求郑×三拆除在《协议书》约定土地范围内建造的房屋及其他附属物，要求郑×三及蔡×坤、钟×将开设"蔡×坤金江牛煲店"所占用的土地返还是否应得到支持。

一、关于谢×文与郑×三签订的《协议书》是否合法有效的问题。《中华人民共和国土地管理法》规定，农民集体所有的土地的使用权不得出让、转让或者出租用于非农业建设。本案中，涉案土地为宅基地，属于农村集体所有土地，谢×文将涉案土地出租给郑×三，郑×三建房后又将涉案土地连同房屋出租给钟×，用于开设"三亚田独蔡记金江牛煲店"，违反国家强制性规定，故谢×文与郑×三签订的《协议书》属无效合同。

二、关于谢×渠是否应撤诉后重新起诉的问题。第三人蔡×坤认为谢×渠在新的起诉状中增加谢×文作为共同原告、变更蔡×坤、钟×作为第三人提出合同之诉不符合法律规定，应撤诉重新起诉。原审法院认为，系谢×文与郑×三签订的《协议书》，其理应作为原告参加诉讼；本案由侵权之诉变更为合同之诉，蔡×坤、钟×作为次承租人及涉案房屋的实际使用人，与本案的审理结果有法律上的利害关系，应作为第三人参加诉讼，故对蔡×坤的该项主张，应不予支持。

三、关于郑×三是否应支付谢×渠土地使用费及具体数额的问题。谢×渠要求参照《协议书》约定的租金给付土地使用费。谢×文与郑×三签订的《协议书》虽属无效合同，但郑×三确实占用了涉案土地并获得出租收益，故参照《最高人民法院关于审理城镇房屋租赁合同纠纷案件具体应用法律若干问题的解释》第五条的规定"房屋租赁合同无效，当事人请求参照合同约定的租金标准支付房屋占有使用费的，人民法院一般应予支持"，对谢×渠要求郑×三参照《协议书》约定的租金给付土地使用费的主张，法院予以支持。至于土地使用费的具体数额，郑×三主张2013年及之前的租金已付清，但并未提供任何证据证明该事实，故对郑×三的该项主张，法院不予采信；因谢×渠承认收取了郑×三2012年及之前的租金，诉求土地使用费至判决返还土地之日，故郑×三应支付2013年1月1日至判决生效之日的土地使用费，每日的土地使用费为87.67元（32 000元/365天）。

四、关于谢×渠、谢×文诉求郑×三拆除在《协议书》约定土地范围内建造的房屋及其他附属物，要求郑×三及蔡×坤、钟×将开设"三亚田独蔡记金江牛煲店"所占用的土地返还是否应予支持的问题。谢×文与郑×三签订的《协议书》无效，郑×三应返还双方协议租赁的涉案土地，并拆除其建造的房屋及其他附属物，谢×渠取得的三集土房（2013）字第00492号《集体土地房屋权证》，确认了谢×渠对该《集体土地房屋权证》范围内的土地拥有使用权，故对谢×渠、谢×文的该项主张中位于三集土房（2013）字第00492号《集体土地房屋权证》范围内的土地部分，法院予以支持。

二审法院认为：本案的争议焦点是：一、关于谢×文与郑×三签订的《协议书》是否有效的问题；二、原审认定郑×三与谢×文之间存在土地租赁合同关系是否正确的问题；三、郑×三是否应支付土地使用费；四、原审判决鉴定费由郑×三承担是否正确的问题。一、关于谢×文与郑×三签订的《协议书》是否有效的问题。根据《中华人民共和国土地管理法》规定，农民集体所有的土地的使用权不得出让、转让或者出租用于非农业建设。涉案土地为宅基地，属于农村集体所有土地，谢×文将涉案土地出租给郑×三，郑×三又将涉案土地连同房屋出租给钟×，用于开设"三亚田独蔡记金江牛煲店"，该合同违反国家强制性规定，故谢×文与郑×三签订的《协议书》是无效合同。二、原审认定郑×三与谢×文之间存在土地租赁合同关系是否正确的问题。2011年1月1日，郑×三与谢×文签订《协议书》，约定：谢×文同意将乌石村吉阳大路边房屋顶上面空间租给郑×三经营生意。郑×三与谢×文之间存在土地租赁合同关系，涉案土地系从谢×文处租来使用。原审判决由此认定双方为土地租赁关系，认定事实清楚，本院予以确认。三、关于郑×三是否应支付土地使用费及具体数额的问题。谢×渠诉求参照《协议书》约定的租金给付土地使用费，谢

×文与郑×三签订的《协议书》虽属无效合同，但郑×三确实占用涉案土地并获得出租收益，依照《最高人民法院关于审理城镇房屋租赁合同纠纷案件具体应用法律若干问题的解释》第一条第二款规定，乡、村庄规划区内的房屋租赁合同纠纷案件，可以参照本解释处理。但法律另有规定的，适用其规定。故原审判决依据该《最高人民法院关于审理城镇房屋租赁合同纠纷案件具体应用法律若干问题的解释》第五条规定，判定郑×三支付土地占有使用费。

四、原审判决鉴定费由郑×三承担是否正确的问题。由于《协议书》没有约定土地的四至和面积，而郑×三否认涉案土地是从谢×文处租来的。在郑×三及蔡×坤均不承认涉案土地系从谢×文处租来使用的情形下，谢×渠、谢×文因收回土地未果，只能提起侵权之诉，要求排除妨害。在鉴定结束后，郑×三才承认涉案土地系从谢×文处租来使用的，双方存在涉案土地的租赁合同关系。经原审法院释明后，谢×渠依据租赁合同关系，重新提交了新的起诉状，案由由侵权纠纷变更为合同纠纷。因此，鉴定程序的启动系在郑×三及蔡×坤均不承认涉案土地系从谢×文处租来使用的情形下进行的，故鉴定费由郑×三承担正确。

【法条链接】

1.《中华人民共和国合同法》

第五十二条　有下列情形之一的，合同无效：

（一）一方以欺诈、胁迫的手段订立合同，损害国家利益；

（二）恶意串通，损害国家、集体或者第三人利益；

（三）以合法形式掩盖非法目的；

（四）损害社会公共利益；

（五）违反法律、行政法规的强制性规定。

第五十八条　合同无效或者被撤销后，因该合同取得的财产，应当予以返还；不能返还或者没有必要返还的，应当折价补偿。有过错的一方应当赔偿对方因此所受到的损失，双方都有过错的，应当各自承担相应的责任。

2.《中华人民共和国土地管理法》（2004 修正）

第六十三条　农民集体所有的土地的使用权不得出让、转让或者出租用于非农业建设；但是，符合土地利用总体规划并依法取得建设用地的企业，因破产、兼并等情形致使土地使用权依法发生转移的除外。

3. 《最高人民法院关于审理城镇房屋租赁合同纠纷案件具体应用法律若干问题的解释》

第五条 房屋租赁合同无效，当事人请求参照合同约定的租金标准支付房屋占有使用费的，人民法院一般应予支持。

当事人请求赔偿因合同无效受到的损失，人民法院依照合同法的有关规定和本司法解释第九条、第十三条、第十四条的规定处理。

4. 《三亚市农村宅基地管理办法》

第十二条第二款 庭院经济用地只能用于种植庭院经济作物，不得用于建造住房等永久性建筑物、构筑物。

【案例来源】

海南省三亚市中级人民法院民事判决书（2015）三亚民二终字第 1 号。

118. 通过签订《房屋租赁合同》实现宅基地使用权转让的目的因违反相关法律规定而无效

（陈×高与陈×寨村民委员会房屋租赁合同纠纷）

【裁判要旨】

当事人一方履行合同过程中因违约行为致使不能实现合同目的的，另一方当事人可以解除合同。承租人未按照约定的方法或者租赁物的性质使用租赁物，致使租赁物受到损失的，出租人可以解除合同并要求赔偿损失。合同解除后，尚未履行的，终止履行。本案中，双方签订的合同是双方意思的真实表示且不违反法律规定，虽然双方对该合同的文本提出不同的主张，但对合同内容均认可，并实际履行了合同的条款，故本案双方之间存在房屋租赁法律关系。承租人主张双方是通过签订《房屋租赁合同》实现宅基地使用权转让的目的，该主张即使是事实，也因违反相关法律规定而无效，不应得到法律的支持。

【当事人信息】

上诉人：陈×高（原审被告）

被上诉人：陈×寨村民委员会（原审原告）

【基本案情】

陈×寨村委会、陈×高于 2008 年 4 月份签订了《房屋租赁合同》，经部分群众代表会议研究，陈×寨村委会将院落一座（北屋五间、东屋二间、角门一座）租赁给陈×高使用，同时约定租赁费为 61 000 元一次性付清，房屋破损不能居住时，陈×高可自行修复，费用由陈×高承担，租赁期限为 50 年。同年 5 月 10 日，陈×高通过其亲家陈×向陈×寨村委会交付了租赁费 62 000 元。2017 年 2 月 25 日，陈×高将所租赁的房屋拆除。一审时，经陈×寨村委会申请，一审法院依法委托山东明信价格评估有限公司对陈×高所拆除房屋的价值进行评估，评估价值为 15 950 元。庭审中陈×寨村委会提交了其与陈×高于 2008 年 4 月 20 日签订的《房屋租赁合同》，陈×高经质证对该证据不予认可，并提交了 2008 年 4 月 10 日其与陈×寨村委会签订的《房屋租赁合同》。一审法院认定该两份合同的主要内容及条款相同，且对租赁合同的内容双方均认可，该合同已经实际履行，故对双方之间存在房屋租赁关系予以认定。陈×高提交了六张照片，欲证明租赁房屋的门窗破旧无法使用。

【诉讼请求】

1. 判令解除陈×寨村委会与陈×高签订的《房屋租赁合同》；

2. 判令陈×高停止侵权行为，将其私自拆除的房屋及院落恢复原状，并腾退所占房产返还于陈×寨村委会，赔偿陈×寨村委会因陈×高侵权行为造成的各项经济损失 40 000 元；

3. 诉讼费用由陈×高承担。

【裁判结果】

一审：1. 解除陈×寨村委会与陈×高之间的《房屋租赁合同》；

2. 陈×寨村委会于判决生效后五日内向陈×高返还未履行部分租金 52 080 元；

3. 驳回陈×寨村委会其他诉讼请求。

二审：驳回上诉，维持原判。

【裁判理由】

一审法院认为：当事人一方履行合同过程中因违约行为致使不能实现合同目的的，另一方当事人可以解除合同。承租人未按照约定的方法或者租赁物的性质使用租赁物，致使租赁物受到损失的，出租人可以解除合同并要求赔偿损失。合同解除后，尚未履行的，终止履行。本案中，双方签订的合同是双方意思的真实表示且不违反法律规定，虽然双方对该合同的文本提出不同的主张，但对合同内容均认可，并实际履行了合同的条款，故对本案双方之间存在房屋租赁法律关系，一审法院予以认定。本案的争议焦点为涉案房屋的拆除是否经陈×寨村委会同意，本案的房屋租赁合同是否能够继续履行。陈×高主张涉案房屋经陈×寨村委会同意后才进行的拆除，但其提交作为证据的视听资料仅仅是村委会及镇政府有关人员对本案进行调解的过程以及有关执法部门阻止陈×高继续修建房屋的过程，无法证明陈×寨村委会有同意陈×高对涉案房屋进行拆除的意思表示，并且陈×寨村委会作为单位若其同意陈×高对涉案房屋拆除应以单位的名义出具证明，或者以双方重新签订合同的方式进行，只是某个或几个人员的谈话不足以代表单位的意思，故陈×高所称经陈×寨村委会同意对涉案房屋进行拆除的主张，一审法院不予支持。修复应在原有基础上进行加固、维修，对房屋的原有主体构造应予以保留，若涉案房屋确实无法使用，陈×高可向陈×寨村委会提出，经双方协商后，在保有原房屋基础构造的前提下进行维修，但应以不破坏房屋的基础构造为前提。若涉案房屋确无修复的必要，陈×寨村委会应主动联系陈×高要求解除合同，或双方重新协商达成新的协议，如陈×高所述在陈×寨村委会房屋原地基上建造新的房屋，并将该房屋在租赁合同期间届止时一并归陈×寨村委会所有。但本案中，陈×高未经陈×寨村委会同意，擅自将陈×寨村委会所有的租赁物即房屋拆除，导致本案租赁合同的标的物灭失，房屋租赁合同无法继续履行，该合同的目的无法实现，陈×寨村委会要求解除房屋租赁合同，符合法律规定。涉案合同解除后，陈×寨村委会应将陈×高所交纳的租金中未实际履行部分退还陈×高。陈×寨村委会实际收取的租金为 62 000 元，合同自 2008 年 4 月签订至 2016 年 2 月陈×高拆除涉案房屋，实际履行了 8 年，剩余 42 年的租金为 52 080元。陈×寨村委会主张同陈×高协商解决赔偿其经济损失，本案中暂不追究。一审法院认为，该主张系陈×寨村委会对自身诉讼权利的处分行为，不违反法律规定，一审法院予以支持，对被拆除房屋的赔偿问题本案不再涉及。陈×高提出的在原宅基地上修建房屋的问题，因农村房屋的修建涉及村庄的整体规划，并且需要有关部门的审批，属于行政部门管辖的范围，不属于法院受理的范围，对此陈×高可向有关行政部门申请。陈×寨村委会要求陈×高将其私自拆除的房屋及院落恢复原状，腾退所占房产返还于陈×寨村委会的主张，后经进一步询问，陈×寨村委会放弃要求恢复原状的要求，因涉案房屋已灭失，故不存在腾退房产并返还陈×寨村委会的可能。

二审法院认为：案涉合同无论从名称还是内容来看，都应是房屋租赁合同，陈×高与陈×寨村委会之间的法律关系也应属房屋租赁关系，陈×高未经陈×寨村委会同意将案涉房屋拆除，违反了双方的合同约定，致使合同目的无法实现，一审法院根据法律规定判决解除合同并无不当。合同解除后尚未履行的不再履行，一审法院从公平的角度出发，判决陈×寨村委会返还陈×高未履行部分的租金 52 080 元合情合理，本院予以支持。陈×高主张双方是通过签订《房屋租赁合同》实现宅基地使用权转让的目的，并以 62 000 元购买，该主张即使是事实，也因违反相关法律规定而无效，不应得到法律的支持。

【法条链接】

《中华人民共和国合同法》

第六十条　当事人应当按照约定全面履行自己的义务。

当事人应当遵循诚实信用原则，根据合同的性质、目的和交易习惯履行通知、协助、保密等义务。

第九十四条　有下列情形之一的，当事人可以解除合同：

（一）因不可抗力致使不能实现合同目的；

（二）在履行期限届满之前，当事人一方明确表示或者以自己的行为表明不履行主要债务；

（三）当事人一方迟延履行主要债务，经催告后在合理期限内仍未履行；

（四）当事人一方迟延履行债务或者有其他违约行为致使不能实现合同目的；

（五）法律规定的其他情形。

第九十七条　合同解除后，尚未履行的，终止履行；已经履行的，根据履行情况和合同性质，当事人可以要求恢复原状、采取其他补救措施，并有权要求赔偿损失。

【案例来源】

山东省德州市中级人民法院民事判决书（2018）鲁 14 民终 590 号。

119. 农村集体土地上建设可以参照《最高人民法院关于审理城镇房屋租赁合同纠纷案件具体应用法律若干问题的解释》处理

（河北××房地产开发有限公司与蒋×素、伍×房屋租赁合同纠纷)

【裁判要旨】

根据《最高人民法院关于审理城镇房屋租赁合同纠纷案件具体应用法律若干问题的解释》第二条"出租人就未取得建设工程规划许可证或者未按照建设工程规划许可证的规定建设的房屋，与承租人订立的租赁合同无效……"的规定，出租的项目未取得建设工程规划许可证，双方签订的租赁合同违反了上述法律强制性规定，应为无效。根据《中华人民共和国合同法》第五十八条规定，合同无效或者被撤销后，因该合同取得的财产，应当予以返还；有过错的一方应当赔偿对方因此所受到的损失。

【当事人信息】

上诉人：河北××房地产开发有限公司（原审被告）
被上诉人：蒋×素（原审原告）
被上诉人：伍×（原审原告）

【基本案情】

三简路标准化菜市场项目位于石家庄市桥西区，是被告××房地产公司投资建设，该项目现未取得建设工程规划许可证。该项目建成后，经营过一段时间珠宝城，后空置至今。2011 年 4 月 9 日，原、被告签订《三简路标准化菜市场租赁投资合同》，合同约定：原告租赁由被告开发的三简路标准菜市场一层 B1035 号商铺。租赁期限为 2012 年 5 月 1 日至 2052 年 4 月 30 日止，共 40 年，租赁费共计 388 044 元，合同签订之日交纳全部租赁费。商铺交房时间为 2012 年 4 月 30 日，原告可以自主经营也可以租赁给其他经营户，或委托被告选择的运营公司经营。同日，原告与被告另签订《三简路标准化菜市场商铺返租协议书》一份，约定原告同意将 B1035 号商铺返租给被告，返租期自 2012 年 5 月 1 日起至 2015 年 4 月 30 日止。返租期间的租金一共 93 131 元，在签合同时一次性返还，直接冲抵商铺投资款。原告实际交纳租金 294 913 元（包括 1 万元定金）。2015 年 7 月 20 日，原、被告签订《商铺委托经营管理协议》，约定原告将 B1035 号商铺委托被告经营管理，自 2015 年 5 月 1 日起至 2016 年 4 月 30 日止，管理回报为 34 924 元。2016 年 4 月 30 日到期后，被告未再与原告签订委托经营管理协议，亦未向原告交付商铺。

【诉讼请求】

1. 请求确认原告与被告于 2011 年 4 月 9 日签订的《三简路标准化菜市场租赁投资合同》无效；

2. 请求判令被告返还原告投资款 259 989 元并赔偿原告损失 114 145.28 元（自 2011 年 4 月 10 日起至 2018 年 8 月 15 日止，以 259 989 元为基数，按照中国人民银行五年期以上同期贷款利率计算）。

【裁判结果】

一审：1. 原告蒋×素、伍×与被告河北××房地产开发有限公司 2011 年 4 月 9 日签订的《三简路标准化菜市场租赁投资合同》无效；

2. 被告河北××房地产开发有限公司于本判决生效之日起十日内返还原告蒋×素、伍×房租 259 989 元并赔偿原告蒋×素、伍×利息损失（自 2011 年 4 月 10 日起至 2018 年 8 月 15 日止，以 259 989 元为基数，按照中国人民银行同期存款利率计算）。

二审：驳回上诉，维持原判。

【裁判理由】

一审法院认为：原、被告签订的租赁投资合同，约定双方主要的权利义务内容为原告交纳租金，被告出租房屋，这完全符合房屋租赁合同的形式和本质。被告所述双方签订的合同存在互相合作、风险共担的合同义务，原告不予认可，合同中也未有文字约定，不予采信。根据《最高人民法院关于审理城镇房屋租赁合同纠纷案件具体应用法律若干问题的解释》第二条"出租人就未取得建设工程规划许可证或者未按照建设工程规划许可证的规定建设的房屋，与承租人订立的租赁合同无效……"的规定，被告出租的项目未取得建设工程规划许可证，原告与被告签订的租赁合同违反了上述法律强制性规定，应为无效。被告辩称，该项目在南简良村的集体土地上建设，不属于城镇房屋，根据《最高人民法院关于审理城镇房屋租赁合同纠纷案件具体应用法律若干问题的解释》第一条第二款"乡、村庄规划区内的房屋租赁合同纠纷案件，可以参照本解释处理。但法律另有规定的，适用其规定"的规定，涉案项目为四层建筑，建筑面积数万平方米，规模上属于大型商场，而非一般农村房屋，故应参照上述司法解释处理。根据《中华人民共和国合同法》第五十八条规定，合同无效或被撤销后，因该合同取得的财产，应当予以返还；有过错的一方应当赔偿对方因此所受到的损失。本案中，被告因租赁合同实际收到原告交纳房租 294 913 元，应当予以返还。双方签订的商铺委托经营管理协议，因双方签订的商铺租赁合同自始无效，亦应无效，原告因合同收到的管理回报 34 924 元亦应返还被告。故，原告要求被告返还 259 989 元（294 913 元–34 924 元）的诉讼请求，应予支持。导致合同无效的原因，系被告在明知自己未取得相关许可证的情况下，对外出租商铺，故被告存在过错。原告将 259 989 元交给被告长达七年，原告主张自己存在利息损失，应予支持。原告主张利息损失，应按照中国人民银行五年期以上同期贷款利率计算，该标准不符合其实际损失，应以中国人民银行同期存款利率计算。

二审法院认为：双方签订的租赁投资合同，约定双方主要的权利义务内容为被上诉人蒋×素、伍×交纳租金，上诉人××房地产公司出租房屋，符合房屋租赁合同的形式和本质。上诉人诉称双方签订的合同存在互相合作、风险共担的合同义务，双方系合作关系，合同中未有文字约定，故其上诉理由，没有事实依据。一审法院根据《最高人民法院关于审理城镇房屋租赁合同纠纷案件具体应用法律若干问题的解释》第二条"出租人就未取得建设工程规划许可证或者未按照建设工程规划许可证的规定建设的房屋，与承租人订立的租赁合同无效……"的规定，认定双方签订的租赁合同违反了上述法律强制性规定，应为无效，依法有据。上诉人二审中提供了涉案工程建设工程规划许可证复印件，复印件显示发证日期为 2010 年 4 月 9 日，同类案件诉讼纠纷中上诉人从未提起该证据，也未提供盖有出具单位公章的复印件，故本院对该证据不予采信。关于利息，因被上诉人将款项 259 989 元交给上诉人长达七年，被上诉人主张自己存在利息损失，应予支持。一审判决未按被上诉人主张的应按照中国人民银行五年期以上同期贷款利率计算损失，而按中国人民银行同期存款利率计算，较为合理。

【法条链接】

1. 《中华人民共和国合同法》

第五十二条　有下列情形之一的，合同无效：

（一）一方以欺诈、胁迫的手段订立合同，损害国家利益；

（二）恶意串通，损害国家、集体或者第三人利益；

（三）以合法形式掩盖非法目的；

（四）损害社会公共利益；

（五）违反法律、行政法规的强制性规定。

第五十八条　合同无效或者被撤销后，因该合同取得的财产，应当予以返还；不能返还或者没有必要返还的，应当折价补偿。有过错的一方应当赔偿对方因此所受到的损失，双方都有过错的，应当各自承担相应的责任。

2. 《最高人民法院关于审理城镇房屋租赁合同纠纷案件具体应用法律若干问题的解释》

第一条　本解释所称城镇房屋，是指城市、镇规划区内的房屋。

乡、村庄规划区内的房屋租赁合同纠纷案件，可以参照本解释处理。但法律另有规定的，适用其规定。

当事人依照国家福利政策租赁公有住房、廉租住房、经济适用住房产生的纠纷案件，不适用本解释。

第二条　出租人就未取得建设工程规划许可证或者未按照建设工程规划许可证的规定建设的房屋，与承租人订立的租赁合同无效。但在一审法庭辩论终结前取得建设工程规划许可证或者经主管部门批准建设的，人民法院应当认定有效。

【案例来源】

河北省石家庄市中级人民法院民事判决书（2018）冀 01 民终 13530 号。

120. 承租人不能以《房屋租赁合同》无效为由拒绝返还承租房屋

（张×英与杨×睿租赁合同纠纷）

【裁判要旨】

杨×睿承租张×英房屋，租赁合同到期后在双方没有达成继续租赁合意的情况下，杨×睿应当将房屋返还张×英。故对张×英要求杨×睿返还房屋的诉讼请求予以支持。杨×睿抗辩因为张×英的房屋没有批准建设的手续，而主张双方签订的合同无效，原审法院认为，根据《最高人民法院关于审理城镇房屋租赁合同纠纷案件具体应用法律若干问题的解释》第二条规定，租赁的房屋在一审法庭辩论终结前未取得建设工程规划许可证或者未按建设工程规划许可证规定建设的，应当认定租赁合同无效。但是本案审理的是农村房屋租赁纠纷，不是城市、镇规划区内的房屋，不宜适用建设工程规划许可证制度，张×英与杨×睿签订的房屋租赁合同不宜认定为无效合同。即使租赁合同无效，杨×睿也无权占用张×英的房屋，不影响张×英返还房屋的诉讼请求。

【当事人信息】

上诉人：杨×睿（原审被告）
被上诉人：张×英（原审原告）

【基本案情】

原告张×英系海港区西港镇山东堡村民，在本村南段 5 号拥有宅院一处，院内房屋 24 间，合计 1005.45 平方米。2006 年，张×英未经审批，在院内建房三层，合计约 1500 平方米。2007 年 7 月张×英将上述房屋中的 600 平方米出租给他人经营"我和你量贩式音乐城"，租赁期限至 2009 年 7 月 31 日，租金 8 万元。合同到期后"我和你量贩式音乐城"继续承租，并承租面积扩大到承租整个房屋 1500 平方米，租金增加到 21 万元，租期延长到 2011 年 7 月 31 日。合同第四条关于双方的权利义务约定了由承租方交纳水、电及取暖费。"我和你量贩式音乐城"的企业工商档案显示原经营人于 2011 年 6 月将经营许可证转让给了王×（原为杨×睿的妻子）。"我和你量贩式音乐城"由杨×睿夫妻经营。租赁合同到期后，2011 年 8 月 1 日张×英女儿朱×玲代张×英（甲方）与杨×睿（乙方）签订了《房屋租赁合同》。合同约定：一、甲乙双方经协商，甲方自愿将坐落在海港区山东堡南段五号滨岛部分房屋租赁给乙方使用，租赁期限为 2011 年 8 月 1 日至 2012 年 7 月 30 日。二、房屋租金每年 10 万元，付款方式为一次性付清。五、房租费中包含取暖费，水、电费根据实际使用量由乙方按月向甲方支付。六、合同签订后，如甲方违约，由此造成乙方实际经济损失甲方负责赔偿，如乙方违约，已交租赁费不予退还，并由此产生的一切经济损失由违约方负责。七、因为不可抗力或政府拆迁等因素造成合同无法履行时，甲方退还乙方未到期部分租赁费。八、此合同一式两份，双方各执一份，签字后生效。合同签订后，双方按照合同约定履行了各自的义务。杨×睿继续使用张×英的房屋，并交纳租赁费 23 万元。张×英称双方合同的真实的租赁费为 23 万元，因为杨×睿没能一次性付清，双方口头议定增加 4 万元，但是杨×睿至今未给付该 4 万元。杨×睿称合同签订的租金 10 万元是实际的租金标准，杨×睿给付张×英 23 万元是将下一年度的租金提前支付了。双方均认可到 2012 年 8 月 1 日以后杨×睿没有再向张×英交纳过租金。2012 年 12 月份杨×睿歇业。至今仍占用承租房屋。该房屋现已面临拆迁。2013 年 3 月 8 日王×与杨×睿离婚，关于经营的本案涉及练歌房企业，约定为："②双方于婚后共同经营秦皇岛市海港区山东堡你和我练歌房（负责人王×）。离婚后该企业的所有资产归男方所有，该企业经营权以及其他相关权利义务均归男方享有和承担。该企业在双方婚姻存续期间以及离婚后所产生的收益、债权债务等均与女方不再有任何关系。"双方在离婚协议书的其他协议条款中还约定"双方于婚后共同经营秦皇岛市海港区山东堡你和我练歌房如遇拆迁补偿款项一律归王×（杨×扬的监护人）支配（若：男方如遇无支配能力）"。经与王×联系，王×称离婚协议的本意为该练歌房全部归杨×睿，与其无关。但是如果杨×睿如遇不测事故，王×作为儿子杨×扬的监护人有权支配拆迁补偿款项。

【诉讼请求】

1. 杨×睿交付房屋并支付水电费 96 107 元；
2. 杨×睿向张×英返还房屋。

【裁判结果】

一审：1. 被告杨×睿于判决生效后二十日内腾出租用的海港区西港镇山东堡村南段 5 号的房屋，将房屋交付原告张×英；

2. 对原告张×英的其他诉讼请求不予支持。

二审：驳回上诉，维持原判。

【裁判理由】

一审法院认为：杨×睿承租张×英房屋，租赁合同到期后在双方没有达成继续租赁合意的情况下，杨×睿应当将房屋返还张×英。故对张×英要求杨×睿返还房屋的诉讼请求予以支持。杨×睿抗辩因为张×英的房屋没有批准建设的手续，而主张双方签订的合同无效，根据《最高人民法院关于审理城镇房屋租赁合同纠纷案件具体应用法律若干问题的解释》第二条规定，租赁的房屋在一审法庭辩论终结前未取得建设工程规划许可证或者未按建设工程规划许可证规定建设的，应当认定租赁合同无效。但是本案审理的是农村房屋租赁纠纷，不是城市、镇规划区内的房屋，不宜适用建设工程规划许可证制度，张×英与杨×睿签订的房屋租赁合同不宜认定为无效合同。即使租赁合同无效，杨×睿也无权占用张×英的房屋，不影响张×英返还房屋的诉讼请求。张×英主张杨×睿给付拖欠的水电费问题，因为张×英没有证据证明杨×睿拖欠的具体数额，不予支持。

二审法院认为：上诉人杨×睿与被上诉人张×英签订的《房屋租赁合同》到期后，双方没有续订合同，张×英依据房屋所有权人的身份要求杨×睿腾房，于法有据，原审判决并无不当。杨×睿认为双方签订的《房屋租赁合同》无效不是拒绝返还房屋的理由，故杨×睿的该项主张，本院不予支持。关于杨×睿在租赁房间装修损失问题，因杨×睿未提反诉，本院不做审理。无论是张×英还是其女儿朱×玲代签的《房屋租赁合同》在 2012 年 8 月 1 日前均已到期。故杨×睿主张张×英收取的 23 万元租金中含下一年度的租金，合同未到期。本院认为，在 2009 年、2010 年时，"我和你量贩式音乐城"的年租金已经是 21 万元，故张×英主张的 2011 年 8 月 1 日至 2012 年 7 月 30 日租金为 23 万元较为合理，杨×睿的该项主张缺乏事实依据，本院不予支持。

【法条链接】

1. 《中华人民共和国合同法》

第二百三十五条　租赁期间届满，承租人应当返还租赁物。返还的租赁物应当符合按照约定或者租赁物的性质使用后的状态。

2. 《最高人民法院关于审理城镇房屋租赁合同纠纷案件具体应用法律若干问题的解释》

第一条　本解释所称城镇房屋，是指城市、镇规划区内的房屋。

乡、村庄规划区内的房屋租赁合同纠纷案件，可以参照本解释处理。但法律另有规定的，适用其规定。

第二条　出租人就未取得建设工程规划许可证或者未按照建设工程规划许可证的规定建设的房屋，与承租人订立的租赁合同无效。但在一审法庭辩论终结前取得建设工程规划许可证或者经主管部门批准建设的，人民法院应当认定有效。

【案例来源】

河北省秦皇岛市中级人民法院民事判决书（2014）秦民终字第 899 号。

121. 延付或者拒付租金的诉讼时效期间一年在《中华人民共和国民法总则》施行之前已经届满将不适用三年诉讼时效的规定

（城×村民委员会与翁×恩土地租赁合同纠纷）

【裁判要旨】

根据法律规定，延付或者拒付租金的诉讼时效期间为一年，诉讼时效期从权利人知道或者应当知道权利被侵害时开始起算，而城×村民委员会与翁×恩双方在合同中约定剩余的六年租金每三年缴纳一次，租赁期限至 2015 年 7 月 1 日，但城×村民委员会直到 2016 年 7 月 12 日才向一审法院起诉要求翁×恩支付该六年的租金，且城×村民委员会未提供证据证明在起诉前存在城×村民委员会有向翁×恩催讨租金等导致诉讼时效中断、中止的情形，故城×村民委员会要求翁×恩支付上述所欠的六年租金的诉求已超过诉讼时效。由于本案诉讼时效期间在《中华人民共和国民法总则》施行之前已经届满，城×村民委员会主张本案应适用《中华人民共和国民法总则》关于三年诉讼时效的规定，本院不予采纳。

【当事人信息】

上诉人：城×村民委员会（原审原告）

被上诉人：翁×恩（原审被告）

【基本案情】

翁×恩系城×村的村民。2005 年 6 月 25 日，城×村民委员会作为出租方与作为承租方的翁×恩签订了一份《土地租赁合同书》，双方约定城×村民委员会将位于城坂村牛毛坑的一片 26.38 亩的耕地租赁给翁×恩经营蔬菜及其他农作物的生产使用，翁×恩为此向城×村民委员会支付租金。《土地租赁合同书》约定的主要内容具体为：租赁土地的总面积以实际测量土地为准（26.38亩），租赁期限为 10 年，即 2005 年 7 月 1 日至 2015 年 7 月 1 日，租金按测定面积以亩计算，每亩早籼稻谷（82 元），翁×恩以每亩 1780 斤稻谷缴纳城×村民委员会叁年租金，押金壹年计肆年，以后每叁年缴纳租金，直至终止合同，若超过交租时间，城×村民委员会有权终止合同，并无偿接管翁×恩租赁区内所有财产；本合同期满后，在同等条件下，翁×恩优先承包；本合同自签订之日起生效，本合同一式三份，城×村民委员会与翁×恩双方各执一份为凭。

后城×村民委员会依约将该 26.38 亩的耕地交给翁×恩使用，翁×恩依约于 2005 年 7 月 2 日向城×村民委员会支付押金及三年租金共计 154 016.99 元，之后翁×恩未再向城×村民委员会支付任何租金。后城×村民委员会与翁×恩双方确认自 2009 年起上述 26.38 亩租赁地的面积变为 22 亩，并确认翁×恩尚欠城×村民委员会六年租金共计 192 667.2 元。后租赁期限届满，城×村民委员会与翁×恩双方约定城×村民委员会从 2015 年 7 月 2 日起将上述 22 亩耕地继续租赁给翁×恩使用，翁×恩按每亩每年 950 元的标准向城×村民委员会支付土地继续使用费。因此，城×村民委员会遂于 2016 年 7 月 12 日诉至一审法院，请求翁×恩支付六年的租金及一年的土地继续使用费。翁×恩在庭审中表示愿意向城×村民委员会支付自 2015 年 7 月 2 日起至 2016 年 7 月 1 日止一年的土地继续使用费 20 900 元。

【诉讼请求】

1. 翁×恩支付城×村民委员会 2009 年 7 月 2 日至 2015 年 7 月 1 日期间（6 年）欠缴的租金 192 667.2 元；

2. 翁×恩支付自 2015 年 7 月 2 日起计算至 2016 年 7 月 1 日止的土地继续使用费 20 900 元；

3. 本案诉讼费由翁×恩承担。

【裁判结果】

一审：1. 翁×恩应于本判决发生法律效力之日起十日内支付给城×村民委员会自 2015 年 7 月 2 日起至 2016 年 7 月 1 日止的土地继续使用费人民币 20 900 元；

2. 驳回城×村民委员会的其他诉讼请求。

二审：驳回上诉，维持原判。

【裁判理由】

一审法院认为：城×村民委员会与翁×恩于 2005 年 6 月 25 日签订的《土地租赁合同》系双方当事人真实意思表示，合同内容也没有违反法律禁止性规定，属于有效合同，因此双方的土地租赁合同关系合法有效，双方均应按照上述合同的约定履行各自的义务。城×村民委员会已将上述合同约定的租赁地交付给翁×恩使用，翁×恩也一直在使用该租赁地，故翁×恩应按照合同的约定履行支付租金的义务。翁×恩依约已于 2005 年 7 月 2 日向城×村民委员会支付押金及三年租金共计 154 016.99 元，尚欠城×村民委员会六年租金共计 192 667.2 元；翁×恩主张城×村民委员会及福清市江镜镇镇政府当时均同意给翁×恩免除上述所欠的六年租金，但对此翁×恩未提交证据予以证明，城×村民委员会对此也予以否认，故一审法院对翁×恩的上述主张不予采信；翁×恩又主张城×村民委员会要求翁×恩支付上述所欠的六年租金的诉求超过诉讼时效，城×村民委员会主张该诉求未超过诉讼时效，因为翁×恩占用土地是一种延续性的行为，且城×村民委员会在 2012 年、2014 年、2015 年都有开会向翁×恩催讨过；一审法院认为，根据法律规定，延付或者拒付租金的诉讼时效期间为一年，诉讼时效期从权利人知道或者应当知道权利被侵害时开始起算，而城×村民委员会与翁×恩双方在合同中约定剩余的六年租金每三年缴纳一次，租赁期限至2015年7月1日，但城×村民委员会直到2016年7月12日才向一审法院起诉要求翁×恩支付该六年的租金，且城×村民委员会未提供证据证明在起诉前存在城×村民委员会有向翁×恩催讨租金等导致诉讼时效中断、中止的情形，故城×村民委员会要求翁×恩支付上述所欠的六年租金的诉求已超过诉讼时效，因此对于城×村民委员会该诉求，一审法院不予支持。翁×恩在庭审中表示愿意向城×村民委员会支付自2015年7月2日起至2016年7月1日止一年的土地继续使用费20 900元，一审法院予以照准。

二审法院认为：本案的争议焦点主要在于城×村民委员会诉请翁×恩支付2009年7月2日至2015年7月1日所欠租金是否已经超过诉讼时效。租赁合同的租金给付属于定期给付债务，不属于《中华人民共和国民法总则》第一百九十八条规定的情形，延付或者拒付租金诉讼时效应从每期债务履行期限届满之日的次日起算。根据《土地租赁合同》租金三年一付的约定，最后一期租金缴纳期限届满之日为2015年7月1日。依照《中华人民共和国民法通则》第一百三十六条的规定，延付或者拒付租金的诉讼时效期间为一年。城×村民委员会2016年7月12日方诉请翁×恩支付租金，已超过诉讼时效期间。由于本案诉讼时效期间在《中华人民共和国民法总则》施行之前已经届满，城×村民委员会主张本案应适用《中华人民共和国民法总则》关于三年诉讼时效的规定，本院不予采纳。城×村民委员会提供的三份会议记录中最新日期为2015年2月5日，尚在合同期限届满之前，至起诉之日已超过诉讼时效期间，城×村民委员会以会议记录主张诉讼时效因中断而未届满，本院不予采纳。一审认定城×村民委员会的诉请超过诉讼时效，判决正确，本院依法予以维持。

【法条链接】

1. 《中华人民共和国合同法》

第六十条　当事人应当按照约定全面履行自己的义务。

当事人应当遵循诚实信用原则，根据合同的性质、目的和交易习惯履行通知、协助、保密等义务。

第一百零七条　当事人一方不履行合同义务或者履行合同义务不符合约定的，应当承担继续履行、采取补救措施或者赔偿损失等违约责任。

2. 《中华人民共和国民法总则》

第一百八十八条　向人民法院请求保护民事权利的诉讼时效期间为三年。法律另有规定的，依照其规定。

诉讼时效期间自权利人知道或者应当知道权利受到损害以及义务人之日起计算。法律另有规定的，依照其规定。但是自权利受到损害之日起超过二十年的，人民法院不予保护；有特殊情况的，人民法院可以根据权利人的申请决定延长。

第一百八十九条　当事人约定同一债务分期履行的，诉讼时效期间自最后一期履行期限届满之日起计算。

3. 《中华人民共和国民法通则》

第八十四条　债是按照合同的约定或者依照法律的规定，在当事人之间产生的特定的权利和义务关系。享有权利的人是债权人，负有义务的人是债务人。

债权人有权要求债务人按照合同的约定或者依照法律的规定履行义务。

第一百三十六条　下列的诉讼时效期间为一年：

（一）身体受到伤害要求赔偿的；

（二）出售质量不合格的商品未声明的；

（三）延付或者拒付租金的；

（四）寄存财物被丢失或者损毁的。

第一百三十七条　诉讼时效期间从知道或者应当知道权利被侵害时起计算。但是，从权利被侵害之日起超过二十年的，人民法院不予保护。有特殊情况的，人民法院可以延长诉讼时效期间。

第一百三十九条　在诉讼时效期间的最后六个月内，因不可抗力或者其他障碍不能行使请求权的，诉讼时效中止。从中止时效的原因消除之日起，诉讼时效期间继续计算。

第一百四十条　诉讼时效因提起诉讼、当事人一方提出要求或者同意履行义务而中断。从中断时起，诉讼时效期间重新计算。

【案例来源】

福州市中级人民法院民事判决书（2018）闽 01 民终 371 号。

122. 对农村土地承包经营权流转关系进行鉴证非行政 机关的法定职权或义务亦非合同生效的法定要件

（宏×合作社与东×村村民委员会土地租赁合同纠纷）

【裁判要旨】

原农业部《农村土地承包经营权流转管理办法》第二十四条规定："农村土地承包经营权流转当事人可以向乡（镇）人民政府农村土地承包管理部门申请合同鉴证。乡（镇）人民政府农村土地承包管理部门不得强迫土地承包经营权流转当事人接受鉴证。"由此，对农村土地承包经营权流转关系进行鉴证，并非行政机关的法定职权或义务，亦非合同生效的法定要件，鉴证完全基于双方平等主体之间民事合同生效条件之约定。

【当事人信息】

原告：宏×合作社

被告：东×村村民委员会

【基本案情】

宏×合作社（以下简称原告）向法院提交的其与靖江市靖城街道东×村村民委员会（以下简称被告）签订的《农村土地租赁合同》复印件，该合同主文约定：租赁标的为东×村15亩土地；租赁用途为秸秆回收利用生产经营；租赁期限为2013年10月1日至2023年9月30日；租金为每年1300元，每年计19 500元；生效条件为自双方签字或盖章之日起生效；双方还约定了各自权利和义务等条款。该合同落款处有原告法定代表人的签名，被告的盖章及法定代表人杨×的签名，签约日期为2013年10月1日。合同第十一条其他约定中还约定"本合同一式四份，由甲乙双方、发包人及上级农村土地承包主管部门各一份"。合同下方有手写的"此合同由鉴证方（经营站）鉴证盖章后生效"字样。

2013年10月30日，靖江市人民政府办事处就原告法定代表人卢×云反映其与东×村签订的农村土地租赁合同经管科未给予鉴证的信访事项问题，作出《关于宏×合作社卢×云信访事项的答复》[靖街信访答字（2013）18号]。主要内容：2013 年 10 月，卢×云与东×村签订的《农村土地租赁合同》，因合同不规范，其中第六条第四款存有瑕疵，其投入要求有权获得相应补偿，卢×云的补偿要求东×村不可能给付，故该条款实际上东×村无法履行，将来农民的根本利益得不到有效保障。因此，经管科不予鉴证。

原、被告签订落款时间为 2013 年 10 月 1 日的《农村土地承包经营权转让（出租）合同》，约定：转包范围为东×村一组计 20 亩土地；租赁用途为秸秆收储和综合利用；宏×合作社不得建永久建筑，临时建筑为生产辅助用房，必须经规划和国土部门批准……；转包（租用）期限为五年，自 2013 年 10 月 1 日至 2018 年 9 月 30 日止，租金为 1300 元亩，年交租金 26 000 元，支付方式为先交后用，一年一交，于每年 9 月 30 日交清当年租金；宏×合作社需预付租赁到期清除保证金 8 万元；生效条件为须经双方签字并经承包经营土地所在地乡（镇）人民政府农村经管管理机构鉴证、备案后生效；双方还约定了其他权利和义务条款。该合同落款处有双方签字、盖章，另有靖江市合作经济管理站作为鉴证单位盖章，鉴证日期同为 2013 年 10 月 1 日。

原告在 2013 年 10 月 1 日至 2014 年 9 月 30 日间按 15 亩租赁土地交纳租金，2014 年 10 月 1 日以后每年按 20 亩租赁土地交纳租金。

【诉讼请求】

请求判令被告在《农村土地租赁合同》中单方自行增加的合同条款无效。

【裁判结果】

驳回原告宏×合作社关于被告靖江市东×村村民委员会在《农村土地租赁合同》中单方自行增加的合同条款无效的诉讼请求。

【裁判理由】

法院认为：原农业部《农村土地承包经营权流转管理办法》第二十四条规定："农村土地承包经营权流转当事人可以向乡（镇）人民政府农村土地承包管理部门申请合同鉴证。乡（镇）人民政府农村土地承包管理部门不得强迫土地承包经营权流转当事人接受鉴证。"由此，对农村土地承包经营权流转关系进行鉴证，并非行政机关的法定职权或义务，亦非合同生效的法定要件，鉴证完全基于双方平等主体之间民事合同生效条件之约定。

当事人对自己提出的主张，有责任提供证据。未能提供证据或证据不足以证明其事实主张的，应承担举证不能的后果。根据原、被告签订的《农村土地租赁合同》中第十一条约定，原告应持有该合同原件，通常情况下，根据常理，如双方没有就原告诉称的手写的添加内容达成一致意见，原告持有的该合同原件上应该没有以上添加的手写内容。现被告对原告的诉求予以否认，原告亦不能提供土地租赁合同原件，也无证据证明被告原支部书记杨×取走原告持有的合同原件及合同下方手写的"此合同由鉴证方（经管站）鉴证盖章后生效"的字样系杨×私自添加的，原告应承担举证不能的后果。

【法条链接】

《农村土地承包经营权流转管理办法》

第二十四条 农村土地承包经营权流转当事人可以向乡（镇）人民政府农村土地承包管理部门申请合同鉴证。

乡（镇）人民政府农村土地承包管理部门不得强迫土地承包经营权流转当事人接受鉴证。

【案例来源】

靖江市人民法院民事判决书（2019）苏 1282 民初 842 号。

后 记

  本书中所选取的案例均是"小众"型案例，基本都是来自于基层法院和中级法院，没有高深的裁判理论，但是这些"小众"案例却能反映出日常大众所普遍关心的实际问题，在此类问题的司法救济上更具有普适性和可参考性，能够起到为当事人和司法实务工作者提供最基础的指引作用，这也是本书编写的初衷。

  从编写本书想法的萌生，到编写计划的实施，再到本书初稿的完成，前后历时半年，现能够顺利付梓，离不开律所、律所领导和律所同仁的大力支持，同时更离不开本书编辑组（柳明华、杨贤、赵俊芝、张龙鑫、黄银华、王艺航）的辛苦努力，在此一并表示感谢。特别是本所实习律师、中国政法大学法律硕士研究生余斯园完成了本书第二章中所涉全部案例的前期查找筛选工作，但由于工作、学习原因未能参与本书的后期撰写，深表遗憾。

  本书的编写正值天津益清律师事务所成立二十周年、天津益清（北京）律师事务所成立十周年之际，谨以此书作为祝贺并以此书鞭策益清律师们积极奋进，更好地为社会提供优质的法律服务。